普通高等教育"十三五"规划教材

汽车发动机原理与汽车理论

（第2版）

辛海升　岳海军　主编

国防工业出版社

·北京·

内 容 简 介

本教材系统介绍了发动机的工作原理和汽车的基本理论。全书分两篇，共十五章。第一篇是发动机原理，内容主要包括：发动机的性能指标、发动机的换气过程、发动机的进气增压、柴油机混合气的形成与燃烧、汽油机混合气的形成与燃烧、发动机的排放与噪声、发动机的特性、发动机试验和汽车发动机的发展趋势。第二篇是汽车理论，内容主要包括：汽车动力性、汽车的燃油经济性、汽车动力装置参数的确定、汽车制动性、汽车的操纵稳定性、汽车的平顺性和通过性。本教材注重理论与实践的结合，旨在培养学生的技术应用能力。

本教材可作为高等院校车辆工程、交通运输和汽车运用工程等专业的教材，也可作为高职高专汽车类专业的教材，还可供从事汽车设计、制造和试验的工程技术人员参考。

图书在版编目(CIP)数据

汽车发动机原理与汽车理论/辛海升,岳海军主编.
—2版.—北京:国防工业出版社,2017.3
普通高等教育"十三五"规划教材
ISBN 978-7-118-11365-5

Ⅰ.①汽… Ⅱ.①辛… ②岳… Ⅲ.①汽车—发动机—理论—高等学校—教材②汽车—理论—高等学校—教材 Ⅳ.①U46

中国版本图书馆 CIP 数据核字(2017)第 108954 号

※

*国防工业出版社*出版发行
(北京市海淀区紫竹院南路23号 邮政编码100048)
三河市德鑫印刷有限公司印刷
新华书店经售

＊

开本 787×1092 1/16 印张 17¼ 字数 390 千字
2017 年 3 月第 1 版第 1 次印刷 印数 1—4000 册 定价 48.00 元

(本书如有印装错误，我社负责调换)

| 国防书店：(010)88540777 | 发行邮购：(010)88540776 |
| 发行传真：(010)88540755 | 发行业务：(010)88540717 |

《汽车发动机原理与汽车理论(第2版)》

编 委 会

主　编　辛海升　岳海军
副主编　裴志永　江　洋　冬　梅
参　编　王生平　郭晓东　刘树民　陈松利
　　　　梁晓辉　万大千　李丹岚
主　审　闫大建

前 言

本教材自 2008 年出版以来，数次重印，一直作为车辆工程、交通运输和汽车运用工程等专业的教材。在教材使用过程中，编者认真总结了近年来的课堂教学经验，对当代国内外汽车发动机在理论方面的新概念及工程实践方面的新技术进行合理筛选，力图以科学性、先进性、系统性和实用性为宗旨修订本教材。

本教材除了保持第 1 版的基本结构和基本内容外，主要在以下几个方面进行了修订：

(1) 第 2 章增加了改善换气过程的应用实例。

(2) 把原来第 2 章第 5 节发动机的进气增压调整为第 3 章内容，并增加了进气增压的应用实例，丰富了进气增压对汽油机影响的内容。

(3) 第 4 章增加了改进柴油机燃烧室的应用实例。

(4) 第 5 章增加了改进汽油机燃烧室的应用实例，删除了原来的简单化油器特性与理想化油器特性的内容。

(5) 增加了第 9 章汽车发动机发展趋势的内容。

(6) 突出了基本要求和概念，精炼了部分内容。

修订后，第 2 版的主要内容有发动机的性能指标、发动机的换气过程、发动机的进气增压、柴油机混合气的形成与燃烧、汽油机混合气的形成与燃烧、发动机的排放与噪声、发动机的特性、发动机试验、汽车发动机的发展趋势、汽车动力性、汽车的燃油经济性、汽车动力装置参数的确定、汽车制动性、汽车的操纵稳定性、汽车的平顺性和通过性。

本教材中所用的名词术语和计量单位符合国家相关标准和规范的要求，而且文字准确、简练、流畅，插图清楚、正确，文稿、图稿配合合理，内容阐述条理清晰，富有启发性，便于读者自学。

本教材由辛海升和岳海军担任主编，裴志永、江洋和冬梅担任副主编。其中，第 11 章和第 13 章由辛海升编写，第 10 章、第 12 章和第 14 章由岳海军编写，第 1 章、第 2 章、第 4 章、5.1 节、5.2 节和 5.3 节由裴志永编写，5.4 节、5.5 节、第 7 章、第 8 章、第 15 章由江洋编写，第 3 章、第 6 章和第 9 章由冬梅编写。参加编写工作的还有王生平、郭晓东、刘树民、陈松利、梁晓辉、万大千、李丹岚。全书由闫大建主审。

本教材在修订过程中，大同柴油机厂和河北宣化工程机械股份有限公司提供了许多有价值的资料，在此表示衷心的感谢。另外在教材编写中，参考了大量资料，在此也向资料的原作者一并表示感谢。

由于编者水平有限，书中难免有错漏之处，恳请专家和读者批评指正。

编 者

目　　录

第一篇　汽车发动机原理 ………………………………………………………… 1

第1章　发动机的性能指标 ……………………………………………………… 2

1.1　发动机的理论循环 …………………………………………………………… 2
　　1.1.1　基本理论循环 ………………………………………………………… 3
　　1.1.2　理论循环的影响因素 ………………………………………………… 4
1.2　发动机的实际循环 …………………………………………………………… 6
　　1.2.1　实际循环的工作过程 ………………………………………………… 6
　　1.2.2　实际循环与理论循环的比较 ………………………………………… 8
1.3　发动机的性能指标 …………………………………………………………… 10
　　1.3.1　指示性能指标 ………………………………………………………… 10
　　1.3.2　有效性能指标 ………………………………………………………… 11
　　1.3.3　运转性能指标 ………………………………………………………… 13
　　1.3.4　机械效率 ……………………………………………………………… 13
1.4　发动机的热平衡 ……………………………………………………………… 16
　　1.4.1　发动机消耗热量 ……………………………………………………… 16
　　1.4.2　转化为有效功的热量 ………………………………………………… 16
　　1.4.3　传递给冷却介质的热量 ……………………………………………… 17
　　1.4.4　废气带走的热量 ……………………………………………………… 17
　　1.4.5　余项损失的热量 ……………………………………………………… 17
思考题 ……………………………………………………………………………… 17

第2章　发动机的换气过程 ……………………………………………………… 18

2.1　四冲程发动机的换气过程 …………………………………………………… 18
　　2.1.1　换气过程 ……………………………………………………………… 18
　　2.1.2　换气损失 ……………………………………………………………… 20
2.2　四冲程发动机的换气过程的评价 …………………………………………… 21
　　2.2.1　残余废气系数 ………………………………………………………… 21
　　2.2.2　充气效率 ……………………………………………………………… 22
2.3　影响发动机换气过程的因素 ………………………………………………… 23
　　2.3.1　影响充气效率的因素 ………………………………………………… 23

2.3.2 影响残余废气系数的因素 ………………………………………… 25
2.4 改善发动机换气过程的措施 …………………………………………… 26
　2.4.1 减小进气系统阻力 ……………………………………………… 26
　2.4.2 合理选择配气相位 ……………………………………………… 27
　2.4.3 减小排气系统阻力 ……………………………………………… 28
　2.4.4 降低进气终了温度 ……………………………………………… 28
2.5 工程应用实例 ………………………………………………………… 29
思考题 ……………………………………………………………………… 31

第3章 发动机的进气增压 …………………………………………… 32

3.1 概述 …………………………………………………………………… 32
　3.1.1 进气增压的理论依据 …………………………………………… 32
　3.1.2 进气增压的评定指标 …………………………………………… 32
　3.1.3 进气增压的优点和缺点 ………………………………………… 33
3.2 进气增压系统的类型 ………………………………………………… 34
　3.2.1 按增压比分类 …………………………………………………… 34
　3.2.2 按增压装置的结构原理分类 …………………………………… 34
3.3 废气涡轮增压系统 …………………………………………………… 36
　3.3.1 废气涡轮增压系统的组成 ……………………………………… 36
　3.3.2 废气涡轮增压器的工作原理 …………………………………… 36
　3.3.3 废气涡轮增压器使用注意事项 ………………………………… 37
　3.3.4 废气涡轮增压技术的应用实例 ………………………………… 38
3.4 谐波进气增压系统 …………………………………………………… 39
　3.4.1 进气管的动态效应 ……………………………………………… 39
　3.4.2 谐波进气增压系统工作原理 …………………………………… 39
3.5 进气增压对发动机的影响 …………………………………………… 39
　3.5.1 进气增压对柴油机的影响 ……………………………………… 39
　3.5.2 进气增压对汽油机的影响 ……………………………………… 40
思考题 ……………………………………………………………………… 41

第4章 柴油机混合气的形成与燃烧 ……………………………… 42

4.1 燃料的喷射与雾化 …………………………………………………… 42
　4.1.1 喷油泵速度特性及其校正 ……………………………………… 42
　4.1.2 燃料喷射过程 …………………………………………………… 45
　4.1.3 供油规律和喷油规律 …………………………………………… 46
　4.1.4 喷油的雾化及油束特性 ………………………………………… 46
4.2 柴油机混合气的形成与燃烧过程 …………………………………… 49
　4.2.1 柴油机混合气的形成 …………………………………………… 49
　4.2.2 柴油机的燃烧过程 ……………………………………………… 50

4.3 柴油机的燃烧室 ………………………………………………… 51
　　4.3.1 直接喷射式燃烧室 ………………………………………… 51
　　4.3.2 分隔式燃烧室 …………………………………………… 53
4.4 影响柴油机燃烧过程的因素 ……………………………………… 54
　　4.4.1 影响燃烧过程的使用因素 ………………………………… 54
　　4.4.2 影响燃烧过程的结构因素 ………………………………… 56
4.5 工程应用实例 ……………………………………………………… 58
思考题 …………………………………………………………………… 60

第5章 汽油机混合气的形成与燃烧 …………………………………… 61

5.1 化油器工作原理与可燃混合气成分 ……………………………… 61
　　5.1.1 化油器工作原理 …………………………………………… 61
　　5.1.2 可燃混合气成分 …………………………………………… 62
5.2 汽油机混合气的形成与燃烧过程 ………………………………… 62
　　5.2.1 汽油机混合气的形成 ……………………………………… 62
　　5.2.2 汽油机正常燃烧过程 ……………………………………… 63
　　5.2.3 汽油机的不正常燃烧 ……………………………………… 65
5.3 汽油机的燃烧室 …………………………………………………… 66
　　5.3.1 对燃烧室的要求 …………………………………………… 66
　　5.3.2 常用典型燃烧室 …………………………………………… 67
5.4 影响汽油机燃烧过程的因素 ……………………………………… 69
　　5.4.1 影响燃烧过程的使用因素 ………………………………… 69
　　5.4.2 影响燃烧过程的结构因素 ………………………………… 73
　　5.4.3 排气污染控制措施 ………………………………………… 73
5.5 工程应用实例 ……………………………………………………… 77
　　5.5.1 浴盆形燃烧室的概况与分析 ……………………………… 77
　　5.5.2 浴盆形燃烧室的改进与试验 ……………………………… 78
思考题 …………………………………………………………………… 80

第6章 发动机的排放与噪声 …………………………………………… 81

6.1 发动机的排放污染物 ……………………………………………… 81
　　6.1.1 排放污染物分类 …………………………………………… 81
　　6.1.2 排放污染物危害 …………………………………………… 83
　　6.1.3 排放污染物评定指标 ……………………………………… 83
6.2 发动机排放污染物的净化技术 …………………………………… 84
　　6.2.1 排放污染物的机内净化技术 ……………………………… 84
　　6.2.2 排放污染物的机外净化技术 ……………………………… 86
　　6.2.3 非排气污染物控制技术 …………………………………… 89
6.3 发动机的排放法规及测试方法 …………………………………… 90

6.3.1 概述 … 90
6.3.2 排放法规 … 91
6.3.3 排放检测的取样系统 … 92
6.3.4 有害气体成分分析 … 92
6.3.5 微粒及烟度的测量 … 93
6.4 发动机的噪声 … 95
6.4.1 噪声概述 … 95
6.4.2 影响噪声的主要因素 … 96
6.4.3 降低噪声措施 … 97
思考题 … 97

第7章 发动机的特性 … 98

7.1 发动机的工况 … 98
7.1.1 固定式工况 … 98
7.1.2 螺旋桨工况 … 99
7.1.3 车用工况 … 99
7.2 发动机的速度特性 … 99
7.2.1 汽油机速度特性 … 99
7.2.2 柴油机速度特性 … 103
7.3 发动机的负荷特性 … 104
7.3.1 汽油机负荷特性 … 104
7.3.2 柴油机负荷特性 … 105
7.4 发动机的调整特性 … 107
7.4.1 汽油机点火提前角调整特性 … 107
7.4.2 柴油机喷油提前角调整特性 … 107
7.4.3 柴油机的调速特性 … 108
7.5 发动机的万有特性 … 109
7.5.1 万有特性 … 109
7.5.2 汽油机、柴油机万有特性的特点 … 110
7.5.3 万有特性的实用意义 … 110
思考题 … 111

第8章 发动机试验 … 112

8.1 发动机的试验种类 … 112
8.1.1 发动机试验的种类 … 112
8.1.2 发动机试验的有关标准 … 112
8.2 发动机功率与燃油消耗率的测量 … 113
8.2.1 试验台简介 … 113
8.2.2 功率的测量 … 114

8.2.3 燃油消耗率的测量 120
　　　8.2.4 转速的测量 122
　　　8.2.5 流量的测量 123
　8.3 发动机其他参数的测量 124
　　　8.3.1 机械损失功率的测定 124
　　　8.3.2 各缸工作均匀性试验 125
　　　8.3.3 空燃比的测定 125
　8.4 发动机台架试验 127
　　　8.4.1 试验前的准备 127
　　　8.4.2 发动机台架试验方法 128
　　　8.4.3 试验结果的整理 130
　思考题 130

第9章 汽车发动机的发展趋势 131

　9.1 电控技术的发展 131
　　　9.1.1 电控技术在汽油机应用的功能扩展 132
　　　9.1.2 电控技术在柴油机上的应用 137
　9.2 燃烧技术的发展 147
　　　9.2.1 HCCI 燃烧特性 147
　　　9.2.2 HCCI 实现方法 148
　　　9.2.3 HCCI 技术难点 149
　9.3 混合动力驱动技术 149
　　　9.3.1 串联式混合驱动系统 151
　　　9.3.2 并联式混合动力系统 151
　　　9.3.3 混联式混合动力系统 151
　　　9.3.4 ISG 系统 153
　思考题 153

第二篇 汽车理论 154

第10章 汽车动力性 155

　10.1 汽车动力性的评价指标 155
　　　10.1.1 汽车的最高车速 155
　　　10.1.2 汽车的加速能力 155
　　　10.1.3 汽车的爬坡能力 156
　10.2 汽车的驱动力 156
　　　10.2.1 汽车驱动力的形成 156
　　　10.2.2 汽车驱动力的影响因素 157
　　　10.2.3 汽车的驱动力图 160

10.3 汽车的行驶阻力 161
　10.3.1 滚动阻力 161
　10.3.2 空气阻力 164
　10.3.3 坡度阻力 164
　10.3.4 加速阻力 165
10.4 汽车行驶的驱动与附着条件 166
　10.4.1 汽车的驱动力平衡方程 166
　10.4.2 汽车行驶的驱动条件 166
　10.4.3 汽车行驶的附着条件 166
　10.4.4 汽车行驶的驱动与附着条件 167
　10.4.5 附着系数 167
10.5 汽车驱动力-行驶阻力平衡图与动力特性图 169
　10.5.1 驱动力—行驶阻力平衡图 169
　10.5.2 动力特性图 172
10.6 汽车的功率平衡 173
10.7 影响汽车动力性的主要因素 175
　10.7.1 发动机特性 175
　10.7.2 传动系参数 176
　10.7.3 汽车总质量 178
　10.7.4 空气阻力 178
　10.7.5 轮胎尺寸与形式 178
　10.7.6 使用因素 179
思考题 179

第11章 汽车的燃油经济性 180

11.1 汽车燃油经济性的评价指标 180
　11.1.1 等速行驶百公里燃油消耗量 180
　11.1.2 循环工况行驶百公里燃油消耗量 182
11.2 汽车燃油经济性的计算 182
　11.2.1 等速行驶工况燃油消耗量的计算 183
　11.2.2 等加速行驶工况燃油消耗量的计算 184
　11.2.3 等减速行驶工况燃油消耗量的计算 186
　11.2.4 急速停车时的燃油消耗量 186
　11.2.5 整个循环工况的百公里燃油消耗量 186
11.3 影响汽车燃油经济性的因素 187
　11.3.1 汽车结构方面 187
　11.3.2 汽车使用方面 190
　11.3.3 合理组织运输 193
思考题 193

第12章 汽车动力装置参数的确定 194

12.1 发动机功率的选择 194
12.2 最小传动比的选择 195
12.3 最大传动比的选择 197
12.4 传动系挡数与各挡传动比的选择 198
12.5 利用燃油经济性-加速时间曲线确定动力装置参数 201
12.5.1 主减速器传动比的确定 201
12.5.2 变速器与主减速器传动比的确定 202
12.5.3 发动机排量、变速器与主减速器传动比的确定 202
思考题 203

第13章 汽车制动性 204

13.1 概述 204
13.2 制动性的评价指标 205
13.2.1 制动效能 205
13.2.2 制动效能的恒定性 205
13.2.3 制动时的方向稳定性 206
13.3 制动时车轮的受力分析 207
13.3.1 制动器制动力 207
13.3.2 地面制动力 207
13.3.3 制动器制动力、地面制动力与地面附着力关系 208
13.3.4 制动过程中车轮的运动状态与附着系数 208
13.4 汽车的制动效能 210
13.4.1 用制动距离法检验制动效能 211
13.4.2 用制动力法检验制动效能 215
13.4.3 用制动减速度法检验制动效能 215
13.4.4 改善制动效能的措施 216
13.5 制动效能的恒定性 217
13.5.1 制动器摩擦副材料 217
13.5.2 制动器的结构型式 218
13.6 制动时的方向稳定性 219
13.6.1 制动跑偏 219
13.6.2 制动侧滑 220
13.6.3 转向能力的丧失 221
13.7 前、后制动器制动力的比例关系 222
13.7.1 前、后车轮抱死次序 222
13.7.2 制动时地面对前、后车轮的法向反作用力 223
13.7.3 理想的前、后轮制动器制动力分配曲线 224

13.7.4 具有固定比值的前、后制动器制动力与同步附着系数 …… 225
13.7.5 前、后制动器制动力具有固定比值的汽车在不同路面上制动过程分析 …… 227
13.7.6 同步附着系数的选择 …… 227
13.7.7 发动机制动 …… 228
13.8 汽车制动防抱死系统(ABS)和制动辅助系统(BAS) …… 229
13.8.1 制动防抱死系统(ABS) …… 229
13.8.2 制动辅助系统(BAS) …… 234
13.9 汽车驻车制动性 …… 234
思考题 …… 235

第14章 汽车操纵稳定性 …… 236

14.1 汽车的极限稳定性 …… 236
14.1.1 纵向极限稳定性 …… 236
14.1.2 侧向极限稳定性 …… 238
14.1.3 提高极限稳定性的措施 …… 240
14.2 汽车转向时的操纵稳定性 …… 241
14.2.1 轮胎的侧偏现象与特性 …… 241
14.2.2 轮胎侧偏对转向操纵稳定性的影响 …… 242
14.2.3 提高转向操纵稳定性的措施 …… 244
14.3 汽车直线行驶时的操纵稳定性 …… 244
14.3.1 转向轮振动的影响 …… 244
14.3.2 转向轮定位的影响 …… 245
14.3.3 轮胎侧偏的影响 …… 246
14.3.4 提高直线行驶操纵稳定性的措施 …… 247
14.4 汽车的操纵轻便性 …… 248
14.4.1 操纵轻便性的评价指标 …… 248
14.4.2 提高操纵轻便性的措施 …… 248
思考题 …… 249

第15章 汽车平顺性和通过性 …… 250

15.1 汽车行驶的平顺性 …… 250
15.1.1 平顺性的评价指标 …… 250
15.1.2 平顺性的评价方法 …… 252
15.1.3 影响汽车行驶平顺性的结构参数 …… 254
15.2 汽车的通过性 …… 257
15.2.1 汽车通过性的评价指标 …… 257
15.2.2 影响汽车通过性的主要因素 …… 259
思考题 …… 262

第一篇　汽车发动机原理

发动机是汽车的动力来源,发动机的性能直接影响汽车的性能、可靠程度和寿命。汽油机由于其工作柔和、噪声低、运转平稳和比质量轻,在轿车和轻型车上应用广泛。近年来由于新技术的不断发展及其在汽车上的应用,汽油机在燃油经济性方面有了较大的改善。柴油机是载货汽车的主要动力,其最大优点是功率大、热效率高和经济性好,一般柴油机的燃油消耗率比汽油机低30%~40%。所以,近年来柴油机汽车发展迅速,尤其在载货汽车和客车及工程汽车领域,甚至在轿车领域柴油机的发展也是不可估量的,在汽车工业发达国家轿车柴油机化的比例很高。

现代高性能柴油机的循环热效率高达40%以上,汽油机的循环热效率也可达到30%左右。功率覆盖面大、转速范围宽、应用范围广是车用发动机的主要优点,而汽车发动机对大气的污染和对能源的消耗是当今面临的长期问题。进入21世纪,发动机电子控制技术的发展使得发动机动力性、经济性和排放性能指标有了很大的改善。

汽车发动机原理是以提高发动机性能为主要研究目标,通过对发动机工作过程的各个阶段进行研究,分析影响发动机性能的诸多因素,研究提高发动机性能的具体措施,不断改善发动机的动力性、经济性和排放性能。

第1章 发动机的性能指标

发动机的性能指标很多,主要有动力性能指标(功率、转矩和转速)、经济性能指标(燃料与润滑油消耗率)、运转性能指标(冷起动性能、噪声和排气品质)及耐久可靠性指标等。发动机的质量主要通过以上性能指标进行评定,但在评定时要把各种性能指标有机地结合起来。本章主要阐述发动机的理论循环和实际循环,发动机的动力性、经济性及运转性能指标,并通过对它们的分析,从中找出影响发动机性能的主要因素。

1.1 发动机的理论循环

发动机的实际工作过程是由一系列非常复杂的物理化学变化过程组成的,在工程热力学中通常将发动机实际工作循环加以抽象和简化,忽略一些次要影响因素,形成由几个基本热力过程所组成的理论循环,以便做定量分析。用理论循环代替复杂的实际循环,进行理论分析和计算,可以用较简单的公式说明影响发动机性能的某些重要因素,从而指明提高发动机动力性和经济性的方向。最简单的理论循环为空气标准循环,其简化的假设条件如下:

(1) 假设工质为理想气体,循环过程中物理和化学性质不变,其比热容为定值。
(2) 假设工质的质量不变,不考虑进排气过程,并忽略漏气影响。
(3) 假设工质的压缩和膨胀均是绝热过程,工质与外界不存在热量交换。
(4) 假设工质燃烧为定压或定容加热过程,排气为定容放热过程。
(5) 假设循环过程为可逆循环,且不考虑实际循环中存在的各种能量损失。

理论循环与实际循环虽然存在一定的差别,但这种抽象、概括和简化是合理的,并接近实际,对理论循环的分析和计算在实际循环中具有一定的指导意义,而且也具有一定的精确性。根据对燃烧过程即加热方式的不同假设,可以得到发动机三种基本理论循环,分别是混合加热循环、定容加热循环和定压加热循环。图1-1为发动机的理论循环示功

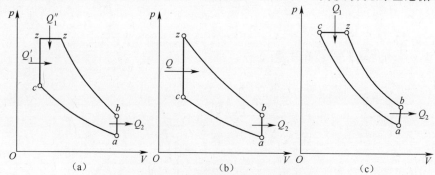

图1-1 发动机理论循环示功图
(a)混合加热循环;(b)定容加热循环;(c)定压加热循环。

图。理论循环是用循环热效率和循环平均压力来衡量的。

1.1.1 基本理论循环

1. 混合加热循环

汽车用柴油机均为高速柴油机,按燃烧过程的特点将其分为两部分,即定容和定压两种加热过程。活塞由下止点向上止点运动速度较快,简化为绝热压缩过程;开始阶段燃烧速度较快,气缸容积变化不大,可简化为定容加热过程,后期燃烧较慢,压力变化不大,可简化为定压加热过程;然后活塞由上止点向下止点运动,燃烧气体膨胀做功,这一过程可简化为绝热膨胀过程,排气过程简化为定容排气。所以车用柴油机的理论循环称为混合加热循环。柴油机的混合加热循环由五个基本热力过程组成:a-c 为绝热压缩过程;c-z' 为定容加热过程,加热量为 Q'_1;z'-z 为定压加热过程,加热量为 Q''_1;z-b 为绝热膨胀过程;b-a 为定容放热过程,放热量为 Q_2。

根据热力学中热量和循环热效率的计算公式,可求出混合加热循环的热效率为

$$\eta_t = 1 - \frac{1}{\varepsilon^{k-1}} \cdot \frac{\lambda \rho^k - 1}{(\lambda - 1) + k\lambda(\rho - 1)}$$

式中　ε——压缩比,$\varepsilon = v_a/v_c$,v_a 为气缸总容积,v_c 为燃烧室容积;

　　　λ——压力升高比,$\lambda = p_z/p_c$;

　　　ρ——预膨胀比,$\rho = v_z/v_c$;

　　　k——绝热指数,理想气体绝热指数是定值,其值取决于气体的原子数,单原子气体为 1.67,双原子气体为 1.4,三原子气体为 1.3。

循环平均压力为单位气缸工作容积所做的循环净功,根据热力学公式和循环平均压力的定义式,可求出混合加热循环的平均压力为

$$p_t = \frac{\varepsilon^k}{\varepsilon - 1} \cdot \frac{p_a}{k - 1} [(\lambda - 1) + k\lambda(\rho - 1)] \eta_t$$

式中　p_a——压缩初始点的压力,即进气终了的压力。

2. 定容加热循环

汽油机在实际工作中,由于燃烧前混合气形成的质量比较好,其燃烧过程时间短、速度快,接近于对缸内气体进行定容加热过程,其余过程和混合加热循环类似,所以汽油机的理论循环又称为定容加热循环。定容加热循环实际可看作预膨胀比 $\rho = 1$ 时的混合加热循环。定容加热循环由四个基本热力过程组成:a-c 为绝热压缩过程;c-z 为定容加热过程,加热量为 Q_1;z-b 为绝热膨胀过程;b-a 为定容放热过程,放热量为 Q_2。

将 $\rho = 1$ 代入混合加热循环热效率和平均压力计算式,分别得出定容加热循环的热效率和平均压力为

$$\eta_t = 1 - \frac{1}{\varepsilon^{k-1}}$$

$$p_t = \frac{\varepsilon^k}{\varepsilon - 1} \cdot \frac{p_a}{k - 1} (\lambda - 1) \eta_t$$

3. 定压加热循环

高增压低速柴油机和燃气轮机的工作过程接近定压加热循环,由于受燃烧最高压力

的限制,加热过程在定压条件下缓慢完成,负荷的增加使得热效率下降。定容加热循环实际可看作压力升高比 $\lambda = 1$ 时的混合加热循环。定压加热循环由四个基本热力过程组成: a-c 为绝热压缩过程; c-z 为定压加热过程,加热量为 Q_1; z-b 为绝热膨胀过程; b-a 为定压放热过程,放热量为 Q_2。

将 $\lambda = 1$ 代入混合加热循环热效率和平均压力计算式,分别得出定压加热循环的热效率和平均压力为

$$\eta_t = 1 - \frac{1}{\varepsilon^{k-1}} \cdot \frac{\rho^k - 1}{k(\rho - 1)}$$

$$p_t = \frac{\varepsilon^k}{\varepsilon - 1} \cdot \frac{p_a}{k - 1} k(\rho - 1) \eta_t$$

根据上述三种理论循环的热效率表达式不难得出:当初始状态一致且加热量及压缩比相同时,定容加热循环的热效率最高,定压加热循环的热效率最低,混合加热循环介于两者之间;当最高燃烧压力和加热量相同但压缩比不相同时,定压加热循环的热效率最高,定容加热循环的热效率最低,混合加热循环仍介于两者之间。

1.1.2 理论循环的影响因素

根据上述公式分析得出,影响理论循环热效率和平均压力的因素有:压缩比 ε、压力升高比 λ、预膨胀比 ρ、绝热指数 k 和进气终了的压力 p_a。

1. 压缩比

随着压缩比 ε 的提高,三种循环的热效率 η_t 和平均压力 p_t 均提高。这是因为提高压缩比,可以提高压缩终了的温度和压力,在定容加热量一定时,缸内最高压力提高,从而使膨胀过程的平均压力提高,膨胀过程活塞的有效行程增大,膨胀过程做功增加;提高压缩比,也意味着有利于高温高压气体的充分膨胀,不仅可获得更多的膨胀功,也可降低膨胀终了的温度,从而减少废气带走的热量损失。综上所述,在循环加热量和气缸工作容积一定时,提高压缩比,可增加循环功和减少热量损失,从而使循环热效率和平均压力提高。在定压加热循环和混合加热循环中也一样。图 1-2 所示为定容加热循环热效率与压缩比的关系,压缩比较小时,随着压缩比提高,热效率增加很快,但压缩比较大时,再提高压缩比效果就不明显了。但在实际循环中,提高汽油机压缩比受爆震燃烧的限制,而柴油机在压缩比达到 22 以上后,热效率的提高就不太明显了,相反压力的提高却对机体和零件的强度带来了考验。

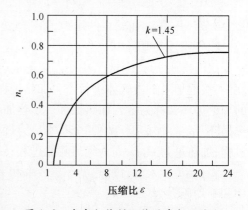

图 1-2 定容加热循环热效率与压缩比

2. 压力升高比

在定容加热循环中,压力升高比随着循环加热量 Q_1 的增加而加大,且 λ 值成正比加大。若 ε 保持不变,λ 增大则平均压力增加,循环放热量 Q_2 亦相应增加。即 η_t 不变,p_t 提高。

在混合加热循环中,当压缩比和总加热量一定时,提高压力升高比 λ,预膨胀比 ρ 相应减小,相应 Q_2 减小,使循环热效率和平均压力提高。

3. 预膨胀比

在等压加热循环中,若 ε 保持不变,随着加热量 Q_1 增加,ρ 值加大,η_t 下降。

在混合加热循环中,当循环总加热量 Q_1 和 ε 保持不变时,若 ρ 值增大,意味着等压加热部分增大,同样 η_t 下降。

4. 绝热指数

绝热指数 k 对循环热效率的影响如图 1-3 所示,在压缩比一定时,随着绝热指数的增加,循环热效率提高。绝热指数的大小取决于工质的种类,发动机工作时混合气的浓度是变化的,混合气绝热指数也随混合气浓度而变化。混合气蒸气浓度增加时,绝热指数减小,循环热效率也随之降低;但随混合气浓度增加,循环加热量增加,所以循环平均压力

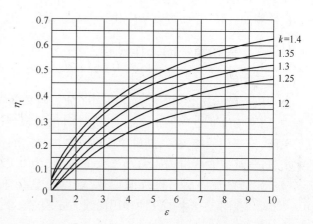

图 1-3 定容加热循环热效率与压缩比的关系

增大。反之混合气变稀,绝热指数增加,热效率也增加。实际上发动机的工质是无法选择的。

5. 进气终了的压力

进气终了的压力 p_a 仅对循环平均压力产生影响,在其他参数一定时,随着进气终了压力的提高,气缸内最高温度和压力都会有所提高,循环平均压力也提高。

从理论循环中所得到的结论用于指导实践时,必须考虑到发动机实际工作条件的约束和限制:

(1) 结构条件的限制。从理论循环的分析得知,提高压缩比和压力升高比对提高循环热效率起着有利的作用,但会使循环最高压力急剧升高,从而会对零件的承载强度要求更高,同时降低了发动机的使用寿命和使用可靠性,为此必然增加发动机的质量,造成发动机体积与制造成本的增加。因此,用提高压缩比和压力升高比的方法来提高循环热效率时应权衡考虑。

(2) 机械效率的限制。不加限制地提高压缩比和压力升高比反而会使机械效率下降,会产生提高压缩比和压力升高比带来的动力性增加量由于摩擦损失的增加而减少其至消失。

(3) 燃烧方面的限制。压缩比过高时汽油机容易产生爆燃和表面点火等不正常燃烧现象。对于柴油机,过高的压缩比将使压缩终了的气缸容积很小,制造工艺极为困难,燃烧室的设计难度增加,不利于燃烧的高效进行。

目前,柴油机的压缩比 ε 一般为 14~22,最高循环压力 $p_z = 7 \sim 14\text{MPa}$;汽油机的压缩比 ε 一般为 6~12,最高循环压力 $p_z = 3 \sim 9\text{MPa}$。

1.2 发动机的实际循环

四冲程发动机实际循环由进气、压缩、做功和排气四个冲程组成,其中压缩与做功冲程之间由燃烧过程交叉连接,相当于有五个热力过程。如图1-4所示,这四个冲程的工作情况直接影响发动机的性能,通过对实际循环的研究以及与理论循环的比较,分析影响发动机性能的各种因素,可以从中找到提高发动机性能的途径。

1.2.1 实际循环的工作过程

1. 进气冲程

发动机连续运转必须不断吸入新鲜工质。吸入新鲜工质的冲程即是进气冲程。进气冲程中,活塞由上止点向下止点运动,进气门在活塞到达上止点前打开,在活塞到达下止点后关闭,排气门始终关闭,新鲜工质在气缸内真空的作用下被吸入气缸。由于进气系统的阻力,进气终了时气缸内压力小于大气压力,为0.075~0.095MPa,而工质受到残余废气、气缸壁、活塞顶等高温机件的加热,温度总是高于大气温度,进气终了温度一般为310~400K。在图1-4中进气冲程用曲线 $r-a$ 表示。汽油机和柴油机在进气结束时温度和压力一般为:

汽油机　　$P_a = 0.080 \sim 0.095$MPa　　$T_a = 310 \sim 340$K;

柴油机　　$P_a = 0.075 \sim 0.090$MPa　　$T_a = 370 \sim 400$K。

进气冲程进行的好坏直接影响发动机动力性。由理想气体状态方程可知,在气缸容积一定时,提高进气终了压力、降低进气终了温度可增加进气量。进气量的增加意味着循环做功能量的增强,循环热效率一定时,可提高发动机动力性。故在实际发动机工作过程中,进气门的迟后关闭角对发动机性能影响最大。

2. 压缩冲程

压缩冲程中吸入气缸内的工质在压缩冲程中压力和温度急剧升高,为其着火燃烧创造了有利的条件。压缩冲程是一个复杂的多变过程,其间有热交换和漏气损失。在图1-4中压缩冲程用曲线 $a-c$ 表示。在这个冲程中,排气门关闭,进气门也在活塞到达下止点后不久关闭,活塞由下止点向上止点运动,缸内气体受到压缩后温度和压力不断上升。气体被压缩的程度称为压缩比,压缩比是发动机的重要结构参数之一,压缩比过低会使发动机动力性、经济性和排放性下降,提高压缩比又受到机件强度和不正常燃烧的限制,一般发动机的压缩比为:

汽油机　　$\varepsilon = 6 \sim 12$;

柴油机　　$\varepsilon = 14 \sim 22$。

发动机的实际压缩过程是一个复杂的热力过程。压缩开始时进入气缸的新鲜气体温度较低,气体从接触的高温机件上吸收热量;随着压缩过程的进行,气体温度不断升高,到某一瞬时气体与接触的高温机件温度相等时,与外界没有热量交换;此后,随着气体温度的继续升高,高温气体又会向与之接触的机件放热。在实际发动机压缩过程中,气缸内气体的平均温度总是高于与之接触的机件,所以不可避免地存在传热损失,此外气体泄漏和摩擦也会造成能量损失。发动机气缸密封不良,压缩终了的压力过低,会导致发动机动力

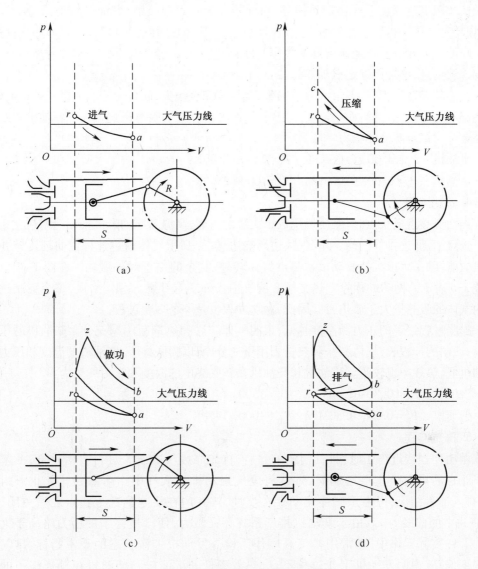

图 1-4 四冲程发动机的示功图
(a)进气冲程;(b)压缩冲程;(c)做功冲程;(d)排气冲程。

性、经济性下降,使用中出现动力不足、起动困难、燃料消耗增加等故障现象。汽油机和柴油机在压缩结束时的温度和压力一般为:

汽油机　$P_c = 0.80 \sim 2.00$ MPa　$T_c = 600 \sim 750$ K；

柴油机　$P_c = 3.00 \sim 5.00$ MPa　$T_c = 750 \sim 950$ K。

3. 燃烧过程

燃烧过程发生在活塞位于上止点前后,进排气门均关闭。混合气发生外源点火或自行着火燃烧,燃烧过程的作用是将燃料的化学能转化为热能,使工质的温度和压力升高。由于燃烧没有明显的界线,燃烧越靠近上止点,放出热量越多,热效率越高。燃烧过程中气缸内的容积变化很小,汽油机的燃烧过程接近定容加热循环,原因是汽油机的可燃混合气在火花塞点火之前已基本形成,火花塞在上止点前点火,火焰迅速传播到整个燃烧室。

柴油机的燃烧过程接近混合加热循环,喷油器在上止点前喷油,燃油微粒迅速与空气混合,在高温高压下自燃。开始时,燃烧速度很快,工质温度、压力剧增,接近定容加热;后来一面喷油,一面燃烧,燃烧速度逐渐缓慢,又因活塞下移,气缸容积加大,压力升高不大,而温度继续上升,燃烧接近定压加热。

在实际燃烧过程中,不仅有散热损失,燃烧不完全损失,而且无论汽油机还是柴油机,燃烧都不是瞬时完成的,而是需要一定时间,因此还存在非瞬时燃烧损失。汽油机和柴油机在燃烧时最高温度和压力一般为:

汽油机　$P_z = 3.00 \sim 6.00$ MPa　$T_z = 2200 \sim 2800$ K;

柴油机　$P_z = 6.00 \sim 9.00$ MPa　$T_z = 2000 \sim 2500$ K。

4. 做功冲程

当活塞接近上止点时,工质燃烧放出大量的热能,高温高压的燃气推动活塞从上止点向下止点运动,进排气门均关闭,气体边燃烧边做功,高压气体通过连杆使曲轴旋转并输出机械能,除了用以维持发动机本身继续运转外,其余的用于对外做功。在图1-4上用曲线 z-b 表示。做功冲程除有热交换和漏气损失外还有补燃。总体来说,整个膨胀过程缸内气体的吸热量大于放热量。因此,做功冲程也是一个多变过程。

膨胀过程终了的压力和温度越低,说明气体膨胀和热量利用越充分。柴油机的压缩比高,活塞的冲程长,气体膨胀和热量利用更充分,所以膨胀终了,柴油机的温度和压力较汽油机低,热效率也较高。汽油机和柴油机在膨胀终了的温度和压力一般为:

汽油机　$P_b = 0.30 \sim 0.60$ MPa　$T_b = 1500 \sim 1700$ K;

柴油机　$P_b = 0.20 \sim 0.50$ MPa　$T_b = 1000 \sim 1400$ K。

5. 排气冲程

做功冲程接近终了时,排气门提前开启,首先靠废气的压力进行自由排气,活塞到达下止点后再向上止点运动时,继续将废气强制排到大气中。活塞到达上止点附近时,排气冲程结束,但由于气体流动存在惯性,排气门在活塞到达上止点之后关闭,见图1-4中的曲线 b-r。由于发动机排气系统存在阻力,使排气终了的压力略高于大气压力。在实际工作中,也常用排气温度作为检查发动机工作状态的技术指标,排气终了温度偏高,说明发动机工作过程不良,热效率低。汽油机和柴油机在排气终了的温度和压力一般为:

汽油机　$P_r = 0.105 \sim 0.120$ MPa　$T_r = 900 \sim 1200$ K;

柴油机　$P_r = 0.105 \sim 0.120$ MPa　$T_r = 700 \sim 900$ K。

1.2.2　实际循环与理论循环的比较

发动机的理论循环只是实际循环的一种理想模型,理论循环不可能完全取代实际循环,发动机实际循环与理论循环相比,存在许多不可逆损失,由于诸多因素的影响,实际循环的各项性能指标总是低于理论循环,即实际循环不可能达到理论的程度。但为改善实际循环使其更接近理论循环,了解实际循环与理想循环的差别非常必要,可以为提高发动机工作过程的完善程度指明方向。如图1-5所示,实际循环与理想循环相比,主要存在以下各种损失。

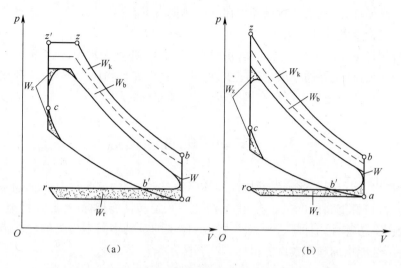

图 1-5　发动机实际循环与理论循环的比较
(a)柴油机;(b)汽油机。

1. 实际工质损失

实际循环中的工质并非理想的双原子气体,且循环过程中物理化学性质是改变的。汽油机燃烧前的工质为混合气和残余废气的混合物,燃烧后为废气;柴油机燃烧前的工质为空气和残余废气的混合物,燃烧后为废气。理论循环中假设工质比热容是定值;而实际气体比热容是随温度的升高而上升的,对于相同的加热量,实际循环所能达到的最大燃烧温度小于理论循环的,结果使循环热效率下降。实际循环还存在泄漏,使工质数量减少,这意味着同样的加热量,在实际循环中所引起的压力和温度的升高要比理论循环的低得多,其结果是循环热效率低,循环所做的功减少。实际工质损失在图 1-5 中用 W_k 表示。

2. 换气损失

理论循环是闭式循环,没有工质的更换,不考虑发动机的进排气过程,也没有任何形式的流动阻力损失。实际发动机工作时,存在工质的更新,即必须在进气过程将新鲜工质吸入气缸,在排气过程将气缸内的废气强制排出,而且克服进排气系统的阻力还会消耗部分机械功,这就是实际循环存在的泵气损失 W_r。换气过程中因排气门在下止点前必要的提前开启而产生的损失为提前排气损失 W,泵气损失和提前排气损失之和称为换气损失。

3. 燃烧损失

实际发动机的燃烧过程不可能在瞬间完成,也就是说不可能实现理论循环中的定容加热或定压加热过程。为使燃烧过程在上止点附近完成,必须在上止点前使混合气着火开始燃烧,到上止点后燃烧过程结束。实际燃烧速度的有限性与后燃及不完全燃烧的存在,使实际循环与理论循环存在差距。上止点前的燃烧使活塞在压缩过程消耗的功增加,而上止点后的燃烧使最高压力下降,循环净功减少,这就是实际循环存在的燃烧损失 W_z。

4. 传热损失

理论循环中将压缩和膨胀过程看作绝热过程,实际循环中,气缸内的工质与外界自始至终存在热量传递,而且大多数时间都有工质向外界放热,由于上述各项损失的存在,所以工质的实际做有用功的热量减少,做功过程的平均压力降低,循环功减少,实际循环热效率低于理论循环，这就是实际循环存在的传热损失 W_b。

5. 不完全燃烧和摩擦损失

在混合气过浓或混合气形成不良时，燃料存在燃烧不完全现象，燃料的化学能不能通过燃烧完全释放，使实际循环加热量减少，循环热效率和平均压力下降，这种损失称为不完全燃烧损失。实际循环中还存在机械运动造成的摩擦损失。

1.3 发动机的性能指标

发动机的性能指标是评价发动机性能好坏的参数，主要包括动力性能指标（功率、转矩和转速）、经济性能指标（燃料与润滑油消耗率）、运转性能指标（冷起动性能、噪声和排气品质）及耐久可靠性指标等。根据建立指标体系的基础不同发动机的性能指标可分为两大类：指示性能指标和有效性能指标。

1.3.1 指示性能指标

指示性能指标是以工质对活塞所做的功为基础的指标，用来评定发动机工作循环的状况。

1. 平均指示压力

平均指示压力是指发动机单位气缸工作容积在每一循环内所做的指示功，用符号 p_i 表示，单位为 kPa，相当于一个平均不变的压力在发动机整个循环中作用在活塞上，其效果与变化的气体压力相当，使活塞移动一个冲程所做的功等于循环指示功。

$$p_i = W_i / V_h$$

式中 　W_i ——循环指示功（J）；

　　　V_h ——气缸工作容积（L）。

循环指示功是指每循环内工质对活塞所做的有用功，其大小为示功图上有用功的面积减去泵气损失的面积。发动机每循环做功的多少与气缸工作容积有关，平均指示压力越高，则同样大小的气缸工作容积的利用程度就越好。所以用平均指示压力能更准确地评定发动机循环动力性的好坏。

平均指示压力一般为：

汽油机　$p_i = 700 \sim 1300 \text{kPa}$；

柴油机　$p_i = 650 \sim 1100 \text{kPa}$。

2. 指示功率

指示功率是指发动机在单位时间内所做的指示功，用符号 P_i 来表示，单位为 W，由于 W 的单位很小，所以常用 kW 为单位。发动机每工作循环所做的指示功 $W_i = i p_i V_h$，每秒的工作循环次数为 $k = 2n/(60\tau)$。

$$P_i = W_i / t = \frac{p_i V_h i n}{30 \tau} \cdot 10^{-3}$$

式中 　τ ——冲程数；

　　　i ——气缸数；

n —— 发动机转速(r/min)。

3. 指示燃油消耗率

指示燃油消耗率是指单位指示功的耗油量,又称指示比油耗,用符号 g_i 来表示,常用单位为 g/(kW·h)。当发动机的指示功率为 P_i(kW),每小时耗油量为 G_T(kg/h),则指示燃油消耗率为

$$g_i = \frac{G_T}{P_i} \times 10^3$$

指示燃油消耗率是评定发动机实际循环经济性的重要指标之一,其数值一般为:

汽油机　$g_i = 230 \sim 340$ g/(kW·h);
柴油机　$g_i = 170 \sim 200$ g/(kW·h)。

4. 指示热效率

指示热效率是指发动机实际循环指示功与所消耗热量之比,即

$$\eta_i = \frac{W_i}{Q_1}$$

Q_1 为做 W_i 指示功所消耗的热量,按所消耗的燃料量与燃料的热值来计算,燃料的热值是指单位质量的燃料燃烧后放出的热量,其数值取决于燃料本身的性质。若已知发动机的指示功率为 P_i(kW),每小时耗油量为 G_T(kg/h),所用燃料的低热值为 H_u(kJ/kg),则

$$\eta_i = \frac{3.6 \times 10^3 P_i}{G_T H_u} = \frac{3.6 \times 10^6}{g_i H_u}$$

指示热效率也是评定发动机实际循环经济性的重要指标,其数值一般为:

汽油机　$\eta_i = 0.25 \sim 0.40$;
柴油机　$\eta_i = 0.43 \sim 0.50$。

1.3.2　有效性能指标

有效性能指标是以发动机曲轴上输出的功率为基础的指标,可用来评定整个发动机工作性能的好坏。

1. 有效功率

有效功率是指从发动机曲轴上输出的功率,用符号 P_e 表示,单位为 kW。在数值上为指示功率 P_i 与机械损失功率 P_m 的差值,即

$$P_e = P_i - P_m$$

机械损失功率是指发动机在内部传递动力的过程中损失的功率,主要包括摩擦损失、驱动附件的损失和泵气损失。发动机工作中,机械损失是不可避免的,机械损失功率和有效功率均可通过试验的方法确定。

2. 平均有效压力

平均有效压力是指发动机单位气缸工作容积输出的有效功,用符号 p_e 来表示,单位为 kPa,即

$$p_e = W_e / V_h$$

式中　W_e ——循环有效功(J);
　　　V_h ——气缸工作容积(L)。

与平均指示压力和指示功率的关系类似,平均有效压力和有效功率的关系为

$$P_e = W_e/t = \frac{p_e V_h i n}{30\tau} \cdot 10^{-3}$$

平均有效压力越高,有效转矩越大,发动机的动力性好,平均有效压力一般为:

汽油机　$p_e = 650 \sim 1200 \mathrm{kPa}$;

柴油机　$p_e = 600 \sim 950 \mathrm{kPa}$。

3. 有效转矩

有效转矩是指发动机曲轴上输出的转矩,用符号 M_e 表示,单位为 N·m。在实际工作中,一般通过台架试验直接测量发动机的有效转矩和转速,计算出发动机的有效功率 P_e。

$$P_e = M_e \cdot \frac{2\pi n}{60} \cdot 10^{-3} = \frac{M_e n}{9550}$$

式中　M_e ——有效转矩(N·m);
　　　n ——发动机转速(r/min)。

4. 升功率

单位气缸工作容积所发出的有效功率,用符号 P_L 表示,单位为 kW/L。

$$P_L = \frac{P_e}{i V_h} = \frac{p_e n}{30\tau} \times 10^{-3}$$

式中　i ——气缸数;
　　　V_h ——气缸工作容积(L)。

发动机的升功率与平均有效压力和转速的乘积成正比,升功率反映发动机气缸工作容积的利用程度,可反映发动机结构的紧凑性。发动机有效功率一定时,升功率越高,发动机的体积就越小。提高平均有效压力和转速是提高升功率的有效措施。

5. 有效燃油消耗率

有效燃油消耗率是指单位有效功的耗油量,又称有效比油耗,用符号 g_e 来表示,常用单位为 g/(kW·h)。当发动机的有效功率为 P_e(kW),每小时耗油量为 G_T(kg/h),则有效燃油消耗率为

$$g_e = \frac{G_T}{P_e} \times 10^3$$

有效燃油消耗率是评定发动机实际循环经济性的重要指标之一,其数值一般为:

汽油机　$g_e = 270 \sim 410 \mathrm{g/(kW \cdot h)}$;

柴油机　$g_e = 215 \sim 290 \mathrm{g/(kW \cdot h)}$。

6. 有效热效率

有效热效率是指发动机实际循环有效功与所消耗热量之比,即

$$\eta_e = \frac{W_e}{Q_1}$$

式中　Q_1——做 W_e 有效功所消耗的热量。

$$\eta_e = \frac{3.6 \times 10^3 P_e}{G_T H_u} = \frac{3.6 \times 10^6}{g_e H_u}$$

有效热效率也是评定发动机经济性的重要指标，其数值一般为：

汽油机　$\eta_e = 0.20 \sim 0.30$；

柴油机　$\eta_e = 0.30 \sim 0.50$。

由此可见，柴油机的热效率比汽油机的高，经济性比汽油机好。

1.3.3　运转性能指标

发动机运转性能主要指排放性能、噪声及冷起动性能等。

1. 排放性能

（1）有害气体。发动机排放的废气对大气的污染已形成公害，为此，各国均采取对策，并制定相应的控制法规，限制发动机的污染排放。发动机排放的有害气体主要是氮氧化合物（NO_x）、碳氢化合物（HC）及一氧化碳（CO），各国制定的排放标准主要限制这三种危害最大的气体排放量。

（2）排气颗粒。排气颗粒指发动机排出的除水以外任何液态和固态微粒。

2. 噪声

噪声会刺激神经，使人心情烦躁、血压升高、反应迟钝、耳聋及产生神经系统疾病。汽车噪声污染越来越受重视，发动机噪声是汽车的主要噪声，所以必须加以控制。如我国噪声标准中规定轿车噪声不得大于84dB(A)。

3. 冷起动性能

冷起动性能主要是指发动机在低温条件下起动的可靠性，它直接影响发动机的燃料经济性和使用寿命，是评定发动机工作可靠性的重要指标。我国标准规定，不采用特殊的低温起动措施，汽油机在-10℃和柴油机在-5℃以下的气温条件下，15s内发动机用起动机应能顺利起动。

1.3.4　机械效率

1. 机械效率

机械效率是指有效功率与指示功率的比值，用符号 η_m 表示为

$$\eta_m = \frac{P_e}{P_i} = \frac{p_e}{p_i} = 1 - \frac{P_m}{P_i} = 1 - \frac{p_m}{p_i}$$

可用机械效率来比较不同发动机机械损失的大小。机械效率越高，机械损失越小，发动机的性能越好。在任何情况下，为提高发动机的性能，都应尽可能减少机械损失，提高机械效率。发动机的机械效率一般为：

汽油机　$\eta_m = 0.70 \sim 0.90$；

柴油机　$\eta_m = 0.70 \sim 0.85$。

根据机械效率、有效热效率和指示热效率的定义式，可得三者之间的关系为

$$\eta_e = \eta_i \eta_m$$

2. 机械损失的组成及测定

1) 机械损失的组成

在机械传动中,机械损失都是不可避免的。发动机的指示功率在其内部传递过程中,也必然存在机械损失,这些损失主要包括:

(1) 摩擦损失。发动机曲柄连杆机构和配气机构中运动件摩擦造成的损失。

发动机工作中,活塞和活塞环、主轴颈与主轴承、连杆轴颈与连杆轴瓦之间均存在摩擦损失,其中活塞和活塞环与气缸壁之间的摩擦损失最大,这部分占全部摩擦损失的75%～80%,这是因为其摩擦面积较大,相对运动速度高,且润滑条件相对差。其次是轴承与轴颈之间的摩擦损失,气门传动机构的摩擦损失。

(2) 驱动附件损失。发动机正常工作时,必须驱动冷却水泵、发电机、机油泵、输油泵和风扇等一些必要的附件,驱动这些附件必然会消耗发动机的指示功率。

(3) 泵气损失。在测定发动机的机械损失时,很难将泵气损失与其他机械损失分离开,所以通常将泵气损失包括在机械损失中。

不同类型发动机各部分机械损失所占的百分比差别很大,一般机械损失所消耗的功率占指示功率的10%～30%。降低发动机机械损失,特别是摩擦损失,是提高发动机性能的重要途径之一。

2) 机械损失的测定

机械损失功率可通过试验的方法测定,常用的试验方法有倒拖法、灭缸法、示功图法和油耗线法等。

(1) 倒拖法。利用倒拖法测定机械损失功率时,将发动机与电力测功器相连,首先使发动机在给定工况下稳定运转,当发动机冷却水和机油达到正常工作温度后,熄火发动机(柴油机切断供油,汽油停止点火),然后立即用电力测功器以给定转速倒拖发动机运转,并维持冷却水和机油温度不变,电力测功器所测得的倒拖功率即为发动机在给定工况下的机械损失功率。根据测得的机械损失功率和有效功率可计算机械效率。

(2) 灭缸法。当发动机调整到稳定工况工作后,先测出其有效功率,然后在供油拉杆或节气门位置不变的情况下停止向某一气缸供油或点火,并用减少制动力矩的方法迅速将转速恢复到原来的数值,重新测定其有效功率。如果灭缸后其他各缸的工作情况没有变化,则被熄灭的气缸的指示功率为两次有效功率之差。如此反复依次测得各缸指示功率得到发动机指示功率,根据有效功率和指示功率得到机械损失功率,从而算得机械效率。

(3) 示功图法。运用各种示功器获取气缸的示功图,从发动机示功图上计算指示功和指示功率,在测功器上测得发动机的有效功率,可以算出机械损失功率,从而算得机械效率。多缸发动机中,各缸存在着一定的不均匀性,试验中如果用某一缸示功图代表其他各缸,会引起一定的误差。

(4) 油耗线法。在柴油机转速不变的情况下进行负荷特性试验,求出发动机在给定转速下每小时燃油消耗量和平均有效压力的关系曲线。如果延长每小时燃油消耗量曲线并求出与横坐标的交点,即为平均机械损失压力,根据公式可得出机械效率,即

$$\eta_m = \frac{p_e}{p_e + p_m}$$

3. 影响机械效率的因素

1) 点火提前角或供油提前角

汽油机的点火提前角和柴油机的供油提前角直接影响实际循环指示功和缸内最高压力。汽油机的点火提前角过大,不但有可能发生爆震燃烧,还会使提前燃烧的损失大大增加,循环指示功减少,同时也会增大缸内最高压力,使活塞侧压力和轴承负荷增大,气缸摩擦损失增加,这些均会导致机械效率降低。点火提前角过小,则会使上止点后的燃烧损失增加,循环指示功也会减少,尽管机械损失也有所减少,但机械损失减少的比例小于循环指示功的减少,所以机械效率仍会下降。柴油机的喷油提前角过大或过小同样发生类似机械效率下降的现象。因此,汽油机的点火提前角和柴油机的供油提前角不易过大或过小,必须根据发动机的转速和负荷等合理选择。

2) 发动机转速

随着发动机转速提高,各摩擦表面间的相对运动速度加大,摩擦损失增加;同时由于转速上升而引起运动件的惯性力加大,致使活塞侧压力和轴承负荷增加,也会使气缸和活塞的摩擦损失增加。此外,转速提高,还会使泵气损失及驱动附件的机械损失增加。所以随着发动机转速的提高,机械损失功率增加,机械效率下降。根据试验统计,机械损失功率与转速平方近似成正比,所以转速越高,机械效率下降越快,如图 1-6 所示。这也成为通过提高转速来强化发动机动力性的一大障碍。摩擦损失占所有机械损失的 60%~75%,而活塞、活塞环与气缸壁之间的摩擦损失占总摩擦损失的 70%~80%,因此在通过提高转速来强化发动机动力性时,应尽量减小活塞的运行速度,以减少活塞、活塞环与气缸壁之间的摩擦损失,这对提高机械效率有重要意义。要提高发动机转速,又不使活塞运行速度过高,则应尽量减小活塞行程。目前,轿车发动机的转速均较高,其活塞行程与缸径的比值也比较小。

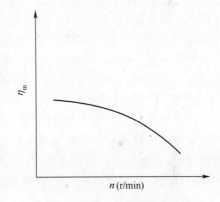

图 1-6 机械效率与转速的关系

3) 发动机负荷

发动机的机械损失主要来自摩擦损失,摩擦损失又取决于机件的相对运动速度与机械负荷。所以当发动机转速一定时,随着负荷增加,平均有效压力增大,各机件承受的机械负荷增大,摩擦损失增加;但由于转速一定,泵气损失和驱动附件的损失变化不大,所以随着发动机负荷增加,机械损失功率增加较缓慢。随着发动机负荷的增加,油门开度增大,对柴油机意味着每循环供油量增多,对汽油机意味着每循环供给的混合气数量增多,所以循环加热量增加,指示功和指示功率均增长迅速。但发动机负荷较大时,再增加负荷,由于混合气的浓度增大,使不完全燃烧的损失增加,指示功率随负荷增长的速度会减慢。发动机负荷减小时,机械效率下降。在怠速工况下,由于发动机输出轴上无有效功率输出,即发动机的指示功率全部用于克服其内部的机械损失。

4) 润滑油黏度

润滑油的黏度对摩擦损失有重要影响。润滑油的黏度过大,其流动性就会变差,尤其是刚刚起动后的一段时间内,润滑油不易到达各摩擦表面,甚至不能形成边界润滑,使摩擦损失增加;同时随着润滑油黏度增大,曲轴旋转时的阻力增加,影响发动机的冷起动性能。而润滑油黏度过小,其油膜的承载能力低,在机械负荷较大时,容易造成因油膜破裂而失去润滑作用,形成干摩擦。因此,润滑油的黏度过大或过小,均会使机械损失增加,机械效率下降。为减少摩擦损失,提高发动机机械效率,在保证润滑可靠的前提下,应尽量选用黏度较小的润滑油。并在使用中,定期更换润滑油。

5) 发动机工作温度

发动机的工作温度直接影响润滑油的工作温度,而随着润滑油温度的提高,其黏度减小。发动机的工作温度过高或过低,会使润滑油的黏度过小或过大,这些均会导致机械损失增加,机械效率下降。同时,温度过高有时会使润滑油变质。因此,使用中应保持发动机正常的工作温度,一般为80~95℃。此外,发动机的工作温度也直接影响混合气的形成及燃烧过程。发动机工作温度过低,燃料不易蒸发,混合气形成不良,不完全燃烧损失增加,指示功率减小,使机械效率下降。而温度过高,则会导致燃烧过程不正常,汽油机易发生爆燃,也会使指示功率减小,机械效率下降。

即使在正常使用时,发动机起动后,也不可能立即达到正常工作温度,环境不同达到正常工作温度的时间也不同。发动机起动后逐渐升温到正常工作温度所用的时间,通常称为暖机时间。目前,在应用广泛的电控燃油喷射发动机上,均装有怠速控制系统,而且怠速控制系统一般都具有暖机控制(或称快怠速控制)功能,一般用冷起动喷嘴,其目的就是缩短暖机时间,减少机械损失,改善发动机的动力性和燃料经济性。

6) 发动机的技术状况

在发动机使用过程中,应注意正确使用,及时维护和修理,保持发动机良好的技术状况。发动机的技术状况对机械效率的影响也很大。在使用过程中,运动件的自然磨损、机件的变形、老化和意外事故造成的损伤等,均会导致发动机的技术状况变坏,配合间隙变大,密封不良,从而使机械损失增加,指示功率下降,机械效率降低。

1.4 发动机的热平衡

燃料在发动机气缸中发出的总热量其中只有20%~50%能转化为有效功,其他部分都以不同热传递方式散失于发动机之外。研究燃烧中总热量变化过程,通过试验来确定发动机热量的分配情况,得出热量的利用情况称为发动机的热平衡。

1.4.1 发动机消耗热量

在发动机中,热量是由燃料燃烧产生的。假设燃料完全燃烧,则每小时所放出的热量Q_T为

$$Q_T = G_T H_u$$

式中 G_T——发动机每小时燃油消耗量(kg/h);

         H_u——燃料的低热值(kJ/kg)。

1.4.2 转化为有效功的热量

转化为有效功的热量为

$$Q_E = 3600 P_e$$

式中 P_e——发动机有效功率(kW)。

1.4.3 传递给冷却介质的热量

这部分热量包括工质与缸壁的传热损失和通过废气及润滑油传给冷却介质的热量等,即

$$Q_S = G_s c_s (t_2 - t_1)$$

式中 G_s——冷却介质散失的热量流量(kg/h);

c_s——冷却介质比热容(kJ/(kg·℃));

t_1, t_2——冷却介质进出口温度(℃)。

1.4.4 废气带走的热量

废气带走的热量为 Q_R。

1.4.5 余项损失的热量

这部分热量包括所有未计及的损失 Q_L,如驱动附属设备、不完全燃烧及辐射等。

发动机的热平衡 $Q_T = Q_E + Q_S + Q_R + Q_L$

根据发动机不同运行情况,如负荷特性、外特性等所得到的热平衡试验结果可作为设计冷却系统的原始依据,还可以估计强化发动机高温零件的热负荷。

在燃料的总热量中,仅有 20%~50% 的热量转变为有效功,其余均损失掉了,其中主要是废气带走的热量,其次是传给冷却介质的热量。冷却介质带走的热量占总热量的 15%~35%,其中由燃烧、膨胀做功散出的热大约占冷却损失的 15%。长期以来研究绝热发动机就是想回收这部分热损失。

废气带走的热量占总热量的 25%~40%,是发动机损失的最大一部分热量,废气涡轮增压就是发动机利用这部分热量的技术。

思 考 题

1. 简述提高发动机动力性能和经济性能指标的基本途径。
2. 为什么柴油机的热效率要显著高于汽油机?
3. 提高发动机实际循环热效率的基本途径是什么?

第2章 发动机的换气过程

发动机工作中,必须不断地用新鲜气体来取代废气,这一工质更换的过程称为换气过程。发动机的换气过程包括排气过程和进气过程。其任务是排出缸内废气,并吸入新鲜空气或混合气。表征换气过程进行完善程度的主要指标是充气效率的高低和消耗于换气过程中所用功的大小。发动机的换气过程对发动机的动力性、经济性和排放指标有极为重要的影响。为提高发动机的性能,对换气过程的要求是:进气充分,排气彻底,换气损失小。对气缸容积一定的发动机而言,提高动力性的关键是提高充气量,减少上一循环残留在气缸内的废气。如果每循环的充气量增加,燃烧放出的热量就增加,发动机的功率就会提高。通过对发动机的换气过程进行较深入的分析讨论,了解换气过程的进行情况,分析影响换气过程的各种因素,探索提高充气量、减少换气损失的措施。

2.1 四冲程发动机的换气过程

2.1.1 换气过程

四冲程发动机的换气过程是指从排气门开始开启到进气门完全关闭的整个过程。换气过程超过两个活塞行程,占 410°~480° 曲轴转角。换气过程由排气过程和进气过程两阶段组成,排气过程又可分为自由排气和强制排气两个阶段,如图 2-1 所示。

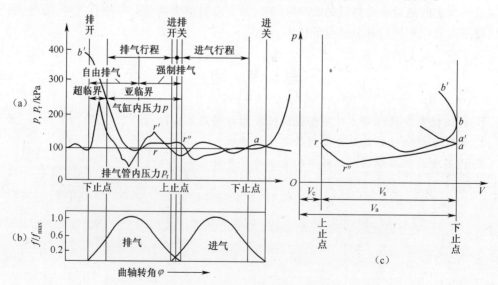

图 2-1 四冲程发动机换气过程

(a)气缸内压力和排气管内压力随曲轴转角变化;(b)进排气门相对流通截面积随曲轴转角变化;(c)气缸压力随容积变化。

1. 排气过程

排气过程是指从排气门开始开启到排气门完全关闭的这段时间,由于排气门的提前开启和延迟关闭,排气过程超过一个活塞行程,约占 220°~290°曲轴转角。

1) 自由排气阶段

从排气门开始开启到气缸内压力降到接近排气管内压力这段时间,由于气缸内压力高于排气管内压力,废气是靠自身的压力差经排气门冲出缸外,所以称之为自由排气阶段。由于受配气机构惯性力的限制,排气门的开闭速度不能过快,从开始开启到最大开度,或从开始关闭到完全关闭,均需要一定的时间。因此,为保证活塞进入排气行程时,排气门有足够的开度,以减小排气损失,必须在做功行程活塞到达下止点前排气门就提前开启。从排气门开始开启到活塞运行至下止点这段曲轴转角,称为排气提前角,一般为 40°~80°曲轴转角。

在排气门刚开启的一段时期内,气缸内压力远远高于排气管内压力,排气的流动处于超临界流动状态,废气以当时缸内气体状态下的声速冲出缸外,此时的废气排出量只取决于排气门的开度和气体状态,而与排气门前后的压力差无关。由于自由排气阶段排气流速很高,自由排气阶段占整个排气时间的比例不大,但由于废气流速快,排出的废气占其总量的 60%~70%。随着超临界状态自由排气阶段大量废气冲出缸外,气缸内压力迅速下降,当气缸内压力低于排气管内压力时,气体仍以惯性向外排出,随后活塞上行缸内压力开始上升。由于气体流速小于声速,排气流动转入亚临界状态,此时的废气排出量取决于排气门开度和排气门前后的压差。直到某一时刻,气缸内压力与排气管内压力基本相等时,自由排气结束,一般为下止点后 10°~30°曲轴转角。

2) 强制排气阶段

活塞由下止点向上止点运动强制推出缸内废气的阶段,称为强制排气阶段。在此阶段中,由于排气系统阻力的影响,气缸内平均压力比排气管内平均压力略高,废气可依靠流动惯性继续排气。排气阻力主要取决于排气门的开启截面和气流速度,而气流速度又取决于发动机转速。在强制排气阶段,若要排气门在活塞到达上止点时就完全关闭,则它必须在上止点前开始关小,这样就会增大排气阶段后期的排气阻力,不仅增加排气损失,同时由于排气终了气缸内残余废气的压力增大,使残余废气量增加。所以实际发动机工作中,排气门都是在活塞到达上止点之后关闭,实现惯性排气,使缸内的废气尽量排得干净。活塞从上止点到排气门完全关闭这段曲轴转角,称为排气迟后角,一般为 10°~30°曲轴转角。排气门迟后关闭,不仅可避免因排气门在上止点前开始关小而增大排气损失和残余废气量,而且可利用废气流动的惯性充分排气。

2. 进气过程

进气过程是指从进气门开始开启到进气门完全关闭的这段时间。由于进气门的提前开启和延迟关闭,进气过程也超过一个活塞行程,占 220°~290°曲轴转角。

为保证进气行程开始时进气门有足够的开度,减小进气损失,必须在排气行程活塞到达上止点前进气门就提前开启。从进气门开始开启到活塞运行至上止点这段曲轴转角称为进气提前角,一般为 10°~30°曲轴转角。

为避免因进气门在下止点前开始关小而增大进气损失,并利用进气流的惯性增加进气量,进气门都是在活塞到达下止点之后关闭。从活塞运行至下止点到进气门完全关闭这段曲轴转角,称为进气迟后角,一般为 40°~80° 曲轴转角。由图 2-1 可以看出,在进气门刚开启的一段时期内,由于气缸内压力高于大气压力,新鲜空气或混合气不可能进入气缸。活塞进入进气行程后,随着活塞下移,气缸内压力迅速下降,直到进气管内压力与气缸内压力最低点的差值足以克服进气阻力和气流惯性时,进气管内气体开始经进气门流入气缸。在随后的进气过程中,进入气缸的气体受到残余废气和高温机件的加热,压力逐渐回升。进气行程的最后阶段,气缸内压力逐步提高,直到进气门关闭时,气缸内的压力接近大气压。

3. 配气相位

进排气门的实际开闭时刻和持续时间相对于上止点的曲轴转角,称为配气相位,通常用曲轴转角(CA)表示。为了最大限度地吸进新鲜空气或混合气和排出废气,尽可能地减小换气损失,必须设法延长进排气的时间。因此,进排气门都提前开启,延迟关闭。进排气过程比一个活塞行程长得多。四冲程内燃机配气相位如图 2-2 所示。进排气门早开晚关的原因是气门开闭都需要一定的时间,速度不能太快。若在活塞到达下止点时,才开始打开排气门,则排气门开始开启时,气门开度极小,废气不能顺利流出,缸内压力来不及下降,活塞上行时有较大的阻力,消耗功增加。如果排气门在上止点关闭,在上止点前开度就要减小,产生较大的节流作用,加之活塞还在上行,使缸内压力上升,排气消耗功增加。在上止点附近,废气尚有一定的流动能量,排气门晚关可以利用气流惯性进一步排除废气。若在上止点时才打开进气门,节流作用大,新鲜空气不能通畅地流入气缸。进气门在下止点后才关闭是为了利用高速气流的惯性,在下止点后继续充气。总之,配气相位的作用是为了进气充分,排气彻底。

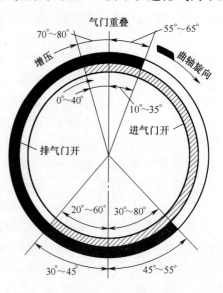

图 2-2 四冲程发动机配气相位

4. 扫气过程

由于进气门的提前开启和排气门的迟后关闭,在排气行程上止点附近进排气门重叠开启的角度,称为气门重叠角。气门重叠角等于进气提前角与排气迟后角之和,一般非增压发动机为 20°~60° 曲轴转角,增压发动机为 80°~160° 曲轴转角。在气门叠开期间,当新鲜空气或混合气流入气缸时,只要合理控制气流方向,废气的惯性排出就会对新鲜气体有抽吸作用,同时,新鲜气体又可驱赶废气并冷却燃烧室,就可利用新鲜空气或混合气进一步扫除缸内废气,这一过程称为扫气过程。气门重叠角过小,扫气过程的作用就不明显,但过大的气门重叠角,可能导致废气倒流,所以发动机必须选择合理的气门重叠角。

2.1.2 换气损失

在换气过程中,不仅进行工质的交换,还存在着功的转换和能量损失。换气损失由排气损失和进气损失两部分组成,如图 2-3 所示。

1. 排气损失

从排气门开始开启到进气行程开始后，气缸内压力达到大气压力时，循环指示功的损失称为排气损失，它可分为提前排气损失和强制排气损失两部分。提前排气损失是指由于排气门提前开启，导致膨胀功减少而引起的损失，图 2-3 中面积 Ⅰ 即表示提前排气损失。强制排气损失是指活塞上行强制推出废气所消耗的功，图 2-3 中面积 Ⅱ+Ⅳ 即表示强制排气损失。

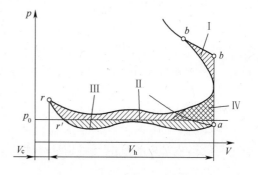

图 2-3　发动机的换气损失
Ⅰ—提前排气损失；Ⅱ+Ⅳ—强制排气损失；
Ⅲ—进气损失；Ⅱ+Ⅲ—泵气损失。

排气提前角对排气损失有重要影响。在发动机转速和气门升程等结构因素一定时，随着排气提前角增大，提前排气损失 Ⅰ 增加，强制排气损失 Ⅱ+Ⅳ 减小；反之，排气提前角减小，提前排气损失 Ⅰ 减小，强制排气损失 Ⅱ 增加。因此，最佳的排气提前角应使面积 Ⅰ+Ⅱ+Ⅳ 之和为最小。最佳的排气提前角不是固定不变的，随着发动机转速提高，在下止点之前自由排气的时间缩短，排出的废气量减少，气缸内压力下降少，虽使提前排气损失减少，但会使强制排气损失大大增加。因此，应随着发动机转速提高适当增大排气提前角，由于结构复杂、成本高、效果不明显等诸多因素的限制，直到目前汽车发动机上还没有采用此项措施。

2. 进气损失

进气损失主要是指进气过程中克服进气系统阻力所消耗的功，以及进气过程中所吸入的新鲜充量的多少，图 2-3 中面积 Ⅲ 即代表进气损失。与排气损失相比，进气损失相对较小，对发动机功率和热效率影响不大。但进气过程对进气量的影响是非常重要的，尤其是进气迟后角。图 2-3 中面积 Ⅱ+Ⅲ 代表泵气损失，四冲程发动机在进排气两个过程中因进气和排气所付出和获得的功之和，这部分损失放在机械损失中加以考虑。

2.2　四冲程发动机的换气过程的评价

换气过程进气是否充分，排气是否彻底，一般用残余废气系数和充气效率来评定。

2.2.1　残余废气系数

残余废气系数 r 是指每循环进气过程结束时，气缸内的残余废气量与实际进入气缸的新鲜充量的比值（质量比或体积比），即

$$r = \frac{m_r}{m} = \frac{V_r}{V}$$

式中　m_r, V_r——进气终了时缸内残余废气的质量和所占的体积；

m, V——进气终了时充入缸内新鲜气体的质量和所占的体积。

为了方便分析残余废气系数的影响因素，寻求改善换气过程的措施，需要推导残

余废气系数的表达式。假设新鲜气体与残余废气的气体常数 R 相等,不考虑进排气门迟后关闭对残余废气量和充气量的影响,排气过程结束时气缸内容积为燃烧室容积 V_c,进气过程结束时气缸内容积为气缸总容积 $V_h + V_c$,应用理想气体状态方程可得

残余废气量
$$m_r = \frac{p_r V_c}{R T_r}$$

进气过程结束时缸内气体总量 $m_a = \dfrac{p_a(V_h + V_c)}{R T_a}$

实际新鲜充量 $m = m_a - m_r$

残余废气系数
$$r = \frac{m_r}{m_a - m_r} = \frac{1}{\dfrac{m_a}{m_r} - 1} = \frac{1}{\dfrac{p_a T_r \varepsilon}{p_r T_a} - 1}$$

式中 p_a, T_a ——进气终了的压力和温度;

p_r, T_r ——排气终了的压力和温度。

残余废气系数主要用来比较不同发动机残余废气量的多少,以评定发动机换气过程进行的完善程度。残余废气系数越低,说明发动机排气越彻底,进气就有可能越充分。如果气缸中残余废气增加,就会导致燃烧恶化,燃油消耗率升高,工作不稳定。

2.2.2 充气效率

充气效率 η_v 是评价发动机换气过程完善程度的指标,是每循环实际进入气缸的新鲜充量与进气状态下充满气缸工作容积的新鲜充量之比。充气效率越大,表示实际进入气缸中的新鲜气体量越多,也就是换气过程越完善,气缸工作容积的利用率越高,即

$$\eta_v = \frac{m}{m_0} = \frac{m_a - m_r}{m_0}$$

式中 m_0 ——进气状态下充满气缸工作容积的新鲜充量的质量;

$m = m_a - m_r$ ——实际新鲜充量。

进气状态是指空气滤清器后进气管内的气体状态,非增压发动机一般采用当时的大气状态,增压发动机则采用增压器出口处的气体状态。

对非增压发动机,若大气压力为 p_0,温度为 T_0,气缸工作容积为 V_h,则理论充气量 m_0 为

$$m_0 = \frac{p_0 V_h}{R T_0}$$

将实际充气量 m 与理论充气量 m_0 代入充气效率定义式,并整理可得

$$\eta_v = \frac{m_a - m_r}{m_0} = \frac{1}{\varepsilon - 1} \cdot \frac{T_0}{p_0} \cdot \left(\frac{\varepsilon p_a}{T_a} - \frac{p_r}{T_r} \right)$$

式中 p_a, T_a ——进气终了的压力和温度;

p_r, T_r ——排气终了的压力和温度;

p_0, T_0——进气状态的压力和温度。

由残余废气系数定义式可得残余废气量 m_r 与进气过程结束时缸内气体总量 m_a 和残余废气系数 r 的关系为

$$m_r = \frac{r}{r+1} m_a$$

将残余废气量 m_r 和理论充气量 m_0 的计算式和上式代入充气效率定义式，整理可得

$$\eta_v = \frac{\varepsilon}{\varepsilon - 1} \cdot \frac{p_a}{T_a} \cdot \frac{T_0}{p_0} \cdot \frac{1}{r+1}$$

充气效率由于不受气缸工作容积的影响，可用于比较不同发动机换气过程进行的好坏。气缸工作容积一定时，充气效率越高，说明进气就越充分，每循环的实际充气量就越多，发动机的动力性越好。发动机的充气效率一般为：

汽油机　　$\eta_v = 0.75 \sim 0.85$；
柴油机　　$\eta_v = 0.80 \sim 0.90$。

2.3　影响发动机换气过程的因素

换气过程进行的好坏用充气效率和残余废气系数来评定，影响充气效率和残余废气系数的因素也就是影响换气过程的因素。

2.3.1　影响充气效率的因素

影响充气效率的因素包括进气终了的压力 p_a 和温度 T_a、排气终了的压力 p_r 和温度 T_r、大气压力 p_0 和温度 T_0 以及压缩比 ε，残余废气系数也影响充气效率。其中，影响最大的是进气终了压力 p_a，因为进气终了压力 p_a 变化时，对 η_v 的影响会放大 ε 倍。

1. 进气终了压力

随着进气终了压力提高，充气效率提高。因为在气缸容积、进气终了温度和残余废气量一定时，进气终了压力越高，缸内气体的密度越大，意味着实际充气量就越多。

在实际发动机工作中，进气终了压力受进气系统阻力的影响。进气系统的阻力越大，进气时引起的压力降就越大，进气终了的压力就越低。

进气系统阻力取决于进气系统的结构，包括空气滤清器、进气管、进气道及进气门等。流通截面越小，截面变化越突然，转弯越急，表面越粗糙，阻力就越大。在使用中，进气管和进气门等的结构都是不可改变的，但应注意对空气滤清器的维护，以保证良好的滤清效果和较小的进气阻力。此外，在汽油机上，进入气缸的是空气和燃油的混合气，负荷的调节是通过改变节气门的开度，控制进入气缸的混合气量来实现的。在使用中，当汽油机的负荷减小时，节气门开度减小，进气阻力增加，进气终了压力降低，充气效率下降，如图 2-4 所示。对柴油机而言，负荷的调节是通过改变喷油量来实现的，负荷变化对进入气缸的空气量基本没有影响，所以进气终了压力和充气效率与负荷无关。发动机工作时，进气流速越大发动机进气压力降就越大，进气流速取决于发动机转速的高低，所以随着转速的提高，进气终了压力和充气效率迅速下降，如图 2-5 所示。

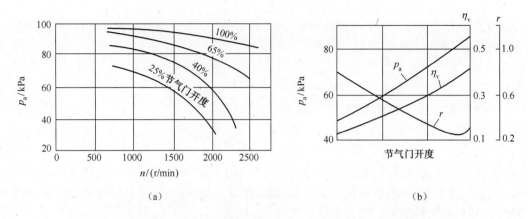

图 2-4 汽油机的负荷对排气终了压力和充气效率的影响
(a)进气终了压力与负荷和转速的关系；(b)进气终了压力与充气效率和残余废气系数随负荷的变化。

2. 进气终了温度

随着进气终了温度的提高,充气效率下降。在气缸容积、进气终了压力和残余废气量一定时,进气终了温度越高,缸内气体的密度越小,意味着实际充气量就越少。进气终了的温度总是高于大气温度,这是因为新鲜气体进入气缸后,与高温机件接触和与残余废气混合而被加热。此外,在汽油机上,常利用排气管或冷却水对进气进行预热,以改善混合气的形成,这必然会导致进气终了温度升高,充气效率下降。

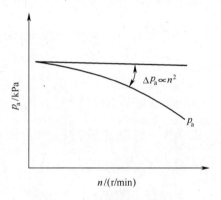

图 2-5 转速对 p_a 的影响

为了提高发动机充气效率,应尽可能降低进气终了的温度。结构上,使进气流在进气门关闭之前不直接冲刷高温机件,在保证混合气形成质量的前提下,尽量减小进气预热强度,采用进、排气管分置等,均可有效降低进气终了温度。在实际使用中,注意对冷却系统加强维护,保证发动机的冷却强度,防止发动机过热,保持发动机的正常工作温度以降低进气终了温度,提高充气效率。

3. 排气终了压力和温度

随着排气终了压力提高,充气效率下降。因为在其他参数一定时,排气终了压力越高,残余废气量越多,能够进入气缸的新鲜充量就减少,所以充气效率降低。与进气终了压力类似,排气终了压力取决于排气系统的阻力,随着排气系统的阻力增大,排气终了压力升高。排气系统的阻力取决于各段排气通道的阻力和发动机转速。从充气效率公式来看,随着排气终了温度升高,充气效率也应提高,但实际并非如此。因为排气终了温度直接影响进气终了温度,排气终了温度升高时,进气终了温度也升高,两者综合影响,充气效率变化不大。

4. 大气压力和温度

随着大气压力的降低和温度的升高,充气效率提高。一般来说,充气效率提高,实际充气量增加,发动机性能提高,但实际上随着大气压力降低、温度升高,实际充气量会减小,发动机性能会下降。产生上述矛盾的原因是大气压力和温度同时影响实际充气量和理论充气量。随着大气压力的降低和温度的升高,主要是理论充气量减少;同时,随着大气压力的降低和温度的升高,进入气缸的新鲜气体密度降低,进气终了压力降低,实际进气量也减少。只是由于随着大气压力的降低和温度的升高,理论充气量减少的幅度比实际充气量大,所以充气效率提高。

5. 压缩比

随着压缩比的增加,燃烧室容积相对减小,使气缸内残余废气量相对下降,所以充气效率有所提高。但压缩比对充气效率的影响很小,而且其数值的选择主要是考虑燃烧和机械负荷的限制。柴油机在保证各工况正常的前提下,不过分追求高压缩比,以免机件承受的机械负荷过大;汽油机在保证正常燃烧的前提下,尽可能提高压缩比,以提高热效率。

6. 配气相位

配气相位包括进、排气提前角和迟后角。配气相位直接影响进、排气是否充分,即影响实际进气量和残余废气量,所以会对充气效率产生影响。在配气相位中,对充气效率影响最大的是进气迟后角,其次是排气迟后角。进、排气迟后角一方面是为了减小进、排气损失,更主要的是为了利用气流惯性充分进气和彻底排气。进气迟后角过小,不能利用气流惯性充分进气,但迟后角过大,容易造成已进入气缸的新鲜气体又被压出缸外,都会使实际充气量减小,充气效率下降。排气迟后角过小,不能利用气流惯性充分排气,但迟后角过大,容易造成废气倒流,使残余废气量增加,实际充气量减小,充气效率下降。最佳的进、排气迟后角应根据进、排气流惯性来确定,而气流惯性取决于发动机的转速。

7. 残余废气系数

气缸中残余废气增加,会使充气效率下降,燃烧恶化,燃油消耗率增加,排放差。

2.3.2 影响残余废气系数的因素

影响残余废气系数的因素包括进气终了的压力 p_a 和温度 T_a、排气终了的压力 p_r 和温度 T_r 以及压缩比 ε。

1. 进气终了的压力和温度

随着进气终了压力提高和温度降低,实际充气量增多,残余废气量相对减小,残余废气系数就会减小,充气效率提高。

2. 排气终了的压力和温度

随着排气终了的压力提高和温度降低,残余废气量增多,残余废气系数就会增大,使充气效率下降。

3. 压缩比

随着压缩比的增大,燃烧室容积相对减小,残余废气量相对减少,使残余废气系数相对减小,充气效率就会提高。

4. 配气相位

合适的配气相位,有利于减少残余废气量,使残余废气系数减小,充气效率提高。

2.4 改善发动机换气过程的措施

改善换气过程的目的是减小换气损失,降低残余废气系数,提高充气效率。

2.4.1 减小进气系统阻力

减小进气系统阻力是减小进气损失、提高充气效率的重要措施。减小进气系统阻力主要是在结构上采取措施,减小进气系统各段的阻力。

1. 减小进气门座处的阻力

在整个进气系统中,进气门座处的流通截面最小,阻力最高,减小进气门处的阻力对减小进气阻力有着重要意义。

(1) 增大气门头部直径可以扩大流通截面,减小其进气阻力,但它受燃烧室结构的限制。因为进排气门直径之和一般小于气缸直径,在实际发动机上,常采用适当减小排气门直径的方法来达到增大进气门直径的目的,所以一般进气门直径比排气门直径大 15%～20%。但排气门直径不能过分减小,否则会使排气损失和残余废气量增加,影响换气品质。

(2) 多气门结构可以增大进气流通截面、减小进气系统阻力。目前在轿车发动机上应用较广泛的是两进两排的四气门结构,也有些发动机采用两进一排的三气门结构或三进两排的五气门结构。

(3) 适当增加进气门升程,改进配气凸轮轮廓。另外,在惯性力允许的条件下,尽可能提高气门开闭速度可提高气门处气体的通过能力,减小进气系统阻力。

(4) 进气流速取决于活塞运行速度,适当减小活塞行程,即短行程活塞,可在一定转速下使活塞运行速度降低,从而可降低进气流速,减小进气系统阻力,同时还能降低气门往复运动的惯性力。

2. 减小进气管道的阻力

进气管道的形状和表面粗糙情况不仅影响进气阻力,对各缸充气量的分配、混合气的形成及进气涡流的形成等也有一定影响。进气管道的截面可以制成圆形、矩形等不同形状,但在截面积相同时,圆形截面的阻力最小。为减小进气管道的阻力,在保证各缸充气量分配、混合气形成及进气涡流形成等要求的前提下,应尽可能采用圆形截面,表面尽可能光滑,增大进气道尺寸,减少弯道和流通截面的变化,减小进气阻力,从而使发动机的充气效率提高和动力性进一步增强。

在部分电控汽油喷射发动机上还采用了动力阀控制式的进气控制系统,该系统的功能是控制发动机进气道的空气流通截面的大小,以适应发动机不同转速和负荷时对进气量的需求,从而改善发动机的动力性。在进气量较少的低速小负荷工况,使进气道空气流通截面减小,可提高进气流速,增大进气流动惯性以提高发动机的充气效率。此外,随着进气流流速提高也可增加气缸内的涡流运动,有利于低速小负荷工况下的完全燃烧和热效率的提高,从而改善发动机的低速性能。而在进气量较多的高速大负荷工况下,适当增大进气道空气流通截面,不仅可以减小进气流动阻力,对由于进气流速过高而导致的燃烧室内气流扰动也可起到抑制作用,有助于改善发动机的高速性能。

3. 减小空气滤清器的阻力

空气滤清器的阻力随其结构和使用情况而异，一般轿车上常使用的纸质滤芯空气滤清器，其原始阻力引起的压力降不大于390Pa，但滤芯脏污后引起的压力降可达3900～5900Pa。在使用中，应定期进行空气滤清器的维护，及时更换滤芯。

2.4.2 合理选择配气相位

1. 对配气相位角度的要求

配气相位角度主要包括进气提前角、进气迟后角、排气提前角和排气迟后角等。在发动机工作时，配气相位角度直接影响换气过程进行的好坏，对发动机动力性、经济性有很大影响。在配气相位角度中，对换气过程影响最大的是进气迟后角，其次是排气门提前角和气门重叠角。

在实际发动机工作中，进气门迟后关闭是为充分利用进气流的惯性，气流惯性取决于发动机转速，当发动机转速一定时，最佳的进气迟后角也一定，迟后角过大或过小均会使充气效率下降。转速一定时，进气迟后角对充气效率的影响，如图2-6所示。进气迟后角为25°～30°时，充气效率 η_v 取得最大值，这说明该发动机在对应转速时的最佳进气迟后角为25°～30°。发动机的转速不同，气流惯性也不同，最佳进气迟后角应随转速变化。如图2-7所示，发动机转速变化时，进气迟后角对充气效率和有效功率的影响。分析图中曲线可得如下重要结论：

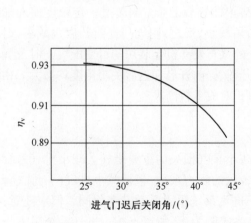

图 2-6 转速一定进气迟后角对 η_v 影响

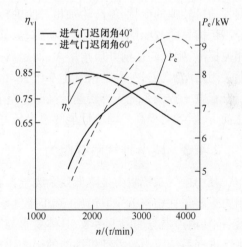

图 2-7 转速变化时进气迟后角对充气效率和有效功率的影响

（1）进气迟后角一定时，仅在某一转速下充气效率和有效功率最高。高于此转速时，因气流惯性较大，进气迟后角度相对不足，不能充分利用气流惯性进气，所以充气效率和有效功率下降，故应适当增加进气迟后角；低于此转速时，因气流惯性较小，进气门关闭相对过迟，在压缩过程中使部分新鲜气体被压回进气管，充气效率和有效功率也减小，故应适当减小进气迟后角。

（2）发动机转速变化时，在较低的转速范围内，采用较小的进气迟后角，可获得较高的充气效率和有效功率。在较高转速范围内，采用较大的进气迟后角，可获得较高的充气效率和有效功率。

（3）改变进气迟后角,可改变充气效率和有效功率随转速的变化关系,从而改变发动机的速度特性。增大进气迟后角,最大充气效率略有降低,但最大充气效率对应的转速提高,这对最大功率提高有利,但发动机中、低速性能和最大转矩会降低。反之,减小进气迟后角,可提高发动机中、低速性能和最大扭矩,但最大功率下降。由上述分析可见,即使同一台发动机,转速变化时,由于进气时的气流惯性不同,为使发动机工作时进气更充分,应随转速的提高适当增大进气迟后角。与进气迟后角一样,为使排气更干净,排气迟后角应随转速的提高而适当增大。排气提前角对排气损失有重要影响,最佳的排气提前角应保证提前排气损失和强制排气损失之和最小。此外,适当的气门重叠角,可利用扫气减小残余废气量,提高充气效率。目前,汽车发动机一般都是根据性能的要求,通过试验来确定某一常用转速下较合适的配气相位,在装配时,对正配气正时标记,即可保证已确定的配气相位,且在发动机使用中,已确定的配气相位是不能改变的。发动机性能只有在某一常用转速下最好,而在其他转速下工作时,发动机的性能相对较差。为使配气相位适合发动机的工作要求,在部分轿车发动机电控系统中,采用了可变配气相位控制系统,改善了发动机在不同转速范围内的性能。但由于受结构等因素限制,不可能使配气相位随发动机转速连续变化。

2. 可变配气相位控制系统

根据改变配气相位的方式不同,可变配气相位控制系统可分为两种类型。一种是根据发动机转速的变化,将凸轮轴相对曲轴转过一定的角度,使配气相位提前或推后,这种控制机构只能改变配气相位的一项内容。即,凸轮轴若沿工作方向转过一定角度使配气相位提前,则气门提前开启角增大,而迟后关闭角减小;反之,则气门提前开启角减小,迟后关闭角增大。另一种是由日本本田公司生产的汽车发动机上装用的可变配气正时及气门升程电子控制系统。当转速升高时,气门的升程、提前开启和迟后关闭角度均增大。相比而言,后者对提高发动机性能的效果较好,但相对成本较高。

2.4.3 减小排气系统阻力

减小排气系统阻力是降低残余废气系数、减小排气损失的重要措施。减小排气系统阻力主要是在结构上采取措施,减小排气系统各段的阻力系数,包括减小排气门、排气管道、排气消声器等的阻力系数,具体要求与减小进气系统阻力系数基本相同。但应注意:由于进气系统阻力对发动机性能的影响比排气系统阻力大,所以当减小进气系统阻力与减小排气系统阻力的要求发生矛盾时,应适当照顾减小进气系统阻力的要求,如进、排气门直径和数量的选择。

2.4.4 降低进气终了温度

降低进气终了温度,可提高充气效率。降低进气终了温度的主要措施之一就是在结构布置上减少进气管受热,如采用进、排气管分置方案,使进气管远离排气管,但在汽油机上,混合气的形成主要是在气缸外部的进气管内进行的,进气温度对混合气的形成有重要影响,有时废气对进气预热可提高冷起动性能,所以降低进气温度受到限制。

使用中,为降低进气终了温度,提高充气效率,还应注意加强冷却系统的维护,尽量避免长时间的大负荷工作,以防止发动机罩内温度过高。目前,部分轿车发动机上采用的热空气供给装置,其主要作用是在发动机起动后温度较低时,从排气管附近给发动机提供温度较高的热空气,以保证混合气形成,降低排放污染。发动机温度升高后,通过控制阀改变吸气口位置,不再从排气管附近供给发动机热空气,这对降低进气温度,提高充气效率也起到一定作用。

2.5 工程应用实例

研究发动机换气过程是为了减少换气损失,尽可能地提高充气效率,改善发动机的燃烧过程,从而得到更好的经济性、动力性指标。影响充气效率的因素很多,如进气终了压力及温度,排气终了压力及温度,大气压力及温度,压缩比,配气相位和残余废气系数等。通过改进195型柴油机(非车用)进气系统和配气相位,可以提高充气效率,进而提高柴油机的动力性和经济性,这种方法也适用于车用发动机。

进气系统对柴油机的经济性和动力性有重要影响,这不仅适用于直喷式燃烧室的柴油机,同样也适用于分隔式燃烧室的柴油机。对195型柴油机的进气系统加以改进后,其经济性有明显提高。利用进气动态效应对涡流燃烧室和喷油泵改进后,可以获得较为满意的结果,在标定工况(8.83kW,2000r/min)下,有效燃油消耗率 b_e 降低 20g/kW·h,如图 2-8 所示。

1. 进气道的改进

(1) 进气道形状的改进。改进前后进气道形状如图 2-9 所示,改进后的气道形状如图 2-9 中虚线所示。气道形状改进后,转弯处气流流速降低,气体的流动损失减少,并且有较多气体沿弯道外侧流入气缸,提高了进气门口流通截面的利用率。

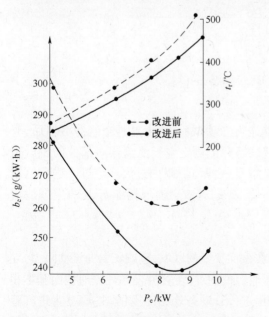

图 2-8 195型柴油机改进前后的负荷特性

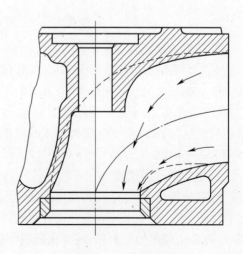

图 2-9 进气道简图

（2）将进气门和进气门座的尖角改为圆角，减少局部流动阻力，提高充气效率。

在气道试验台上进行新、旧气道改进试验，结果表明，新气道压力损失降低，而充气效率 η_v 有所提高。进气道改进前后的负荷特性曲线如图2-10所示，该曲线表明：改进后，标定工况下有效燃油消耗率 b_e 下降5g/kW·h，排气温度降低20℃。超负荷工作时效果更明显，110%负荷工况（9.71kW，2000r/min）下，有效燃油消耗率 b_e 下降11g/kW·h。因此可以认为，进气道改进后，由于充气效率 η_v 有所增加，改善了燃烧，提高了指示热效率 η_i，同时也减少了换气损失，提高了机械效率 η_m。

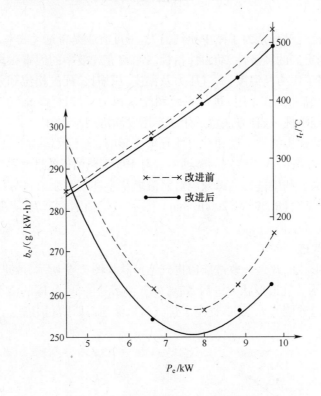

图2-10 进气道改进前后的负荷特性

2. 空气滤清器改进

对195型柴油机配用的1112空气滤清器进行专项试验，装上这种空气滤清器后，有效燃油消耗率 b_e 上升2~3g/kW·h。在气道试验台上测定空气滤清器多部位的流动阻力，其结果表明，由于通道截面设计不合理，造成空气滤清器阻力过大。经过改进后试制成新的空气滤清器，其进气阻力比未改进前下降33%，有效燃油消耗率 b_e 比原空气滤清器降低2~3g/kW·h。

3. 进气管改进试验

经过分析发现，原进气管拐弯过急，且存在截面突变的区域，造成较大的流动阻力，导致充气效率 η_v 有所下降。为此设计了新进气管，加大拐弯半径并使各处流通截面基本相等，以降低流动阻力。另外，还要注意适当利用进气管动态效应，当频率比 q（q 为进气管道中气柱自振频率与进气频率之比）在3~5之间，充气效率 η_v 有较大提高，然而此时需较长的进气管和一个共振箱，给整个发动机布置带来困难，为解决此问题，测取195型柴

油机配用不同长度 L 的进气管在不同转速下的充气效率 η_v，结果如图 2-11 所示。

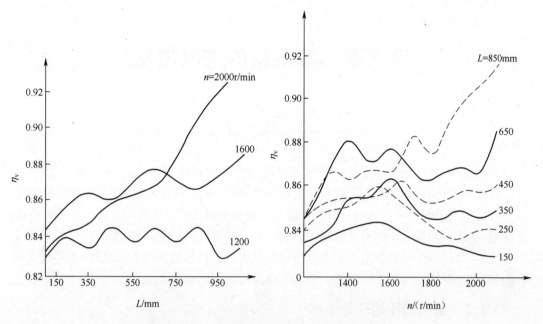

图 2-11 进气管长度 L 对充气效率的影响

试验表明，当进气管长度 L 在 1m 以内且转速高于 1400r/min 时，柴油机的充气效率 η_v 随 L 加长而成波浪形上升，转速越高，上升幅度越大。考虑到空气滤清器内还存在一段管道，进气管长度取 $L=400\sim500$mm，标定工况下有效燃油消耗率 b_e 下降 $2\sim3$g/kW·h，而 110% 负荷下有效燃油消耗率 b_e 下降 6g/kW·h 左右。

思 考 题

1. 说明四冲程发动机的换气过程。
2. 何谓换气损失？何谓泵气损失？
3. 影响充气效率的因素是什么？怎样提高充气效率？
4. 分析配气相位对发动机动力性、经济性、可靠性的影响。

第3章 发动机的进气增压

3.1 概 述

所谓增压,就是利用增压器将空气或可燃混合气进行压缩,再送入发动机气缸的过程。增压后,每循环进入气缸内的新鲜充量密度增大,使实际充气量增加,从而达到提高发动机功率和改善经济性能的目的。增压是发动机提高功率最有效的方法。在各种增压方法中,以废气涡轮增压技术最成熟,效率也高,应用最广。目前,车用柴油机几乎都采用增压技术,车用汽油机也越来越多地采用增压技术。发动机增压技术的成熟,使车用发动机的动力性、经济性与排放性都有了很大的改善。

3.1.1 进气增压的理论依据

为了提高发动机的有效功率 P_e,由公式

$$P_e = W_e/t = \frac{p_e V_h i n}{30\tau} \cdot 10^{-3}$$

可知,通过下列方法可提高发动机有效功率:
(1) 改变发动机的结构参数,提高发动机排量,如增加气缸数 i,增大气缸直径 D 与活塞行程 S,减小冲程数 τ;
(2) 提高发动机转速 n;
(3) 提高发动机平均有效压力 p_e。

显然,用加大车用发动机结构参数来提高发动机功率,将受到安装位置和自重的限制。即使可能,也必然会增加发动机的重量和尺寸,使发动机更加笨重。发动机转速的提高受活塞平均速度的限制,因为充气效率 η_v 和机械效率 η_m 都将随着活塞平均速度的提高而显著下降。此外,燃油经济性、发动机运转可靠性、机件寿命及噪声等因素也限制了活塞平均速度的提高。实践证明,提高发动机平均有效压力 p_e 是提高发动机功率最经济、最有效的方法。而 $p_e \propto \frac{\eta_i}{\alpha} \eta_v \eta_m \rho_s$,因此,可以通过提高充气效率 η_v,减小过量空气系数 α 和增加进入气缸的充量密度 ρ_s 来提高发动机平均有效压力 p_e,进而提高发动机有效功率 P_e。

车用发动机增压就是通过增加进入气缸的充量密度 ρ_s,来提高发动机平均有效压力 p_e,达到提高发动机有效功率 P_e,改善燃油经济性能和排放性能的目的。

3.1.2 进气增压的评定指标

评定进气增压的指标主要增压度和增压比有两个。

1. 增压度

增压度用以评定进气增压的效果,说明增压后发动机功率增加的程度,它是指增压后发动机功率的提高量与增压前的功率之比,用符号 φ 来表示,即

$$\varphi = \frac{P_{ek} - P_{eo}}{P_{eo}}$$

式中　P_{eo}——增压前发动机的有效功率;

　　　P_{ek}——增压后发动机的有效功率。

现代四行程柴油机的增压度可高达 3 以上,但车用柴油机的增压度并不高,一般仅为 10%~60%。因为车用柴油机采用增压措施不单纯是为提高功率,还需兼顾在宽广的转速和负荷范围内获得良好的动力性、经济性、排放性等多方面的要求。

2. 增压比

增压比可用来说明增压强度的大小,它是指增压后的气体压力与增压前的气体压力之比,用符号 π_k 来表示,即

$$\pi_k = p_k / p_0$$

式中　p_0——增压前的气体压力,一般取大气压力(kPa);

　　　p_k——增压后的气体压力,即增压器出口压力(kPa)。

3.1.3 进气增压的优点和缺点

1. 进气增压的优点

采用发动机的进气增压,是在不改变发动机排量、转速和冲程数的前提下,增加进气量,加大循环加热量,提高循环功和功率的有效措施。进气增压技术优点是:

(1) 可降低发动机的重量、体积和制造成本。采用增压技术的发动机,在保持功率不变的情况下,可减小发动机排量,使发动机的体积和重量减小,发动机的升功率提高、比质量减小、制造成本降低。

(2) 可提高发动机的热效率,降低燃油消耗率。柴油机采用进气增压后,可提高压缩终了压力,使燃烧过程更接近上止点,压力升高比增大而预膨胀比减小,从而使热效率提高、油耗率降低;此外,增压后供给的空气更充足,有利于燃料的完全燃烧,可减少不完全燃烧引起的损失,对提高热效率和降低油耗率也非常有利。

(3) 可降低排放污染和噪声。增压后的发动机,在各种工况下均可保证混合气有较大的过量空气系数,可减少不完全燃烧产物的排放;增压柴油机的压缩压力提高,可缩短着火延迟期,使发动机工作更柔和,从而可降低噪声。

(4) 发动机在高原地区使用时,因大气压力降低,会导致进气量减少,功率下降,采用增压技术可使高原损失得到有效补偿。

(5) 发动机的进气增压,大多采用废气涡轮增压技术,可充分利用废气能量,减小能量损失,对提高整机使用经济性有重要意义。

(6) 采用增压技术可改善发动机的特性,使发动机在较宽广的转速和负荷范围内,均保持良好的动力性和燃料经济性,对提高整车性能有利。

2. 进气增压的缺点

(1) 增压发动机的机械负荷和热负荷都比较高。

(2) 增压发动机很难满足车辆对转矩的适应性及瞬变工况的要求。
(3) 车用汽油机应用增压技术较困难。
(4) 适用的小型涡轮增压器发展晚且效率较低。

3.2 进气增压系统的类型

增压系统的分类方法有两种:一种是按增压比分类,一种是按增压装置的结构原理分类。

3.2.1 按增压比分类

按增压比不同,发动机进气增压可分为低增压、中增压、高增压和超高增压。
(1) 低增压:$\pi_k < 1.6$,平均有效压力 $p_e = 700 \sim 1000 \text{kPa}$。
(2) 中增压:$1.6 \leq \pi_k \leq 2.5$,平均有效压力 $p_e = 1000 \sim 1500 \text{kPa}$。
(3) 高增压:$2.5 < \pi_k \leq 4.5$,平均有效压力 $p_e = 1500 \sim 2500 \text{kPa}$。
(4) 超高增压:$\pi_k > 4.5 \sim 5.5$,平均有效压力 $p_e > 2500 \text{kPa}$。

3.2.2 按增压装置的结构原理分类

按增压装置结构原理不同,发动机进气增压可分为机械增压、废气涡轮增压、气波增压、谐波进气增压和组合式增压。目前,车用柴油机应用较多的是废气涡轮增压,汽油机应用较多的是谐波进气增压。

1. 机械增压系统

如图 3-1 所示,在机械增压系统中,由发动机曲轴通过齿轮等机械传动装置直接驱动压气机,经压气机预压后的气体经进气管供入发动机气缸。

机械增压系统的主要特点如下:
(1) 可采用多种形式的压气机,但增压强度较小,压气机出口压力一般不超过 160~170kPa,主要用于小型发动机。
(2) 机械增压系统的结构简单,价格便宜。
(3) 驱动压气机会消耗发动机功率,使机械损失和燃油消耗率增加。
(4) 驱动压气机需要传动齿轮来提高转速,压气机的转速和增压比受曲轴转速的限制。

2. 废气涡轮增压系统

如图 3-2 所示,该系统将发动机排出的废气导入涡轮室,利用废气的流动能量冲刷涡轮使其高速旋转,涡轮驱动压气机工作实现进气增压。废气涡轮增压在柴油机上应用广泛,其主要特点是:

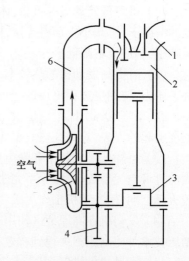

图 3-1 机械增压系统
1—排气管;2—气缸;3—曲轴;
4—传动齿轮;5—压气机;
6—进气管。

(1) 利用废气能量进行增压,有利于改善整机的动力性和经济性。

(2) 废气涡轮增压器的出口压力一般为 180～200kPa,最高可达 300kPa。

(3) 废气涡轮增压系统的结构简单,工作可靠,增压效果好,增压度可达 0.3～0.5,所以废气涡轮增压应用较广泛。

(4) 在非增压发动机上采用废气涡轮增压不需做很大的改装,废气涡轮增压器也适合专业厂家大批量生产,有利于保证较高的质量和较低的成本,对废气涡轮增压的广泛应用也提供了有利条件。

(5) 采用废气涡轮增压后,会使发动机的起动性和加速性变差,机械负荷和热负荷增加。

在增压度较高的发动机上,由于缸内平均压力提高,排出的废气流动能量也较大。为进一步减少能量损失,在废气涡轮增压装置外,又增加一套低压动力涡轮,带此类系统的发动机称为复合式发动机。发动机排出的废气驱动废气涡轮增压器后,利用其多余的能量驱动低压动力涡轮,再将低压动力涡轮输出的功率经齿轮机构等回送给曲轴。

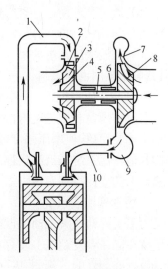

图 3-2　废气涡轮增压系统
1—排气管;2—喷嘴环;3—涡轮;
4—涡轮壳;5—转子轴;6—轴承;
7—扩压器;8—叶轮;
9—压气机壳;10—进气管。

3. 气波增压系统

发动机曲轴驱动一个特殊的转子旋转,而发动机排出的废气和低压空气分别从两侧首先进入旋转的转子,在转子中,废气直接与低压空气接触,利用高压废气的脉冲气波使空气压缩和加速,以实现进气增压。增压后的空气经进气管供往气缸,而从转子内反射回的低压废气再经管道排入大气(图 3-3)。气波增压和废气涡轮增压都是利用废气能量来实现进气增压的,两者的主要区别是:

(1) 气波增压需消耗发动机功率来驱动转子,消耗发动机有效功率为 1.0%～1.5%,废气涡轮增压不消耗发动机功率。

(2) 气波增压的效果好于废气涡轮增压,尤其在发动机低速运转时,输出转矩较大,扩大了工况适应范围。

(3) 气波增压系统结构简单,加工方便,对主要件(转子和轴承)的材料和工艺要求都不高。

(4) 气波增压的转子由曲轴直接驱动,且废气直接与空气接触进行增压的加速性也较好,对发动机转速和负荷的响应性好。

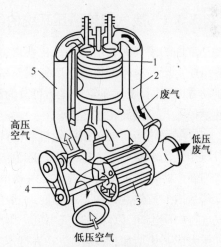

图 3-3　气波增压系统
1—气缸;2—排气管;3—转子;
4—传动带;5—进气管。

(5) 通过合理设计,可使适量的废气直接随增压后的空气进入气缸,起到废气再循环的作用,从而减少 NO_x 的排放量。

(6) 气波增压系统的尺寸和重量都较大,且需曲轴驱动,在发动机上的安装位置受限制,其应用范围也受限制。

4. 谐波增压系统

谐波增压是利用进气管内的动态效应(即压力波动)来实现进气增压的。此系统的结构也比较简单,但增压强度较小。由于汽油机受不正常燃烧等因素的限制,增压强度较高的其他增压系统与汽油机匹配非常困难,所以增压强度较小的进气管谐波增压系统在汽油机上的应用得到发展。

5. 组合式增压系统

为了更好地改善发动机性能,在有些发动机上装有两套独立的增压系统。两套增压系统可在同一台发动机上发挥各自优点,使发动机在更宽广的转速和负荷范围内运转,均能获得良好的性能。例如,废气涡轮增压与机械增压组合,由于废气涡轮增压过度依赖发动机的转速,特别是在低转速时转矩特性不佳,机械增压在高转速会过多消耗发动机功率。所以废气涡轮增压和机械增压都有着各自的缺陷,而这两种增压方式的优缺点又是互补的。由废气涡轮增压和机械增压组成的增压系统就是利用这两种增压性能优缺点的互补性开发的组合式增压系统。全球畅销车型大众高尔夫1.4TSI就是采用此类组合式增压系统。

3.3 废气涡轮增压系统

3.3.1 废气涡轮增压系统的组成

常用的废气涡轮增压系统主要由空气滤清器、增压器和中间冷却器(简称为中冷器)等组成。废气涡轮增压器是废气涡轮增压系统的主要组成部分,根据废气在涡轮机中的流动方向不同,废气涡轮增压器可分为径流式和轴流式两种类型,汽车发动机上一般装用的是径流式废气涡轮增压器。

废气涡轮增压器包括涡轮机和压气机。涡轮机的进气口与柴油机排气管相连,出气口与排气消声器相连。压气机一般为离心式,压气机的进气口前端装有空气滤清器,出气口则经中冷器与进气管相连。压气机的叶轮与涡轮机的涡轮安装在同一轴上。中冷器与冷却系中的散热器结构基本相同,一般安装在冷却器散热器前方,其作用是对增压后的空气进行中间冷却,以降低进气温度。因为空气经增压后温度会升高,空气的密度并不能随其压力成正比增加,对增压空气进行适当冷却,可进一步提高发动机的进气量。中冷器风扇与其驱动涡轮制成一体,从压气机一端引出5%~10%的增压空气经抽气管送至涡轮壳,通过涡轮带动风扇转动。

3.3.2 废气涡轮增压器的工作原理

各种柴油机装用的废气涡轮增压器结构基本相同,主要由涡轮机、压气机、支承装置、密封装置、润滑与冷却装置五大部分组成,如图3-4所示。

径流式涡轮机主要由进气涡壳、喷嘴环、涡轮等组成。进气涡壳的作用是连接发动机排气管和涡轮机，并引导废气均匀地进入涡轮机内的喷嘴环，在喷嘴环上装有若干叶片。发动机工作时，废气经进气涡壳到达喷嘴环，并沿喷嘴环叶片形成的通道按一定方向冲击涡轮，从而使涡轮旋转，涡轮通过转子轴驱动压气机工作。为提高废气冲击涡轮的能量，喷嘴环叶片形成的气道截面沿径向是由大到小变化的，以此来提高废气的流速，同时喷嘴环叶片还可控制废气冲击涡轮的方向。通过对流经涡轮机的废气量或喷嘴环中片角度的控制，可以改变涡轮的转速，进而可以控制废气涡轮增压器的增压强度。

离心式压气机主要由进气道、叶轮、扩压器和出气涡壳组成。叶轮用固定螺母安装在增压器转子轴上。发动机工作时，经空气滤清器滤清后的空气沿轴向进气道进入压气机壳，旋转的压气机叶轮将进入压气机壳的空气甩向叶轮边缘，使空气的流速和压力升高，然后空气经扩压器进入出气涡壳。扩压器实际是截面由小到大逐渐变化的气道，包括缝隙式(无叶片)和叶片式两种，空气流经扩压器时，气流动能大部分转化为压力能，使气流速度下降，而压力和温度升高。出气涡壳的作用是收集从扩压器流出的空气，并进一步降低空气流速，提高空气压力。由出气涡壳输出的增压空气经中冷器和进气管供往气缸。

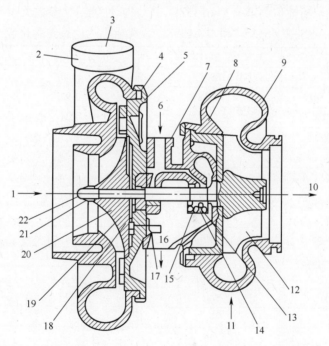

图 3-4　废气涡轮增压器
1—空气入口；2—压气机壳；3—空气出口；4—V 型卡环；5—后板；6—机油进口；7—中间壳；
8—护板；9—涡轮壳；10—废气出口；11—废气进口；12—涡轮；13—增压器浮动轴承；
14—轴承壳；15—卡环；16—机油出口；17—止推盘；18—止推环；19—油封；
20—压气机叶轮；21—固定螺母；22—转子轴。

3.3.3　废气涡轮增压器使用注意事项

废气涡轮增压器在高温、高转速条件下工作，为保证其正常工作，使用时应注意：

（1）新增压器或经过维修的增压器,在使用前应检查转子轴转动是否灵活、有无不正常的声响。在工作中,若增压器发出尖锐的响声,应立即停机查明原因。工作时增压器有振动现象,一般是由于叶轮、轴或涡轮损坏所致,应予修复或更换。

（2）必须保证压气机进气清洁,叶轮上沾有灰尘会增加空气与叶轮之间的摩擦损失,降低增压效果。为此,应加强空气滤清器的维护。

（3）必须保证增压器的可靠润滑,润滑油要清洁,油压要正常,油温要合适,油管要密封,不能有漏油现象。若保证不了上述条件,浮动轴承会很快损坏。增压器使用前,应通过进油管加入约60mL的润滑油。

（4）严格控制涡轮机进气温度,为此,必须按规定调整燃油供给系统,不允许随意改变供油量。

（5）经常听检增压器的工作情况,若增压器工作正常,柴油机刚熄火后,增压器转子仍可继续运转约1min。

3.3.4 废气涡轮增压技术的应用实例

将6135G柴油机改造为增压型6135ZG,其结构、性能对比参数见表3-1。

表3-1 6135G型与6135ZG型柴油机性能及结构比较

对比项目	6135G型 12h功率	6135ZG型 12h功率	12h功率的变化值
功率 P_e/kW	88.3	140	58.6%
平均有效压力 p_e/MPa	0.588	0.931	58.3%
燃油消耗率 g_e/(g/kW·h)	234	224	-4.3%
最高爆发压力/bar	74.5	86.6	16.2%
空气消耗量/kg·s^{-1}	0.154	0.26	68.8%
机械效率	0.78	0.87	11.5%
过量空气系数 α	1.76	1.80	2.3%
转速 n/(r/min)	1500	1500	
油泵柱塞直径/mm	$\phi 9$	$\phi 10$	
喷油压力/bar	176	186	
喷油提前角/(°)CA	28~31	26~29	
气门重叠角/(°)CA	40	124	
气门升程/mm	14.5	16	
压缩比	16	14	
进气门材质	40Cr	4Cr10Si2Mo	
硬度	29~32HRC	29~35HRC	
锥角/(°)	45	30	
排气门材质	铜铬钼镍合金铸铁	铜铬钼镍合金铸铁	
硬度	240~320HBS	300~320HBS	
锥角/(°)	45	45	
进气管		加粗	
排气管	不分支	分支	

3.4 谐波进气增压系统

3.4.1 进气管的动态效应

进气门的开闭会使进气管内气流速度急剧改变,从而引起进气管内气体的压力波动。压力波从进气门处向空气滤清器方向传播,当膨胀波到达空气滤清器或进气管中压力较高的某处时,又被反射回进气门方向。由于压力波在进气管内的传播,会使进气门附近的压力时高时低。有效利用进气管的动态效应,使整个进气过程中进气门处都保持较高的压力,并且进气门在压力处于波峰位置时关闭,必然能提高进气终了压力,提高充气效率。

进气管的结构及尺寸会影响进气压力波。要利用进气管动态效应提高充气效率,除必须选择合适的进气管长度外,还应对进气管的形状、截面变化、弯曲方式等进行精确设计。

在多缸发动机上,为避免各缸压力波的相互干扰,各缸进气歧管应尽可能相同。

发动机转速变化时,进气门开闭间隔时间也变化,因此必须改变进气管长度,以改变压力波反射回进气门处所需的时间。高速时应采用较短的进气管,低速时应采用较长的进气管。汽车发动机的转速范围变化较大,一般是在某一常用转速区域考虑进气管动态效应。

3.4.2 谐波进气增压系统工作原理

谐波进气增压系统(图 3-5)即是利用进气管动态效应提高充气效率的。在进气管中部增设了进气控制阀和大容量的进气室。当发动机转速较低时,同一气缸的进气门关闭与开启间隔的时间较长,此时进气控制阀关闭,使进气管内压力波的传递距离为进气门到空气滤清器的距离,这一距离较长,压力波反射回到进气门附近所需时间也较长;当发动机处于高速区域运转时,此时进气控制阀开启,由于大容量进气的影响,使进气管内压力波传递距离缩短为进气门到进气控制阀上方之间的距离,与同一气缸的进气门关闭与开启间隔的时间较短相适应,从而使发动机在高速时得到较好的进气增压效果。

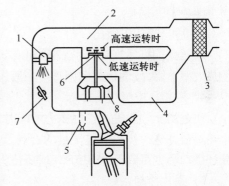

图 3-5 谐波进气增压系统工作原理
1—喷油器;2—进气道;3—空气滤清器;4—进气室;
5—涡流控制气门;6—进气控制阀;7—节气门;
8—真空驱动器。

3.5 进气增压对发动机的影响

3.5.1 进气增压对柴油机的影响

由于柴油机压缩比高,其机械负荷和热负荷比汽油大得多。柴油机采用进气增压后,由于进气压力的提高，循环供油量增加，燃烧最高压力和最高温度也必然提高，机件承受的机械负荷和热负荷更大。此外，柴油机在低速运转时，由于增压效果较差，容易导致混合气变浓，出现冒黑烟的现象；发动机加速时，由于惯性作用使压气机供气滞后，也会出现冒烟和加速不良的现象。为适应增压后功率增长的要求，并尽量降低增压带来的不利影响，增压后的柴油发动机必须采取以下措施：

1) 适当调整和改进燃料供给系统

为使增压后功率提高，必须适当增加供油量，但仍采用非增压时的燃料供给系统，必然要延长喷油时间，这将导致燃烧过程所占的曲轴转角增大，热效率下降，经济性下降。因此，增压后的柴油机需对燃料供给系统进行改进，如加大喷油泵柱塞直径、加大喷油器喷孔直径、提高喷油压力等，以满足增加供油量的需要。增压后的柴油机，供油量的增加应比进气量的增加适当减少，即使过量空气系数适当增大，以降低热负荷，提高燃料经济性，过量空气系数一般增大 0.1~0.3。

此外，柴油机增压后，应适当推迟供(喷)油时间，使供(喷)油提前角减小，以限制燃烧最高压力和温度，降低机械负荷和热负荷。

2) 适当调整配气相位

增压后的柴油机，为降低热负荷，可适当增加气门重叠角，以加强扫气过程的作用，降低燃烧室内高温机件的温度；但气门重叠角不易过大，因为扫气冷却效果是有限的，而且过大的进气提前角或排气迟后角，会导致增压空气浪费多、废气倒流、气门与活塞发生碰撞干涉现象。

3) 适当降低压缩比

增压柴油机适当降低压缩比，可有效降低机械负荷和热负荷，但压缩比减小过多，会使热效率下降，发动机起动困难。一般压缩比降低 1~2 个单位。

4) 对增压空气进行冷却

通过增压装置提高空气压力的同时，空气温度也会升高，对增压空气进行冷却，对减小热负荷和进一步提高进气量均有利，现在采用增压中冷。增压空气温度每降低 10℃，循环平均温度可降低 25~30℃，增压比为 1.5~2.0 时可使进气量提高 10%~18%。

5) 强化冷却系统

增压后的柴油机，机械负荷和热负荷均增大，强化冷却系统、改善润滑油和发动机的散热条件非常必要。

3.5.2 进气增压对汽油机的影响

从发动机排气能量的利用来看，汽油机的涡轮增压技术与柴油机没有本质的区别。但长期以来，汽油机涡轮增压技术的普及程度远不如柴油机，这主要是由于两种发动机在工作过程中的不同特点所决定的。汽油机涡轮增压技术有较多的困难需要解决，随着电控汽油喷射、可变截面涡轮增压器等新技术的不断出现，汽油机增压技术将会迅速发展。

1. 汽油机涡轮增压技术难点

限制汽油机增压的主要技术障碍是爆燃、热负荷及增压发动机的动态响应特性等。

(1) 爆燃倾向加大。汽油机增压后，由于压缩终了的压力和温度增高，以及燃烧室零件热负荷的提高，使爆燃倾向增大。必须采取推迟点火时刻、降低压缩比、进气中冷等相应技术措施,但这些措施会导致排气温度过高、热效率下降、成本增加等不利影响。所以,增压汽油机的增压比一般小于2,功率最高增幅不超过40%~50%,燃油经济性没有明显改善。

(2) 热负荷严重。由于汽油机的空燃比小、燃烧温度高、预膨胀比小,使其排气温度高出柴油机200~300℃。汽油机增压后,发动机的整体温度水平提高,热负荷问题加重。

(3) 动态响应迟缓加大。增压汽油机在节气门开度突然改变时,增压器的反应将严重滞后,致使加速性能变差。

因此,汽油机涡轮增压技术的推广应用有一定的困难。但近20年来,汽油机涡轮增压技术获得重大突破,装备涡轮增压汽油机的各种高性能轿车已陆续推出。

2. 汽油机涡轮增压采用的技术措施

(1) 电控技术的应用。汽油机电控技术的应用,有效地解决了其增压的诸多技术难点。电控汽油喷射系统的应用,使增压器的布置更加方便;电控可变涡轮喷嘴环截面控制技术的应用,可以有效地改善增压汽油机的动态特性;爆燃控制和废气再循环控制技术的应用,对防止爆燃和降低热负荷作用明显。

(2) 增压压力控制系统。与柴油机相比,汽油机运转的转速范围宽,从低速到高速,涡轮增压器的特性很难完全满足各种工况的要求,可能出现高速时增压压力过高,但低速时增压压力不足的情况。采用增压压力控制系统,如进气和排气放气装置,可以改变涡轮入口的工质流量,从而改变增压比,避免爆燃和过高热负荷,并有利于高、低速转矩特性的控制。

(3) 点火提前角的调整。汽油机增压后,由于压缩比、混合气成分、混合气压力和温度等均有变化,因此,应对点火提前角做出相应调整。增压汽油机不带中冷器时,爆燃倾向随增压压力增加而上升,因此,必须通过减小点火提前角来避免爆燃的产生。

(4) 其他措施。降低压缩比,使用高辛烷值燃料和采用中间冷却混合气等技术措施均可有效避免增压汽油机爆燃的出现。

思 考 题

1. 增压为什么能够提高发动机的功率?
2. 废气涡轮增压系统的特点是什么?
3. 机械增压系统的特点是什么?
4. 进气增压对柴油机有什么不利影响?可采用哪些措施?

第4章 柴油机混合气的形成与燃烧

柴油机使用的燃料是较难挥发且较易自燃的柴油,由于柴油的黏度较大,不易挥发,它的燃烧组织与汽油机相比有着本质的不同,要用喷油器在压缩行程终了的时刻将柴油喷入气缸。在柴油机的工作过程中,混合气形成和燃烧是个主要过程,对柴油机的特性影响最大。在燃烧过程中,燃料的化学能经过燃烧产生热能,使气体膨胀做功,转变为机械能。燃烧过程的好坏,关系到能量转换效率的大小,从而直接影响柴油机的性能指标。本章着重介绍混合气形成和燃烧的一般原理。

4.1 燃料的喷射与雾化

柴油机燃油喷射系统包括喷油泵、喷油器和高压油管,其作用是按柴油机各种工况的需要,将定量燃料在适当的时刻,以合理的空间形态喷入燃烧室,即对定量燃油的数量、喷油的持续时间和油束的空间形态三方面实行有效的控制,这对混合气形成以及燃烧过程的有效组织有着重要的作用。为了及时形成比较均匀的混合气,除了需要利用喷油设备来促使柴油雾化外,还必须依靠喷油油束与燃烧室的配合以及组织燃烧室内必要的空气运动,使柴油在整个燃烧室空间得到均匀的分布,并与空气充分混合,这是保证柴油机在较小的过量空气系数下进行完善燃烧的重要条件。

4.1.1 喷油泵速度特性及其校正

目前柴油机上广泛应用柱塞式喷油泵。如图4-1所示,当喷油泵油量控制机构(拉杆)位置固定时,每循环的供油量随转速变化的关系称为油泵的速度特性。每循环供油量随转速升高而增加,这是由于进、回油孔的节流作用引起的。理论上,当柱塞上端面关闭进油孔时才开始压油。而实际上当柱塞上端面还未完全关闭进油孔时,由于流通截面很小而时间极短,被柱塞挤压的燃油来不及通过油孔流出,压油已经开始使出油阀提早开启。同理,供油终了时,在回油孔开启若干开度内,由于这种节流作用,泵油室中燃油不能立即流出,仍维持较高压力,油泵继续供油,出油口自发延迟关闭。转速增高,供油速度加大,使供油开始得更早而结束得更

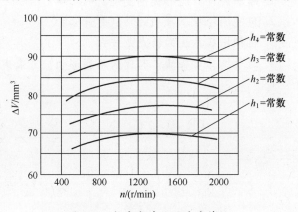

图4-1 柱塞式喷油泵速度特性

迟。因此，供油时间随转速上升而增加，供油量亦随转速上升而增加。这种油泵特性并不符合发动机转矩曲线的要求。

柴油机的负荷变化是靠改变供油量来实现的，为了充分利用进入气缸的空气，获得尽可能大的转矩，希望油泵的速度特性与充气效率 η_V 随转速 n 而变化的曲线相适应，使各转速下 α 值基本相同，图 4-2 为最佳喷油泵速度特性。在一定转速范围内(一般由标定功率时转速起，图中 BA 段)，供油量应随转速的降低而较快增加，以提高柴油机适应阻力变化的能力。为使柱塞式

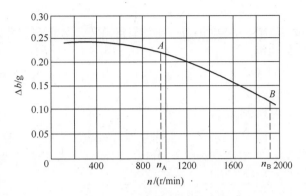

图 4-2 最佳喷油泵速度特性

喷油泵的速度特性满足上述要求，必须将其做适当改进，加装校正装置。

油量校正装置的作用是当发动机在标定工况下工作时，如果转速因外界阻力矩不断增加而下降，喷油泵能自动增加循环供油量，以增大低速时转矩，提高转矩储备系数。

目前常用的校正方法有两种：出油阀校正和弹簧校正。

1. 出油阀校正

常用出油阀校正有两种形式。

1) 可变减压容积

柱塞式喷油泵供油量的多少大体上是与柱塞有效排量和减压容积之差成正比的，如果减压容积能随转速的提高而增加，则供油速度特性将变得平坦。图 4-3 中，在出油阀的尾部上开四条锥形槽，油槽尺寸向阀顶逐渐减小。当柴油机转速升高时，作用在出油阀下部的燃油压力及燃油流过通道时的速度增大，使出油阀升程加大，在高压油路中所占的体积也增大。当供油终了时，由于出油阀的节流作用，流通截面尚未关闭就已开始减压作用，转速越高节流作用越显著，出油阀的减压作用越好，高压管路中的减压容积也越大。在下一次供油时，必须以供油量中的一部分填满这一减压容积后，才能提高油管中

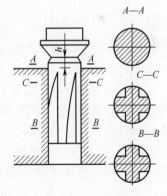

图 4-3 校正出油阀

压力，使喷油器喷油。这样，实际上就减少了喷油量，使供油量随转速升高而减少。

2) 可变减压作用

出油阀减压带凸缘与出油阀座内孔的间隙不同减压作用不同，在小油泵上间隙为 0.025~0.076mm，在大油泵上间隙可达 0.18mm。在结构上改变间隙大小，可以得到不同的喷油特性。这种减压方法在所有转速范围内出油阀的升程是一样的，当回油孔打开后，泵端油压迅速下降到油泵进油压力(即柴油机输油泵的出口压力值)。在减压带进入出油阀阀座以后，即开始发生减压作用，把泵端压力抽成真空，这时喷油端的燃油迅速回流添补。与此同时，由于减压带和阀座之间间隙的存在，低压油腔内将可能有一些燃油回流

到高压油管内,从而使减压作用有所削弱。在高速时,由于间隙的节流作用较大(亦即流体的动力阻力大,出油阀的上下压差大),出油阀落座迅速,燃油回流高压油管的现象不明显,因此基本上完全减压。在低速时,正好相反,由于节流作用相对较小,出油阀落座时间相对增长,燃油回流高压油管的现象比较明显,减压效果削弱,残余压力升高,因此使每循环的供油量增加。图4-4为这种校正出油阀供油速度特性的一个试验结果,图中虚线表示随序号加大,出油阀减压环带与出油阀座内孔的间隙逐渐变大时,在低速时每循环供油量逐渐加大。

2. 弹簧校正

如图4-5所示,油量调整螺钉右端加装校正弹簧8,在原来固定螺母处改用一个小的挡头6,它不妨碍托板3的运动,但能挡住校正弹簧座7左移。

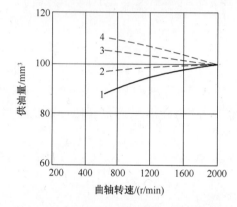

图4-4 可变减压作用在不同间隙时的
供油速度特性

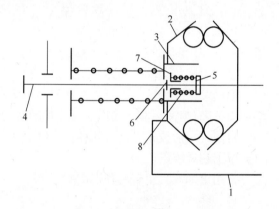

图4-5 弹簧校正器工作原理
1—油量调节拉杆;2—推力盘;3—托板;
4—油量调整螺钉;5—固定螺母;6—挡头;
7—校正弹簧座;8—校正弹簧。

当调速器手柄放在靠近最大工作转速位置时,油量调节机构也在最大供油量位置时,若外界阻力矩减小,柴油机转速增加,离心力轴向分力大于弹簧力,使托板3的位置在挡头6左面,这时校正弹簧顶在挡头6上,不起作用。若外界阻力矩增加,柴油机转速降低,离心力减小,托板3向右移,如果没有校正弹簧,托板3顶住固定螺母5,供油量便不可能再增加。若有校正弹簧8,托板3可越过挡头6,压缩校正弹簧,使油量调节拉杆1继续右移一小段距离,供油量相应增加,直到校正弹簧座7顶住固定螺母5后,校正器就不再起作用了。装有校正弹簧和不装校正弹簧的循环供量曲线对比如图4-6所示。无论何种形式的调速器都有相应形式的怠速校正弹簧,使柴油机在低转速时尽可能地额外供给燃油,弥补喷油泵在速度特性上的不足,满足柴油机供油特性的需要。

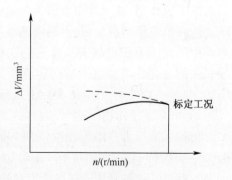

图4-6 弹簧校正器作用
---装校正弹簧;-未装校正弹簧。

4.1.2 燃料喷射过程

柴油机燃油供给系整个喷油过程可分为三个阶段,如图4-7所示。

1. 喷油延迟阶段

从喷油泵压出燃油(供油始点)到喷油器针阀开始抬起(喷油始点)为止,这一阶段称为喷油延迟阶段。当柱塞关闭进油孔后,泵油室内燃油被压缩,油压开始升高,直到油压超过高压油管中的剩余压力和出油阀的弹簧压力之和时,出油阀抬起,至减压环带完全脱离出油阀座孔后,燃油才能进入高压油管,使泵端油管压力升高,并以压力波形式向喷油器端传播。当传播到喷油器针阀处的压力超过针阀的开启压力时,针阀才打开,并将燃油喷入气缸。从供油始点到喷油始点的时间间隔称为喷油延迟时间,相应的曲轴转角称为喷油延迟角,即喷油延迟角等于供油提前角减去喷油提前角。一般转速升高,喷油延迟角增大;高压油管加长,压力波由泵端到喷油器端的传播时间增加,喷油延迟角亦增大。

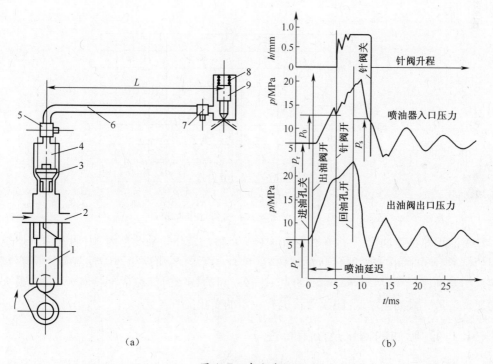

图4-7 喷油过程
(a)喷油系统结构;(b)喷油过程
1—喷油泵柱塞;2—进回油孔;3—出油阀;4—出油阀弹簧;5—压力传感器;
6—高压油管;7—压力传感器;8—针阀弹簧;9—喷油器针阀。

2. 主喷射阶段

从喷油始点到喷油器端压力开始急剧下降时为止,这一阶段称为主喷射阶段。针阀刚开启时,燃油开始喷入气缸,喷油器压力有瞬时下降,随着柱塞继续运动,压力又上升。当柱塞斜槽打开回油孔时,最初开度很小,因节流作用,泵端压力并不立刻下降。随着柱塞运动,回流孔逐渐开大,喷油泵端压力急剧下降,出油阀落座。因出油阀落座过程减压环带的减压作用,使高压油管压力迅速下降,并影响到喷油器端的压力,因此喷油器端压力下降较迟。绝大部分燃油是在这一阶段喷入气缸的,喷油时间长短主要与柱塞有效行程(即柴油机负荷)有关,其次也受高压系统容积、出油阀减压作用等因素的影响。

3. 滴漏阶段

从喷油器端压力开始急剧下降到针阀完全落座(喷油终点)为止,这一阶段称为滴漏阶段。当喷油器端压力下降到针阀关闭压力后,针阀落座,停止喷油。这期间还有少量燃油从喷孔喷出,由于喷油压力降低,燃油雾化不良,这一阶段喷射的燃油容易导致燃烧不完全,易生成积炭并堵塞喷孔,甚至排气冒烟。故应尽量缩短这一阶段燃油的喷射,要求整个喷油过程迅速,停止喷油时干净利落。

4.1.3 供油规律和喷油规律

如图 4-8 所示,供油规律是单位时间内(或 1°喷油泵凸轮轴转角内)喷油泵的供油量随时间(或喷油泵凸轮转角)的变化关系。它完全是由喷油泵柱塞的几何尺寸和运动规律确定的。

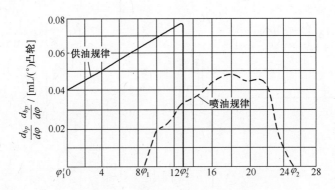

图 4-8 供油规律和喷油规律的比较

喷油规律是喷油速率,即单位时间内(或 1°喷油泵凸轮轴转角内)喷油器喷入燃烧室内的燃油量随时间(或喷油泵凸轮转角)的变化关系。供油规律与喷油规律之间存在着明显的差别,除了供油始点与喷油始点不同外,喷油持续时间较供油持续时间长,最大喷油速率较最大供油速率低,曲线形状也有一定的变化。

4.1.4 喷油的雾化及油束特性

将燃油分散成细粒的过程称为燃油的喷雾或雾化,可以大大增加燃料蒸发的表面积,增加燃料与氧接触的机会,以达到迅速混合的目的。

1. 油束的形成及特性

燃料以很高的压力(10~20MPa)和很高的速度(100~300m/s)从喷油器的喷孔喷出,在高速流动时所产生的内部扰动及气缸中空气阻力的作用下,被粉碎成细小的油粒,其形如圆锥(图 4-9),这种由大小不同的油粒所组成的圆锥体称为油束(或称为喷注)。油束本身的特征可用喷雾锥角、射程及雾化质量来说明。

(1) 喷雾锥角 β。喷雾锥角与喷油器结构有很大的关系。对相同的喷油器结构,一般用 β 来标志油束的紧密程度。β 大说明油束松散,β 小说明油束紧密。

(2) 油束射程 L。油束射程即油束的贯穿距离,也称为贯穿力。L 的大小对燃料在燃烧室中的分布有很大影响。如果燃烧室尺寸小而射程大,就有较多的燃油喷到燃烧室壁上;反之,如果 L 过小,则燃料不能很好地分布到燃烧室空间,燃烧室中的空气得不到充分利用。因此,油束射程必须根据混合气形成的方式,与燃烧室相互配合。

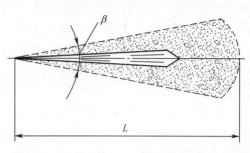

图 4-9 油束形状

(3) 雾化质量。雾化质量表示燃料喷散雾化的程度,一般是指喷散的细度和喷散的均匀度。燃料喷散得越细、越均匀,说明雾化质量越好。喷散细度可以用油束中油粒的平均直径来表示,平均直径越小,则喷雾越细。喷散的均匀度可用油粒的最大直径与平均直径之差来表示,直径差越小则喷雾越均匀。同样也可以用试验的方法,把油束中的油粒直径测量出来后,画成曲线来表示油粒的细度和均匀度。这种曲线称为雾化特性曲线,如图 4-10 所示。

对混合气形成和燃烧最有影响的因素,除了油束特性外,还有一个重要因素就是油束在燃烧室中的分布特性,即油束与燃烧室的配合情况。

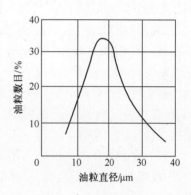

图 4-10 雾化特性曲线

2. 影响油束特性的因素

(1) 喷油器结构。喷油器的结构不同,引起油束形成的内部扰动也不同,从而就产生不同形式的油束。油束要与燃烧系统密切配合,不同的燃烧方式要求不同形式的油束,因而就使用不同结构的喷油器,喷油器的主要结构形式如图 4-11 所示。图 4-11(a) 为多孔喷油器,用于对雾化质量要求较高的直接喷射式柴油机。在喷油压力、介质反压力及喷孔总截面积不变的条件下,增加喷孔数目,则每个喷孔的直径减小,燃料流出喷孔时将受到更大的节流作用,在喷孔内的扰动也就增加,因此雾化质量提高(图 4-12),如果喷孔直

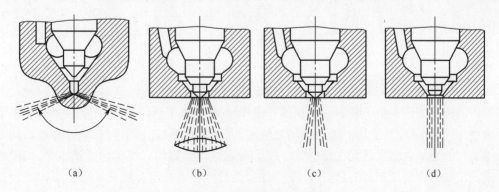

图 4-11 各种喷油器的结构
(a)多孔喷油器;(b)顺型轴针式喷油器;(c)圆柱型轴针式喷油器;(d)倒锥型轴针式喷油器。

径增大,则油束核心稠密,射程增大。图 4-11(b)(c)(d)为轴针式喷油器,其针阀头部升入喷孔中,而且针阀头部截面是变化的,可以由针阀头部的锥角大小来控制喷雾锥角。

(2) 喷油压力。燃油的喷射压力越大,则燃油喷出的初速度就越大,在喷孔中燃油扰动程度及喷出喷孔后所受到的介质阻力也越大,从而使雾化的细度和均匀度提高,即雾化质量好。喷油压力增加时,也使射程增加,喷油压力过高,则高压油管容易涨裂,喷油器容易磨损,对喷油管制造要求也越高。在喷油过程中,燃油的实际喷射压力是变化的,一般产品说明书上的喷油

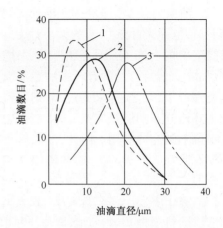

图 4-12 喷孔直径对雾化特性影响
1—喷孔直径 4×0.4mm;2—喷孔直径 2×0.57mm;
3—喷孔直径 1×0.57mm;喷射压力 27.4MPa。

压力是指喷油器针阀开启压力。高速柴油机喷油器针阀开启压力一般在 10~20MPa 之间,而在喷油过程中,高压油管中的最高压力对一般柴油机可达 50MPa,对高增压的中速柴油机甚至达 100MPa 以上。

(3) 介质反压力。反压力增加,使介质密度增大,引起作用在油束上的空气阻力增加,因此燃料雾化有所改善,喷雾锥角增加,并使射程减小(图 4-13)。在非增压的柴油机中,介质反压力在 3.5~4MPa 之间,变化不大,所以对油束特性影响并不显著。

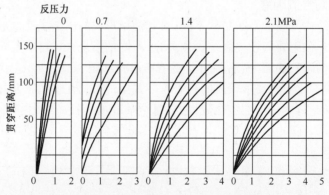

图 4-13 不同喷油压力和反压力油束射程随时间的变化

(4) 喷油泵凸轮外形及转速。当凸轮形状较陡或凸轮转速较高时,均会使喷油泵的柱塞供油速度加快。由于喷油器喷孔的节流作用,燃油不能迅速流出,结果使油管中燃油压力增加,燃油从喷孔流出的速度也随之增大,因此雾化变好,油束射程和喷雾锥角均有所增加。上述试验结果只是在冷空气中进行喷射试验得到的。在实际柴油机中,油束的形成和发展是在温度较高的热空气中进行的,而且一切都在迅速变化。喷油泵以变速供油,喷油压力在变化;燃油喷入高压热空气中,空气的状态也因活塞压缩而不断变化。此外,燃烧室中空气有运动,燃油在蒸发,特别是喷油过程中,伴随有燃烧发生,这些因素互相影响,因此油束的形成和发展过程比较复杂。不过从上述稳定模拟试验中得出的试验

结果,在一定程度上可以看出各因素对油束特性的影响情况。

4.2 柴油机混合气的形成与燃烧过程

4.2.1 柴油机混合气的形成

1. 混合气形成特点

柴油黏度大,不易蒸发,因此在柴油机工作时,必须借助高压油泵提高其压力,并在各缸接近压缩行程终了时,由喷油器将一定量的柴油喷入气缸,使之在气缸内部与高温高压的流动空气混合,形成可燃混合气,自行着火燃烧。与汽油机相比,柴油机混合气的形成时间短,直接喷入气缸的柴油很难与空气进行良好混合,所以形成的混合气不均匀。

柴油机工作时,柴油喷入气缸后,由于缸内温度远远高于柴油的自燃温度,所以在喷油器喷油结束之前就会着火燃烧,形成边喷油、边雾化、边混合、边燃烧的状态。

2. 混合气形成方式

柴油机混合气的形成方式可分为空间雾化式和油膜蒸发混合方式两种。

1) 空间雾化混合方式

空间雾化混合方式是喷油器将柴油以一定压力、一定射程和一定雾化质量喷入燃烧室的整个空间,在整个燃烧室形成油雾,并从高温空气中吸收热量蒸发扩散,与高温高压空气混合,形成可燃混合气。这种混合气形成方式,要求喷油器的喷雾特性(射程、锥角和雾化质量)必须与燃烧室的形状相匹配。

柴油机无论采用何种混合气形成方式,为得到均匀的混合气,一般都要求燃烧室内有一定的空气运动,即涡流;同时柴油机一般都采用多孔喷油器,以扩大油雾分布的范围。适当的涡流运动,有利于油雾的蒸发与扩散,也有利于燃烧室壁上的油膜蒸发,对混合气还能起到搅拌的作用,使混合气的雾化质量更好,如图4-14所示。这对改善高速柴油机的燃烧过程,提高柴油机

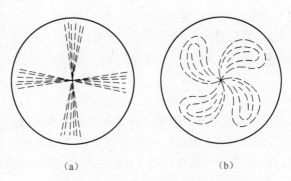

图 4-14 涡流对混合气形成的影响
(a)没有涡流;(b)有涡流。

的性能是十分必要的。但气缸内的涡流运动也不宜过强,否则会使燃烧后的废气与未燃烧的混合气混合,反而对燃烧过程产生不利的影响。

2) 油膜蒸发混合方式

油膜蒸发混合是喷油器将大部分柴油喷射到燃烧室的壁面上,形成一层油膜,油膜在强烈的空气涡流作用下,受已燃混合气的影响,受热蒸发并与流动的空气混合,形成较均匀的可燃混合气。只有少量的柴油是直接喷射在燃烧室内的空气中,这一少部分柴油在空间与空气混合首先着火燃烧。

与采用空间雾化混合方式相比,采用油膜蒸发混合方式,在燃烧过程开始后,由于燃

烧室壁面上的油膜逐层蒸发、逐层燃烧,同时参与燃烧的混合气量较少,所以缸内气体的压力增长较慢、较平稳,柴油机工作也比较柔和,但动力性较差。球形燃烧室即采用这种形式。车用柴油机工作时,两种混合方式兼而有之,通常以空间雾化混合方式为主要形式。

4.2.2 柴油机的燃烧过程

由于柴油机的燃烧过程与混合气形成是同时在燃烧室内进行的,所以比汽油机更复杂。燃烧过程一般在压缩行程上止点附近的几十度曲轴转角内完成,以扩散燃烧为主,混合气边蒸发、边混合、边燃烧。根据燃烧过程中缸内压力的变化特点,柴油机的燃烧过程通常分为着火延迟期、速燃期、缓燃期和补燃期四个阶段,如图4-15所示。

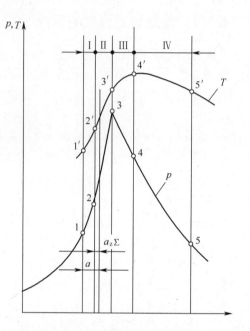

图4-15 柴油机的燃烧过程
1—喷油开始;2—开始着火;3—最高压力点;
4—最高温度点;5—燃烧基本完成。

1. 着火延迟期

从喷油器开始喷油的1点,到混合气着火形成火焰核心的2点,这段时期称为着火延迟期。燃料进入气缸后,并不能立即着火燃烧,需要经过一系列的物理化学变化过程。在着火延迟期内,混合气尚未着火,仅进行着火前的物理化学准备,其放热很小,缸内气体压力和温度变化主要取决于压缩行程。

着火延迟期的长短一般用曲轴转角或时间表示,对柴油机的燃烧过程有极大的影响,并直接影响速燃期的燃烧。着火延迟期越长,在此期间喷入气缸的柴油量越多,形成的混合气数量也越多,而这些混合气在速燃期内几乎同时燃烧,使压力增长率和最高压力升高,机件承受的机械负荷增大,柴油机工作粗暴。因此要求着火延迟期尽量短,且随发动机转速的变化最佳的着火延迟期也应不同。

2. 速燃期

从气缸内开始着火的2点,到出现最高燃烧压力的3点,这段时期称为速燃期。速燃期是柴油机燃烧的重要时期,直接影响发动机的动力性、经济性和排放性。在速燃期内,由于着火延迟期内喷入气缸并具备着火条件的燃料几乎一起燃烧,混合气着火后,形成多个火焰中心,各自向四周传播,使混合气迅速燃烧,放出大量热量,接近定容加热过程,使气缸内温度、压力迅速升高。速燃期结束时,缸内最高压力可达6~9MPa甚至更高。速燃期内压力升高率如果过大,会导致柴油机运转不平稳,机械负荷增加,燃烧噪声增大;同时也会增加机件的冲击负荷,使其使用寿命降低。此外,如果速燃期内出现过大的压力升高率和最高压力,必然导致燃烧最高温度的升高,使排放气体中的NO_x含量增加。但压力升高率也不能太小,否则热效率降低,发动机动力性下降。

柴油机速燃期内的压力升高率,一般应控制在每度曲轴转角 400~600kPa 的范围内。

3. 缓燃期

从气缸内出现最高燃烧压力的 3 点,到出现最高燃烧温度的 4 点,这段时期称为缓燃期。在此期间,虽然喷油过程基本结束,但缸内仍有大量未燃烧的混合气继续燃烧,使缸内温度继续升高,最终达到最高温度(2000~2200℃)。有时为控制压力升高率,在全负荷时,每循环喷射的大部分柴油也应该在这一阶段燃烧。但由于此阶段的燃烧是在气缸容积不断增大的膨胀行程进行,而且随着燃烧的进行,燃烧废气不断增多,氧气及柴油浓度不断下降,尤其到缓燃期的后期,燃烧速度显著减慢,缸内压力也迅速降低。缓燃期结束时,大部分柴油已燃烧完毕,放热量约为循环放热量的 70%~80%。

4. 补燃期

从气缸内出现最高燃烧温度的 4 点,到燃烧基本结束的 5 点,这段时期称为补燃期。补燃期的终点很难确定,一般规定放热量达到循环放热量的 95%~97%时,即可认为补燃期结束。由于车用柴油机的转速很高,燃烧过程所占时间短,混合气又不均匀,因此补燃期也比较长。有时在高速和高负荷时,后燃现象很严重,甚至一直延续到排气行程中。补燃期中燃烧放出的热量,不仅很难有效利用,反而使零件热负荷增大,排气温度升高,易使发动机过热,因此应尽量缩短补燃期。

4.3 柴油机的燃烧室

燃烧室的结构形状和喷油器的布置确定了混合气的形成方式。根据这两个特征,柴油机的燃烧室可分为两类,直接喷射式燃烧室和分隔式燃烧室。

4.3.1 直接喷射式燃烧室

燃烧室为活塞顶、气缸壁与缸盖形成的密封空间,活塞顶部一般开有大小不同、形状各异的凹坑,燃烧室容积由活塞顶部的燃烧室容积和活塞顶平面上气缸盖下的燃烧室容积两部分组成。直接喷射式燃烧室产生空气运动的方法有进气涡流和挤气涡流两种。

1. 进气涡流

在气缸盖上采用特殊形状的进气道使空气进入气缸时形成绕气缸中心线的旋转运动,即可产生进气涡流。产生进气涡流的主要方法是:

(1) 切向气道。切向气道的特点是气道轴线与气缸相切,气道形状较平直,在气门前强烈收缩,气流通过切向气道时速度越来越快,并且沿切线方向进入气缸,在气缸壁上转向,产生绕气缸中心线的气流旋转运动。其优点是结构简单,流动阻力较小;缺点是对气口位置比较敏感。

(2) 螺旋气道。螺旋气道的特点是气门座上方的进气道内腔做成螺旋形,气流经气门座时,一部分在气道内部形成绕气门中心的旋转运动,其强度与气道本身结构有关;另一部分近于切向气流,顺着气缸壁绕气缸中心线旋转。其强度与气道相对于气缸的布置有关,加上轴向分速度,实际上是一种沿螺旋线推进的涡流运动。不同形式的螺旋气道,两股气流的配合情况各不相同,但在压缩行程接近终了时,涡流均接近一个螺体旋转。由于螺旋气道能产生较强的进气涡流,因此被广泛应用在高速柴油机上,其缺点是制造工艺要求高,调试工作量较大。

2. 挤气涡流

在压缩行程后期,活塞接近上止点时,活塞顶平面上环形空间的空气被挤入活塞顶凹坑的燃烧室内,造成空气的涡流运动称为挤流。当活塞向下运动时,活塞顶凹坑燃烧室内的空气又要返回活塞顶平面上的环形空间,形成较强的逆挤流,逆挤流可将燃烧室口的浓混合气或炭烟冲上去烧掉。燃烧室喉口直径及挤气间隙越小,则挤流越强。

与进气涡流相比,挤气涡流不影响充气效率,但涡流强度较小,且不能维持较长时间,在上止点前后4°~7°(CA)时速度最大,随着活塞向下运动,很快减弱消失,故它常配合进气涡流对混合气的形成和燃烧起作用。

车用柴油机常用的直接喷射式燃烧室有ω形和球形燃烧室。如图4-16所示,ω形燃烧室的断面形状呈ω形,通常装用喷孔直径较小的多孔喷油器,以空间雾化混合方式为主。ω形燃烧室的主要特点是:结构简单、面容比小,能形成挤气涡流,相对散热少,经济性好,热效率高,冷起动容易;但由于以空间雾化混合方式为主,因而对喷油系统要求较高,涡流强度对转速比较敏感,难以兼顾高、低速时的性能;在着火延迟期中形成的混合气数量较

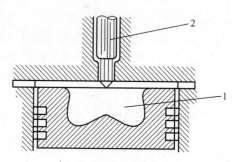

图4-16 ω形燃烧室
1—燃烧室;2—喷油器。

多,压力升高率及最高压力均较高,燃烧性能不良,工作粗暴,充气效率相对较低,排放污染较大。

图4-17所示的球形燃烧室是在活塞顶上挖一较深的球形凹坑。球形燃烧室通常采用单孔或双孔喷油器,一般都配有螺旋进气道以产生较强的进气涡流(图4-18),在强烈的进气涡流作用下,绝大部分燃料喷在燃烧室壁上,且以油膜蒸发混合方式为主。球形燃烧室的主要特点是:燃烧室面容比小,对外传热相对较少;经济性好,且对燃油的品质及雾化质量要求较低;由于大部分燃油喷到温度较低的燃烧室内壁上,因而柴油的裂解反应缓慢,着火延迟期内形成的混合气数量较少,排气冒烟少,工作柔和,燃烧噪声较小。

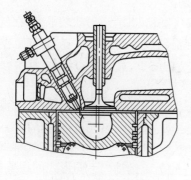

图4-17 球形燃烧室

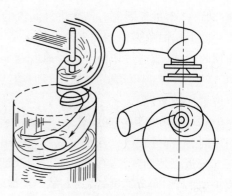

图4-18 螺旋进气道

4.3.2 分隔式燃烧室

分隔式燃烧室由两部分组成:一部分在活塞顶面和气缸盖底面之间,称为主燃烧室,另一部分在气缸盖内,称为副燃烧室,两者以一条或数条通道相连接。常用的分隔式燃烧室有预燃室式和涡流室式两种。

1) 预燃室式燃烧室

预燃室式燃烧室如图4-19所示,气缸盖和活塞顶面间的空间称为主燃烧室,气缸盖内的一部分燃烧室称为预燃室或副燃烧室。其特点是:柴油机工作时,将柴油喷入预燃室中,在预燃室内首先着火后压力、温度升高,使预燃室内的未燃混合气高速喷入主燃烧室中,在主燃烧室内形成强烈的燃烧涡流,大部分柴油在主燃烧室内与空气进一步混合并燃烧;混合气的形成主要靠燃烧涡流,对转速变化和燃料品质不敏感,对燃料供给系统要求也不高,可采用单孔轴针式喷油器,且喷油压

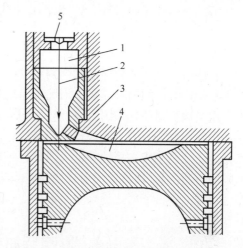

图4-19 预燃室式燃烧室
1—预燃烧室;2—油束;3—通道;
4—主燃烧室;5—喷油器。

力无需太高;由于主、副燃烧室通道的节流作用控制了燃烧速度,柴油机工作比较柔和、平稳,燃烧噪声低;但由于燃烧室的面容比大,散热损失较大,主、副燃烧室通道的节流作用也会增加流动损失,所以热效率较低,冷起动性较差,一般需装用起动预热塞。由于预燃室式燃烧室经济性差,现代柴油机上已经很少采用。

2) 涡流室式燃烧室

涡流燃烧室如图4-20所示,在气缸盖与活塞顶之间的空间称为主燃烧室;在气缸盖内的一部分呈球形或圆柱形的燃烧室称为涡流室;即副燃烧室,涡流室占整个燃烧室的50%~70%。涡流室与主燃烧室的通道与涡流室相切,其特点是:在压缩行程,空气经过通道压入涡流室中,形成强烈的有组织的压缩涡流;混合气的形成主要靠强烈的压缩涡流,对燃料供给系统要求也不高,可采用单孔轴针式喷油器,且喷油压力不需太高;燃油喷入涡流室后,由于强烈的压缩涡流可使少量柴油迅速蒸发并与空气混合,涡流室中着火燃烧后,未燃烧的柴油和空气被强烈的涡流带向主燃烧室,并借助活塞顶部的凹槽产生二次涡流,有利于主燃烧室内混合气的形成和燃烧,燃烧比较完全,排气污

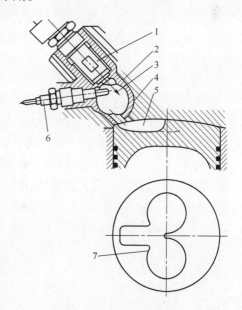

图4-20 涡流燃烧室
1—喷油器;2—副燃烧室;3—油束;4—通道;
5—主燃烧室;6—预热塞;7—气流运动轨迹。

染较小;由于与预燃室式燃烧室相同的原因,其热效率较低,冷起动性较差,需装用起动预热塞;由于压缩涡轮的强度受转速影响较大,其高速性能好,适用于小型、高速柴油机。

由以上分析可知,各种燃烧室都有不同的优点和缺点,为提高柴油机的性能,必须根据柴油机的用途,正确选择燃烧室的类型并合理设计其结构。车用柴油机为了增加载重量及提高运行效率,要求自重小,车速高。同时,汽车大部分时间是在部分负荷下运行,强化动力性指标对柴油机寿命影响相对较小,所以目前车用柴油机向高速轻型发展,对动力性能和降低噪声的要求较高。因此高速轿车柴油机多采用涡流室;而转速相对较低的载重车用柴油机则往往采用经济性较好的直接喷射式燃烧室。

分隔式燃烧室的主要缺点是经济性差,燃油消耗率高,而直接喷射式燃烧室的主要缺点是高速性及工作平稳性较差。但是近年来由于空气利用技术的不断改进以及生产工艺水平的不断提高,使直接喷射式燃烧室的动力性能和高速性能有了明显的提高,因此高速柴油机有向直接喷射式燃烧室发展的明显趋势。

4.4 影响柴油机燃烧过程的因素

燃烧过程是柴油机的主要工作过程,对柴油机的性能有重要影响。深入分析各种因素对燃烧过程的影响,寻求改善燃烧过程的措施,其目的就是提高柴油机的动力性和经济性,并尽量降低排气污染和噪声。

4.4.1 影响燃烧过程的使用因素

1. 燃料性质的影响

柴油是由石油中提炼出的碳氢化合物,车用柴油机使用的燃料为轻柴油。柴油的使用性能对柴油机的燃烧有重要影响。影响燃烧过程的主要指标是柴油的发火性、蒸发性、黏度和凝点等指标,它们主要取决于柴油的组成成分。

1) 柴油的发火性

发火性是指柴油的自燃能力,用十六烷值表示。柴油机工作时,柴油被喷入燃烧室后,并非立即着火,而要经过一段时间进行燃烧前的物理和化学准备,这个准备时间称为着火延迟期。着火延迟期过长,则会使燃烧前燃烧室内积存过多的柴油,以致在燃烧开始后气缸内压力升高过快,使曲柄连杆机构承受较大的冲击力,加速磨损。同时气缸内会发出很响的敲击声,即发动机工作粗暴。发火性好的柴油,燃烧过程的着火延迟期短,柴油机工作柔和。十六烷值越高,发火性越好。十六烷值过高的柴油中,含不易蒸发的重质馏分多,蒸发性较差,容易高温裂解,会导致排气冒黑烟,经济性下降,车用柴油机十六烷值一般为 40~60。

2) 柴油的蒸发性

柴油的蒸发性直接影响可燃混合气的形成,对燃烧过程也有一定的影响。柴油的蒸发性通常用馏程表示,主要以50%馏出温度、90%馏出温度和95%馏出温度作为评价柴油蒸发性的指标。同一相对蒸发量的馏出温度越低,表明柴油的蒸发性越好,越有利于可燃混合气的形成和燃烧。50%馏出温度低的柴油蒸发性好,有利于混合气的形成和燃烧的进行,对发动机的冷起动也有利,但柴油中蒸发性好的组成成分其发火性差。90%馏出温度和95%馏出温度越高,说明柴油中不易蒸发的成分越多,燃烧后容易发生排气冒烟和产生积炭的现象。因此,要求柴油的50%馏出温度应适宜,90%馏出温度和95%馏出温度应比较低。不同燃烧室结构对柴油蒸发性要求不同,在采用预燃室或涡流燃烧室的柴油机中可燃用重馏分柴油;而用直接喷射式燃烧室的柴油机则要求用轻馏分柴油。

3) 柴油的黏度

柴油的黏度决定其流动性。黏度越低,其流动性越好,柴油从喷油器喷出时就容易雾化。但黏度过低会失去必要的润滑能力,会加剧喷油泵和喷油器中精密偶件的磨损,增大精密运动副的漏油量,喷油压力降低。黏度过大,流动阻力大,滤清困难,加剧喷油泵和喷油器的磨损,喷雾不良。另外,柴油的黏温性也是影响其黏度稳定性的主要指标。

4) 柴油的凝点

柴油的凝点是指柴油失去流动性的温度。柴油在接近凝点时,由于柴油中的石蜡结晶颗粒数量增加,流动性严重下降,会导致供油困难甚至供油中断,柴油机无法正常工作。为保证柴油机在较低的温度下能正常工作,要求柴油应有较低的凝点。国产轻柴油按凝点编号,一般有10号、5号、0号、-10号、-20号、-35号和-50号。

必须注意:柴油的使用性能主要取决于其组成。碳原子数较多、分子量较大的烃类,十六烷值较高,但蒸发性较差;碳原子数较少、分子量较小的烃类,蒸发性较好,但十六烷值较低。在燃烧过程中,发火性好但蒸发性差的柴油,容易在高温、高压下裂解形成炭烟,导致热效率下降,排放污染加剧;蒸发性好但十六烷值低的柴油,会在着火延迟期内形成更多的混合气,使柴油机工作粗暴,燃烧噪声增大。因此,在选用柴油时,发火性和蒸发性必须兼顾,并与柴油机的结构特点相适应。

2. 负荷的影响

柴油机是通过混合气的质(浓度)调节来适应负荷的变化。随着负荷增加,每循环供油量增加,但空气量基本不变,过量空气系数减小,单位容积内混合气燃烧放出的热量增加,使缸内温度上升,着火延迟期缩短,柴油机工作柔和。但随着负荷增加,每循环供油量增加,使喷油持续角增加,燃烧过程延长,燃烧不完全程度增加,热效率下降。负荷过大时,因混合气过浓,过量空气系数太小,使燃烧急剧恶化,不完全燃烧显著增加,将导致柴油排气冒黑烟,经济性急剧下降。图4-21为负荷对着火延迟期的影响。

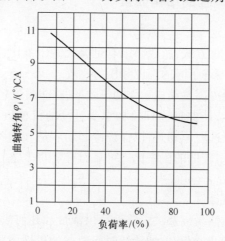

图4-21 负荷对着火延迟期的影响

柴油机在低速、小负荷工况下运转时，由于缸内温度和压力低，使着火延迟期延长，尽管喷油量不多，也会使压力升高率增大，并产生较强的燃烧噪声。尤其在柴油机冷起动时，由于喷油量大，这种噪声更明显。随着柴油机负荷增大，热状态转入正常后，噪声会自行消失。因此，在使用中，应尽量使柴油机维持中等负荷工况，减少小负荷和全负荷运转的时间，以便使柴油机发挥良好的综合性能。

3. 转速的影响

转速升高会使散热损失和活塞环的漏气损失减小，压缩终点的温度、压力增高；转速升高也会使喷油压力提高，从而改善燃油的雾化；随着转速升高，气缸内的空气涡流增强，有利于燃料的蒸发、雾化及与空气混合；以上这些对缩短着火延迟期和保证燃烧完全都有利，因此在使用中，应尽量使柴油机维持较高的转速。但柴油机的转速也不宜过高，因为在负荷一定时，随转速升高，充气效率会下降，而喷油泵的循环供油量会增加，因此转速过高会导致热效率下降，排气污染加剧。转速过低也会由于空气涡流减弱，而使热效率降低。

4. 喷油提前角的影响

从喷油器开始向气缸内喷油，到活塞运行至压缩行程上止点，这期间曲轴转过的角度称为喷油提前角。测量喷油提前角比较困难，一般测量供油提前角，供油提前角比喷油提前角略大。供油提前角是指喷油泵向喷油器供油开始，到活塞运行至压缩行程上止点为止，这期间曲轴转过的角度。喷油提前角过大，燃油喷入气缸时，缸内空气的压力和温度较低，着火延迟期长，燃烧时的压力升高率和最高压力升高，使柴油机工作粗暴，机械负荷增加；此外，喷油提前角过大时，还会因压缩耗功过多，导致柴油机功率下降、油耗率增加。喷油提前角过小，则燃油不能在上止点附近燃烧完毕，使补燃期延长，废气带走的热量增加，排气温度升高，燃烧过程中的压力升高率和最高压力降低，热效率明显下降。但适当减小喷油提前角，可防止柴油机工作粗暴。柴油机的工况不同，要求的喷油提前角不同。对应每一种工况，都有一个最佳喷油提前角，此时柴油机的功率最高，燃油消耗率最低，但往往排气污染和噪声比较严重。故选择柴油机供油提前角需根据机型、转速、油耗、排污以及噪声等确定。

4.4.2 影响燃烧过程的结构因素

1. 合理选择压缩比

柴油机采用压燃的着火方式，所以必须有足够大的压缩比，以保证可靠的着火燃烧。压缩比较大的柴油机，压缩终了时的温度和压力比较高，着火延迟期较短，工作比较柔和。同时，压缩比的增大，还能提高发动机工作的热效率，并能改善起动性能。但压缩比过高，会造成燃烧最高压力过大，使曲柄连杆机构承受过高的机械负荷，影响发动机的使用寿命。柴油机压缩比的一般选取原则是：以保证冷起动容易和在各种工况下获得可靠而有效的燃烧为前提，尽量选用较低的压缩比。可靠而有效的燃烧主要是要求燃烧过程柔和、热效率较高。

2. 保证合适的喷油规律

喷油泵凸轮线型和喷油泵柱塞决定着循环供油量和几何供油规律，它们对柴油机性能的影响，主要反映在供油时刻和供油持续时间对柴油机性能的影响上。供油时刻可由供油提前角调节机构予以调整,而供油持续时间则和喷油泵柱塞直径、凸轮外形等因素有关。

单位时间(或曲轴转角)内的喷油量随时间(或曲轴转角)的变化关系,称为喷油规律,典型喷油规律如图4-22所示。曲线Ⅰ喷油延续时间短,喷油速率大,曲线变化陡,柴油机经济性和动力性好,但工作粗暴、噪声大。曲线Ⅱ开始喷油速率较大,曲线上升陡,柴油机工作粗暴;后期曲线下降平缓,喷油速率过小,使喷油延续时间长,补燃多,柴油机经济性下降。曲线Ⅲ开始喷油速率较低,曲线变化平缓,柴油机工作柔和;后期喷油速率加大,保证燃烧过程在上止点附近进行,以获得良好的动力性、经济性和排放性。从减轻柴油机燃烧粗暴性和保证较高燃烧效率考虑,比较理想的喷油规律是"先缓后急并尽量缩短喷油时间",保证合适的喷油规律,对改善柴油机的燃烧过程、提高柴油机的性能非常重要。喷油规律集中体现了喷油过程中喷油泵供油压力、喷油器喷油压力、缸内气体压力、喷油器喷孔尺寸、喷油器针阀升程等参数之间的相互关系,为保证合适的喷油规律,必须合理设计供油系统的结构、合理选择其参数,并在使用中正确调整。

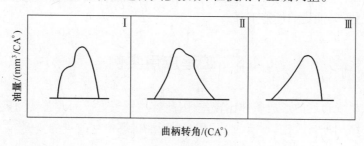

图 4-22 典型喷油规律

3. 保证良好的油束特性

柴油以很高的压力从喷油器细小的喷孔中喷出时,使柴油分散成由大小不等的微粒所组成的圆锥形油束,这一过程称为雾化。油束由中心到外部,油粒直径逐渐减小,运动速度逐渐降低,喷射的距离逐渐缩短。将柴油雾化后喷入气缸,其目的是增加柴油与空气的接触面积,加速柴油的蒸发和混合气形成,由于油束外部油粒直径细小,与空气接触面积也大,所以最先蒸发,与空气混合形成混合气。油束特性通常用油束形状和雾化质量来描述。如图4-23所示,油束形状的主要参数是油束射程L和油束锥角β。

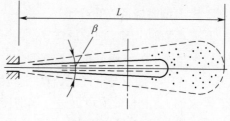

图 4-23 油束形状

油束射程标志着油束前端在压缩空气中的最大喷射距离,如果燃烧室尺寸小而射程较大,就会有较多的柴油喷到燃烧室壁面上;反之柴油不能很好地分布到燃烧室空间,燃烧室空间得不到充分利用。

油束锥角标志着油束的横向分布范围,标志油束在燃烧室的松散程度,油束锥角大说明油束松散。柴油机对油束形状的要求,主要取决于混合气的形成方式,尤其采用空间雾化混合气形成方式的柴油机,油束形状必须与燃烧室的结构形状相适应。

雾化质量是表示柴油吹散雾化的程度,一般是指喷雾的细度和均匀度。细度可用油束中油粒的平均直径来表示,平均直径越小,说明雾化越细。均匀度是指油束中油粒大小相同的程度及油粒分布的均匀程度。不同喷油压力时的雾化质量曲线如图4-24所示,曲线越靠近左侧,表示雾化越细;曲线越窄,表示油粒大小越均匀。必须注意:油束特性对混合气的形成有重要影响,不同的燃烧室,采用不同的混合气形成方式,对油束特性的要求也不同,而影响油束特性的因素又很多,主要影响因素包括喷油压力、喷油器喷孔的长度和直径、喷油时缸内空气密度、柴油的黏度等;为改善柴油机的燃烧过程,必须对喷油器结构进行合理设计,对喷油压力和柴油的黏度等进行合理选择,保证油束本身具有一定的特性,并保证油束特性与燃烧室形状、涡流运动相配合,油束特性不良或配合不当,都会导致燃烧恶化,柴油机的性能下降。

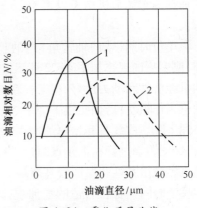

图4-24 雾化质量曲线
1—喷射压力34MPa;2—喷射压力15MPa。

4.5 工程应用实例

由于柴油机混合气的形成条件比较差,因此容易冒黑烟。为改善柴油机的燃烧条件,应对燃烧室的结构进行改进,本节为对2100型柴油机燃烧室改进的实例。

1. 概述

国内2100系列柴油机作为拖拉机和小型车用动力,有相当大的市场,其燃烧室采用紊流型燃烧系统。为解决噪声大、排放高(主要是NO_x和炭烟),以及进一步提高经济性,对其燃烧室进行了改进和性能试验。紊流型燃烧系统的特点是燃烧性能对喷油定时的变化不太敏感,这就可通过延迟喷油定时来降低NO_x的排放量,降低最高燃烧压力,而烟度也无明显的恶化,且经济性得到了改善。

2. 紊流型燃烧系统的设计

直喷式柴油机的燃油经济性、炭烟、NO_x排放和燃烧噪声等,是由空气与燃油混合速度及空气与燃油的空间分布来控制的。这不仅需要考虑燃烧室内油束的几何分布,同时也要考虑油束中油粒与空气混合效应。没有空气的紊流作用,在非增压时是不可能产生多点着火的,而混合效应可促进火焰的传播速度。基于这种理论,对原机2100B型的燃烧系统进行分析,盆型燃烧室开口直径较大,使燃烧室外围的两个油束之间的距离加大,燃烧室内涡流减弱,造成混合不良,低速更差。采用夹角为140°的喷孔,在活塞运行到上止点时,油束落点偏向凹坑底部边缘,如图4-25所示。由于此处涡流不强烈、空气利用差,减小喷油前角对发动机性能更不利。因此,在考虑改进方案时,首先选择了涡流比较大,并带有一定旋转气流的螺旋进气道,以提高整个转速范围内的涡流强度;其次选择带有四角的缩口燃烧室,借助缩口增加挤气涡流在燃烧室中的强度;最后,选用喷孔直径较大、空间油束夹角较大的喷油器,使活塞运行到上止点附近时,雾化燃油尽可能落在气流比较活跃的区域,同时在较大的气流作用下,增加油束的贯穿距离,以避免高速时贯穿距离不足,影响油气混合质量。图4-26所示为改进后燃烧室的形状及油束的空间分布。

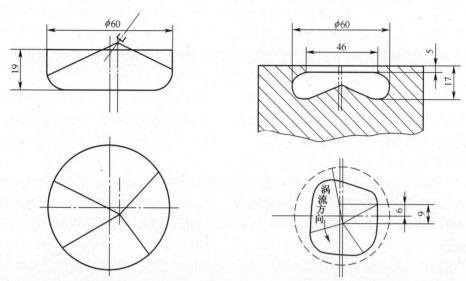

图4-25 原机的燃烧室形状和油束的空间分布　　图4-26 改进机的燃烧室形状和油束的空间分布

3. 原机与改进机的试验分析

表4-1和表4-2分别列出了原机和改进机负荷特性的试验数据(标定转速 $n=1500 \text{r/min}$)。

表4-1 原机2100型负荷特性

$P/\%$	30	50	70	90	100
$g_e/(\text{g/kW}\cdot\text{h})$	324.1	267.8	244.8	240.2	243.3
$t_r/℃$	200	260	330	400	450
p_{max}/MPa	5.169	5.880	6.669	7.159	7.698
$CO/\times 10^{-6}$	500	300	250	400	500
$NO_x/\times 10^{-6}$	600	700	800	850	1300

表4-2 改进机X2100型负荷特性

$P/\%$	30	50	70	90	100
$g_e/(\text{g/kW}\cdot\text{h})$	318.1	259.1	244.0	237.9	235.8
$t_r/℃$	190	250	330	420	470
p_{max}/MPa	5.296	5.786	6.423	7.061	7.355
$CO/\times 10^{-6}$	150	100	80	100	250
$NO_x/\times 10^{-6}$	150	450	120	300	500

从表4-1和表4-2可以看出:

(1) 改进机随着负荷的增大,最高燃烧压力 p_{max} 为7.355MPa,比原机降低0.3436MPa。这主要是由于压缩比提高,喷油定时延迟,使全负荷时的着火延迟期缩短,压力升高率降低所致。

（2）在各个负荷下，改进方案的燃油消耗率均低于原机，其中最低点为235.8g/(kW·h)出现在全负荷工况下，说明该方案燃烧过程组织得比原机好。较高的压缩比有利于油气混合，使高负荷时雾化燃油分布较均匀，提高了空气利用率，燃油消耗率下降。

（3）虽然喷油定时延迟，但由于改进型燃烧室混合气形成速度提高，紊流作用使混合气较均匀，着火延迟期变短，加快了速燃期的燃烧速度，所以没有产生严重的后燃。由表4-1和表4-2可以看出，改进方案与原机相比，CO、NO_x的排放量大为降低，全负荷时改进机的NO_x排放量为$500×10^{-6}kg/m^3$，接近于分隔式燃烧室的水平。由于喷油延迟后，最高燃烧温度降低，所以NO_x排放量下降。

4. 结论

采用紊流型燃烧系统，利用螺旋进气道可增大紊流强度，选用喷孔直径较大的喷油器可增大燃油贯穿距离，四角缩口燃烧室有利于增加涡流强度和紊流作用。三者的合理匹配是组织柴油机燃烧过程的重要环节，良好的匹配有利于形成良好均匀的混合气，加快燃烧速度。

采用紊流型燃烧室，可提高压缩比，延迟喷油定时，加快混合气形成速度，缩短着火延迟期，降低平均压力升高率和全负荷时的最高燃烧压力p_{max}，从而可以降低噪声，延长发动机的使用寿命，因此广泛应用在小型高速车用柴油机上。

思 考 题

1. 空气运动对混合气的形成有哪些影响？
2. 影响燃烧过程的主要因素有哪些？
3. 简述运转因素对柴油机性能的影响。
4. 简述柴油机混合气的形成过程。
5. 直接喷射式燃烧室的特点有哪些？

第 5 章 汽油机混合气的形成与燃烧

燃烧过程是将燃料燃烧的化学能转变为热能,产生高温高压的工质,形成膨胀做功的过程。燃料燃烧完全与否决定了产生热量的多少和排出废气的成分,燃烧时间的长短关系到热量的利用和气缸内压力的变化,所以燃烧过程进行的好坏直接影响内燃机动力性、经济性、排放和使用寿命等指标。

在影响燃烧过程的因素中,混合气的形成质量和燃油供给系统组织燃烧过程是两个重要的因素。为了改善发动机的性能,本章研究了汽油喷射混合气形成和各种新型燃烧系统,使汽油机的燃烧过程发生了根本的变化。

5.1 化油器工作原理与可燃混合气成分

5.1.1 化油器工作原理

汽油机混合气的形成方式主要有两类:一类是利用化油器,在气缸外部形成均匀可燃混合气,靠控制节气门开度调节混合气数量;另一类是利用喷油器直接向进气管、进气道或气缸内喷射汽油形成混合气。

化油器形成可燃混合气的工作原理如图 5-1 所示。化油器串接在空气滤清器与进气管之间,当空气经空气滤清器流入化油器喉管时,由于喉管处流通截面缩小,气流被加速,引起局部压力下降,产生一定的真空度,其真空度与流过喉管的空气流量率直接相关。

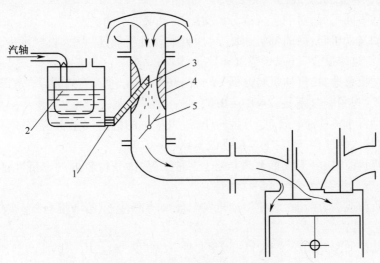

图 5-1 化油器的工作原理示意图
1—主量孔;2—浮子室;3—燃油喷管;4—喉管;5—节气门。

燃油在喉管真空度作用下,经主量孔 1 从燃油喷管 3 喷出,并在高速气流中喷散、雾化、蒸发与混合,逐渐形成均匀的可燃混合气。改变节气门 5 的开度,即可改变进入气缸的混合气的数量。化油器的作用是在各种工况下向发动机提供合理的空气燃油混合气。

5.1.2 可燃混合气成分

重 1kg 的汽油在理论上完全燃烧约需 15kg 空气,此时过量空气系数 α 为 1,但在发动机中,因混合气不能达到理想的均匀,要使 1kg 汽油完全燃烧必须要有 17~18kg 空气,此时过量空气系数为 1.13~1.2。多余的空气增加了燃料完全燃烧的程度,使发动机的经济性提高,但使混合气的热量降低并减慢了燃烧速度,也降低了发动机的功率。为使发动机得到最大功率,必须增加混合气中汽油的含量,当过量空气系数 α 为 0.8 时,燃烧速度最大,可此时发动机的经济性差。所以混合气的成分影响发动机的动力性和经济性,应按照发动机的不同工况来确定所用的成分。

当 $\alpha \geq 1.12$ 以上时,燃烧速度要迅速降低;当 $\alpha = 1.4$ 时,混合气不能燃烧,此时的过量空气系数 α 值称为火焰传播下限或称为混合气下限着火浓度;当 $\alpha \leq 0.88$ 以下时,燃烧速度也要降低,燃烧不完全程度明显增加;当 $\alpha = 0.4$ 时,混合气也不能燃烧,此时过量空气系数 α 值称为火焰传播上限或称为混合气上限着火浓度。

5.2 汽油机混合气的形成与燃烧过程

燃烧过程是发动机整个工作循环的主要过程,燃烧过程进行的好坏对发动机的动力性、经济性有很大的影响。

5.2.1 汽油机混合气的形成

1. 汽油机不同工况对混合气的要求

汽油机的不同工况,对混合气成分(浓度)的要求也不同。

(1) 起动发动机时,因曲轴转速低,化油器喉管处气流速度小,吸气量少,温度低,汽化条件差,供给过浓混合气(过量空气系数 $\alpha = 0.2 \sim 0.6$)。

(2) 发动机怠速时,汽油机转速低,节气门开度很小,进入气缸的混合气量少,应供给较浓的混合气(过量空气系数 $\alpha = 0.6 \sim 0.8$)。

(3) 发动机小负荷时,节气门开度较小,进入气缸的混合气量也少,缸内残余废气系数较大,供给较浓的混合气(空气过量系数 $\alpha = 0.7 \sim 0.9$)。

(4) 中等负荷时,由于汽车大部分处于这种工况,为获得较好的经济性,供给最经济的混合气(空气过量系数 $\alpha = 1.05 \sim 1.15$)。

(5) 大负荷或满负荷时,为使发动机发出最大功率,应供给浓混合气(空气过量系数 $\alpha = 0.8 \sim 0.9$)。

(6) 发动机加速时,节气门突然开大,大量空气进入气缸,由于燃油的黏性,造成混合气变稀,应额外供应部分燃油,形成大量混合气。

2. 化油器式汽油机混合气的形成

化油器式汽油机的可燃混合气,是在气缸外部的化油器中形成的,通过节气门开度不同控制混合气的量,从而实现混合气的量调节。

理想的化油器能够在满足最佳性能要求的前提下,使混合气成分随发动机负荷的变化而变化。为满足发动机不同工况对混合气的要求,化油器设有主供油装置、怠速供油装置、加速供油装置、加浓供油装置和起动供油装置等。

3. 电控汽油喷射发动机的混合气形成

汽油机电控燃油喷射系统最基本的,也是最重要的控制内容就是喷油量控制,控制喷油量的目的是使发动机在各种运行工况下,都能获得最佳的混合气浓度,以提高发动机的经济性并降低排放污染。

当喷油器的结构和喷油压差一定时,喷油量的多少取决于喷油时间。在汽油机电控燃油喷射系统中,喷油量的控制是通过对喷油器喷油时间的控制来实现的。发动机工作时,ECU 根据空气流量信号和发动机转速信号确定基本的喷油时间(喷油量),再根据其他传感器(如水温传感器、节气门位置传感器等)对喷油时间进行修正,并按最后确定的总喷油时间向喷油器发出指令,使喷油器喷油(通电)或断油(断电)。目前,汽车上装用的电控汽油喷射发动机,一般都是将汽油喷入进气总管或进气歧管,汽油在进气总管或进气歧管内与空气混合后再供往气缸。常用的多点电控汽油喷射系统如图 5-2 所示。

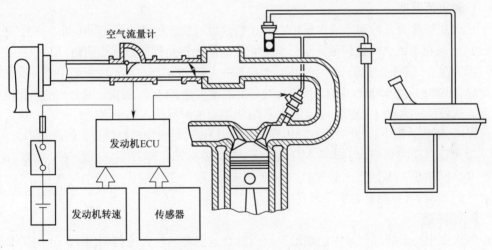

图 5-2 多点电控汽油喷射系统

5.2.2 汽油机正常燃烧过程

汽油机的燃烧过程有正常燃烧和不正常燃烧之分。当汽油机压缩行程接近终了时,由火花塞跳火形成火焰中心,点燃可燃混合气,火焰核心以一定速率连续传遍整个燃烧室,且传播速率、火焰前锋的形状均没有剧烈的变化,这种燃烧现象称为正常燃烧。对燃烧过程的主要要求是燃烧完全,迅速及时。若不是由火花塞点燃的燃烧,或火焰传播速率不正常的燃烧称为不正常燃烧。

图 5-3 所示为汽油机燃烧过程,它以发动机曲轴转角为横坐标,气缸内气体压力为纵坐标。图中近似对称曲线表示只压缩不点火的压缩线;实际燃烧过程的进行是连续的,但为分析方便,通常按缸内压力的变化特征,将其分为着火延迟期、速燃期和补燃期三个阶段,分别用Ⅰ、Ⅱ、Ⅲ表示。

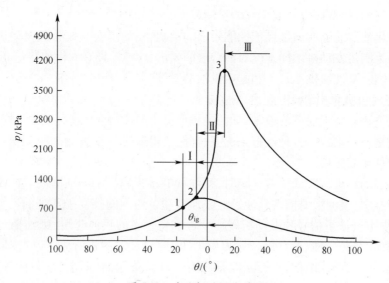

图 5-3 汽油机的燃烧过程
1—点火开始；2—形成火焰中心；3—最高压力点。

1. 着火延迟期

从火花塞跳火开始到形成火焰中心为止的这段时间称为着火延迟期(图 5-3 中第 I 阶段)；从火花塞跳火开始到活塞运行至上止点的曲轴转角称为点火提前角，用 θ_{ig} 表示。

因为混合气氧化反应需要一定时间，火花塞跳火后，并不能立刻形成火焰中心。火花塞放电时，两极电压在 15000V 以上时，混合气局部温度可达 2000℃，加快了混合气的氧化反应速度。这种反应达到一定程度(达到这种程度所需要的时间约占整个燃烧时间的 15%)，出现发光区，形成火焰中心，此阶段气缸内压力无明显升高，对汽油机燃烧过程的影响不大。

着火延迟期的长短，与燃料本身的分子结构和物理化学性质、过量空气系数($\alpha = 0.8 \sim 0.9$ 时最短)、开始点火时气缸内温度和压力(取决于压缩比)、残余废气量、气缸内混合气的运动、火花能量大小等因素有关。

2. 速燃期

从火焰中心形成到气缸内出现最高压力为止这段时间称为速燃期(图 5-3 中第 II 阶段)。当火焰中心形成后，火焰前锋以 20~30m/s 的速度，从火焰中心开始逐层向四周的未燃混合气传播，直到连续不断扫过整个燃烧室。混合气的绝大部分(约 80% 以上)在此期间内燃烧完毕，压力、温度迅速升高，缸内最高压力为 3~5MPa。压力升高率的大小决定燃烧过程的柔和性，过大会使汽油机工作粗暴，振动和噪声加大。

最高压力出现的时刻，对发动机功率、燃油消耗有很大影响。实践证明，最高压力出现在上止点后 12°~15° 曲轴转角时，示功图面积最大，循环功最多，对应的点火提前角为最佳点火提前角。最高压力出现过早，混合气点火早，使压缩功增加，热效率下降；出现过迟会使燃烧产物的膨胀比减小，燃烧在较大容积下进行，散热损失增加，热效率也下降。可以通过调整点火提前角，使最高燃烧压力出现在适宜的位置。

3. 补燃期

从出现最高压力开始，到燃料基本燃烧完为止，称为补燃期(图 5-3 中第 III 阶段)。在补燃期内，主要是火焰前锋过后部分未燃尽的燃料、吸附在缸壁上的混合气层和部分高温分解产物等,继续燃烧、放热。由于活塞下行,压力降低,使补燃期内燃烧放出的热量不能有效地转变为功,反而使排气温度升高,冷却水带走的热损失增加,热效率下降,影响发动机动力性和经济性,应尽量缩短补燃期。

5.2.3 汽油机的不正常燃烧

汽油机的不正常燃烧主要是爆震燃烧和表面点火。

1. 爆震燃烧

汽油机燃烧过程中,火焰前锋以正常的传播速度向前推进,使得火焰前方未燃的混合气(末端混合气)受到已燃混合气强烈的压缩和热辐射作用,加速其先期反应,并放出部分热量,使其本身的温度不断升高,以至于在正常的火焰到达之前,末端混合气开始自燃。由于自燃和正常火焰传播同时进行,混合气的燃烧速率和缸内压力升高率急剧上升,这种现象称为爆震燃烧。发生爆震燃烧时,末端混合气自燃形成的火焰前锋面推进速度,远远高于正常燃烧的火焰传播速度。轻微爆震燃烧时,火焰传播速度为100~300m/s;强烈爆震燃烧时,火焰传播速度可高达800~2000m/s,这可使未燃混合气体几乎瞬时燃烧完毕,局部温度、压力剧增,形成强烈的压力冲击波。冲击波以超声速传播,撞击燃烧室壁,发出频率达3000~5000Hz的尖锐的金属敲击声。试验表明,在汽油机的燃烧过程中,只要有大于5%的混合气发生自燃,就足以引起强烈的爆震燃烧。

轻微爆震燃烧时,由于燃烧速度加快,缸内压力升高,发动机的功率略有增加。但强烈爆震燃烧时,缸内最高压力和温度剧增,而且压力波动很大,会导致发动机功率下降、热效率下降、零件受冲击载荷增加、发动机过热、发动机噪声和振动增大等,如图5-4所示。

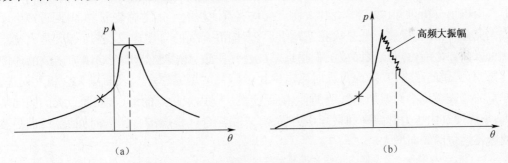

图 5-4 汽油机正常燃烧与爆震燃烧的比较
(a)正常燃烧;(b)爆震燃烧。

在汽油机工作时,是否发生爆震燃烧,主要取决于正常火焰传播的距离和速度,以及末端混合气自燃所需要的准备时间。只要在末端混合气发生自燃之前,正常火焰能传播到末端混合气,就不会发生爆震燃烧。为此,防止爆震燃烧可采取以下措施:

(1)使用抗爆性好的燃料。使用辛烷值高的汽油,末端混合气自燃所需要的准备时间较长,不易发生爆震燃烧。

(2)降低末端混合气温度和压力,以延长末端混合气自燃所需要的准备时间,可有效防止爆震燃烧;末端混合气温度和压力主要与点火提前角、负荷、冷却水温度、进气温度、混合气浓度、压缩比、燃烧室积炭等有关。

(3)合理设计燃烧室,缩短火焰传播距离。

（4）提高发动机转速，可以使混合气的扰流强度提高，火焰传播速度加快，也可减小爆震燃烧的倾向。

在汽车的实际使用中，选用合适的燃料，保持合适的点火提前角，避免发动机长时间在大负荷下工作，是防止汽油机爆震燃烧的主要措施。

2. 表面点火

混合气燃烧时，不靠电火花点火而由燃烧室炽热表面（如过热的火花塞绝缘体和电极、排气门、炽热的积炭等）点燃混合气而引起的不正常燃烧现象，称为表面点火。

根据表面点火发生的时间不同，可分为早火和后火。表面点火发生在正常点火时刻之前，称为早火；发生在正常点火时刻之后，称为后火。发生早火相当于提前点火，此时炽热表面的面积较大，点燃的区域也比电火花点燃的区域大。一旦发生早火，混合气的燃烧速率比正常燃烧时高，压力升高也较快，常使最高压力点出现在上止点之前，压缩耗功和热损失增加，发动机容易过热且功率和热效率下降。此外，早火会使缸内压缩终了的压力提高，炽热表面的温度也会进一步提高，发生爆震燃烧和表面点火的倾向更大，甚至会因热负荷过大而导致气门、火花塞和活塞等机件损坏。

早火一般在发动机长时间高速、大负荷运转后，由排气门、火花塞电极或绝缘体的高温引起，有时是燃烧室内部的积炭引起。

后火一般危害性不大，但若发生在关闭点火开关后，发动机仍像有电火花点火一样，继续运转，直到炽热点温度下降到不能点燃混合气为止，发动机才停转。

降低缸内温度、减少缸内沉积物的产生是防止表面点火的主要措施。例如，选用低沸点的汽油和含胶质较少的润滑油，可减少积炭的生成；适当降低压缩比，可降低缸内温度等。

由以上分析可知，爆震燃烧和表面点火均属汽油机的不正常燃烧现象，但两者产生原因是完全不同的，爆震燃烧是火花塞跳火后，末端混合气的自燃现象，表面点火是火花塞跳火以前或之后由炽热表面或沉积物点燃混合气所致；爆震燃烧时火焰以冲击波的速度传播，有尖锐的敲击声，表面点火时敲击声比较沉闷。爆震燃烧与表面点火会相互促进，严重的爆震燃烧必然增加向缸壁的传热，促使燃烧室内炽热点的形成，表面点火的倾向增大；早燃使缸内压力升高率和最高压力提高，末端混合气自燃准备所需时间缩短，也必然使爆震燃烧的倾向增大。

5.3 汽油机的燃烧室

5.3.1 对燃烧室的要求

燃烧室结构直接影响到发动机充气效率、火焰传播速率、放热率、传热损失及爆震的发生，从而影响发动机的性能。因此，为了使汽油机动力性高、经济性好、工作平稳轻声、排气污染小，对燃烧室的要求如下。

1. 结构紧凑

面容比是指燃烧室表面积与容积之比，常用于表示燃烧室的紧凑性。面容比值较小，燃烧室紧凑，具有的优点是：①火焰传播距离小，不易爆燃，可提高压缩比；②相对散热损失小，热效率高；③熄火面积小，HC排量少。

2. 具有良好的充气性能

燃烧室应允许有较大的进气门直径;进气阻力小,使混合气尽可能顺利地流入燃烧室;燃烧室壁面与气门头部要有足够的间隙,避免壁面的遮蔽作用。

3. 火花塞位置安排得当

火花塞位置直接影响火焰传播距离、火焰面积扩大率和燃烧率。在布置火花塞时必须考虑:①要能利用新鲜混合气充分扫除火花塞间隙处的残余废气,使混合气易于着火,这一点对暖机和低负荷的运转稳定性尤为重要,但气流不能过强,以免吹散火花;②火花塞应靠近排气门处,使受灼热表面加热的混合气及早燃烧,以免发展为爆震燃烧;③火花塞的布置应使火焰传播距离尽可能短;④不同的火花塞位置对燃料辛烷值要求也不同。

4. 燃烧室形状合理分布

不同的燃烧室形状实际上反映了混合气的分布情况,与火花塞位置相配合,也就决定了不同的燃烧放热率和火焰传播到边缘可燃混合气的距离,从而影响抗爆性、工作粗暴性、经济性和平均有效压力。合理的分布应使燃烧初期压力升高率小,工作柔和;中期放热量最多,获得较大的功;后期补燃较少,有较高的热效率。

5. 要产生适当的气体流动

燃烧室内形成适当强度的气体流动可以增加火焰传播速度;扩大混合气体的着火界限,燃烧更稀的混合气;减少循环变动率;降低 HC 排量。但过强的气流会使热损失增加,还可能吹熄火核而失火。

燃烧室内的气体流动主要有进气涡流和压缩挤流两种。

1) 进气涡流

进气涡流是利用进气口和进气道的形状,在进气过程中形成气流绕气缸中心线的旋转运动。

组织进气涡流的缺点是导致 η_v 的下降。另外,在低速低负荷时要维持良好的进气涡流也是有困难的。

2) 压缩挤流

压缩挤流在接近压缩终了时,利用活塞顶部和缸盖底面之间的挤气面,将混合气挤入主要燃烧室内,形成涡流。

采用压缩挤流不仅增加了火焰传播速度,而且使大部分混合气集中于火花塞周围,加上离火花塞最远的边缘气体因处于较小的间隙中,受两个冷表面的影响,散热容易,可缓和爆震的发展过程,所以对抗爆性有很大好处,挤流只是活塞将某些空气从余隙容积中挤出,完全不影响充气效率,即使在低速低负荷时仍能维持良好的压缩挤流,因此汽油机大部分燃烧室都是组织压缩挤流的。

6. 末端混合气要有适当冷却

末端混合气要有足够的冷却强度,以降低终燃混合气温度,减轻爆燃倾向。但又不可使激冷层过大,以免增加 HC 的排放。

5.3.2 常用典型燃烧室

1. 浴盆形燃烧室

如图 5-5 所示,这种燃烧室形状如椭圆形浴盆,高度相同,宽度允许超出气缸范围来加大气门直径,但希望在气门头部外径与燃烧室壁面之间保持 5.6~6.5mm 的壁距,故气门大小受到限制。浴盆形燃烧室的特点是:具有一定的挤气面积,但挤流效果差;火焰传播距离较长,燃烧速度较低,工作比较柔和,使整个燃烧时间长,经济性、动力性不高,HC 排量多。但 $\Delta p / \Delta \varphi$ 低,工作柔和,NO_x 的排量较少。由于这种燃烧室工艺性好,又便于维护,载重汽车上应用较广泛。我国 6100Q 汽油机、BJ212 汽油机采用这种燃烧室。

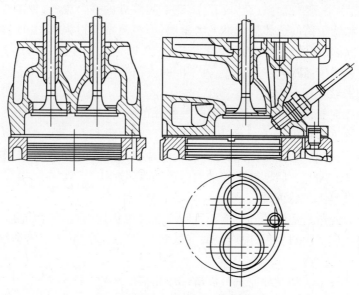

图 5-5 汽油机浴盆形燃烧室

2. 楔形燃烧室

图 5-6 所示为车用汽油机采用比较广泛的燃烧室,红旗牌小轿车用 CA-72 汽油机即

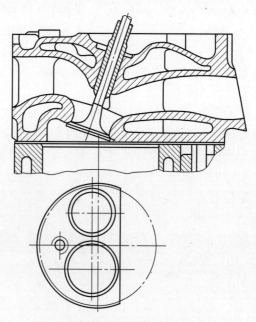

图 5-6 汽油机楔形燃烧室

采用这种燃烧室。这种燃烧室布置在缸盖上,火花塞在楔形高处的进排气门之间,火焰传播距离比较长;一般设置挤气面积,气门稍倾斜6°~30°使气道转弯较小,减小进气阻力,以提高 η_v;压缩比可提高到较高值(9~10)。楔形燃烧室有较高的动力性和经济性,但由于混合气过分集中于火花塞处,使初期燃烧速率大,$\Delta p/\Delta \varphi$ 高,工作显得粗暴,NO_x 的排量也较多。

3. 半球形燃烧室

图 5-7 所示为半球形燃烧室,又称屋脊式燃烧室,这种燃烧室结构紧凑,火花塞位于中间,是火焰传播距离最短的燃烧室。半球形燃烧室的进排气门倾斜布置,使气门直径较大,气道转弯较小,充气效率高,且对转速变化不敏感。最高转速 6000r/min 以上的车用汽油机几乎都采用半球形燃烧室。半球形燃烧室有较好的动力性和经济性,其面容比小,HC 排放量低。其缺点是由于火花塞附近有较大容积,使燃烧速率大,压力升高率大,工作粗暴;NO_x 排放较多,末端混合气冷却较差,气门驱动机构也较复杂。

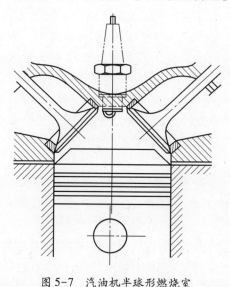

图 5-7 汽油机半球形燃烧室

5.4 影响汽油机燃烧过程的因素

改善燃烧过程的目的主要是提高发动机动力性、经济性和排放性。

5.4.1 影响燃烧过程的使用因素

1. 正确选用燃料

燃料的使用性能对燃烧过程有直接影响。汽油的蒸发性越好,就越容易汽化,与空气混合形成的混合气质量越好,使燃烧速度加快,且易于完全燃烧。但蒸发性好的汽油,在炎热的夏季或高原地区使用时,容易产生供油系气阻。汽油的辛烷值高,抗爆性越好,越不容易发生爆燃。

汽油是从石油中提炼出的易挥发的液体燃料,它由多种碳氢化合物组成,其中碳元素约占85%,氢元素约占15%。汽油使用性能主要包括蒸发性、抗爆性、燃点和热值,它们主要取决于汽油的组成成分。

1) 汽油的蒸发性

发动机工作时,汽油先从液态蒸发为气态,并按一定比例与空气混合后,再送入气缸进行燃烧。汽油的蒸发性就是指汽油从液态蒸发为气态的难易程度。对于高速发动机,形成可燃混合气的时间很短,一般只有百分之几秒,因此汽油蒸发性的好坏,对形成混合气的质量有很大影响。

通常用馏程作为汽油蒸发性的评定指标,馏程即蒸馏过程,可通过蒸馏试验来测定。对汽油进行加热时,组成汽油的多种碳氢化合物没有固定的沸点,而是随着温度的升高,按照由轻到重的顺序逐次沸腾。为评价汽油的蒸发性,以测定蒸发出 10%、50%、90% 馏分时的温度作为有代表意义的点,分别称为 10% 馏出温度、50% 馏出温度和 90% 馏出温度。

10% 馏出温度主要影响汽油机的冷起动性能。10% 馏出温度越低,表明汽油中所含的轻质馏分容易蒸发,冷起动时容易满足发动机对极浓混合气的要求,所以起动性好。

50% 馏出温度主要影响汽油机的暖机时间和加速性能。50% 馏出温度越低,表明汽油的平均蒸发性越好,在较低的温度下能有较多的汽油蒸发,容易保证必要的混合气浓度,汽油机暖机时间短,加速性能好。

90% 馏出温度主要影响完全燃烧的程度、燃烧室积炭和对润滑油的污染。90% 馏出温度越高,表明汽油中难以蒸发的重馏分含量越多,容易使燃烧不完全,燃烧后容易产生积炭和造成排气管冒黑烟;此外,不易蒸发的汽油以液态进入气缸后,沿缸壁流入油底壳,会污染润滑油。

汽油的各馏出温度越低,说明其蒸发性越好,对混合气的形成和完全燃烧等有利。但蒸发性过好的汽油,在使用中,汽油供给系统容易产生气阻,且蒸发损失较大。

2) 汽油的抗爆性

汽油的抗爆性是指汽油在发动机气缸中燃烧时,避免产生爆燃的能力。抗爆性是汽油的一项重要性能指标,用辛烷值表示,辛烷值越高,抗爆性越好。

汽油的辛烷值常用对比试验的方法来测定。在一台专用的可变压缩比的单缸试验发动机上,先用被测汽油作为燃料,使发动机在一定的条件下运转。试验中逐步提高试验发动机的压缩比,直至试验发动机产生标准强度的爆燃为止。然后,在该压缩比下,换用有一定比例的异辛烷(一种抗爆燃能力很强的碳氢化合物,规定其辛烷值为 100)和正庚烷(一种抗爆燃能力极弱的碳氢化合物,规定其辛烷值为 0)混合而成的标准燃料,使发动机在相同的条件下运转,改变标准燃料中异辛烷和正庚烷的比例,直到单缸试验机也产生前述的标准强度的爆燃时为止。这样最后一种标准燃料中异辛烷含量的体积百分数即为被测汽油的辛烷值。

辛烷值按其测定方法可分为马达法(MON)和研究法(RON)两种,由于测定方法和条件不同,同一种汽油的 MON 辛烷值和 RON 辛烷值也不同,一般 RON 辛烷值比 MON 辛烷值高 6~7 个单位。目前,国产汽油以 RON 辛烷值来编号,如 90 号汽油的 RON 辛烷值为 90。

3) 汽油的燃点和热值

汽油的自燃温度较高,为 220~471℃,所以汽油机适合采用外源点燃式的着火方式。

汽油的热值表示燃烧单位量的汽油放出的热量,通常情况下,1kg 汽油燃料完全燃烧所产生的热量约为 44400kJ。

2. 精确控制混合气浓度

混合气浓度对燃烧能否进行、火焰传播速度、爆燃倾向、排气成分都有很大影响。混合气的过量空气系数对燃烧速度的影响,如图 5-8 所示。

过量空气系数 $\alpha=0.85\sim0.95$ 时,混合气稍浓,燃烧速度最快,缸内平均工作压力升高,可使发动机发出最大功率,因此称这种混合气为功率混合气。采用功率混合气时,由于燃烧速度快,缸内最高温度的压力升高,会增大爆燃倾向。此外,由于功率混合气浓度较大,燃烧时氧气不足,排气中 HC 和 CO 含量也会增加。

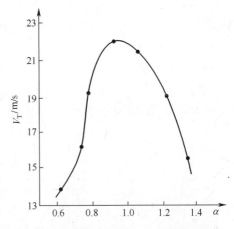

图 5-8 过量空气系数对火焰传播的影响

当过量空气系数 $\alpha=1.05\sim1.15$ 时,混合气稍稀,但火焰传播速度仍比较高,且此时空气相对充足,有利于完全燃烧,所以有效耗油率最低,此浓度混合气称为经济混合气。采用经济混合气时,爆燃倾向和排气污染都比较小。由于燃烧还有剩余空气,因此 NO_x 的含量较大。

采用 $\alpha<0.85\sim0.95$ 的过浓混合气时,火焰传播速度显著降低,而且由于缺氧,造成燃料不能完全燃烧,使热效率降低,耗油率增加,排气中的 HC 和 CO 含量也会显著增加。由于燃烧速度慢,到做功行程接近终了排气门开启后,未完全燃烧的混合气进入排气管可能燃烧,容易造成排气管放炮。

采用过量空气系数 $\alpha>1.05\sim1.15$ 的过稀混合气时,火焰传播速度也会明显降低,使补燃增加,热效率下降,油耗率增多。由于补燃使排气温度升高,在排气行程接近终了进气门开启后,含氧过剩的高温废气可能点燃进气管内的混合气,造成化油器回火。但混合气过稀时,由于燃烧速度慢,来不及燃烧的混合气进入排气管后,废气进一步稀释,一般不可能继续燃烧,只会增加排气中 HC 含量,不会造成排气管放炮。

采用过稀或过浓的混合气,均会导致发动机的动力性和经济性下降,但爆燃的倾向会减小。同时,混合气的浓度只有在一定范围内时,才能保证火焰的正常传播,这就是火焰传播界限。极浓的混合气,由于严重缺氧,火焰不能传播;而极稀的混合气,由于热值过低,燃烧放热量少,火焰也无法传播;火焰传播上限为 $\alpha=0.4\sim0.5$,火焰传播下限为 $\alpha=1.3\sim1.4$。

发动机工作时,混合气的浓度在保证火焰传播和满足不同工况对动力性要求的前提下,应尽量采用较稀的经济混合气,以降低燃油消耗率和污染排放。为精确控制混合气浓度,电控汽油喷射系统在汽油机上的应用越来越普及。与化油器式汽油机相比,电控汽油喷射系统具有供油精确、反应快、动力性好、经济性好、排放污染少等优点。

3. 准确控制点火提前角

点火提前角的大小对汽油机爆燃倾向、示功图上最高压力点的位置有很大影响。汽油机不同点火提前角时的示功图,如图5-9所示。

点火提前角越大(即点火越早),最高压力越高,且最高压力点越靠近压缩上止点,甚至最高压力点出现在压缩上止点以前。点火过早(曲线1)时,不仅因最高压力升高,使爆燃倾向增大,机件承受的机械负荷增加,而且因最高压力点的提前,使压缩行程消耗的功和传热损失均增加,导致发动机过热。而点火过晚(曲线2)时,由于最高压力的降低,使做功行程初期所做的功减少,同时因燃烧过程是在气缸容积不断增大的膨胀行程进行的,高温的气体与气缸壁接触面积大,使传热损失增加,燃烧放热用来充分做功的机会减小,因此也会导致发动机功率降低、热效率降低和过热。

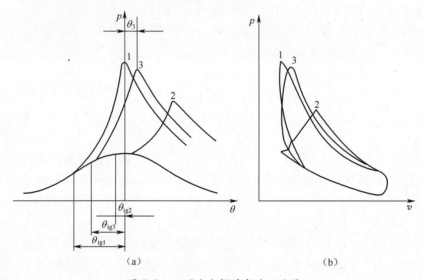

图5-9 不同点火提前角的示功图

由此可见,只有选择合适的点火提前角(曲线3),使缸内最高压力和压力升高率保持在适当的范围,使最高压力出现在上止点后12°~15°曲轴转角内,才能保证汽油机燃烧正常、性能最好。

最佳点火提前角并非是固定的,使用中它主要受发动机转速、负荷的影响。发动机转速增加时,气缸中紊流增强,散热及漏气损失减少,压缩终了工质的温度和压力较高,燃烧时火焰传播速度加快,以秒计的燃烧过程缩短,但着火延迟期和速燃期所占的曲轴转角均增加,为此必须适当增大点火提前角,以保持最高压力点的最佳位置;反之,发动机转速降低时,应适当减小点火提前角。发动机负荷减小,进入气缸的新鲜混合气量减少,而残余废气量基本不变,残余废气所占比例相对增加,残余废气对燃烧反应起阻碍作用,会使燃烧速度减慢,为保证燃烧过程在上止点附近完成,需适当增大点火提前角;反之,负荷增大时,则应适当减小点火提前角。

为使汽油机在各种工况下都能获得最佳的点火提前角,电控点火系统已在车用汽油机上得到广泛应用。电控点火系统主要由电源、传感器、ECU、点火器、点火线圈、分电器(有分电器电控点火系统)、火花塞等组成。发动机工作时,ECU根据接收到的各传感器信号(主要是转速和负荷信号),按存储器中存储的有关程序和相关数据,确定出该工况下最佳点火提前角和点火线圈初级电路闭合角(通电时间),并以此向点火器发出指令;点火器则根据ECU的指令,控制点火线圈初级电路的导通和截止;当电路导通时,有电流从点火线圈中的初级电路通过,点火线圈将点火能量以磁场的形式储存起来;当初级电路中的电流被切断时,在其次级线圈中将产生很高的感应电动势(15~20kV),经分电器或直接送至工作气缸的火花塞,点火能量经火花塞瞬间释放,产生的电火花点燃气缸内的混合气,使发动机完成做功过程。此外,在具有爆震控制功能的电控点火系统中,ECU 还根据爆震传感器的输入信号来判断发动机有无爆震及爆震的强度,并对点火提前角进行闭环控制。电控点火系统主要的优点是:

(1) 在各种工况及环境条件下,均可自动获得最佳的点火提前角,从而使发动机的动力性、经济性、排放性及工作稳定性等方面均处于最佳。

(2) 在整个工作过程中,均可对点火线圈初级电路的通电时间和电流进行控制,从而使点火线圈中存储的点火能量保持恒定,不仅提高了点火的可靠性,而且可有效地减少电能消耗,防止点火线圈烧损。

(3) 采用爆震控制功能后,可使点火提前角控制在爆燃的临界状态,以此获得最佳的燃烧过程,有利于发动机各种性能的提高。

4. 保持发动机正常的工作温度

发动机的工作温度应保持在 80~90℃范围内,温度过高、过低均会对汽油机的燃烧过程产生不利的影响。

冷却水温度过高时,爆燃及表面点火倾向增加。同时,因进气温度升高,使发动机的实际进气量减少,缸内最高压力降低,发动机的动力性下降。

冷却水温度过低时,由于传热温差增大,热量损失增多,会导致发动机热效率降低,功率下降,耗油率增加。此外,冷却水温度过低,还容易使燃烧中的酸根和水蒸气结合成酸类物质,使气缸腐蚀磨损增加;汽油雾化、蒸发不良,会使燃烧形成的积炭和排放污染增加。

因此,在使用中,应注意发动机冷却系的维护,保持合适的冷却强度,以便使发动机在正常温度范围内工作。

5.4.2 影响燃烧过程的结构因素

1. 选择合适的压缩比

适当提高压缩比,可提高压缩行程终了时缸内气体的温度和压力,从而加快火焰传播速度,使燃烧终了的温度、压力较高,有利于提高发动机的热效率,但压缩比提高到一定程度(超过 10 以上),热效率提高幅度将明显减慢。

提高汽油机压缩比的最大障碍是爆燃。此外,随着压缩比提高,机件的机械负荷、排气中的 NO_x 含量也会增加。因此,汽油机不能追求过高的压缩比,一般原则是:在保证不发生爆燃的前提下,尽量提高压缩比。

2. 合理设计燃烧室

结构紧凑的燃烧室可缩短火焰传播距离、减少散热损失;合理布置火花塞的位置,并使燃烧室内混合气产生适当的涡流运动,可以提高火焰传播速度,对减小爆燃倾向、提高热效率、降低排放污染均有利。

5.4.3 排气污染控制措施

为控制汽油机排出废气中的 HC、CO 和 NO_x 含量,目前采取的专项措施主要有废气再循环、二次空气喷射和三元催化转换等。

1. 废气再循环(EGR)装置

发动机工作时,EGR 装置可将排气管中的适量废气引流到进气管中,随新鲜混合气一起进入气缸参加燃烧,利用再循环废气对新鲜混合气的稀释作用和对燃烧速度的抑制作用,降低燃烧的最高温度,以实现减少 NO_x 生成量的目的,进行废气再循环时,必然会使发动机的动力性略有下降。此外,怠速、小负荷时进行废气再循环,容易导致发动机熄火;全负荷时进行废气再循环,会使发动机不能满足大功率要求。

因此,废气再循环仅适于中等负荷,而且应随发动机负荷和转速的降低,减少废气再循环量。发动机工作时,是否进行废气再循环以及废气再循环量,都是由 EGR 装置来自动控制的。

目前,汽油机上装用的 EGR 装置按其控制方式不同,可分为开环控制和闭环控制两种类型。开环控制的 EGR 装置又可分为机械控制式和电子控制式。图 5-10 所示为开环电控 EGR 装置,它主要由 EGR 阀和 EGR 电磁阀等组成。EGR 阀安装在废气再循环通道中,EGR 电磁阀安装在通向 EGR 阀的真空通道中;ECU 根据发动机水温、节气门开度、转速和起动信号等控制电磁阀的通电或断电。EGR 电磁阀断电时,控制 EGR 阀的真空通道接通,EGR 阀开启,进行废气再循环;EGR 电磁阀通电时,控制 EGR 阀的真空通道被切断,EGR 阀关闭,停止废气再循环。进行废气再循环时,废气再循环量的多少取决于 EGR 阀的开度,而 EGR 阀的开度直接由真空度控制。由于真空管口设在靠近节气门全闭位置的上方,随发动机转速和负荷(节气门开度)的增大,真空管口处的真空度增加,EGR 阀的开度增大,废气再循环量增多;随发动机转速和负荷减小,EGR 阀开度也减小,废气再循环量减少。

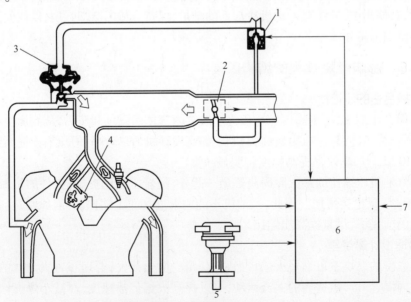

图 5-10 开环电控 EGR 装置

1—EGR 电磁阀;2—节气门;3—EGR 阀;4—水温传感器;5—曲轴位置传感器;6—ECU;7—起动信号。

有些发动机的 EGR 装置中,EGR 电磁阀采用占空比控制型电磁阀,ECU 通过占空比控制电磁阀的开度,调节作用在 EGR 阀上的真空度,以控制 EGR 阀的开度,实现对废气再循环量的控制。在此系统中,通向 EGR 阀的真空管口一般设在节气门之后。

在开环机械控制式 EGR 装置中,通向 EGR 阀的真空管路一般设有两个真空控制阀:一个是双金属开关阀,根据冷却水温度控制真空通道的通断;另一个是膜片式真空控制阀,根据负荷变化(进气管真空度和排气压力变化)控制真空通道通断。当冷却水温度和负荷达到一定值进行废气再循环时,与采用普通电磁阀控制的 EGR 系统一样,EGR 阀的开度直接由真空度控制,即废气再循环量取决于真空管口处的真空度。

闭环控制 EGR 装置与开环电控 EGR 装置的主要区别是:在控制系统中设有检测实际的 EGR 率或 EGR 阀开度的传感器,ECU 根据此传感器的反馈信号修正控制废气再循环量,其控制精度更高。废气再循环率(EGR 率)表示废气再循环量的多少,指废气再循环量在进入气缸内的气体中所占的比率。

2. 二次空气供给装置

二次空气供给装置可将新鲜空气送入排气管内,利用废气中的高温,使排气中的 HC 和 CO 进一步氧化,达到排气净化的目的。

电控二次空气供给装置如图 5-11 所示。二次空气控制阀由舌簧阀和膜片阀组成,来自空气滤清器的二次空气进入排气管的通道受膜片阀控制,膜片阀的开闭用进气歧管的真空度驱动,其真空通道由 ECU 通过电磁阀控制。装在二次空气控制阀中的舌簧阀是一个单向阀,主要用来防止排气管中的废气倒流。点火开关接通后,蓄电池即向二次空气电磁阀供电,ECU 控制电磁阀搭铁回路。电磁阀不通电时,关闭通向膜片阀真空室的真空通道,膜片阀弹簧推动膜片下移,关闭二次空气供给通道,不允许向排气管内提供二次空气。ECU 给电磁阀通电,电磁阀开启膜片阀真空室的真空通道,进气管真空度将膜片阀吸起,排气管内的脉动真空即可吸开舌簧阀,使二次空气进入排气管。有些发动机的二次空气供给装置,利用空气泵将新鲜空气强制送入排气管。

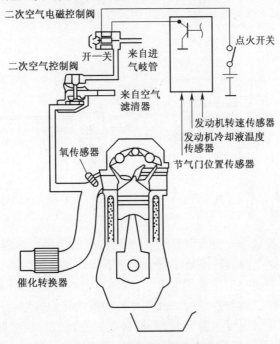

图 5-11 二次空气供给装置

3. 催化器

催化器中装有促使废气中有害物进行氧化或还原反应的催化剂,当废气流经催化器时,通过化学反应使有害气体转化为无害气体,以达到降低排气污染的目的。

汽车上装用的各类催化器如图 5-12 所示。氧化催化器可促使废气中的 CO 和 HC 氧化成 CO_2 和 H_2O,还原催化器可促使 NO_x 还原成 N_2 和 O_2。三元催化转换器具有促使 CO、HC 氧化和促使 NO_x 还原的双重功能。催化剂一般为铂(或钯)与铑等贵重金属的混合物。

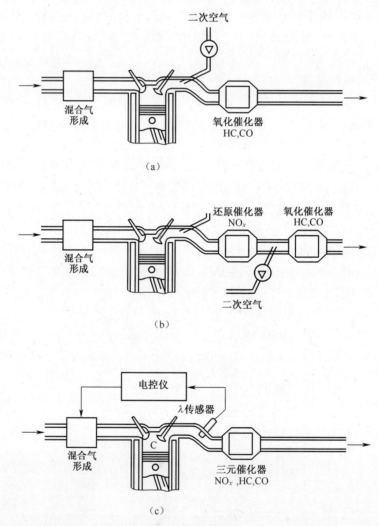

图 5-12 催化器

催化转换器的转换效率受混合气浓度和排气温度的限制。当混合气过浓($\alpha<0.98$)或过稀($\alpha>1.05$)时,催化器的转换效率均会急剧下降,为此,催化器一般只用在能精确控制混合气浓度的电控燃油喷射发动机上,而且对混合气浓度的控制采用带氧传感器的闭环控制系统。此外,排气温度过高时,三元催化转换器的转换效率将明显下降。有些三元催化转换装置中装有排气温度报警装置,当报警装置发出报警信号时,应停机熄火,查明排气温度过高的原因,予以排除。在使用中,排气温度过高一般是由于发动机长时间在大负荷下工作或因故障而燃烧不完全所致。采用二次空气供给和催化转换的方法减少排气污染,均属对废气进行的后处理措施,对汽油机的燃烧过程不会产生影响。

5.5 工程应用实例

为提高燃烧速率,改善燃烧过程,对 6105 型汽油机的燃烧室进行改进设计。通过增加挤气面积、提高燃烧室紧凑性、改变火花塞位置等措施来提高燃烧速率和改善燃烧过程。在解决原机热负荷大、排气温度高、噪声大等问题上取得了较明显的效果。

5.5.1 浴盆形燃烧室的概况与分析

"一汽"的第二代产品——6105 型汽油机采用浴盆形燃烧室,对其进行台架性能调整试验、强化试验及道路试验,该发动机均达到了设计指标,但也暴露出一些问题,如缸盖热负荷高,气门烧蚀,缸垫易烧穿,排气温度高,点火提前角过大,噪声、振动大等。为了解决原机存在的问题,制取了原机的示功图,如图 5-13 所示。从该示功图得到燃烧过程的主要参数如表 5-1 所列。

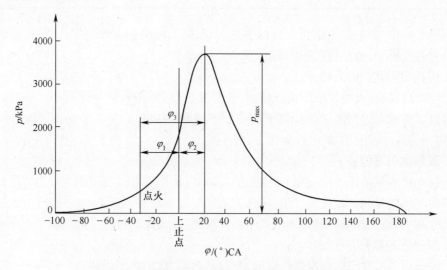

图 5-13 原机在最大转矩时示功图($n=1600$r/min)

表 5-1 燃烧过程主要参数

转速/ (r/min)	点火提前角 $\varphi_1/(°)$CA	最大燃烧压力角 $\varphi_2/(°)$CA	燃烧时间角 $\varphi_3/(°)$CA	最大燃烧 压力/kPa	最大压力升高率 /kPa[(°)CA]$^{-1}$	最大压力循环 变动率 δ/%
1600	-33	19	52	3528	176	11
3000	-38	21	59	2744	98	11.57

分析原机燃烧过程参数可知:①点火提前角偏大;②最大燃烧压力角偏大;③压力升高率偏低;④燃烧时间角偏大;⑤最大燃烧压力循环变动率偏大。基于此说明原 6105 型汽油机的燃烧速率低,燃烧时间长,后燃严重,这就造成了排气温度较高,零件热负荷较大。

5.5.2 浴盆形燃烧室的改进与试验

通过改变浴盆形燃烧室的结构参数,来提高燃烧率,缩短燃烧时间,改善燃烧过程的稳定性。

1. 加强燃烧室内的涡流强度

火焰传播速度受燃烧室内涡流强度影响很大。增加挤气面积和减小挤气间隙都可以达到增加挤气涡流的作用。但是,受气缸垫结构限制,减小挤气间隙可能性很小,所以通过增加挤气面积来达到增加挤气涡流的目的。修改设计前后的燃烧室外廓尺寸和主要参数如表5-2所列。

表5-2 燃烧室外廓尺寸和主要参数

	燃烧室投影面积 /mm²	挤气面积率 /%	燃烧室高度 /mm	最大火焰行程 /mm	燃烧室容积 /cm²
原机	7000	25	22.5	80	145
改进后	6300	32.6	26.2	70	145
差值	700	7.6	3.7	10	0

从表5-2中可知,原机的挤气面积率为25%,挤气面偏小。改进设计中,在保证一定屏蔽阻力的前提下,增加挤气面积率达32.6%。

2. 提高燃烧室的紧凑性

燃烧室越紧凑,火焰传播距离就越短,从而缩短燃烧时间,提高热效率。通过缩小燃烧室的投影面积以达到紧凑燃烧室和提高挤气面积的目的。为了保持相同的燃烧室容积,燃烧室的高度相应增加了4mm左右。

3. 改变火花塞位置

火花塞位置越接近燃烧室中心,火焰行程越短,火焰面积增长率越高,其结果是提高燃降和缩短燃烧时间。改进设计中,将火花塞向气缸中心移动近5mm,另外,由于燃烧室外廓尺寸减小,使火花塞更靠近燃烧室中心。因此,最大火焰行程总共缩短了10mm。

4. 改进后的效果

对改进后的浴盆形燃烧室进行试验,制取示功图,从示功图得到燃烧过程的主要参数如表5-3所列。

表5-3 改进前后燃烧过程主要参数

	转速 /(r/min)	点火提前角 φ_1/(°)CA	最大燃烧压力角 φ_2/(°)CA	燃烧时间角 φ_3/(°)CA	最大燃烧压力/kPa	最大压力升高率/kPa[(°)CA]$^{-1}$	最大压力循环变动率 δ/%
原机	1600	-33	19	52	3528	176	11
	3000	-38	21	59	2744	98	11.57
改进后	1600	-27.5	12.5	40	4665	235	7.1
	3000	-30	14	41	4312	223	3.78
差值	1600	5.5	6.5	12	1137	59	3.9
	3000	8	7	15	1568	125	7.79

1) 对燃烧稳定性的影响

从表 5-3 可以看出,燃烧过程的主要参数对应的是原机和改进机的两种典型工况,即全负荷的最大转矩工况(1600r/min)和最大功率工况(3000r/min)。改进机的燃烧速率明显提高,后燃烧减少,使得排温也明显降低。由于提高燃烧速率,减小各工作循环间最高燃烧压力的波动,提高了燃烧过程的稳定性。虽然最大压力升高率有所提高,但是控制在 175~250kPa/(°)CA,最高燃烧压力角在上止点后 12°~15°(CA),即可保证发动机性能良好,且工作柔和。

2) 对混合气成分适应性的影响

混合气浓度不同,燃烧速度也不同,并且存在着最大燃烧速度的混合气浓度。混合气浓度对发动机性能的影响越不敏感,发动机工作适应性越好。对原机和改进机进行试验,得出主要参数,如表 5-4 所列。

可以看出,原机和改进机随着混合气浓度 α 变稀或变浓,其循环变动率变坏,并且存在着最低循环变动率的混合气浓度($\alpha=0.8\sim0.87$),此混合气燃烧速度最大。这说明燃烧室结构参数影响燃烧速度,从而也影响着燃烧过程的稳定性。改进机的循环变动率小于 10% 的混合气成分变化范围比原机大得多,并且趋向于偏稀。另外,最佳循环变动率的值较低,说明改进机对燃烧过程的敏感性减小。

表 5-4 原机和改进机的参数对比

	最小循环变动率, 最佳混合气浓度	最大压力值 /kPa	循环变动率 $\delta\leq10\%$ 时的混合气浓度变化范围
改进机	4.69%,0.87	4607.8	0.65~1.3
原 机	5.24%,080	4352.9	0.54~1.04

3) 对点火特性的影响

改进的燃烧室使最佳点火提前角减小,从而减小爆燃倾向和泵气损失,提高平均指示压力和点燃的可靠性。

4) 对发动机性能的影响

原机和改进机在相同工况下的外特性曲线如图 5-14 所示。发动机转速为 3000r/min 时,改进机的功率增加 0.625kW,转矩在 1600r/min 时增加了 1.96N·m,比油耗在转速为 1200r/min 时降低了 39.4g/kW·h。最高排气温度由 845℃ 下降到 765℃,从而降低了零件热负荷,提高了零件的工作可靠性。

5) 对发动机噪声的影响

对 6105 型汽油机进行的试验表明,改进机比原机的燃烧噪声在较大的频带范围内有明显的降低,最多可降低 8~10dB。这是由于改进后气缸盖压力升高率虽有所增加,但循环变动率降低,燃烧过程稳定性改善了,因此燃烧引起的噪声有所降低。

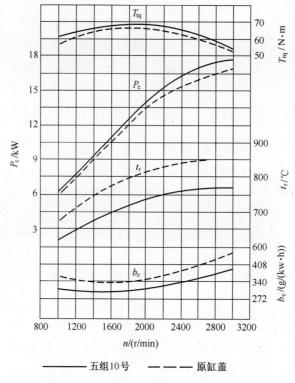

图 5-14 原机和改进机的发动机外特性曲线

思 考 题

1. 说明汽油机燃烧过程各阶段的主要特点。
2. 爆震燃烧产生的原因是什么？它会带来什么不良后果？
3. 点火提前角过大或过小对汽油机燃烧有什么影响？
4. 分析使用因素对燃烧过程的影响。

第6章 发动机的排放与噪声

6.1 发动机的排放污染物

6.1.1 排放污染物分类

目前,汽车发动机排出的各种有害物质已成为城市大气污染的主要来源,其排出的有害物质有 CO、HC、NO_x、SO_2、微粒和炭烟等。这些有害成分的总和,在柴油机中不到废气总量的 1%,在汽油机中随不同工况变化较大,有时可达 5% 左右。

发动机中主要有害气体是 CO、HC 和 NO_x,主要的有害微粒是炭烟,柴油机排气中的微粒比汽油机高 30~60 倍。

1. CO 的形成

CO 是一种无色无味的气体,它和血液中输送 O_2 的载体血红蛋白的亲和力是氧 O_2 的 200~300 倍,人体吸收后会剥夺血红蛋白对人体组织的供氧能力。CO 是烃燃料在空气不足的情况下不完全燃烧的产物,是汽油机排气中有害成分浓度最大的物质。在汽油机中,$\alpha<1$ 时,CO 生成量明显增加。在柴油机中,$\alpha>1$ 时,CO 主要是在局部缺氧或低温下形成的。所以 CO 的含量在全负荷或低负荷下较高,中等负荷时较低。对于柴油机而言,CO 的排放率要比 CO_2 的排放率小得多。在燃烧室中,生成 CO 的主要部位是混合气高浓度区、稀燃熄火区和火焰猝熄区。CO 排放率增加的同时,气缸内燃烧恶化,燃烧滞后,这些因素又会引起柴油机的热效率下降。总之,当 CO 的排放率增加时,不仅污染严重,能量损失也会增加。

2. HC 的形成

HC 是未燃的燃料、不完全燃烧或裂解反应的碳氢化合物及少量的氧化反应中间产物。其中,烷烃基本无味,对人体健康基本不产生影响;烯烃略带甜味,有麻醉作用,对黏膜有刺激,与氮氧化物在紫外线作用下会形成有毒的光化学烟雾;芳香烃对血液和神经系统有害,特别是环芳香烃有致癌作用;醛类是刺激性物质,对眼、血液和呼吸道有害。在汽油机中,排放气体中的 HC 主要是缸壁激冷作用和狭缝的熄火作用生成的,另外混合气过稀或过浓以及废气稀释严重、缸内温度过低时,可能引起火焰传播不完全甚至断火,HC 排放增多。二行程汽油机换气时,也会排出大量 HC。在柴油机中,排放气体中的 HC 是由于混合气形成不良(如喷油质量不好或雾化不良)、燃烧组织不良(如供油提前角过小)、机油上行至气缸或者在过低的温度下产生的。

3. NO_x 的形成

发动机排放的 NO_x 大部分是 NO 和少量 NO_2。对汽油机来说,在气缸温度较高的情况下主要生成 NO,是在紧跟火焰前锋后的燃烧产物区内形成的,高温是 NO 生成最重要的条件。NO 是无色气体，本身毒性不大，但它可在大气中缓慢氧化为 NO_2。NO_2 呈褐色，具有强烈的刺激性，对肺和心肌具有很强的毒害作用，它同时也是生成光化学烟雾的主要因素之一。因为 NO 生成反应需要高温，所以在高温下滞留的时间是它产生的重要条件，滞留时间长，则 NO 生成量增多。氧的浓度和混合气成分也有很大影响，在 α 略大于 1 时，NO 浓度最高，因为此时气缸温度高并有过剩的氧。温度下降时，由 NO 返回 N_2 和 O_2 的逆反应速度很缓慢，所以 NO 一旦形成后，在膨胀和排气过程中，仍保持基本不变。废气排往大气后，在低温下（280～300K）NO 在空气中缓慢氧化生成 NO_2。

所以降低燃烧室最高温度、缩短高温时间和控制混合气浓度都能减少 NO_x 生成。对柴油机而言，NO_x 在其排放的废气中占主导地位。根据 NO_x 生成条件，柴油机可以通过降低火焰高峰温度、缩短空气在高温中停留的时间、降低燃油和空气的混合速率等措施，减少 NO_x 的形成。

4. 微粒与炭烟

炭烟主要是由于柴油机工作粗暴、燃料中的重馏分不能完全燃烧，随排出的废气进入大气中，由于其颗粒直径在 0.5～1μm，根本无法滤除，所以会造成汽车冒黑烟。

由于汽油机采用预混合燃烧方式，一般可以认为汽油机不产生微粒。而柴油机采用扩散燃烧方式，这就决定了柴油机产生炭烟和微粒是不可避免的。

1）微粒的成分

柴油机微粒是由三部分组成的，即干炭烟、可溶性有机物和硫酸盐。其中，可溶性有机物又可根据来源不同分为未燃燃料和未燃润滑油两部分，两者所占比重随具体柴油机的型号不同而异，但一般可认为大致相等。

至于炭烟与微粒的关系，可以认为，炭烟是微粒的组成部分之一。柴油机在高负荷工作时，炭烟在微粒中所占比例升高，而部分负荷时则降低。近年来，随油气混合过程的改善和柴油高压喷射技术的采用，微粒和炭烟的总排放量明显下降。

2）炭烟和微粒的生成与氧化

（1）炭烟和微粒的生成过程。关于炭烟的生成机理，概括地说，是烃类燃料在高温缺氧条件下裂解生成的。但其详细的机理，即从燃油分子到生成炭烟颗粒的整个过程尚不十分清楚。一般认为，当燃油喷射到高温的空气中时，轻质烃很快蒸发汽化，而重质烃会以液态的形态暂时存在。液态的重质烃在高温缺氧条件下，直接脱氢炭化，成为焦炭状的液相析出型炭粒，粒度一般比较大。而蒸发汽化了的轻质烃，经过不同的复杂途径，产生气相析出型炭粒，粒度相对较小。首先，气相的燃油分子在高温缺氧条件下发生部分氧化和热裂解，生成各种不饱和烃类，如乙烯、乙炔及其较高的同系物和多环芳香烃，它们不断脱氢形成原子级的炭粒子，逐渐聚合成直径 2nm 左右的炭烟核心（炭核）；气相的烃和其他物质在炭核表面的凝聚，以及炭核相互碰撞发生的凝聚，使炭核继续增大，成为直径 20～30nm 的炭烟基元；而炭烟基元经过相互聚集形成直径 1μm 以下的球状或链状的多孔聚合物。重馏分的未燃烃、硫酸盐以及水分等在炭粒上吸附凝集，形成排气微粒。

（2）炭烟和微粒的氧化。在整个燃烧过程中，炭烟要经历生成和氧化两个阶段，前期燃烧已经生成的炭烟，如果在后期能遇到足够的氧和高温，也会通过氧化反应，使其体积缩小甚至完全氧化掉。降低柴油机的炭烟应避免燃烧过程高温缺氧，而燃烧后期应保证高温富氧和加强混合气扰流强度，以加速炭烟的氧化。

6.1.2 排放污染物危害

1. CO

CO 有很剧烈的毒性,人体吸入后即与血液中的血红蛋白结合在一起,形成碳氧血红蛋白。由于 CO 与血红蛋白结合能力较 O_2 强大 200~300 倍,故吸入的 CO 就会优先与血红蛋白相结合,结果造成血液的输氧能力下降,而 CO 一旦与血红蛋白结合在一起就很难解离,其毒害作用要经过较长的时间(12~14h)才能消失。故 CO 的毒害作用有积累性质,人连续处在混有 CO 的空气中,血液中积累的 CO-Hb 就逐渐增多,这样就会造成低氧血症,导致人体组织缺氧。

2. HC

汽车排气中含有多种 HC,现已分析出的有 200 多种。HC 中,各个成分对人的影响各不相同。一般在低浓度下看不出直接的影响。当浓度达到万分之一时,便可使人发生中毒症状。HC 刺激眼和鼻,降低鼻的嗅觉机能。HC 的不完全燃烧产物构成醛类,它是柴油机排气中刺激性臭味的来源。醛类强烈刺激眼、呼吸器官、皮肤等,对植物也有害。一般在浓度达千万分之四时,人眼即可感受到刺激。

3. NO_x

汽车排出的 NO_x 中,95%是 NO,NO_2 只占 3%~4%。但 NO 排到大气中会逐步转变为 NO_2。NO_2 有剧烈的毒性,长期暴露在低浓度下,会使人发生萎缩性病变,引起呼吸机能障碍。刺激呼吸道可引起喘息、支气管炎、肺气肿、肺脏纤维化等。NO_2 在一定浓度下对光的吸收作用能使大气着色而明显地降低大气能见度,影响地面交通或空中交通。

4. 微粒

排放污染物中的黑烟主要为微小的炭粒,它们是直径为 0.5~1μm 的微粒,根本无法滤除。人吸入后易积存于肺中,附着于支气管可引起哮喘。这种粒子的毒害不像 CO 中毒那样,复原后可完全消除其影响,而是逐步积累增多,故危害性更大。排烟能妨碍视野、恶化照明、引起交通事故。

5. CO_2 的温室效应

随着汽车保有量的增加,CO_2 的排放量也日益增加。由于 CO_2 的隔热作用,会形成全球变暖的温室效应。这一效应造成人类以及动植物生存条件的改变,从而在一定程度上破坏了生态环境。如果这一效应引起南北极冰川大量融化,将造成人类生存陆地的减少,直接危及到人类的生存。因此,CO_2 的温室效应也是值得注意的问题。

6.1.3 排放污染物评定指标

1. 排放污染物体积分数和质量浓度

单位排气体积中排放污染物的体积称为排放污染物的体积分数,常用%或 10^{-6}(百万分比)表示,质量浓度常用 mg/m^3 计量。

2. 质量排放量

在环境保护实践中,要求对污染物进行总量控制,要确定运转单位时间、按某标准进行一次测试或按规定的工况行驶后折算到单位里程的污染物排放量,用 g/h、g/测试或 g/km 等单位表示。

3. 比排放量

发动机每单位功所排放的污染物质量用 g/(kW·h) 作为单位。

6.2 发动机排放污染物的净化技术

发动机排放污染物净化技术可分为三类：以改进发动机燃烧过程为核心的机内净化技术；在排气系统中采用化学或物理的方法对已生成的有害排放物进行净化的排放后处理技术；控制曲轴箱和供油系统有害排放物的非排气污染控制技术。后两类也统称为机外净化技术。

6.2.1 排放污染物的机内净化技术

1. 汽油机的机内净化技术

1）推迟点火时间（减小点火提前角）

推迟点火一直是最简单易行，也是最普遍应用的排放控制技术。汽油机推迟点火时间，除了会因燃烧温度下降使 NO_x 的生成速度和生成量降低外，同时还会因后燃使 HC 的排放量降低。但推迟点火时间降低排放的效果是有限的，在不使动力性和燃油消耗率明显恶化的前提下，NO_x 可降低 10%~30%。在实际应用中应综合考虑排放特性、动力性及经济性来确定最佳点火提前角。

2）废气再循环（Exhaust Gas Recirculation，EGR）

废气再循环也是一种被广泛应用的排放控制措施，但仅对降低 NO_x 有效。其工作原理如图 6-1 所示，一部分排气经 EGR 阀再次流回进气系统，稀释了新鲜混合气中的氧浓度，导致燃烧速度降低，同时还使新鲜混合气的比热容提高。两者都造成燃烧温度的降低，因而可以抑制 NO_x 的生成。

如图 6-2 所示，随 EGR 率的增加，NO_x 排放量迅速下降。由于这是靠降低燃烧速度和燃烧温度得到的，因而会导致全负荷时最大功率下降；中等负荷时的燃油消耗率增大，HC 排放上升；小负荷特别是怠速时燃烧不稳定甚至失火。为此，一般在汽油机大负荷、起动及暖机、怠速和小负荷时不使用 EGR，而其他工况的 EGR 率一般不超过 20%，由此可降低 NO_x 排放量 50%~70%。

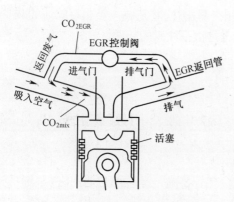

图 6-1 废气再循环系统工作原理

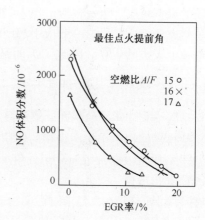

图 6-2 废气再循环效果

为了精确地控制 EGR 率,最好采用电子控制 EGR 阀系统。为了增强降低 NO_x 的效果,可采用中冷 EGR。为了消除 EGR 对动力性和经济性的负面影响,往往同时采用一些快速燃烧和稳定燃烧的措施。通过采用进气涡流和双火花塞点火,使用 EGR 时的燃油消耗率不仅没有恶化,反而有所改善。实际上,EGR 的这种效果也可以通过不充分排气以增大滞留于缸内的废气量(即增大残余废气系数)来实现。与上述外部循环 EGR 相对应,称这种方法为内部循环 EGR。

3) 燃烧系统优化设计

由于电控燃油喷射加三效催化剂(Three Way Catalyst,TWC)技术使汽油机的排放大大降低,因而从排放控制的角度对汽油机燃烧室设计的要求明显低于柴油机,但并不能忽视合理的燃烧室设计对控制汽油机排放的效果。紧凑的燃烧室形状可以使燃烧快速充分地进行,并减少猝熄效应,由此可降低 CO 和 HC 的排放;改善缸内气流运动,有助于加强油气混合,同样使燃烧快速充分地进行;还可以改善燃烧时的循环波动,而循环波动也是HC 排放以及动力性、经济性恶化的重要原因。减小活塞头部、火花塞和进排气门等处不参与燃烧的缝隙容积也是降低 HC 的有效方法。如图 6-3 所示,将原设计改为高位活塞环设计后,HC 排放降低了 20%。

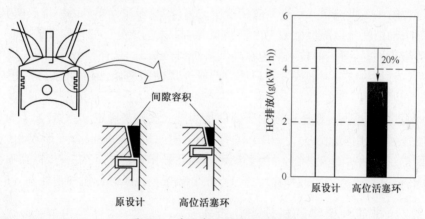

图 6-3 采用高位活塞环效果图

4) 提高点火能量

提高点火能量可以提高着火的可靠性,减小循环波动率,扩大混合气的着火界限。特别是伴随着汽油机燃烧稀薄化,无触点的高能电子点火系统得到了广泛的应用。提高点火能量的措施有增大火花塞极间电压(极间电压一般为 10~20kV,但最高的有 35kV)、增大火花塞间隙(如由 0.8mm 增大至 1.1mm)以及延长放电时间等方法。

5) 电控汽油喷射技术(EFI)

由于电控汽油喷射系统能够更精确、更柔性地满足各工况的参数优化要求,从而可以实现排放特性、燃油经济性和动力性的综合优化。此外,三效催化转化器与电控喷射系统的组合已成为当前和未来较长时期内汽油机排放控制的最有效和最主要的技术。

另外,可变进气系统、可变配气相位、可变排量、稀薄燃烧以及缸内直喷式燃烧方法等新技术,在改善汽油机动力性和经济性的同时,也不同程度地改善了排放特性。

总之,汽油机的机内净化技术措施并不是很多、很复杂,这是由于汽油机目前主要采用以闭环电喷加三效催化剂为核心的排放控制技术,因而大大减轻了对机内净化的要求,燃烧过程的组织仍可以动力性和经济性指标作为优化目标,而用燃烧以外的排气后处理技术来降低已生成的有害成分排放。

2. 柴油机的机内净化技术

与汽油车的排放控制相比,柴油车的排放控制难度更大,特别是排气后处理技术还未达到实用阶段,目前主要依靠机内净化技术来降低排放污染。

就燃烧过程来看,柴油机远比汽油机复杂得多,因而可用于控制有害物生成的燃烧特性参数也远比汽油机丰富得多,这就使得寻求综合考虑排放的理想燃烧放热规律成了柴油机排放控制的核心问题。为此,理想的喷油规律、理想的混合气运动规律以及与之匹配的燃烧室形状是必需的。为使 NO_x 和微粒同时降低并保持较高的热效率,采取了抑制预混合燃烧以降低 NO_x,以及促进扩散燃烧以降低微粒和改善热效率的措施。

降低柴油机 NO_x 和微粒排放的对策技术,总体上可分为燃烧改善、燃料改善和排气后处理三类,前两类即为机内净化技术。其中燃烧改善的各项对策技术已实用化的有:作为降低 NO_x 有效措施的推迟喷油时间(即减小喷油提前角)、EGR 以及改善喷油规律;作为降低炭烟和微粒排放有效措施的增压技术和高压喷射技术;柴油机的均质混合燃烧等新型燃烧方法也正在研究探索中。尽管柴油机排气后处理技术还存在许多实用化的障碍,但有可能在 21 世纪初开始进入应用阶段。另外,随着改善燃烧微粒排放明显下降,严格控制润滑油消耗量以降低微粒中由未燃润滑油带来的成分已变得非常重要。

需要指出的是,每一种技术措施在降低某种排放成分时,往往效果有限,过度使用则会带来另一种排放成分增加或发动机动力性或经济性的恶化,因而在实际应用中常常是几种措施同时采用。

另外,具体采用何种措施应根据所要满足的排放法规来确定。例如,为了满足欧洲 I 号排放法规,可采用喷油压力为 80MPa 的高压喷射改进发动机混合气形成和燃烧过程,以及采用推迟喷油时间等措施;而为了满足欧洲 II 号排放法规,可进一步提高喷油压力至 90~100MPa,采用进气增压或增压中冷、EGR、低硫柴油以及降低机油消耗率等措施。

6.2.2 排放污染物的机外净化技术

20 世纪 70 年代中期以前,发动机的排放控制主要采用以改善发动机燃烧过程为主的各种机内净化技术,随着排放法规的日益严格,人们开始考虑包括催化转化器在内的各种排气后处理技术。三效催化剂的研制成功使汽车排放控制技术发生了突破性的进展,它使汽油车排放的 CO、HC 和 NO_x 同时降低 90% 以上。同时,各种柴油机排气后处理技术也在加紧研究开发中。

机外净化技术中,排气后处理技术的应用现状因国别、法规和车型等差别较大,非排气污染处理技术已被国内外法规要求作为汽油车的必备装置。

1. 汽油机排气后处理技术

汽油机排气后处理技术主要包括热反应器、催化转化器,而催化转化器又可分为氧化型、还原型、氧化还原(三效)型以及稀燃型。

1)催化转化器结构与工作原理

催化剂可以提高化学反应速度以及降低反应的起始温度,而本身在反应中并不消耗。催化转化器是目前各类排气后处理技术中应用最广泛的技术。

(1) 催化转化器结构。催化转化器简称为催化器,由壳体、减振垫、载体和催化剂涂层四部分组成,如图6-4所示。而所谓催化剂是指涂层部分或载体和涂层的合称。催化剂是整个催化转化器的核心部分,它决定了催化转化器的主要性能指标。因此在许多文献上并不严格区分催化剂和催化转化器的定义。起催化作

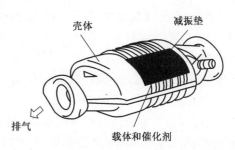

图6-4 催化转化器结构及组成

用的活性材料一般为铂(Rt)、铑(Rh)和钯(Pd)三种贵金属,同时还有作为助催化剂的稀土材料。贵金属材料以极细的颗粒状态散布在疏松的催化剂和氧化剂涂层表面。而涂层则涂在作为催化剂骨架的蜂窝状陶瓷载体或金属载体上,目前90%的车用催化剂使用陶瓷载体。

(2) 催化剂的分类及工作原理。按工作原理不同,催化剂可分为氧化型催化剂、还原型催化剂、三效催化剂和稀燃催化剂。目前单纯还原型的催化剂已很少用,而最常用的是氧化型催化剂和三效催化剂。在氧化型催化剂中,CO和HC与O_2进行氧化反应,生成无害的CO_2和H_2O,但对NO_x基本无净化效果。而在三效催化剂中,当混合气浓度正好为化学计量比时,CO和HC与NO_x互为氧化剂和还原剂,生成无害的CO_2、H_2O及N_2,剩余的CO和HC则进行氧化反应。三效催化剂这种巧妙的构思和显著的效果,使它成为当前以及未来汽油机最主要排气净化技术。

不同贵金属成分对排气污染物的催化净化效果是不同的。在实际催化剂中,Rt和Pd主要催化CO和HC的氧化反应,Rh用于催化NO_x的还原反应。但为了满足对催化剂综合性能指标的要求,三种贵金属成分往往是搭配使用的。

2) 催化转化器的主要性能

(1) 空燃比特性。催化器转化效率随空燃比的变化称为催化器的空燃比特性,三效催化转化器在化学计量比($\alpha=1$)附近的狭窄区间内对CO、HC和NO_x的转化效率同时达到最高,这个区间被称为"窗口"。在实际应用中常取三项转化效率都达到80%的区间来确定窗口宽度。为保证实际供给的混合气浓度都在$\alpha=1$的附近,需要采用具有反馈控制功能的闭环电控燃油供给系统。研究表明,对同样的三效催化转化器,开环电控系统的净化效率平均为60%左右,而闭环电控系统的平均净化率可达95%。窗口越宽,则表示催化剂的实用性能越好,同时对电控系统控制精度的要求也越低。

(2) 起燃特性。催化器的转化效率与温度有密切关系,催化器只有在达到一定温度以上才能开始工作,即起燃。

催化转化器的起燃特性有两种评价方法,一种称为起燃温度特性,它表示了转化率随催化器入口温度t_i的变化,而转化率达到50%时所对应的温度称为起燃温度t_{50}。显然,t_{50}越低催化器在汽车冷起动时越能迅速起燃,因此t_{50}一直是催化器活性的重要特征值。起燃温度特性是在化学实验室或发动机台架上测取的。另一种评价催化器起燃特性的方法称为起燃时间特性,它可以在实车上或发动机台架上进行测定。即控制车辆或发动机以一定的工况循环运转,将达到50%转化率所需要的时间称为起燃时间t_{50}。

起燃温度特性主要取决于催化剂配方,它评价的是催化剂的低温活性。而起燃时间

特性除与催化剂配方有关外,在很大程度上取决于催化转化器总体的热惯性、绝热程度以及流动传热过程,其评价试验结果与实车冷起动特性的关系更为直接。

(3) 催化剂的耐久性。催化剂经长期使用后,其性能将发生劣化,亦称失活或中毒。国外一般要求新车用催化剂在使用 8 万 km 后整车排放仍能满足法规限值,而近年来对催化剂的耐久性要求已提高到 10 万 km 甚至 16 万 km。国内外几十年来的研究开发经验表明,开发一种高活性的催化剂并不很难,难的是同时具有较长的使用寿命。

影响催化剂寿命的因素有高温失活、化学中毒、结焦与机械损伤。化学中毒的来源主要是燃料和润滑油中的 Pb、S 和 P,通过严格限制燃料和润滑油中的有害成分含量可以将化学中毒控制到最小。而高温失活是目前汽车催化剂最主要的失活方式。

高温失活是一种复杂的物理化学过程。在高温条件下,散布均匀的细小贵金属颗粒和助催化剂成分都各自聚合成大颗粒,导致活性下降。在 800℃ 以上,催化剂的活性表面大大减少。在实际应用中引起催化器高温失活的原因有:发动机失火使未燃混合气在催化剂中发生剧烈氧化放热反应;汽车连续高速大负荷运行时的长时间排气高温;为减少冷起动排放而紧靠发动机排气口安装催化器等。

对催化剂的寿命评价,国外广泛采用快速老化方法。可以在发动机台架上用数十至一百小时的快速老化试验模拟数万至十几万公里的道路试验。催化器的性能指标还很多,如空速特性(Space Velocity,SV,即每小时流过催化剂的排气体积流量与催化剂容积之比),以及影响发动机排气背压的流动特性等。另外,实际使用时,催化器是与发动机以及汽车组合成一个完整的排放控制系统来起作用的,因而催化器与各部件之间的匹配也是一个极为复杂的问题。

3) NO_x 吸附还原催化剂

稀燃汽油机大部分工况都在大于理论空燃比的过稀状态下工作,一般三效催化剂无法适用。目前已实用化并成功地应用于缸内直喷式汽油机的主要是 NO_x 吸附还原催化剂。

吸附还原催化剂的活性成分是贵金属和碱土金属(或碱土金属和稀土金属)。当发动机在稀燃状态工作时,排气中处于氧化状态,在贵金属(Rt)的催化作用下,NO 与 O_2 反应生成 NO_2,并以硝酸盐的形式被吸附在碱土金属表面,同时 CO 和 HC 被氧化成 CO_2 和 H_2O 后排出催化器。而当发动机在化学计量比或浓混合气状态下运转时,硝酸盐分解析出的 NO_2、NO 与 CO、HC 及 H_2 发生反应,生成 CO_2、H_2O 和 N_2,同时使碱土金属得到再生。

为保证催化剂能在稀浓交替的气氛中工作,而又不影响发动机的动力性和经济性,实际稀燃发动机可以每隔一定时间(如 50~60s)使空燃比短时间地由稀变浓一次,使催化剂再生。

2. 柴油机排气后处理技术

与汽油机一样,柴油机单靠改进燃烧等机内净化技术很难满足越来越严格的排放法规要求,排气后处理技术已日益显现其重要作用。目前尽管有多种方案正在研究开发中,但有希望达到实用化的有以下几种:氧化催化转化器,用于降低 HC 和 CO;微粒捕集器,用于过滤和除去排气微粒;NO_x 还原催化转化器,用于降低 NO_x 排放。

1) 氧化催化转化器

采用氧化催化剂的目的主要是降低微粒中的可溶性有机组分中的大部分 HC,以及使本来已不成问题的 HC 和 CO 进一步降低。同时对目前法规尚未限制的一些有害成分以及减轻柴油机排气臭味也有净化效果。

柴油中所含的硫燃烧后生成 SO_2，经催化器氧化后变为 SO_3，然后与排气中的水分化合生成硫酸盐。催化氧化效果越好，硫酸盐生成越多，甚至达到平时的 8~9 倍。这不但抵消了有机组分的减少，甚至使微粒排放上升。同时，硫也是催化剂中毒劣化的重要原因。因此，减少柴油中的硫含量就成了氧化催化器实用化的前提条件。

2) 微粒捕集器

微粒捕集器也称柴油机排气微粒过滤器。这是目前国际上最接近商品化的柴油机微粒后处理技术。一个好的微粒捕集器除了要有较高的过滤效率外，还应具有低的流通阻力；所用材料应耐高温并有较长的使用寿命；同时还应尽可能减小微粒过滤器的体积。

另外，用金属蜂窝载体的也有很多实例。甚至还有用空气滤清器那样的纸滤芯做微粒过滤材料的。其中，壁流式陶瓷载体微粒捕集器对微粒的过滤效率可达 60%~90%，是实用化可能性最大的一种。

一般微粒捕集器只是一种降低排气微粒的物理方法。随过滤下来的微粒的积存，过滤孔逐渐堵塞，使排气背压增加，导致发动机动力性和经济性恶化。因此，必须及时除去车中的微粒。除去车中积存微粒的过程称为再生，这是目前实用化中的最大障碍，其难度极大。目前被认为有希望的可再生方法可分为两类，即断续加热再生和连续催化再生。后者具有装置简单及不耗费外加能量等优点，有很好的实用前景。

3) 柴油机 NO_x 还原催化剂

针对柴油车开发还原催化剂是一项难度很大的研究工作，尚未达到实用阶段，这主要存在以下原因：

(1) 在柴油机排气这样的高度氧化氛围中进行 NO_x 还原反应，对催化剂性能要求极高。

(2) 柴油机排温明显低于汽油机排温。

(3) 柴油机排气中含有大量 SO_x 和微粒，容易导致催化剂中毒。

目前，研究开发中的柴油机 NO_x 后处理方法主要有：选择性非催化还原、选择性催化还原、非选择性催化还原和吸附还原催化剂。其中，吸附还原催化剂已成功地用于稀燃汽油机上，在柴油机上使用时，应考虑如何造成吸附还原催化剂再生时所需的还原氛围。

另外，如果能使微粒和 NO_x 互为氧化剂和还原剂，则有可能在同一催化床上同时除去 NO_x、微粒、CO 和 HC，这种四效催化剂将是最理想的柴油机排气净化方法。目前，围绕这一目标的大量基础性研究正在进行中。

6.2.3 非排气污染物控制技术

在汽车排放到大气中的 HC 总量中，20% 来自曲轴箱窜气，20% 来自燃油系统蒸发，其余 60% 来自排气管。因此，控制和消除非排气污染物也是十分必要的。

1. 曲轴箱强制通风装置

曲轴箱强制通风是指新鲜空气由空滤器进入曲轴箱与窜气混合后，经 PCV 阀进入进气管，与空气或油气混合气一起被吸入气缸燃烧掉。PCV 阀可随发动机运转情况自动调节吸入气缸的窜气量。在急速和小负荷时，由于进气管真空度较高，阀体被吸向上方，阀口流通截面减少,吸入气缸的窜气量减少,以避免混合气过稀,造成燃烧不稳定或失火;而在加速和大负荷时,窜气量增多,进气管真空度变低,在弹簧作用下阀体下移,阀口流通截面增大,使大量的窜气进入气缸被燃烧掉;当发动机高速大负荷运转时,一旦窜气量过多而不能完全被吸净时,部分窜气会从闭式通气口进入空滤器,经化油器被吸入进气管。同时,PCV阀能使曲轴箱内始终保持负压,因而可以减缓润滑油窜入燃烧室。而窜入燃烧室中的机油是排气中HC和微粒的重要成因。

2. 燃油蒸发控制系统

由于绝大部分的汽油蒸发来自油箱,因而目前的燃油蒸发控制措施主要针对油箱。最常用的是活性炭罐式油蒸气吸附装置。

由油箱蒸发出来的燃油蒸气,流入炭罐被活性炭所吸附,这一过程称为吸附过程。活性炭是一种由石墨晶粒和无定形炭构成的微孔物质,由于内部有着大量的微孔,因而具有很大的比表面积,这就是活性炭吸附能力很高的原因。当发动机工作时,在进气管真空度作用下控制阀开启,被活性炭吸附的燃油蒸气与从炭罐下部进入的空气一起被吸入进气管,最后进入气缸被燃烧掉,同时活性炭得到再生,这一过程称为脱附过程。

活性炭对物质吸附具有选择性,燃油蒸气通过活性炭时,其中的HC成分几乎完全被吸附,而空气则基本不被吸附。

现代车用汽油机中已开始应用电控燃油蒸发控制系统。系统中电磁式清除阀的开启时间和开度由电控单元通过脉宽调制电流控制。泄漏检测泵用来进行系统密封性的车载诊断,它是一个由电控单元驱动的膜片泵。如果蒸发控制系统无泄漏,检测泵工作将引起系统压力升高,使膜片脉动周期延长,直至超过规定值;如果系统有泄漏,脉动周期将始终不会超过规定值,以此进行泄漏诊断。如何控制汽车在加油过程中的燃油蒸发问题现在越来越受到重视。

6.3 发动机的排放法规及测试方法

排放法规首先并主要针对车用发动机,排放法规既是对发动机及汽车工业发展的限制,又从客观上促进了发动机及汽车技术的发展与进步。排放法规的核心内容实际上是两个,即排放限值和检测方法。

6.3.1 概述

1. 怠速法与工况法

按检测方法划分,汽车排放污染物检测主要有怠速法和工况法两种。

怠速法是指测量汽车在怠速工况下排放污染物的一种方法,一般仅测CO和HC,测量仪器采用便携式排放分析仪。这种方法具有简便易行,测试装置价格低廉、便于携带,试验时间短等优点;但其测量精度较低,测量结果缺乏全面性和代表性。目前,怠速法主要用于环保部门监测在用车的排放以及汽车修理厂简易评价车辆的排放性能。

工况法是将若干汽车常用工况和排放污染较重的工况组合成一个或若干个测试循环,试验时测取汽车在整个测试循环中的排放水平。与怠速法相比,工况法检测结果可以比较全面地反映汽车排放水平,一般用于新车的认证许可检测,但其试验设备的价格往往是怠速法的 100~200 倍。

2. 轻型车与重型车

工况法又根据轻型车和重型车而采用不同的试验方法。对于轻型车和重型车的定义各国不完全统一，一般将总质量为 400~3500(4000)kg，乘员为 9~12 人以下的车辆定义为轻型车，为了与农用车区别，还规定其最高车速应在 50km/h 以上；而将总质量在 3500(4000)kg 以上的车辆定义为重型车。

轻型车的排放检测要求在底盘测功机上进行，被检车辆按规定的测试循环运转，试验结果用单位行驶里程的排放质量(g/km)表示。

重型车的排放检测要求在发动机台架上进行，其结果用发动机的比排放量(g/kW·h)表示，因为能进行重型车试验的底盘测功机价格太昂贵。

3. 排放限值工况法

该法检测的排放限值一般分为两类，即产品认证试验限值和产品一致性试验限值。产品认证试验是指对新设计车型的认证试验；产品一致性试验是指对批量生产车辆的试验，要求从成批生产的车辆中任意抽取一辆或若干辆进行试验。一般来说，产品认证试验限值严于产品一致性试验限值。

6.3.2 排放法规

目前，世界上的排放法规主要有三个体系，即美国体系、日本体系和欧洲体系，我国及其他各国基本是在参照欧洲法规的基础上制定本国的排放法规。

1. 轻型车排放法规

1）美国排放法规

世界上最早的工况法排放法规于 1966 年诞生在美国加利福尼亚州，用 7 个工况组成一个测试循环(称为加州标准测试循环)，并于 1968 年被美国联邦政府采纳作为联邦排放法规。1972 年开始，联邦政府采用美国城市标准测试循环 FTP-72(Federal Test Procedure)，这是根据对洛杉机市早晨上班时间大量汽车实测行驶工况的统计获得的。1975 年，FTP-72 测试循环被扩充为 FTP-75 测试循环，并一直沿用到现在。FTP-75 测试试验时，要求被测车辆在 20~30℃ 的恒温条件下放置 12h 以上。整个测试循环分 4 段进行，即过渡(冷起动)阶段、稳定阶段、发动机熄火 10min、然后再重复一次过渡(热起动)阶段。在第 1、2、4 阶段里收集排气，分别采入不同气袋里，将排放测量值分别乘以加权系数，相加后除以总行驶距离，得到比排放量(g/mile)。

2）欧洲排放法规

欧洲现行的轻型车排放测试循环由若干等加速、等减速、等速和怠速工况组成。分为两个部分，第一部分也称城市工况(City Cycle)，它是在 1970 年模拟市内道路行驶状况制定的。1992 年起加上了反映城郊高速公路行驶状况的城郊工况(Extra Urban Driving Cycle)的第二部分，最高车速提高到 120km/h。

在欧洲Ⅰ号和欧洲Ⅱ号法规的限值中，曾将 HC 和 NO_x 的总和作为评价指标，而从 2000 年起执行的欧洲Ⅲ号法规开始，将两者分别考察，并且取消了对不同类型柴油机的限值差别。另外，在欧洲Ⅰ号和欧洲Ⅱ号法规的测试中，排放测量是在起动 40s 以后才开始的，这样冷起动时较高的污染物排放就无法测得。但从欧洲Ⅲ号法规开始，这个 40s 的冷起动时间被取消,即实际排放控制水平要求更严格了。

3) 日本排放法规

日本于1968年起实施"大气污染防治法",1973年起采用10工况测试循环(热起动),1992年起改用10.15工况测试循环。

4) 国外各种排放法规的对比

对比美国、欧洲、日本轻型车排放测试循环的主要参数,从最高车速和平均车速来看,欧洲最高,日本最低;从总行驶距离和总循环时间来看,日本最短,这会使最难解决的冷起动排放所占的比重增大;从循环模式来看,欧洲和日本工况由一系列等加减速和等速工况组成,相对简单,而FTP-75工况最复杂,速度变化大,操作较困难。

5) 我国排放法规

我国于1984年4月1日开始实施排放法规。最初为四冲程汽油机怠速排放、柴油机自由加速烟度、车用柴油机全负荷烟度排放标准,仅规定了单一简单工况的排放限值,也未控制NO_x排放。后经调研分析,认为欧洲法规及测试规范适合我国实际情况,于1989年颁布了轻型车排放标准及其测试方法。我国于1999年3月10日颁布,并于2000年1月1日开始实施的GB 14761—1999等项法规,基本等效采用了欧洲Ⅰ号排放标准和测试规范。在此之前,北京市为缓解日益严峻的市区大气污染状况,于1999年1月在国内率先实施了相当于欧洲Ⅰ号法规的地方标准。2007年7月1日,北京已经实施了相当于欧洲Ⅳ号法规的地方标准。

2. 重型车排放法规

重型车的排放检测要求在发动机台架上进行,其结果用发动机的比排放量(g/kW·h)表示。美国加州和联邦分别于1969年和1970年规定对2.7t以上重型车用汽油机采用9工况台架试验方法。我国也于1993年后开始采用9工况法。该试验方法适用于最大总质量大于3500kg的车用汽油机。该测试循环由1个怠速和8个等速、加速、减速和挂挡滑行等工况组成,也称9工况测试循环。试验中发动机在规定的转速$n=2000$r/min下运转,每个工况运行60s,对车辆加减速的模拟是通过改变发动机负荷来实现的,整个测试循环重复两次。测量结果按加权系数处理后,分别得到CO、HC的NO_x排放量指标。

6.3.3 排放检测的取样系统

对于轻型车工况法排放测试循环的取样系统,目前世界各国的排放法规都规定用定容取样系统。被测车辆在转鼓试验台上按规定的工况法测试循环运转,全部排气排入稀释风道中,按规定的比率与空气混合,形成流量恒定的稀释排气,将其中一小部分收集到采样气袋中。如前所述,美国FTP-75测试循环要求各阶段分别采样(即3个气袋),而欧洲和日本的测试循环则全部采入1个气袋中。用规定的分析仪器分析测量采样气袋中各种污染物的浓度,再乘以定容采样系统中流过的稀释排气总量,并分别除以测试循环的总行驶距离后得到比排放量(g/km)。底盘测功机的种类按吸收功率的方式可分为水力测功机和电力测功机,按转鼓个数可分为单鼓(1鼓)和双鼓(2鼓)。目前,日本和欧洲各国以单鼓电力测功机为主流,而美国正从双鼓水力测功机向单鼓电力测功机方式转变。

6.3.4 有害气体成分分析

目前,用于汽车气体排放污染物分析的方法主要有三种,即用不分光红外分析仪测量

CO 和 CO_2;用氢火焰离子分析仪测量 HC;用化学发光分析仪测量 NO_x。世界各国在其工况法检测标准中都严格规定必须采用上述测试方法。但在急速法检测标准中略有不同,可以用不分光红外法测量 CO、CO_2 和 HC。

6.3.5 微粒及烟度的测量

柴油机排放的微粒和黑烟虽然是两个不同的测量指标,但两者有着密切的关系。如前所述,微粒是由炭烟、可溶性有机物 SOF 和硫酸盐构成的。由于中高负荷时炭烟所占比率很大,所以表征炭烟多少的排气烟度测量长期以来得到了广泛应用。尽管排放法规中主要着眼于微粒排放限制,但因其设备复杂昂贵、测量繁琐而难以普及,目前主要用于排放法规的检测试验。

1. 柴油机排气微粒的采集

微粒的采集系统可分为两种,即全流式稀释风道采样系统和分流式稀释风道采样系统。前者将全部排气引入稀释风道里,测量精度高,但整个系统的体积庞大,价格昂贵;后者仅将部分排气引入稀释风道里,因而系统体积较小。美国轻型车和重型车用柴油机排放法规以及欧洲轻型车排放法规中,规定要用全流式稀释风道测量柴油机微粒排放。欧洲重型车用柴油机排放法规及我国 2000 年以后的新排放法规中,全流式和分流式系统都允许使用。图 6-5 是分流式微粒采集系统示意图,带有排放法规所规定的定容采样装置 CVS。在 CVS 抽气泵的作用下,环境空气经空滤器以恒定容积流量进入稀释风道。发动机排出的废气进入稀释风道,与空气混合形成稀释样气,稀释比一般为 8~10,温度控制在 50℃左右。这种稀释方法模拟了由汽车排气管排出的废气在实际环境空气中的稀释情况,可以防止 HC 凝结。在距排气管入口处 10 倍稀释风道直径的地方,稀释样气在微粒取样泵的抽吸下以一定的流速流过微粒收集滤纸,使微粒被过滤到滤纸上。为保证试验精度,往往并联设置两套微粒取样系统。

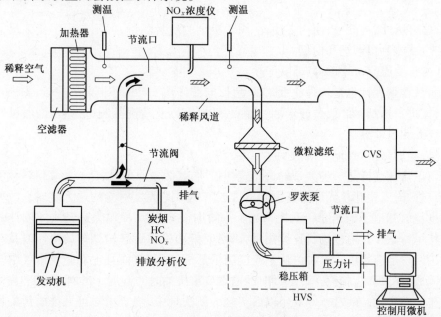

图 6-5 微粒采集系统示意图

用微克级精密天平称得滤纸在收集前后的质量差,就可得到微粒的质量,并根据需要计算出单位行驶里程的比排放量 g/km(整车试验)或单位功的比排放量 g/kW·h(柴油机试验)。

2. 微粒成分的分析方法

在研究工作中经常要对微粒的成分进行分析,以确定其产生的原因。常用的方法有:将可溶性有机成分(SOF)由微粒中分解出来的索格利特萃取法(SE),将可挥发部分(VOC)由微粒中分解出来的热解质量分析法(TG)以及用二甲基丙酮溶液或水分解出硫酸盐的方法。VOC 与 SOF 的区别在于,SOF 中只有高沸点的 HC,而 VOC 中实际上还包括硫酸盐。

通过液相色谱仪对分解出的 SOF 做进一步详细分析,以搞清各种 HC 的来源。一般认为低于 C_{19} 的 HC 来自燃油,而高于 SOF 的 HC 则来自润滑油。如果将色谱仪与质谱仪连用,则可对复杂有机物进行更仔细的分析。

3. 烟度的测量方法

烟度的测量方法主要有两大类:一类是根据收集了黑烟的滤纸表面对光的反射率来测量烟度,这种方法称为滤纸法或反射法;另一类是根据光从排气中透射的程度来确定烟度,称为透光法或消光法。

1) 波许(Bosch)烟度计

最早问世和目前使用最广泛的是波许烟度计,它主要由定容采样泵和检测仪两部分组成。定容采样泵由排气中抽取一定容积的样气(一般为 330mL),当样气通过滤纸时,其中的炭烟被收集在滤纸上。然后利用检测仪测量滤纸黑度。当光源的光线射向滤纸时,一部分光线被滤纸上的炭烟所吸收,另一部分光线被反射到环形的光电管上而产生光电流。光电流的大小反映了滤纸反射率的大小,滤纸黑度越高,则反射率越低。检测结果以波许烟度单位(BSU)表示,0 为无污染滤纸的黑度,10 为全黑滤纸的黑度。

波许烟度计结构简单,使用方便,能用于炭烟的质量测量,但不能用于变工况下的瞬态测量,也不能测量蓝烟和白烟。

2) 冯布兰德(Von Brand)烟度计

冯布兰德烟度计也是一种滤纸式烟度计,与波许烟度计的不同之处在于,它采用带状滤纸,自动进行送纸、抽气、过滤炭烟、检测滤纸黑度以及清洗等测试过程,因而可以实现烟度的连续和自动测量。

3) 哈特里奇(Hartridge)烟度计

哈特里奇烟度计是一种典型的透光式烟度计,其测量原理是:让被测气体连续不断地流经测量管,光电检测单元即可连续测出排放气体对光源发射光的透光度或衰减率。测出透光度也就知道了消光度和消光系数。一般用消光系数 K 作为透光式烟度计的检测量。哈特里奇烟度计可以进行连续测量,以研究集油机的瞬态炭烟排放特性以及按排放法规要求测量加速烟度。这种方法不仅能测量黑烟的烟度,而且也能测量排气中含水气和油雾等成分的烟气,如汽车冷起动时的白烟或窜机油时的蓝烟。黑烟、蓝烟和白烟都属于可见排放污染物,在我国 2000 年以后实施的新法规中,规定了对可见排放污染物的测量方法和限值。

6.4 发动机的噪声

柴油机内部具有多种激振源,这些激振源所激发的振动,将通过各种途径传到发动机外表面的零部件上,并由此辐射出噪声。现在机动车辆的噪声已成为城市噪声的主要噪声源,约占城市噪声的30%~50%,而发动机又是机动车的主要噪声源,要降低发动机的噪声,必须设法减小各激振力和传递途径的传递率,并在其外表面采取减振等措施。

6.4.1 噪声概述

噪声是由振动产生的,振动取决于激振力特性和激振系统的结构响应特性,如图6-6所示。发动机噪声的产生机理如下:

发动机的噪声源按发生机理大致可分为内部激振力、振动传递系统和外部辐射源三部分。内部激振力有燃烧激振力和机械激振力两种,前者是由于气缸内周期性变化的气体压力引起的,它主要由燃烧过程的燃烧压力决定;后者是由于运动件之间、运动件与固定件之间周期性变化的机械压力产生的,如活塞撞击气缸、进排气门落座、齿轮因扭振而相互冲击等。燃烧和机械运动是相互关联、不可分割的,因此,燃烧噪声和机械噪声是难以分开的。燃烧噪声的大小,也影响到机械噪声。由可燃混合气燃烧所产生的燃烧冲击以及燃气压力和惯性力一起使活塞与缸壁之间产生周期性的撞击,使缸盖、缸套和缸体产生变形和振动。这种振动不仅使机体表面辐射出噪声,而且将通过各种途径传递到气缸盖罩、进排气歧管、齿轮盖和油底壳等。这些零件便以各自的固有频率振动,最终由发动机各表面振动辐射出噪声。因此,要降低发动机噪声,必须采取减小各激振力、降低各传递途径的传递率和其他减振措施。

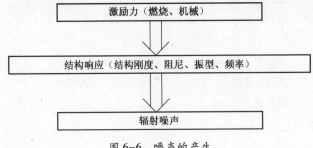

图6-6 噪声的产生

1. 噪声允许标准

国内外均未颁发发动机噪声的允许标准,但对各种环境噪声和一些配用发动机的产品,已有相应标准可供参考,如汽车车内外噪声标准等。

2. 发动机噪声源的分类

发动机噪声的来源主要有机械噪声、燃烧噪声、进排气噪声和风扇噪声。

一般情况下,我们只对机械噪声和燃烧噪声进行分析研究。在消声室内试验时,拆除风扇,进气从室外经大型消声器引进,排气也引出室外,并经消声处理,从而排除了进排气噪声对发动机噪声的干扰。根据特殊要求,再进行进排气噪声和风扇噪声等方面的试验研究工作。

6.4.2 影响噪声的主要因素

1. 影响燃烧噪声的主要因素

1) 燃烧室

发动机燃烧室的结构形式及整个燃烧系统的设计,对燃烧过程的压力增长率、最高燃烧压力和气缸压力曲线有明显的影响,故对燃烧噪声的影响很大。

汽油机燃烧过程比较柔和,柴油机在其他条件相同的情况下,半分开的直接喷射式燃烧室的燃烧噪声最低,如球形燃烧室;分开式燃烧室如涡流室和预燃室等的燃烧噪声也较低,在高转速时甚至低于半分开的直接喷射式燃烧室;开式直接喷射式燃烧室,如浅盆形和 ω 形燃烧室的燃烧噪声最大。

2) 喷油提前角

当喷油提前角变化时,滞燃期、压力升高比和最大燃烧压力等都随之发生变化,因而对发动机的低、中、高频率燃烧噪声都有影响。最佳喷油提前角必须综合考虑发动机的经济性、排污和噪声这三个方面的要求。大多数柴油机的燃烧噪声随喷油提前角的减小而有所降低。但是喷油提前角的减小将影响燃油消耗率。

3) 转速

发动机转速主要影响机械噪声的大小。转速增加噪声上升,转速降低则噪声下降,而对燃烧噪声的影响是处于次要地位的。

4) 负荷

随着负荷的增加,每循环的放热量增加,最大燃烧压力及压力升高比升高,这会使噪声增大。但由于随着负荷的增加,燃烧室壁温提高,气缸与活塞的间隙减小,这又可使噪声减轻。所以负荷对发动机噪声的影响较小。

2. 影响机械噪声的主要因素

发动机的机械噪声随转速的提高而迅速增强。发动机的机械噪声是由运动件互相撞击产生的。其中以活塞、连杆、曲轴等部件撞击气缸体产生的噪声占主导,尤以活塞对气缸壁的敲击影响最大。此外,仅次于主要运动件的噪声源还有配气机构、齿轮系统以及喷油泵等附件。随着发动机的高速化和噪声控制法规的不断强化,要进一步降低发动机的噪声,主要的困难将是降低机械噪声。

1) 活塞敲击噪声

活塞对气缸壁的敲击往往是发动机最强的机械噪声源。产生活塞敲击噪声的主要原因是活塞与气缸壁之间的间隙,以及作用在活塞上的气体压力、惯性力和摩擦力等。其影响因素较多,如活塞间隙、活塞销孔偏移、活塞高度、发动机转速和气缸直径等,活塞和缸壁之间的间隙减小后由于敲击强度降低因而活塞敲击噪声也得到降低。活塞销孔偏移的效果与发动机转速有关,超过某一定值时,就几乎没有效果了。转速升高,噪声相对减小,活塞敲击噪声主要是经过缸套传递的,因此,缸套的自振频率对活塞敲击噪声有显著影响。缸套厚度增加时,自振频率提高,振动速度降低。

2) 配气机构噪声

由于气门间隙的存在,在气门打开或关闭的瞬间,挺柱与推杆、推杆与摇臂以及摇臂与气门杆接触点上,不可避免地要产生撞击;同时,气门落座时,气门与气门座之间也要发生撞击。

配气机构的噪声在中低速发动机上并不突出,但高速发动机就占有很高份额。由于配气机构本身是一个弹性系统,在上述周期性撞击力作用下产生振动,甚至在高速时造成气门的跳动,这种跳动又进一步增加了上述撞击的次数和强度。这就是配气机构噪声发生的根源。

3) 正时齿轮噪声

正时齿轮传动的特点是轮齿的交替啮合,在啮合处具有滚动与滑动,不可避免地要产生齿与齿之间的撞击和摩擦,使齿轮本体及齿本身产生振动而发出噪声。

影响齿轮噪声的因素主要有齿轮圆周速度、齿轮的结构型式和尺寸、齿轮的材料和制造质量等,即结构型式、设计参数、制造精度及运转状态等。

4) 喷油泵的噪声

柴油机燃料供给系统的噪声主要是由喷油泵及高压油管的外表面发出的。喷油泵的噪声是柴油机主要的机械噪声之一。

喷油泵的噪声是由周期变化的柱塞上部的燃油压力、高压油管内的燃油压力和往复运动零件的惯性力引起的。喷油泵的泵体在这些力的作用下发生复杂的变形,使其外表面发生振动,辐射出噪声。

喷油泵噪声的强度及频谱特性与转速、泵内燃油的压力、供油量及喷油泵自身结构有关。为了降低喷油泵的噪声,应根据具体情况,采取不同的措施。如提高泵体的刚度,采用特种金属或塑性材料甚至覆盖隔声罩盖等方法来降低噪声。

5) 不平衡惯性力引起的噪声

发动机的曲柄连杆机构在运转过程中将产生往复运动惯性力、离心惯性力及其惯性力矩,这些周期性变化的惯性力和惯性力矩将引起振动和噪声。

6.4.3 降低噪声措施

降低噪声的措施很多,大致有以下几个方面:

(1) 控制燃烧最高压力,适当减少燃烧压力升高率。通过提高缸内温度,延迟喷油,改变燃烧系统形式来实现燃烧的正常化。

(2) 减小各种惯性力。通过控制活塞平均速度,减轻活塞等往复运动零件质量等方法来实现发动机内部的平衡和惯性力的降低。

(3) 减小激振力。减小活塞撞击声,减小曲轴扭转振动,减小主轴承弯曲应力,减小齿轮冲击噪声等引起的噪声的叠加。

(4) 使发动机负荷均匀分散,加强机体等零件的强度和刚度。通过改进机件设计,缸盖机体铸成一体,以及油底壳、齿轮室盖加筋等方法尽量减少装配。

(5) 加隔声罩、涂层、防振支承。采用机体侧壁加装罩盖,用双层油底壳,进排气歧管采用防振支承,起动电动机与机体间充填吸声材料等一系列方法降低噪声。

思 考 题

1. 简述排放物的分类及危害。
2. 简述发动机噪声源的分类。
3. 简述降低发动机噪声的措施。

第7章 发动机的特性

发动机特性是发动机综合性能的反映,是指发动机性能指标随着调整情况和使用工况的变化而变化的关系,通常用特性曲线表示。其中,发动机性能指标随调整情况而变化的关系称为调整特性,如汽油机的燃料调整特性、点火提前角调整特性、柴油机喷油提前角调整特性等;性能指标随使用工况而变化的关系称为使用特性,如速度特性、负荷特性和万有特性等。

通过对发动机的速度特性、负荷特性和调整特性曲线进行分析,评价发动机在不同工况下的动力性、经济性及其运转性能,为合理选用发动机并有效地利用它提供依据,同时还可根据特性曲线分析影响特性的因素,寻求改进发动机特性的途径,使发动机的性能进一步提高。

7.1 发动机的工况

为了更好地理解发动机特性,首先有必要掌握发动机三类典型工况的变化规律。发动机的实际工作状况,简称发动机工况,通常用发动机功率与转速或发动机负荷与转速来表示。

发动机运行时,经常在变负荷、变转速下工作,其变化规律取决于发动机的用途。发动机在正常工作时,将在一定的转速范围,即在最低稳定转速 n_{min} 与最高转速 n_{max} 之间运转;在某一转速下,有效功率或转矩可以由零变到可能发出的最大值。因此,发动机的工况范围是四条边界线包围的阴影部分,如图 7-1 所示。根据发动机用途的不同,其工况一般可分为固定式工况、螺旋桨工况和车用工况三类。

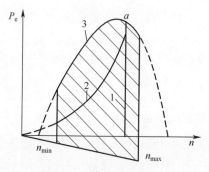

图 7-1 发动机的各种工况

7.1.1 固定式工况

发动机的曲轴转速近似保持不变,发出的功率可能在很大范围内变化,称为固定式发动机工况。例如,发动机带动发电机、空压机和水泵等机械工作时,由于它们的负荷可以由零变化到最大许用值,因此发动机发出的功率也随负荷由零变化到最大许用值;采用调速器来保持发动机转速恒定,使其转速波动限制在允许范围内。这类工况如图 7-1 中铅垂线 1 所示,也称为线工况,其特例是点工况,即转速和功率保持恒定。

7.1.2 螺旋桨工况

发动机在运行时,它所发出的功率和转速之间成一定的函数关系。如发动机用于驱动船舶螺旋桨时,作为船舶主机的柴油机按推进特性工作,因螺旋桨所吸收的功率 $P_e = kn^3$,k 为比例常数,发动机发出的功率和转速的关系应和螺旋桨的一致,故称为螺旋桨工况,如图 7-1 中曲线 2 所示。从图中还可看出,这条曲线受到发动机最大功率的限制;如点 a 所示,还受到最低稳定转速 n_{min} 的限制。

7.1.3 车用工况

发动机的功率和转速都独立地在很大范围内变化,它们之间没有特定的关系,车用发动机即属此类工况。发动机的曲轴转速取决于车速,可以从最低稳定转速一直变到最高转速;发动机发出的功率取决于运行中所遇到的行驶阻力,即装载质量、车速和路面情况。在同一转速下,功率可由零变到最大功率。当汽车下坡需采用发动机制动时,发动机由汽车传动装置倒拖而做负功。上述运行工况如图 7-1 中曲线 3 下面的阴影面积,称为面工况。阴影面的上限是发动机在各种转速下所能发出的最大功率(曲线 3),左边对应于最低稳定转速 n_{min},右边对应于最高转速 n_{max}。

根据国家标准的规定,发动机制造厂根据产品的用途和特点,规定该产品在标准大气状态下所输出的有效功率及其所对应的转速,发动机依不同用途标定功率如下:

(1) 15min 功率,适用汽车、军车和摩托车用发动机功率的标定。
(2) 1h 功率,适用拖拉机、工程机械和船舶用发动机功率的标定。
(3) 12h 功率,适用拖拉机、农业灌溉和电站等用发动机功率的标定。
(4) 持续功率,适用农业灌溉、电站、船舶和铁路牵引等用发动机功率的标定。

7.2 发动机的速度特性

发动机节气门或供油拉杆位置不变时,其性能指标随转速变化而变化的关系称为发动机的速度特性,速度特性包括全负荷速度特性(即外特性)和部分负荷速度特性。为便于分析发动机的速度特性,通常由发动机台架试验测取一系列数据,并以发动机转速 n 作为横坐标;发动机的有效功率 P_e、有效转矩 M_e、有效燃油消耗率 g_e 或单位时间耗油量 G_T 等作为纵坐标,绘制成速度特性曲线。通过分析发动机的速度特性,可以找出发动机在不同的转速情况下工作时,其动力性和经济性的变化规律,及对应于最大功率、最大转矩和最小燃油消耗率时的转速,从而确定发动机工作时最有利的转速范围。

7.2.1 汽油机速度特性

当汽油机的燃油供给系和点火系调整为最佳,节气门开度固定不变时,其有效功率 P_e、有效转矩 M_e、有效燃油消耗率 g_e 随发动机转速 n 变化的规律,称为汽油机的速度特性。当节气门保持最大开度时,所测得的速度特性称为发动机的外特性;节气门在部分开度下所测得的速度特性称为部分速度特性。外特性代表了发动机所能达到的最高动力性和经济性,是发动机的重要特性。一般汽油机铭牌上标明的 P_e、M_e 及相应的 n 都是以外特性为依据。由于节气门开度的变化可以是无限的,所以部分速度特性曲线为一个位于外特性曲线之下的曲线族。

1. 外特性曲线分析

图 7-2 所示为汽油机的外特性曲线。

1) M_e 曲线

转矩特性直接影响汽油机的动力性能,它是一条上凸的曲线。节气门开度一定时,过量空气系数 α 基本不随 n 而变化,可视为常数,而 η_i、η_m、η_v 随 n 的变化趋势如图 7-3 所示。

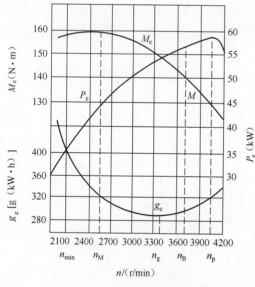

图 7-2 汽油机的外特性曲线

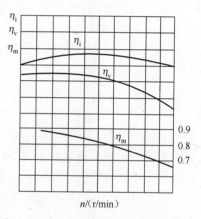

图 7-3 汽油机的效率随转速变化关系

指示热效率 η_i 在某一中间转速时最大,低于或高于此转速,η_i 均会下降,但变化较平坦,对 M_e 的影响不大。η_i 下降的原因是:转速 n 转低时,气缸内气流扰动较弱,火焰传播速度慢导致燃烧缓慢,散热损失增加,漏气也增多,使 η_i 降低;n 较高时,燃烧所占曲轴转角大,在较大的容积内燃烧,传热损失增加,所以 η_i 也下降。在节气门一定时,充气效率 η_v 在某一中间转速时最大,这是因为一定的配气相位只适应该转速,高于和低于此转速时 η_v 均下降。

机械效率 η_m 随转速的提高而明显下降,这是因为随转速提高,机械损失功率增加。

综合 η_i、η_v、η_m 随 n 的变化,可知有效转矩 M_e 随转速 n 的变化规律是:在较低的转速范围内,随转速的提高,由于 η_i、η_v 均提高,其影响超过了 η_m 下降的影响,故 M_e 逐渐增加,在某一转速 M_e 达最大值 M_{emax};转速继续提高时,由于 η_i、η_v、η_m 随 n 的提高同时降低,因此 M_e 曲线迅速下降,曲线变化较陡。

2) P_e 曲线

根据有效功率与有效转矩和转速之间的关系 $P_e = \dfrac{M_e n}{9550}$,在 M_e 小于 M_{emax} 的范围内,转速增加,转矩也增加,故 P_e 增加很快;此后,n 增加时,因 M_e 有所下降,故 P_e 的增长速度减慢,直至某一转速时,M_e 与 n 之积达最大值,使 P_e 达最大功率 P_{emax};若 n 再增加,由于 M_e 的下降已超过了 n 上升的影响,故 P_e 下降。

3) g_e 曲线

根据 $g_e = \dfrac{K_3}{\eta_i \eta_m}$,当转速很低时,由于 η_i 很低,所以有效燃油消耗率 g_e 较高;在转速很高时,η_i 也较低,同时因机械损失增加,η_m 降低,故有效燃油消耗率 g_e 也高;只有在某一中间转速时,指示热效率与机械效率之积最大,有效燃油消耗率 g_e 达最低值 g_{emin}。

汽油机采用增压技术,可提高充气效率 η_v 和指示热效率 η_i,所以其动力性和经济性也明显改善。某汽油机增压前后的外特性曲线,如图7-4所示。外特性代表了汽油机的最高动力性能,由于试验条件的不同,试验时发动机带全部附件所得的外特性曲线称为使用外特性曲线。

2. 部分负荷速度特性

图7-5为某汽油机节气门分别在全开、75%开度、50%开度和25%开度时,有效功率 P_e、有效转矩 M_e、有效燃料消耗率 g_e 随转速 n 的变化规律。汽车经常处于节气门部分开度下工作,因此部分负荷速度特性曲线对实际使用的动力性、经济性有重要意义。

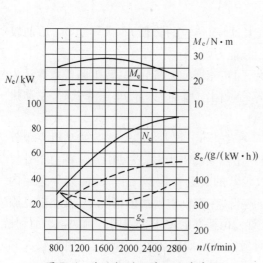

图7-4 汽油机增压前后的外特性
---增压前;—增压后。

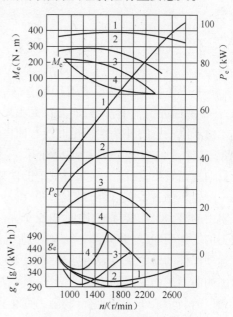

图7-5 汽油机部分负荷速度特性
1—全负荷;2—75%负荷;3—50%负荷;4—25%负荷。

节气门部分开启时,由于进气阻力增加,充气效率下降,随 n 提高,η_v 下降得更快。节气门开度越小,节流损失越大,M_e 随 n 增加而下降得越快,最大转矩点和最大功率点均向低转速方向移动。

从部分特性 g_e 曲线可见,并不是节气门全开时 g_e 曲线最低,因为此时采用的是浓混合气,存在燃烧不完全的现象。当气节门开度从100%逐渐减小时,由于混合气的加浓逐渐减轻,g_e 曲线的位置降低。节气门开度为80%左右时,g_e 曲线的位置最低,此时加浓装置停止工作。节气门开度再减小,由于残余废气相对增多,燃烧速度下降使 η_i 下降,燃料消耗率增加，g_e 曲线的位置又逐渐升高。

3. 汽油机的工作范围

为保证较高的动力性，汽油机的工作转速范围应在最大功率转速 n_p 与最大扭矩转速 $n_{\min}$ 之间。当工作转速 $n>n_p$ 时，汽油机的动力性、经济性和可靠性均大大下降，因而不能使用；当工作转速 $n<n_{\min}$ 时，由于汽油机工作不稳定，也不可能使用。

为保证较高的经济性，汽油机工作的最有利转速范围应介于最大功率转速 n_p 和最低燃油消耗率转速 n_g 之间，此转速范围可以作为选择汽油机常用转速范围的参考依据。

4. 转矩储备系数

在发动机正常工作的转速范围内，节气门开度不变时，如果阻力矩增加，发动机转速将自动下降，发出的转矩将逐渐增加，当发出的转矩增大至与阻力矩平衡时，又可在另一较低转速下稳定运转。为了评定发动机适应外界阻力矩变化的能力，常用转矩储备系数 μ 或适应系数 k 作为评价指标。

$$\mu = \frac{M_{e\max} - M_B}{M_B} \times 100\%$$

$$k = \frac{M_{e\max}}{M_B}$$

式中　$M_{e\max}$——外特性曲线上的最大转矩（N·m）；

　　　M_B——标定工况时的转矩（N·m）。

μ 和 k 值大，表明转矩之差（$M_{e\max}-M_B$）值大，即随转速的降低，有效转矩 M_e 增加较快，在不换挡的情况下，爬坡能力及克服短期超载能力强。

由于汽油机的外特性转矩曲线弯曲度较大，随转速增加下降较快，转矩储备系数 μ 为 10%~30%，k 值为 1.2~1.4，适应性好。当汽车行驶阻力增加而迫使车速降低时，发动机能自动提高转矩，可减少汽车行驶中的换挡次数。

除转矩储备系数以外，最大转矩 $M_{e\max}$ 对应的转速 n_M 的大小也会影响发动机克服外界阻力的潜力。在实际使用中，当汽车突然遇到比较大的阻力时，发动机转速将由于外界阻力的增加而降低，若 n_M 较小，则汽油机能以较低的转速稳定地工作，并能充分运用内部运动部件的动能来克服短期超载。因此，n_M 越低，在汽车不换挡的情况下，发动机克服阻力的潜力越强。不同用途的汽车，其汽油机对转矩特性的要求也不同。例如，长期行驶于山区的载重汽车，由于它行驶阻力变化大，对最高车速要求较低，因此应选用 μ 较大和 n_M 较低的汽油机；对于轿车，由于它对最高车速要求较高，因此宜选用 n_M 较高的汽油机。

5. 发动机的标定工况

标定工况是发动机铭牌上标出的功率及相应的转速。当转速增大至接近 n_p 时，功率提高缓慢。在 n_p 之后，转速增加，功率反而下降。而转速经常过高，还会使发动机的寿命下降。因此，载货汽车发动机常限制其转速为 n_B，n_B 称为限制转速或标定转速，节气门全开时对应转速 n_B 的功率称为标定功率，一般 $n_B \leq n_p$。

用两种方法来控制发动机不超过标定转速运转：一是汽油机装限速器，当转速超过 n_B 时，它自动控制节气门，使其关小；二是在汽车说明书上规定最高挡的最高车速，只要车速不超过最高车速，发动机转速就不会超过标定转速。

7.2.2 柴油机速度特性

当喷油泵油量调节机构（供油拉杆或齿条）位置一定时，柴油机的性能指标有效功率 P_e、有效转矩 M_e、有效燃油消耗率 g_e、每小时耗油量 G_T 随转速 n 变化的关系，称为柴油机的速度特性。当油量调节机构限定在标定功率的特殊供油量位置时，测得的速度特性称为柴油机的外特性（或全负荷速度特性），它表明柴油机可能达到的最高性能。当油量调节机构限定在小于标定功率循环供油量的各个位置时，所测得的速度特性称为部分速度特性。

1. 外特性曲线分析

柴油机的外特性曲线，如图 7-6 所示。

1) M_e 曲线

柴油机的有效转矩 M_e 主要取决于每循环供油量 Δg、指示热效率 η_i 和机械效率 η_m。η_i、η_m、Δg 随 n 的变化如图 7-7 所示。每循环供油量 Δg 随柴油机转速变化的情况由喷油泵的速度特性决定，在没有油量校正装置时，Δg 随 n 的提高而逐渐增加。指示热效率 η_i 和机械效率 η_m 随转速的变化规律与汽油机基本相同，只是 η_i 变化较平坦。

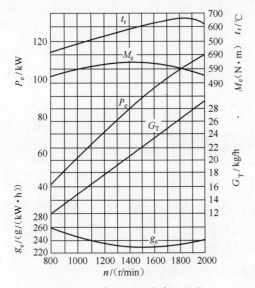

图 7-6 柴油机的外特性曲线

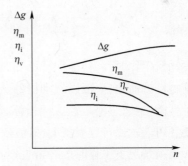

图 7-7 柴油机指示效率、机械效率、充气效率随转速变化关系

汽油机在一定负荷下工作时，混合气的过量空气系数基本不变，每循环供油量主要取决于循环供气量，所以每循环供油量随转速的变化规律与充气效率一致，而柴油机每循环供油量与充气效率无关。与汽油机相比，柴油机指示热效率 η_i 随转速的变化较平坦，而且在较高转速范围内，随转速的提高 Δg 增加，对 η_i 和 η_m 的下降有补偿作用，所以转矩 M_e 随 n 的变化也比汽油机平坦，转矩储备系数 μ 比汽油机的小，只在 5%~10% 的范围，柴油机的转矩特性若不进行校正，一般很难满足工作需要。

2) P_e 曲线

由于不同转速时 M_e 变化不大，在一定转速范围内，P_e 几乎随 n 的提高成正比增加。

柴油机的最高转速由调速器限制，如果调速器失灵，功率随转速增加仍然会继续增大。但当转速增大到某一数值时，由于循环供油量过多，会使燃烧严重恶化，η_i 迅速降低，同时 η_m 随 n 增加而降低，导致有效功率下降，并出现排气严重冒黑烟现象，因此车用柴油机的标定功率受冒烟界限的限制。

3) g_e 曲线

柴油机外特性的 g_e 变化趋势与汽油机的相似，也是一凹形曲线，由于 η_i 随 n 的变化比较平坦，使 g_e 曲线凹度较小；由于柴油机的压缩比高，其最低燃油消耗率比汽油机的低 20%~30%。

2. 部分负荷速度特性

图 7-8 为车用柴油机部分负荷速度特性，其中 t_r 为排气温度。当喷油泵油量调节机构固定在油量较小位置时，循环供油量减少，Δg 随 n 变化的趋势由油泵速度特性决定，柴油机部分速度特性曲线与外特性相似，但比外特性曲线低。

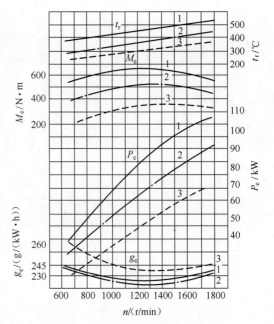

图 7-8　柴油机的部分负荷速度特性
1—90%负荷；2—75%负荷；3—55%负荷。

7.3　发动机的负荷特性

发动机工作时，若转速保持不变，其经济性指标随负荷变化的关系称为负荷特性。表示负荷特性的曲线，一般以发动机的负荷（有效功率 P_e、有效转矩 M_e）作为横坐标，纵坐标表示性能参数，主要是经济性指标，如每小时燃料消耗量 G_T 和有效燃料消耗率 g_e，根据需要还可表示出排气温度 t_r、机械效率 η_m 等。分析发动机的负荷特性，可了解发动机在各种负荷情况下工作时的经济性以及最低燃料消耗率时的负荷状态。

7.3.1　汽油机负荷特性

当汽油机的燃料供给系和点火系调整为最佳，保持在某一转速下工作时，逐渐改变节气门开度以适应外界负荷，每小时耗油量 G_T 和有效燃油消耗率 g_e 随有效功率 P_e（或有效转矩 M_e）变化的关系，称为汽油机负荷特性。汽油机的负荷调节是靠改变节气门开度，从而改变进入气缸的混合气数量来实现的，此种负荷调节方式称为量调节。

图 7-9 所示为汽油机在某一转速下的负荷特性曲线。对应不同的转速，有不同的负荷特性曲线，但各种转速下的负荷特性曲线相似。

1. G_T 曲线

当汽油机转速一定时，每小时燃料消耗量 G_T 主要取决于节气门开度和混合气成分。

节气门开度由小逐渐加大时,充入气缸的混合气量逐渐增加,G_T 随之上升;当节气门开度增大到约为全开时的 80% 以后,加浓装置开始工作、混合气变浓,G_T 上升的速度加快,曲线变陡。

2. g_e 曲线

由于 g_e 与指示热效率和机械效率的乘积成反比关系,因此 g_e 随负荷的变化规律取决于 η_i 和 η_m 随负荷的变化规律。

图 7-10 所示为 η_i、η_m 随负荷的变化关系。汽油机怠速运转时,其指示功率完全用来克服机械损失功率,机械效率 η_m 为零,故 g_e 为无穷大。随着负荷增加,节气门开度加大,进入气缸的新鲜混合气量增加,残余废气相对减少;发动机负荷增加使燃烧室

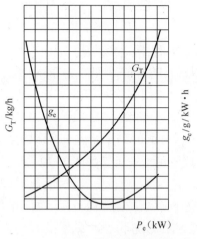

图 7-9 汽油机的负荷特性曲线

的工作温度提高,燃料雾化条件改善,燃烧速度加快;散热损失及泵气损失相对减少。因此,指示效率 η_i 随负荷增加而上升,故 g_e 迅速下降,直至降到最低值。当负荷继续增加,节气门开度增大到全开度 80% 左右时,燃料供给系供给发动机较浓的混合气,燃烧不完全,η_i 下降,结果 g_e 又有所上升。

7.3.2 柴油机负荷特性

柴油机保持某一转速不变,喷油提前角、冷却水温度等保持最佳值的情况下,改变喷油泵齿条或拉杆位置,相应改变每循环供油量时,每小时耗油量 G_T、有效燃油消耗率 g_e 随 P_e(或 M_e)变化的关系,称为柴油机负荷特性。

当柴油机转速一定时,充入气缸的空气量基本不变,调节负荷时只是改变每循环供油量,也就改变了混合气浓度,这种负荷调节方式称为质调节。

图 7-11 所示为柴油机的负荷特性,其变化趋势与汽油机类似。

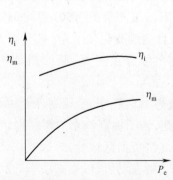

图 7-10 汽油机指示效率和机械效率随功率变化的关系

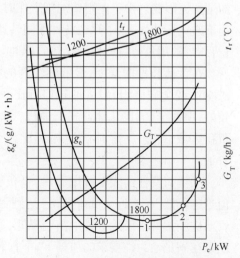

图 7-11 柴油机的负荷特性曲线

1. G_T 曲线

转速一定时,柴油机每小时燃料消耗量 G_T 主要取决于每循环供油量 Δg。当负荷小于85%时,随着负荷增加,由于 Δg 增加,G_T 随之近似成正比增大;当负荷继续增大超过85%后,随着负荷增加,由于 Δg 过多,使混合气过浓,燃烧条件恶化,G_T 迅速增大,而有效功率增加缓慢,甚至下降。

2. g_e 曲线

g_e 同样与 η_i 和 η_m 的乘积成反比。柴油机 η_i、η_m 随负荷的变化关系如图7-12所示。柴油机负荷为零时,η_m 为零,随着负荷增加,机械效率 η_m 增大,但增长速度逐渐减慢。随负荷增加;由于 Δg 增加,使混合气变浓,燃烧不完全,致使指示效率 η_i 逐渐下降,且负荷越大,η_i 下降速度越快。

综合 η_i 和 η_m 两方面的影响,g_e 曲线的变化规律是:怠速时,由于 η_m 为零,g_e 趋于无穷大;在较小负荷范围内,随负荷增加,η_m 的增大速度比 η_i 的减小速度

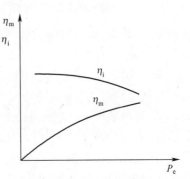

图7-12 柴油机指示效率和机械效率随功率变化的关系

快,故 g_e 降低,直到某一中等负荷时,η_i 和 η_m 的乘积最大,g_e 最小;在大负荷范围内,随负荷增加,η_m 的增大速度比 η_i 的减小速度慢,使 g_e 增加;负荷增加到图7-11中的2点时,由于混合气过浓,不完全燃烧显著增加,柴油机排气开始冒烟,随负荷增加,g_e 增加将越来越快;负荷增加到图7-11中的3点以后,负荷再继续增加,由于燃烧条件将极度恶化,g_e 仍继续增加,P_e 反而下降。

对应于图7-11中2点的循环供油量称为"冒烟界限",超过该界限继续增加供油量时,柴油机将大量冒黑烟,污染环境,且容易使活塞及燃烧室积炭;由于补燃增加,也易使发动机过热而引起故障。为了保证柴油机的使用寿命及可靠工作,标定的循环供油量一般限制在冒烟界限以内。所以,非增压高速柴油机使用中的最大功率受到排放法规规定的烟度值限制。由于车用柴油机工作时其转速经常变化,因此需要测定柴油机在不同转速下的负荷特性,以了解在各种不同转速下运行时最经济的负荷区。在柴油机性能调试过程中,常用负荷特性作为比较的标准。

在负荷特性曲线上,最低燃油消耗率 g_{emin} 越小,在负荷较宽范围内 g_e 变化不大,即 g_e 曲线变化较平坦,经济性越好。比较汽油机与柴油机的负荷可知,柴油机的经济性较好,一般 g_e 值比化油器式汽油机低20%~30%,且曲线变化较平坦,具有较宽的经济负荷区域,部分负荷时低油耗区比汽油机宽,故在部分负荷下,柴油机比汽油机更省油。

从负荷特性曲线上可以看出,低负荷区的有效燃料消耗率 g_e 较高,随负荷增加,g_e 值迅速降低,在接近全负荷时,g_e 达到最小值。因此,为了提高汽车的燃料经济性,希望发动机经常处于或接近燃油消耗率低、负荷较大的经济负荷区运行,故选配发动机时,应注意在满足动力性要求的前提下,不宜装置功率过大的发动机,以提高功率的利用率,提高燃料经济性。

7.4 发动机的调整特性

7.4.1 汽油机点火提前角调整特性

汽油机的节气门保持在全开位置、转速保持不变、燃料供给系调整适当时,发动机的有效功率 P_e 和有效燃油消耗率 g_e 随点火提前角变化的关系,称为点火提前角调整特性,其特性曲线如图 7-13 所示。由图可以看出,每小时耗油量 G_T 主要取决于燃料供给系的调整情况及发动机的负荷和转速,在点火提前角改变时基本保持不变,这是因为它与点火提前角无关。当点火提前角为 θ_0 时,由于燃烧比较及时,热效率高,P_e 达到最大值,而 g_e 值最低,θ_0 则称为最佳点火提前角。对应发动机的每一工况都存在一个最佳点火提前角。当 $\theta<\theta_0$ 时,由于点火太迟,燃烧拖延至膨胀过程中还在进行,因燃烧时间拖长,缸壁的热量损失增加,排气温度较高,废气带走的热量损失也较多,使 P_e 下降、g_e 增加。当 $\theta>\theta_0$ 时,

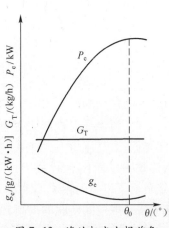

图 7-13 汽油机点火提前角的调整特性

由于点火过早,大部分可燃混合气在压缩过程中燃烧,气缸内最高压力升高,压缩过程消耗的功增加,也使 P_e 下降、g_e 增加。

汽油机的最佳点火提前角并不是固定不变的,图 7-14 所示为不同转速时的点火提前角调整特性,最佳点火提前角应随转速的提高而增大。图 7-15 所示为不同负荷时的点火提前角调整特性,最佳点火提前角应随负荷增大而减小。在汽车实际使用中,为使汽油机在各种工况下均能获得最佳点火提前角,在传统点火系统中,采用了机械离心式和真空式两种点火提前角自动调节装置,而目前电喷发动机广泛采用电控点火系统来实现。

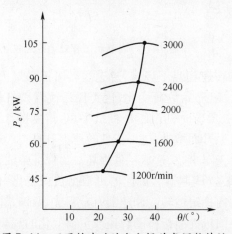

图 7-14 不同转速时的点火提前角调整特性

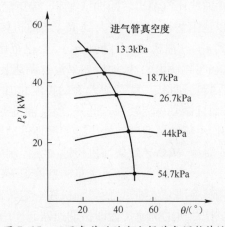

图 7-15 不同负荷时的点火提前角调整特性

7.4.2 柴油机喷油提前角调整持性

在柴油机转速和喷油泵油量调节机构位置不变的条件下,柴油机有效功率和有效燃

油消耗率随喷油提前角的变化关系,称为喷油提前角调整特性,如图 7-16 所示。

由图 7-16 可见:由于测定柴油机喷油提前角调整特性时,柴油机的转速和喷油泵油量调节机构的位置不变,所以每小时耗油量 G_T 值为常数,喷油提前角的改变对 G_T 没有影响。与汽油机的点火提前角调整特性一样,对应每一种工况,均有一最佳的喷油提前角 θ_0。此时,有效功率最大,有效燃油消耗率最低。喷油提前角增加过大时,由于燃料将喷入压力和温度都不高的空气中,着火延迟期增长,导致速燃期的压力升高率过大,造成柴油机工作粗暴,使 P_e 下降、g_e 增加。喷油提前角过小时,燃烧推迟到膨胀过程中进行,因而使压力升高率降低,最高压力大大降低,排气温度升高,热损失增加,热效率显著下降,也使 P_e 下降、g_e 增加。柴油机在一定负荷下以不同转速工作时,其最佳喷油提前角也是

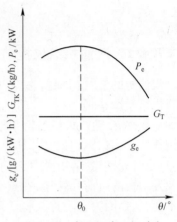

图 7-16 柴油机喷油提前角调整特性

不同的,一般应随转速的提高,适当增大喷油提前角。为满足上述要求,在传统的柴油机燃料供给系中,通常装有离心式喷油角提前器。采用柴油机电控技术,能根据柴油机转速和负荷的变化,及时并准确地控制喷油提前角,从而使柴油机的性能达到最佳。

7.4.3 柴油机的调速特性

柴油机在运转过程中负荷变化范围大,为保持转速稳定,需要装置调速器。在调速器起作用、喷油泵调速手柄位置固定时,柴油机的性能指标随转速的变化关系称为调速特性。如图 7-17 所示,比较汽油机与柴油机全负荷时的速度特性,由于柴油机的转矩曲线比汽油机转矩曲线平坦,转矩储备系数低,所以当阻力矩由 R_1 增大到 R_2,柴油机转速将从 n_1 降到 n_2(汽油机由 n_1' 降到 n_2'),变化范围较大。因

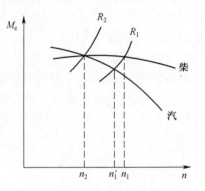

图 7-17 发动机工作稳定性比较

此,在实际使用中,柴油机如果没有调速装置,其转速相当不稳定,怠速运转时极易熄火,为保持转速稳定,就必须人为的控制供油量以适应外界负荷变化,这不仅易使驾驶员疲劳,而且恢复稳定较慢。此外,当柴油机突然卸去负荷时,由于 M_e 曲线平坦,转速将急剧上升,由喷油泵速度特性决定的循环供油量随 n 上升而增加,进一步使转速上升直至超过标定转速,极易导致柴油机转速失去控制而发生飞车事故,造成机件损坏。为保证柴油机的工作稳定性、防止高速飞车和怠速熄火,必须装置调速器。调速器可根据负荷变化,自动调节喷油泵供油量,使柴油机在一定转速范围内稳定运转。调速器有全程式、两极式两种。柴油机的调速特性即指调速器起作用时,柴油机性能指标随转速或负荷变化的规律。

1. 全程式调速器的调速特性

柴油机装置全程式调速器后,在所有的转速范围内,调速器都能根据外界负荷的变化,通过转速感应元件,自动调节喷油泵供油量,保证在驾驶员选定的任何转速下,使柴油机在极小的转速变化范围内稳定运转。在矿区、林区、大型建筑工地使用的车辆,所遇到

的行驶阻力变化很大,驾驶员很难根据负荷变化做出反应,这类车辆宜采用全程式调速器。装有全程式调速器的柴油机调速特性,如图7-18所示。当柴油机在某一工况下稳定运转时,若外界阻力矩减少,由于转速上升,调速器将带动供油量调节装置使供油量减少,柴油机输出有效转矩迅速减小;反之,若外界阻力矩增加时,由于转速下降,调速器使循环供油量增加,柴油机输出的有效转矩迅速增加,使柴油机迅速返回原来转速附近。可见,由于调速器的作用,柴油机在较小的转速变化范围内,有效转矩

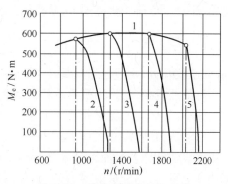

图7-18 装有全程式调速器的柴油机的调速特性

可从零变化到最大值或从最大值变化到零,从根本上改善了柴油机的转矩特性,它不仅能使柴油机保持怠速稳定和限制最高转速,而且可使柴油机在任意转速下保持稳定运转。

2. 两极式调速器的调速特性

根据使用情况,两极式调速器只在柴油机最低转速和最高转速时起作用,以防止怠速熄火和高速飞车。中间转速由驾驶员根据需要直接操纵油量调节机构来控制。装有两极式调速器的柴油机调速特性如图7-19所示。由图可见,只有在最低转速和最高转速附近两个很小的转速范围内调速器起作用,在调速器的作用下,使柴油机的转矩曲线产生急剧变化;在中间转速范围内,调速器不起作用,转矩曲线按速度特性变化。由于经常行驶在良好的路面

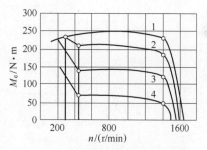

图7-19 装有两极式调速器的柴油机的调速特性

上,汽车用柴油机装有两极式调速器,发动机工况改变时,驾驶员直接操纵喷油泵齿条,达到新平衡点的反应快,加速性能好,操纵方便。

7.5 发动机的万有特性

7.5.1 万有特性

负荷特性、速度特性只能表示某一转速或某一齿条位置(或节气门开度)时,发动机参数间的变化规律,而对于工况变化大的发动机要分析各种工况下的性能,就需要在一张图上全面表示出发动机性能的特性曲线。发动机的多参数特性称为万有特性。广泛应用的万有特性是以转速n为横坐标,以平均有效压力p_{me}为纵坐标,在图上画出许多等燃油消耗率g_e曲线和等功率曲线。等燃油消耗率g_e曲线是根据不同转速下的负荷特性曲线作出来的。功率曲线P_e为一组双曲线,将外特性中的p_{me}曲线画在万有特性图上,构成上边界线。万有特性最内层g_e低,越向外g_e值越高,我们希望最低燃油消耗率g_{emin}区域越宽越好。对于车用发动机希望经济区最好在万有特性的中间位置,使常用转速和负荷落在最经济区域内,并希望等g_e曲线沿横坐标方向长些。对于工程机械用发动机,转速

变化范围小，负荷变化范围大，希望最经济区落在标定转速 n 附近，并沿纵坐标方向较长。

7.5.2 汽油机、柴油机万有特性的特点

1. 汽油机万有特性的特点

与柴油机相比，汽油机万有特性具有如下特点（图 7-20）：最低燃油消耗率偏高，经济区域偏小；等燃油消耗率曲线在低速区向大负荷收敛，这说明汽油机在低速低负荷的燃油消耗率随负荷的减小而急剧增大。在实际使用中，应尽量避免使用这种情况。汽油机的等功率线随转速升高而斜穿等燃油消耗率线，转速越高越费油。故在实际使用中，当汽车等功率运行时，驾驶员应尽量使用高速挡，以便节油；汽油机变负荷时，平均燃油消耗率偏高。

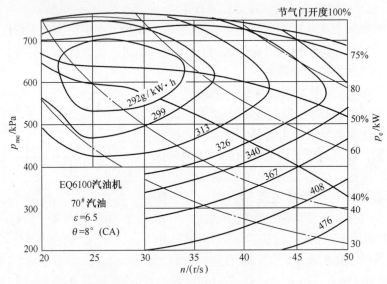

图 7-20 汽油机万有特性

2. 柴油机万有特性的特点

与汽油机相比，柴油机万有特性具有以下特点（图 7-21）：最低燃油消耗率偏低，并且经济区域较宽；等燃油消耗率曲线在高、低速均不收敛，变化比较平坦。柴油机相对汽车变速工况的适应性好；等功率线向高速延伸时，燃油消耗率的变化不大，所以采用低速挡时，柴油机的转矩和功率储备较大。在使用中，以柴油机为动力的汽车可以长时间使用低速挡。因此，以柴油机为动力的汽车的实际动力因数比以汽油机为动力的汽车高。

7.5.3 万有特性的实用意义

万有特性常用于以下几个方面：

（1）选配发动机无论作何种用途，只要提供发动机的万有特性，又已知发动机准备拖动的工作机械的转速和负荷的运转规律，就可以进行选配工作。将表示被拖动工作机械的转速和负荷的运转规律的特性曲线绘在此柴油机的万有特性曲线图中，就可以判断发动机与其被拖动的工作机械匹配是否合适。

（2）根据等转矩 M_e、等排气温度 T_r、等最高爆发压力 p_z 曲线，即可以准确地确定发

动机最高、最低允许使用的负荷限制线。

(3) 利用万有特性可以检查发动机的工作状态是否超负荷,工作是否正常。

注意:发动机特性曲线中的各项指标均指标准大气状况下的数值。若试验时大气状况与标准大气状况不符时,应按国家标准规定的方法对有效功率和燃油消耗率进行修正。

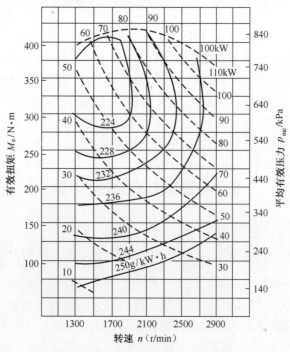

图 7-21 6105Q 柴油机万有特性曲线

思 考 题

1. 试分析汽油机和柴油机负荷特性的区别。
2. 试分析汽油机和柴油机速度特性中转矩曲线的区别。
3. 表示内燃机克服短期超载能力的指标有哪些?它们是怎样定义的?
4. 车用柴油机与工程机械、拖拉机用柴油机调速特性有何区别?
5. 万有特性、负荷特性和速度特性有何实用意义?

第8章 发动机试验

发动机试验是检验发动机的动力性、经济性和工作可靠性以及检查整机和零部件的制造质量、可靠性和耐磨性等不可缺少的手段，也是研究、设计、制造新型发动机的一个必不可少的重要环节。为了能严格控制试验条件并按国家标准规定进行测试，尽量模拟发动机在实际使用条件下的各种工况，发动机试验通常都在试验台架上进行。本章主要介绍发动机试验的种类和有关标准、功率与燃油消耗量的测量以及发动机台架试验等内容。

8.1 发动机的试验种类

8.1.1 发动机试验的种类

汽车发动机试验一般可分为常规试验和单项专题性研究试验两大类。在常规试验中又可分为性能试验和可靠性试验。对发动机的常规试验根据不同的对象又可分为定型、验证和抽查三种类型。性能试验适用于新设计或重大改进的发动机定型试验、转厂生产的发动机验证试验以及现生产的发动机抽查试验。性能试验是对汽车发动机在试验台架上进行全面的性能测定，以考察其动力性、经济性及其他重要性能等性能指标是否达到要求。可靠性试验适用于新设计或经重大改进的发动机定型试验、转厂生产的发动机验证试验。此类发动机的试验除进行一般的性能试验外，还要在试验台架上进行可靠性试验，其目的是在台架上使发动机受到较大的实际交变机械负荷及热负荷，并提高单位时间内的交变次数，以期在较短的时间内考验发动机的可靠性。现生产的发动机抽查试验，是根据生产的批量，每隔一定时间抽取一定数量的发动机进行性能试验和可靠性试验，以考核发动机制造工艺的稳定情况。单项专题性研究试验是为了研究改进发动机的性能所做的专题试验，如新理论的探讨、新结构形式的确定、新测试方法的论证及新材料新工艺的应用等，都必须通过单项专题性试验予以证实、认定以便推广应用。以上两大类型的试验中，除了单项专题性研究试验可参照国家标准自行拟定试验规范和方法，不完全按国家统一标准进行外，其他各类试验都应按国家颁布的各种发动机试验标准进行。

8.1.2 发动机试验的有关标准

世界上各国都制定了相应的发动机或发动机试验标准，这些标准通常都是按发动机种类和用途分类制定的。我国制定的发动机和发动机试验标准有：1987年制定颁布的《发动机台架性能试验方法 试验方法》（GB 1105.2—1987）、《发动机台架性能试验方法 测量方法》（GB／T1105.3—1987），国家汽车行业标准《汽车发动机性能试验方法》（QC/T 524—1999）、《汽车发动机可靠性试验方法》（QC/T 525—1999）、《汽车发动机定型试验规程》（QC/T 526—1999），其中对性能试验、可靠性试验和现生产的发动机抽查试验等有关事项,如功率标定、性能试验项目、可靠性耐久性试验规范、出厂试验内容、测试设备方法和精度等都做了较详细的规定。

8.2 发动机功率与燃油消耗率的测量

8.2.1 试验台简介

发动机在试验台上进行的试验称为台架试验。试验台要保证试验条件达到标准要求,并能迅速、准确测录发动机各项工作参数。图8-1为发动机试验台架简图,试验台由基础、底板和支架组成。由于发动机试验时有较大的振动和旋转力矩,所以试验台用防振混凝土做基础。基础上固定有安装发动机用的铸铁底板和前后支架。为保证发动机能迅速拆装和对中,前后支架在底板上的位置和高度做成可调的。发动机曲轴与测功器转子轴用联轴节连接。通过测功器和转速表所测读数,可以计算出被测发动机的功率。为保证发动机工作时水温正常,设有专门可调水量的冷却系统。冷却水出水温度控制系统能自动保持出水温度正常,使出水温度达到规定的试验要求(80℃±5℃)。燃油由专用油箱通过油量测量装置供给发动机的燃料供给系。为了排出发动机的有害排放物,减少室内噪声,应有保证室内通风、消声的装置。

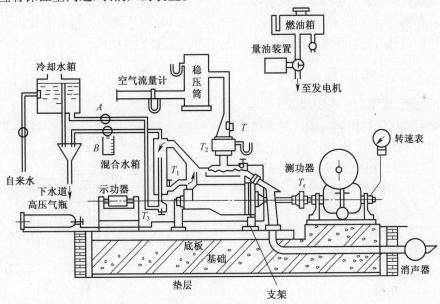

图8-1 发动机试验台架简图

试验台安装的设备和仪器大致分三类。

1. 基本设备

基本设备包括测功器、转速表、油耗测量装置。

2. 监测仪器

监测仪器包括冷却水温度计、机油温度计、机油压力计、排气温度指示器、气压计、室内温度计、湿度计等。

3. 特殊设备

特殊设备包括示功器、空气流量计、冷却水流量计、废气分析仪、烟度计、声级计、测振仪等。目前，台架试验越来越多地采用自动控制系统。如奥地利 AVL 公司的 PUMA 系统、德国申克公司的 DYNAS 系统、德国西门子公司的 CATS 系统都是产品化的计算机控制的测试系统，这些系统对试验台架进行控制和数据采集，同时也将相关数据传送给用户网络系统的计算机系统，自动完成主要参数监控、试验结果显示、曲线拟合、测量点配置等工作，提高了测量的精度和速度。

在稳定工况时，现代化的发动机试验台架的计算机数字控制系统已实现了相当精确的运行特性的协调，但是在不稳定工况时，其潜能在过去还没有完全被利用，从而制约了对发动机动态特性的研究。随着计算机技术的发展，从 20 世纪 80 年代后期起，国外一些发动机测试设备制造公司通过研究开发，研制出了带有高精度自动控制系统的发动机动态试验台架，如德国申克公司的"DYNAS-DC"系统、奥地利 AVL 公司的"PUMA-ISAC"系列、德国西门子公司的"CATS"系列。这些计算机控制的动态试验台架各个系统组成部分都具有足够高的响应速度和很小的非线性失真，可模拟汽车行驶时发动机所处的动态工况并对各种参数进行测量，可利用计算机程序控制对发动机进行预置设计方案的运转控制，同时，把与汽车道路试验相同的负荷加载到发动机上，可直接在试验台架上进行数据处理或通过网络向计算机传送试验数据。这样一来，就可以在没有整车的情况下，对汽车的传动系统进行优化匹配，或当确定了汽车传动系和汽车主要的、相关的技术参数后，对被选用的发动机进行性能匹配和优化，或选用更为合适的发动机。

8.2.2 功率的测量

1. 示功图、指示功率的测定

测录发动机示功图的实质是测录气缸中随曲轴转角（或气缸容积）而变化的瞬时压力，示功图的测定是发动机重要的测试项目之一。借助于所制取的发动机某种工况下的示功图，可确定该工况下发动机的指示功率。测录示功图的仪器称为示功器，有机械式示功器、气电式示功器和电子式示功器等。目前最常用的是气电式示功器和电子式示功器。

1) 气电式示功器

气电式示功器也称为平衡式示功器，它的基本原理是利用平衡式传感器通过一套相应的电气和记录系统，把循环中迅速变化的被测压力和给定压力相平衡时的点，累积记录下来并组成曲线。

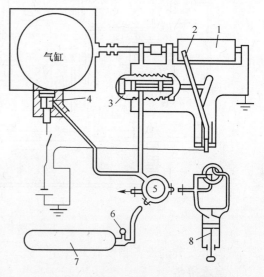

图 8-2 气电示功器工作原理简图
1—转筒；2—记录笔；3—小阀；4—测压头；5—连接孔；
6—控制阀；7—高压气瓶；8—手泵。

图 8-2 为气电示功器工作原理简图。气电示功器的转筒 1 通过联轴节和发动机曲轴相连，转筒上装有记录纸。高压气瓶 7 内装有高于发动机最高气缸压力的压缩空气或

氮气,压缩空气或氮气通过连接孔 5 进入小阀 3 和装在发动机气缸盖上的测压头 4 内。在气体压力的作用下,和小阀连接的记录笔 2 可左右移动。试验时,可以通过控制阀 6 控制高压气瓶输送给小阀 3 和测压头 4 的气体压力。

测压头的结构如图 8-3 所示。测压头内腔被滑阀 2 隔成两半,一半与气缸相通,另一半通过管接头 7 与高压气瓶连接。滑阀 2 可沿轴向移动,导向杆 4 与滑阀 2 构成串联在高压线圈的初级线路中的断电器。当滑阀 2 处于中间位置时,电路断开;当滑阀 2 处于两端位置时,导向杆 4 通过发动机体与地接通。滑阀 2 的位置取决于滑阀两面的气压。当发动机运转时,气缸压力和高压气瓶输送给测压头的压力相等时,滑阀 2 处于中间位置,初级线圈断电,在高压线圈中产生高压电,高压电流经过图 8-2 中记录笔 2,在笔针尖与圆筒间跳过一火花,并在记录纸上留下一小孔。孔的位置表示了一定曲轴转角上的气缸压力数值。当发动机气缸压力下降使滑阀 2 两面气压再次平衡时,记录纸上又留下一小孔,但两个小孔之间,圆筒已转过一定角度,即发动机完成了一个工作循环。因此,发动机每一个工作循环内,记录纸上仅留下了示功图的两个点。一个点是在气缸压力上升到约等于当时测压头内压缩气体的压力时记录的;另一个点是气缸压力下降到约等于当时测压头内压缩

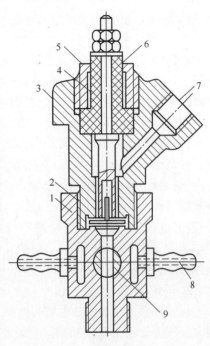

图 8-3 气电示功器的测压头
1,3—阀座;2—滑阀;4—导向杆;5—外壳;
6—绝缘体;7—管接头;8—进水口;9—开关

气体的压力时记录的。当测压头腔内压力从零逐渐增加时,则滑阀 2 不断在新的气压下平衡,在示功图上打出新的孔,直到超过气缸内最高燃烧压力,并停止产生火花为止。在记录纸上可得到无数点 a、b、c、d、e、f、$\cdots$ 这些点的总和形成完整的压力波形图,即示功图,如图 8-4 所示。

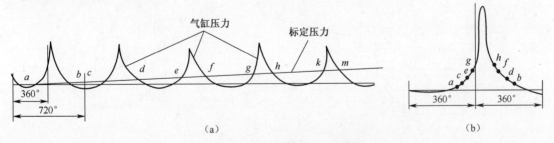

图 8-4 气电示功器的点迹测录

2) 电子式示功器

电子式示功器是通过适当的传感器把发动机气缸内压力和曲轴转角等非电量,按比例转换成相应的电量,经电子放大器输入到示波器中,通过屏幕观察或摄录下来,即得到示功图。按对被测量所采用的电子测试方法的不同可分为三种类型,即电阻应变式、电容

式和压电式。下面以压电晶体传感器为例说明电子式示功器的工作原理。在高压测量中,常利用石英晶体的纵向压电效应,因为此时晶体的机械强度高。图8-5是一种常规的压电晶体传感器结构图,气体压力经膜片8传递给菌形杆7和晶体1,晶体1受压力时产生的负电荷由电极2引出,经电荷放大器放大后输入阴极示波器。阴极示波器包括阴极射线管、振荡器和检波放大器。图8-6为阴极示波器工作简图。电子从炽热的阴极1产生,经膜片2的孔射出一束电子流,在圆筒形的阳极3中得到加速,并以很细的电子射线通过相互垂直布置的两对偏转极4和5,在屏幕上形成一个亮点。在两对偏转极的电场作用下,光点在屏幕的垂直和水平方向上扫描。通常是将压力传感器测量放大电路的输出与垂直偏转极相接,行程传感器的输出或时间信号接到水平偏转极上,这样当气缸压力随活塞行程或曲轴转角变化时,在示波器的屏幕上便呈现出发动机的 $p-V$ 图或 $p-\varphi$ 图。对上述图形进行摄录,即得到可供计算和分析的图形。

2. 有效功率的测量

有效功率是发动机最重要的性能参数之一,在发动机试验中大都需要测量有效功率。发动机有效功率的测定属于间接测量,即测定发动机的输出转矩和转速后,可由公式 $P_e = \dfrac{M_e n}{9550}$ 求得。

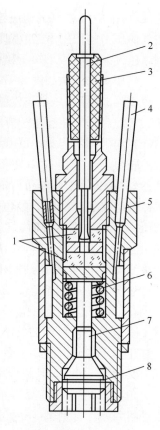

图 8-5 常规压电晶体
传感器结构图

1—晶体;2—电极;3—绝缘体;
4—管子;5—外壳;6—弹簧;
7—菌形杆;8—膜片。

发动机在台架试验中大都用测功器来测量发动机输出的转矩,此时测功器作为负载,并通过测功器实现对测定工况的调节。常用测功器有水力测功器、直流电力测功器和电涡流测功器三种。

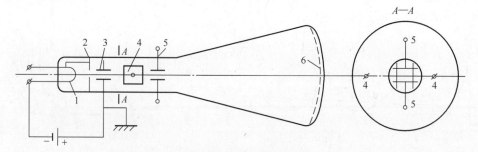

图 8-6 阴极示波器原理简图

1—阴极;2—膜片;3—阳极;4,5—偏转极;6—荧光屏。

1)水力测功器

(1)水力测功器的结构与工作原理。我国第一代水力测功器主要是传统的销钉式和闸套式。第二代水力测功器吸收了上述测功器的特点,采用国际上流行的体积小、转动惯量小、吸收功率大的蜗壳结构。图8-7为PSI-22型水力测功器的外形示意图,测功器由制动器和测力机构两部分组成。制动器结构如图8-8所示,转子12由滚动轴承支承于左右轴承外壳10上。外壳13可来回摆动,并与测力机构(图中未画出)通过一制动臂相连。转子12和定子11组成偶件,工作时发动机通过万向节4使转子与定子产生相对运动。有一定压力的水通过进水管进入转子与定子形成的涡壳室,由于转子旋转所产生的离心力及转子涡壳的作用,在侧壳与转子之间形成强烈的水涡流,通过水与外壳的摩擦,使外壳摆动。控制排水阀门开度可以调节水层厚度,水层越厚,水与转子和外壳的摩擦力矩越大,吸收功越多,此时外壳摆动的角度也越大,测力机构的读数随之增加。这样,发动机输出的机械能被水吸收变为热能并将转矩传递到外壳上,通过外壳上的制动臂将制动力传递给拉压传感器,经电子显示装置显示制动力的大小。

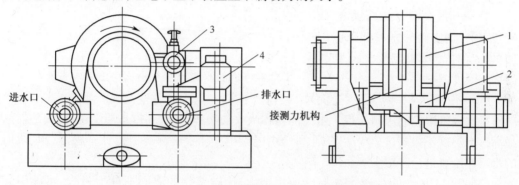

图8-7 PSI-22型水力测功器的外形示意图
1—机体部件;2—进排水部件;3—自动调节装置部件;4—拉压力传感器部件。

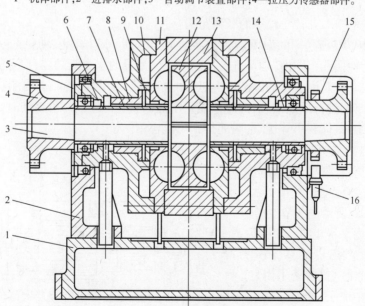

图8-8 PSI-22型水力测功器的制动器结构图
1—底座;2—左右轴承座;3—转子轴;4—万向节;5—密封组件;6—骨架油封;7,8,9—轴套;10—轴承外壳;11—定子;12—转子;13—外壳;14—封水圈;15—测速齿轮;16—测速传感器。

(2) 水力测功器的特性。测功器特性是指测功器吸收的功率或转矩随转速变化的关系。它是选购合适的水力测功器的依据。PSI-22 型水力测功器特性如图 8-9 所示。

OA——最大功率线,表示不同转速、满水层时能吸收的功率,它是转速的三次方曲线。水力测功器轴上的转矩与转速的平方成正比。显然,在 *OA* 线上以 *A* 点工作时转子承受的转矩最大,*A* 点表示了转矩已达到转子转矩强度所允许的限值转矩。

AB——最大转矩线,表示在极限转矩下,增加转速来增加吸收的功率。此时需要相应减少测功器的水层厚度。

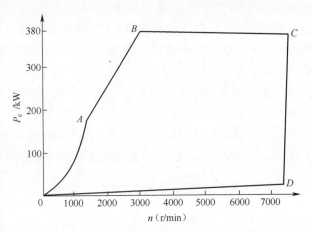

图 8-9 PSI-22 型水力测功器的特性曲线图

BC——额定功率线,表示受测功器排水温度限制的限制功率。水力测功器吸收的功率越大,其排水温度越高,测功器的最高排水温度不得超过 70℃。否则,水层中会产生气泡,使测功器指针不稳定,*BC* 段内的水层厚度会进一步减少。

CD——最大允许转速线,如果转速再加大,旋转部件的离心惯性力过大,可能引起损坏。

DO——空载特性线,表示测功器中没有水时,空转所吸收的功率。这部分功率用于克服转动的空气阻力和转子轴承的摩擦阻力。

图形 *OABCDO* 所包围的面积是测功器的工作范围。若被测发动机的功率曲线在所选测功器的特性曲线范围内,则可进行试验。不同型号的水力测功器有不同的特性范围,应根据被测发动机与测功器的匹配情况,选用合适的水力测功器。水力测功器的缺点是测量精度低,不能进行反拖试验,试验中能量不能回收。但它具有价格便宜、结构简单、操作简便、便于维修、体积小等优点,因而得到广泛应用。

2) 直流电力测功器

(1) 直流电力测功器的结构及工作原理。直流电力测功器大都制成图 8-10 所示的平衡式电机结构,主要由平衡电机、测力机构、交流机组、激磁机组、负载电阻等组成。直流电机转子 1 由发动机带动并在定子(外壳)磁场中旋转。定子(外壳)支承在与转子轴同心的滚动轴承上,可自由摆动。外壳与测力机构相连,根据外壳摆动角度的大小,由测

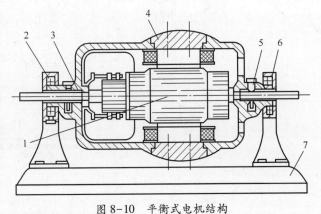

图 8-10 平衡式电机结构

1—转子;2,6—滚动轴承;3,5—滑动轴承;4—定子外壳;7—基座

力机构指示力矩数值。

发动机带动转子在定子磁场中旋转时,转子线圈切割磁力线而产生感应电流。感应电流的磁场与定子磁场相互作用产生方向相反的电磁力矩,定子外壳受到的电磁力矩与转子旋转方向相同,与发动机加于转子的转矩大小相等。因此,通过外壳摆动角度经测力机构可反映发动机输出功率的大小。在一定转速下,改变定子磁场强度及负载电阻即可调节负荷大小。

平衡电机既可作为发电机运行,吸收发动机转矩,也可加一换向机构作为电动机运行而拖动发动机,从而测量发动机的摩擦功率和机械损失,还可用于起动和磨合。

交流机组由交流异步电机和直流电机组成。当平衡电机作为发电机运行时,其发出的直流电由交流机组变成三相交流电输入电网;当其作为电动机运行时,交流机组又把三相交流电变成直流电送入平衡电机的电枢中。

激磁机组是小型交流机组,它供给平衡电机及交流机组激磁电流以产生磁场。平衡式电力测功器结构复杂,价格昂贵,但它可回收电能,反拖发动机,且工作灵敏、精度高,因此也得到广泛应用。

(2)直流电力测功器的特性。测功电机所吸收的功率与定子磁场强度的平方及转速的平方成正比,与负荷电阻成反比。图8-11所示是典型的电力测功器特性曲线。

OA——最大激磁电流时所能吸收的功率。

AB——转子所能承受最大转矩时的功率。

BC——电枢所产生的电流不能超过允许限值及其对应的最大功率。

CD——转子绕组所能承受的离心力及其对应的最高转速。

DO——激磁电流为零时吸收的功率。

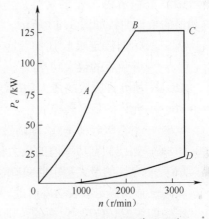

图8-11 电力测功器特性曲线

3)电涡流测功器

(1)电涡流测功器的结构与工作原理。电涡流测功器由电涡流制动器、测力机构及控制柜组成。电涡流制动器工作原理简图如图8-12所示,转子盘为圆周上加工有齿槽的钢齿轮,定子包括摆动壳体、涡流环(摆动体)、励磁线圈。当给励磁线圈中通以直流电

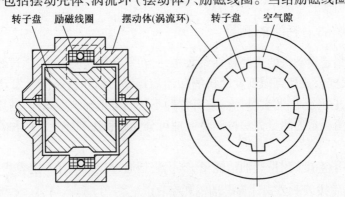

图8-12 电涡流制动器工作原理简图

时,即产生通过外壳、涡流环、空气隙和转子盘的磁力线。发动机带动转子盘旋转,由于转子盘外周涡流槽的存在,会在空气隙处产生密度交变的磁力线,因而在涡流环内产生感应电动势而形成涡电流。此电流与产生的磁场相互作用即形成一定的电磁力矩,从而使涡流环(摆动体)偏转一定角度,由测力机构可测出力矩数值。

调节励磁电流的大小,可调节电涡流强度,从而调节吸收负荷的能力。涡流制动器把吸收的功率转换成热能,靠冷却水的流动把这些热量带走,以保证正常运行。

电涡流测功器操作简便,结构紧凑,运转平稳,但不能反拖发动机,能量不能回收,价格较高,精度较高,有很宽的转速范围和功率范围。随着发动机测试技术的发展,目前,也已得到广泛应用。

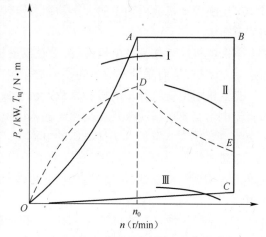

图 8-13 电涡流测功器的特性曲线

(2) 电涡流测功器的特性。电涡流测功器的特性曲线如图 8-13 所示。

OA——达到额定吸收功率之前所能够吸收的最大功率线。

AB——所允许吸收的最大功率线(额定功率)。

BC——允许的最高转速线。

CO——空转吸收功率线,即励磁电流为零时的吸收功率线。

OD——达到额定功率前的最大转矩曲线。

DE——允许的最大转矩曲线。

n_0——达到额定吸收功率时的转速。

图中曲线 $OABCO$ 所包括的范围就是测功器所能吸收的功率范围。因此,凡是发动机的特性曲线落在该范围内的都能被测试。选用测功器必须首先根据发动机的特性曲线按以上原则进行,其次还要考虑测量范围的合理选择以保证测量精度。图 8-13 中曲线 Ⅰ、Ⅱ、Ⅲ为三种不同发动机的特性曲线,曲线 Ⅱ 发动机的选用是正确的,曲线 Ⅰ、Ⅱ、Ⅲ 发动机的选用是不合适的,该测功器无法测试。

8.2.3 燃油消耗率的测量

燃油消耗率是发动机的重要特性参数之一,在发动机实验室中,通过测定发动机的燃油消耗量,可根据公式计算得到发动机的燃油消耗率。油耗仪是测量发动机燃油消耗量的仪器或装置,也称为燃油流量计。它有各种不同的类型和结构式样,适用于不同的目的和要求。燃油消耗量的测量方法按测量原理可分为容积法和质量法两种。

1. 容积法

汽油机常用容积法测量燃油消耗量,容积法是通过测量消耗一定容积 V_T 的燃料所需要的时间 t,然后按以下公式计算燃油消耗率:

$$G_T = 3.6 \frac{V_T \rho_f}{t}$$

$$b_e = \frac{G_T}{P_e} \times 1000$$

式中 V_T——所消耗的燃料容积(mL);

ρ_f——燃油密度(g/mL);

t——消耗容积为 V_T 的燃油所用时间(s);

G_T——小时耗油量(kg/h);

P_e——发动机的有效功率(kW);

b_e——燃油消耗率(g/(kW·h))。

图 8-14 为容积法测量燃油消耗量的示意图。燃油从油箱 1 经开关 2、滤清器 3 到三通阀 4,向发动机供油并可向量瓶 5 充油。试验时操作如下:

(1) 打开油箱开关,三通阀置于 A 位置,发动机由油箱供油。

(2) 测量前将三通阀置于 B 位置,油箱同时向发动机和量瓶供油。

(3) 测量开始时,将三通阀转至 C 位置,发动机直接由量瓶供油。记录燃油流过所选圆球(一般由 50mL、100mL、200mL 三种串联在一起)上下刻线间容积 V_T 所用时间 t,同时测量功率 P_e。

(4) 测量完毕,将三通阀再次转回 B 位置,向量瓶再次充油,准备下次测量。

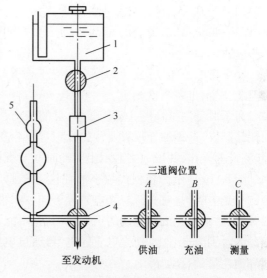

图 8-14 容积法测量燃油消耗量
1—油箱;2—开关;3—滤清器;4—三通阀;5—量瓶。

2. 质量法

柴油机用质量法测量燃油消耗量,质量法是通过测量消耗一定质量 m 的燃油所需要的时间 t,然后按以下公式计算燃油消耗率:

$$G_T = 3.6 \frac{m}{t}$$

$$b_e = \frac{G_T}{P_e} \times 1000$$

式中 m——所消耗的燃料(g);

t——消耗质量为 m 的燃油所用时间(s);

G_T——小时耗油量(kg/h);

P_e——发动机的有效功率(kW);

b_e——燃油消耗率(g/(kW·h))。

图 8-15 为质量法测量燃油消耗量的装置示意图。燃油从油箱经开关 2、滤清器 3 向发动机供油并向量杯 5 充油,量杯放在天平 6 上。测量时操作步骤如下:

(1) 打开油箱开关,将三通阀4置于A位置,油箱向发动机供油。

(2) 三通阀转至B位置,油箱向发动机供油并向量杯充油。当量杯内燃油比天平另一端砝码稍重后将三通阀转置A位置。

(3) 测量时,将三通阀置于C位置,柴油机用量杯内燃油,当天平指针指零瞬间,起动秒表,然后取下一定质量的砝码。

(4) 当天平指针再次到零位瞬时,停止秒表,记录用去的燃油量 m 和相应的时间 t 。

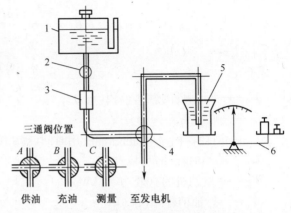

图 8-15　质量法测量燃油消耗量
1—油箱；2—开关；3—滤清器；4—三通阀；5—量杯；6—天平。

(5) 将取下的砝码放回天平上,将三通阀置于B位置,在量杯再次充好油后,将三通转至A位置,准备下次测量。

为了保证测量精度,减轻测试人员的劳动强度,实现远距离操作,发展了数字式自动油耗测量仪,这种油耗仪只要预先设定量瓶容积或砝码质量,油耗仪能自动进行准备、充油、测量等操作,并以数字显示出消耗时间及燃油容积或质量,经计算就可得出燃油消耗率。图 8-16 所示为容积式数字油耗仪工作原理简图。在细颈刻线的一侧有点光源,另一侧有光电管,每对光源与光电管置于同一水平面上,若细颈管充满燃油,光源的光穿过细颈管时,由于燃油对光线的折射作用,光不能照到光电管上；当细颈管无油时,光可穿过细颈照射到光电管上,使光电管通电,再通过电路控制电动三通阀和计数器工作,实现时间和油耗量的自动显示。

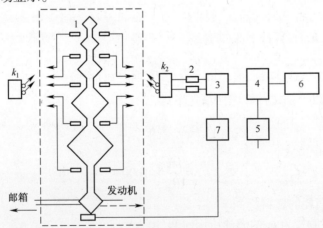

图 8-16　容积式数字油耗仪原理
1—光源；2—整形放大；3—触发器；4—门电路；5—脉冲发生器；6—计数器；7—量程选择开关。

8.2.4　转速的测量

发动机试验时用转速表测量转速,按转速表工作原理分有电子数字式、电气式和机械式三种形式。

1. 电子数字式转速表

电子数字式转速表有固定式及手持式两种。固定式电子数字式转速表由传感器及指示仪两部分组成。传感器是一只脉冲发生器(可以是磁电式或光电式)。如磁电式传感器由一个齿盘及一个电磁捡拾器组成。齿盘是固定在测功机主轴上带有60个齿的盘(或齿轮),电磁捡拾器靠近齿盘固定。发动机带动测功机主轴每旋转一周,捡拾器内的线圈就产生60次感应电脉冲,这个信号送到指示仪表(相当于一个频率计外加时间开关)。一般每秒钟取样一次,1s取得的脉冲数等于发动机每分钟转速,用4位数字显示。

手持式电子转速表分为接触式和非接触式两种。接触式的用橡皮轴头和发动机轴端接触,表内装有光电传感器;非接触式的需在使用前预先在旋转轴或盘上粘贴白色反光纸条,仪器前端装有照射灯光和感受反光的光电管。轴每旋转一次给光电管一个脉冲信号,累计运算得到转速。

电子式转速表,由于具有测量准确,使用方便,且有转速信号输出,易于实现自动控制等优点,近年来已被广泛采用。

2. 电气式转速表

电气式转速表主要有发电机式和脉冲式两种。发电机式做成直流或交流发电机结构,利用感应电压与转速成正比的原理进行测量。脉冲式是利用转速与频率成正比的原理,做成一种多级的发电机结构,利用感应电压的频率进行测量。

3. 机械式转速表

机械离心式手持转速表是利用重块的离心力与转速的平方成正比的原理而工作的。由于其使用方便,价格低廉,测量范围广,在实验室仍有一定的应用。

8.2.5 流量的测量

在发动机性能试验中,要测量空气消耗量、燃油消耗量和活塞漏气量;在发动机热平衡及水泵、机油泵性能试验中,要测量冷却水、润滑油的流量;在发动机排气污染物试验中,有时还要测定排气或稀释排气的流量。因此,流量测量是发动机试验中需要经常进行的一个重要内容。在此主要介绍空气流量的测量。

测量空气流量最常用的装置是节流式流量计。节流元件常用标准孔板或标准喷嘴,结构形式不同,但都是利用流体节流原理来测量流量。图8-17所示为节流式流量计工作原理简图。气体流过装有孔板的管道时,由于孔板上圆孔的节流,使气体流经孔板时,流速增加,静压力降低,在孔板前后产生压差,测量此压差(由U形管压力计测出),就可计算出气体流量的大小。当气体流量增加时,流速随之增大,压差也就变得更大,所测气体流量增加。

节流式流量计结构简单,使用寿命长。但需装有稳压箱,以减少气流的

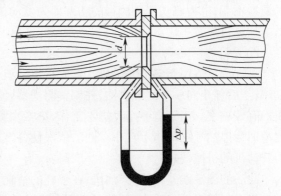

图8-17 节流式流量计工作原理

脉动。

旋涡流量计是又一种测量空气流量的装置,它的工作原理是利用流体振荡原理,通过测量流体流经管道时的旋涡频率,计算出气体流量。旋涡流量计无需稳压箱,流量测量范围大,精度较高,几乎不受温度、压力、密度、成分变化的影响,目前应用较多。如YF100型旋涡流量计,它的工作原理是:在流体中插入一个柱状物(旋涡发声体),从柱状物两侧交替地产生有规则的旋涡(图8-18),这种旋涡被称为卡门旋涡。卡门旋涡的释放频率与流体的流速及柱状物的宽度有关,其释放频率与流速成正比,因此通过测量卡门旋涡释放频率就可算出瞬时流量。该旋涡流量计的旋涡释放频率是由旋涡交替作用于旋涡发生体上的应力通过在它内部的压电元件测出的。

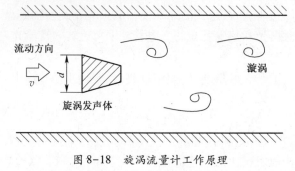

图8-18 旋涡流量计工作原理

8.3 发动机其他参数的测量

8.3.1 机械损失功率的测定

机械损失功率测定试验目的是评定发动机机械损失功率,目前常用的方法有倒拖法、灭缸法、柴油机也可用油耗线法。我国汽车发动机试验标准中规定,应优先采用倒拖法测量机械损失功率。

1. 倒拖法

试验时,发动机在给定工况稳定运行,冷却液及机油温度达到规定要求。然后切断油路,使管路中的剩余燃油迅速烧尽,汽油机还需切断点火电源。同时,用直流电力测功器反拖发动机,以原给定转速使发动机空转,并尽量使冷却液温度和机油温度保持给定工况的温度不变,电力测功器所测得的功率即为发动机该工况下的机械损失功率,可根据测得数据计算机械效率。

2. 灭缸法

灭缸法仅适用于多缸发动机。首先将发动机调整到给定工况稳定工作,测定其有效功率;然后停止向一个气缸供油,并调整测功器,使发动机恢复到原来的转速,再测定发动机的有效功率。由于有一个气缸不工作,第二次测得的有效功率比第一次测得的小,两者之差即为停油气缸的指示功率。同法依次使各缸灭火,即可测得发动机的指示功率,再算得发动机的机械效率。

此法的测量误差,对于柴油机,在较好的情况下可以达到5%;但对于汽油机,由于停缸会使进气情况发生改变,往往得不到正确的结果。同样,它也不能用于废气涡流增压发动机。

8.3.2 各缸工作均匀性试验

发动机在定型和验证试验时需进行各缸工作均匀性试验,以评价发动机的燃料经济性、爆燃及排放污染等性能。汽油机各缸均匀性试验要进行压缩压力及各缸废气的测定,柴油机要进行单缸熄火功率的测定。

1. 汽油机

1) 压缩压力的测定

压缩压力的测定目的是评定汽油机各缸进气分配的均匀性。试验时切断油路,将剩余燃油烧尽,再切断点火电源,用电力测功机拖动发动机。节气门全开,压缩压力在额定转速下,仅拆下一个缸的火花塞,其他缸的火花塞均装好,测量该缸的最大压力然后同样测量其他各缸的压力。降低转速,进行同样的测量,直到最低转速,适当分布 10 个以上的测量点。试验中主要测量项目:进气状态、转速及各缸实测气缸压缩压力。绘制气缸压缩压力曲线(气缸压缩压力随发动机转速变化关系)。

2) 各缸废气的测定

这个试验的目的是评定汽油机各缸混合气分配的均匀性。试验时节气门全开,从最低转速开始,测量各缸排气中的 CO 浓度(或空燃比),加转速进行同样的测量,直至额定转速。适当分布 8 个以上测量点试验中主要测量项目:进气状态、各缸 CO 浓度(或空燃比)、转矩、燃料消耗量及汽油馏程,并绘制汽油机各缸混合气分配均匀性曲线(CO 浓度随发动机转速的变化关系)。

2. 柴油机单缸熄火功率的测定

试验目的是评定非增压柴油机各缸工作均匀性。试验时油门全开,在额定转速下进行测量,第一缸熄火,调整测功器使转速恢复,进行测量。同样方法进行其他各缸熄火和测量。试验中主要测量项目:进气状态、转速、转矩及单缸熄火后的发动机转矩。计算各缸的实测近似指示功率(即发动机实测功率与单缸熄火后的发动机实测功率之差)、柴油机工作不均匀系数(即单缸指示功率的最大差值与单缸平均指示功率的百分比)。

8.3.3 空燃比的测定

空燃比的测量方法大致有以下方式。

1. 空气流量和燃油消耗量法

分别测量空气流量和燃油消耗量,据此来确定空燃比。这种方法对于进排气门重叠角小、短路逸出空气量少的发动机能获得较为正确的结果。但这种方法,一般只用于稳态测定,而且不能求得多缸发动机每个气缸的实际空燃比。

2. 导热系数法

发动机排出废气的成分随着空燃比的变化而变化,其导热系数也随之变化,如图 8-19 所示。若测出废气与空气的导热系数之差,就可求出空燃比。图 8-20 所示为一种能根据废气导热能力指示空燃比的测量仪器。该仪器由两根阻值随温度变化的铂电阻丝和两根阻值不随温度变化的电阻构成一个惠斯登电桥,A 室为对比室、G 室为测量室、P 为排气通道,与取样器相连。其原理是利用铂电阻 R_3 与 R_4 的电阻变化来指示空燃比。电桥由一恒压源供电,电阻丝被此恒压源加热。其温度取决于导热能力,亦取决于腔体中气体的导热系数。对比室内充以空气,一台鼓风机经测量室抽吸气体。测量开始时,将纯净空气送入测量室,使指示仪调到零位。然后使仪器与插在发动机排气管的取样器相连,废气流经测量室,由于导热系数的变化,导致测量电阻的温度发生变化,从而改变了电阻,使电桥的平衡被破坏,电桥测量仪器指针偏转,表 M 就有一个指示值,其刻度如果是按照对应的空燃比的数值标刻,就可直接读出空燃比数值。由于气体的导热系数与温度密切相关,故用一种恒温调节器使整个测量设备保持恒定的温度。此外,为了消除水蒸气对废气导热能力的影响,装一个冷却器以凝结水蒸气。利用导热系数的测量仪器,其指示的响应滞后约几十秒,因此不适于测量瞬态空燃比。此外,从图 8-19 可以看出,这种仪器所能测量的范围只是在空燃比约为 15 以下。

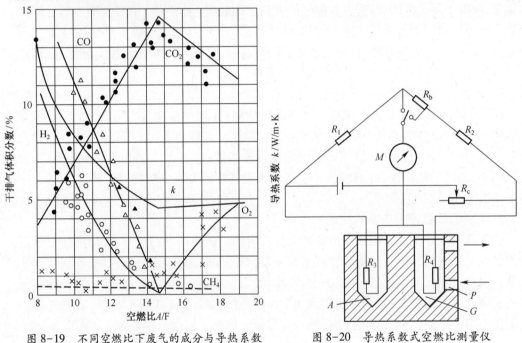

图 8-19　不同空燃比下废气的成分与导热系数　　图 8-20　导热系数式空燃比测量仪

3. 密度法

由于发动机排出废气的成分几乎只与空燃比有关,因此其废气的密度也随之发生变化。所以如果能测定发动机废气的密度,则可以求出空燃比。废气密度与空燃比的关系如图 8-21 所示。

劳塔叶轮式比密度计就是用来测量废气对空气的相对比密度,其构造如图 8-22 所示。电动机以一定转速带动两个鼓风轮转动,其中一个吸入废气试样,另一个吸入大气,它们分别吹动旁边的叶轮。由于仪器的结构能保证空气与废气是在相同温度和压力下吸入仪器,这两个叶轮所产生转矩的大小只与空气或废气的密度有关。根据此转矩就可以测出废气试样与空气的相对密度。如将这两个叶轮的转矩作用在杠杆上,并用连杆把两杠杆连接起来,指针就能在刻度盘上指出密度比。如果在刻度盘上直接标出空燃比的刻度,就可直接读出空燃比的大小。

这种仪器可以比较简单地测定空燃比,但当发动机工况突然变化时,由于废气室内的换气和叶轮的惯性等原因,叶轮的转速需要一定的时间才能稳定到新的数值,所以也存在一定的时间滞后。此外,这种仪器还随着取样废气温度及比较气体温度的变化而产生指示误差。

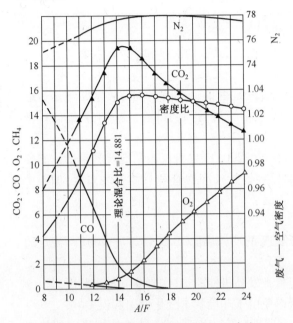

图 8-21 不同空燃比下废气的成分与密度

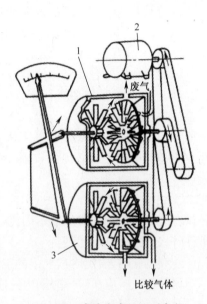

图 8-22 密度式空燃比测定仪
1—废气室;2—电动机;3—比较气室。

4. 废气分析法

空燃比的测定也可以由废气成分的分析而确定。废气成分的测量方法可参考本书 9.3 节。当废气的成分测定后,可以根据图 8-21 由各种废气成分的浓度来确定空燃比。为了简化测量的内容和计算,常常做一些假设。假设在废气中只存在着主要的几种气体而忽略其他微量气体,在这样的前提下进行测量和计算,使整个测定工作大大地简化。

近些年,废气分析仪器有很大的发展,根据排出废气成分确定空燃比的方法得到了广泛应用。如比较常见的五气分析仪,可测出废气中的 CO、CO_2、HC、NO_x 和 O_2,然后通过计算得到空燃比。这些仪器,在一定精度范围内,响应快、操作简单、效率高,是以上几种方法不能比拟的。

8.4 发动机台架试验

任何试验工作,一般都要经历试验前的准备、试验过程和试验结果的整理等三个阶段。各阶段的内容随试验目的、性质和规模而定。

8.4.1 试验前的准备

为提高试验质量,缩短试验时间,达到预期目的,必须做好试验前的准备工作,它包括以下内容。

1) 制定试验大纲

制定试验大纲时,首先应明确试验目的,在此基础上试验大纲应着重论述以下三个关键问题:

(1) 提出试验内容及其评定指标。

(2) 确定试验方法、设备、仪表和试验日期。

(3) 试验的组织和安排,包括试验条件如何组合、试验的次序和进行的次数等。

2) 发动机、仪器设备的准备工作

对于试验发动机要检查零部件是否合格,装配是否正确,检查各油路、水路等是否通畅,有无异响。对新发动机要进行磨合运转,磨合后应进行预调试验,使影响性能的各种因素调整到最佳状态。

按照汽车发动机性能试验方法(GB/T 18297—2001)中"对仪表精度及测量部位的要求",根据试验目的确定出必需的仪器,并对仪器进行校准检查和具体安装布置,加工出必要附件。

3) 试验中注意的问题

各试验项目内容和方式虽然不同,除了要遵守国家标准 GB/T 18297—2001 所规定的一般条件外,还要注意以下问题:

(1) 连续试验时,需定时按规定的工况检查发动机性能指标,判断其技术状况。

(2) 比较性试验应在较短时期内完成,以免由于环境状态变化而引起误差。

(3) 必须在工况稳定时测取试验数据。所谓稳定工况是指发动机达到稳定的热状态,一般按出水温度、机油温度、排气温度来判断。

(4) 每种试验工况的全部参数应同时测量,而每个参数应相继至少测取 2 次。

(5) 一般每一条试验曲线应至少取 8 个均匀分布的试验点,在难以判断曲线形状和趋向处,应增加中间点。

(6) 必要时,试验中应绘制监督曲线,即绘制主要原始数据与试验中选定的变化参数之间的关系曲线。

(7) 试验中发生各种异常现象应及时记录。

8.4.2 发动机台架试验方法

发动机的性能试验项目在国家汽车行业标准《汽车发动机性能试验方法》(GB/T 18297—2001)中有详细的介绍。在发动机性能试验中发动机所带附件也要按国家标准 GB/T 18297—2001 的规定执行。下面对一些主要试验进行说明。

1. 负荷特性试验

目的是在规定转速下,评定发动机部分负荷的经济性。试验时,发动机在 50%~80% 的额定转速下运行,保持转速不变,从小负荷开始逐渐增大负荷,相应增大油门开度至油门全开。适当分布 8 个以上测量点,绘制负荷特性曲线。试验中测量的主要项目有进气状态、转速、转矩、燃料消耗量、排气温度、汽油机进气管真空度等。

2. 万有特性试验

目的是评定发动机在各种工况下的经济性,为选用汽车发动机提供依据。测量方法有以下两种。

1) 负荷特性法

在发动机工作转速范围内均匀地选择 8 种以上的转速,在选定的各种转速下进行负荷特性试验。

2) 速度特性法

根据额定功率的百分数,适当地选择 8 种以上的油门开度。每种油门开度下,在发动机工作范围内,顺序地改变转速进行测量,适当地分布 8 个以上的测量点。

试验中测量的主要项目有进气状态、转速、转矩、燃料消耗量、排气温度、油门开度及汽油机进气管真空度等。根据所得的负荷特性或速度特性绘制发动机万有特性曲线。以有效燃油消耗率等值线为例,结果如图 8-23 所示。

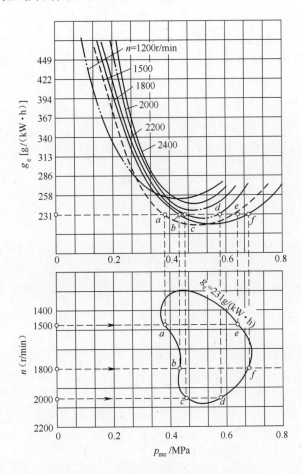

图 8-23　万有特性曲线的作法示意图

3. 柴油机的调速特性试验及调速率测定

试验目的是评定柴油机的稳定调速率,该试验可与外特性试验结合在一起进行。试验时卸除全部负荷,油门全开,使发动机达到最高空转转速,然后逐渐增加负荷,使转速逐渐下降,直到最大扭矩转速附近为止。选取 10 个以上测量点,使较多的点分布在转折区。试验中需测量的项目有进气状态、转速、转矩、调速器开始起作用的转速、最高稳定空转转速。根据所得数据计算稳定调速率,绘制调速特性曲线。

8.4.3 试验结果的整理

试验数据的整理工作是整个试验工作最后一个重要环节,只有对测得的大量数据进行认真、科学地整理,才能揭示出试验对象本身所固有的规律,以便用于指导工作。试验结果的整理中,包括试验数据的误差分析,发动机各性能参数的计算,有效功率、转矩和有效燃油消耗率等参数的标准进气状态校正,试验曲线的绘制及建立经验公式等内容。

思 考 题

1. 用示功器制取发动机某种工况下示功图的原理是什么?
2. 水力测功器、直流电力测功器、电涡流测功器测发动机功率和转矩的原理是什么?
3. 水力测功器、电力测功器、电涡流测功器特性曲线各由哪几部分组成?
4. 如何测量燃油消耗量并计算出燃油消耗率?
5. 简述发动机机械效率及各缸工作均匀性的测定。
6. 发动机主要做哪些台架性能试验?

第 9 章 汽车发动机的发展趋势

内燃机经过一百多年的技术革新和发展,相关技术不断创新和走向成熟。但内燃机作为汽车动力仍然面临诸多问题,特别是汽油机热效率不高;柴油机结构复杂,振动和噪声大;石油资源逐渐减少;废气排放污染环境等诸多问题仍然在短期内难以解决。

为了节约能源、保护环境并减少温室气体的排放,人们不断地探索汽车发动机的解决方案,概括起来有以下几种。

(1) 寻找新的可替代燃料内燃机。其中主要是电力驱动,各种电力驱动方式已实现,有的接近实用阶段。但是电动汽车的电池技术仍然存在问题,其能量密度、续驶里程、充电方便性、使用可靠性及成本方面,仍达不到汽车的要求。燃料电池发展很快,但适用于汽车的紧凑型燃料电池装置仍十分昂贵,距大规模实用化仍然很远。因此,纯电力驱动目前还没有足够的优势来取代现有内燃机。

(2) 改善内燃机的自身性能。内燃机自身虽然已经十分成熟,但也有进一步改革的潜力。从内燃机的发展史来看,其效率已经提高到30%~40%,甚至可能达到50%。目前的污染物排放水平也只相当于 20 世纪 70 年代的 10%,并且从单纯依赖石油产品为燃料扩大到多种燃料来源。内燃机的技术进步概括起来为两个方面,即工作过程的优化和燃料的多样化。电控技术可以控制和完善燃烧过程,使内燃机更节能和环保。

(3) 优化内燃机的使用性能。要节约能源、降低排放,光靠单纯提高内燃机自身的燃烧效率还远远不够,还必须考虑其使用效率。因为根据汽车的使用要求,内燃机必须在全工况范围内运转,燃烧效率却不能保持在较高的水平。实际上,自汽车产生之日起,优化内燃机的使用性能就是研究的重要课题。如内燃机与传动系统的最佳匹配,各种自动变速器和无级变速器的研究与开发等,但基本上改变不了内燃机必然在一定使用范围效率较低这一特点。

人们在开发纯电动汽车遇到一定困难后,转向考虑将内燃机驱动与电力驱动结合起来的可能性,这就是混合动力电动汽车。利用电力驱动技术和电子控制技术使内燃机在运用技术上大大前进了一步,即采用适当的控制策略可以使内燃机基本上总在高效率区域运行。

9.1 电控技术的发展

汽车发动机的节能、性能调控与优化经历了机械控制、机械与液压控制和电子液压控制三个阶段。机械控制和机械与液压控制很早就在发动机中普遍应用,如调速器,没有调速器柴油机就不能安全运行;还有汽油机的转速和真空提前装置,对性能提高有重要作用。但是要想全面优化发动机的动力性、经济性及排放性,使发动机的特性参数在不同工况时都实现各自的优化值,如空燃比、配气相位、进气涡流强度等,一方面,使得整机结构复杂,工作不可靠,而且有时机械装置根本无法实现;另一方面,机械与液压控制系统受其性能和响应速度的限制也难以获得精确、理想的特性。

利用电子控制装置(ECU)实时调控发动机的特性参数是一项极大的技术飞跃,如今汽油机的电控燃油喷射和电控点火已成为一种通用装置,柴油机的电控燃油喷射技术也正逐步推广,各种电控可变机构的应用越来越多。

9.1.1 电控技术在汽油机应用的功能扩展

1. 微控制器性能的发展

汽车发动机电子控制技术的发展离不开电子工业的发展,微控制器也称为单片机,其性能的发展制约着发动机和整车的控制效果,这是因为发动机实时调控和性能优化需要大量的信息处理,因此,计算机速度、字长和内存容量的飞速增长才使得发动机电子控制系统愈加完善。例如,电控燃油喷射系统由单点喷射和多点同时喷射到多点分组喷射,再到现在广泛应用的多点顺序喷射,是一个空燃比不断优化、瞬态性能和排放不断改善的过程,这一过程依赖于计算机数据处理能力的提高。

2. 电子控制单元功能的扩展

微控制器性能的发展为发动机乃至整车控制性能的提高提供了技术基础,电子控制单元由单一的发动机集中控制,发展到包括自动变速器的动力总成集中控制,再发展到整车集中控制。

最初,汽油机的电控系统只能实现对单一功能的控制,如电子燃油喷射系统、电子点火系统等。控制器也只是采用具有各种逻辑功能的模拟电路,每个控制系统用一个控制器,同时需要独立的信号。20 世纪 70 年代,电子技术迅速发展,晶体管已向集成电路发展,由于数字式计算机的发展,汽油机电子控制系统正由单独控制系统发展成集点火、喷油、怠速、排放等控制功能于一体的集中控制系统。

集中控制系统采用信息共享的形式,即各种信号由不同的传感器产生后,为多种控制功能共享。系统只含一个控制器,它内存中的控制策略包含了所需要的各种功能控制。控制器在制定各种控制命令时,除了信息共享,还能兼顾各种控制功能的协调。

随着微控制器速度和容量的提高、增大,有可能用一个电子控制单元完成整个车辆不同系统的控制。首先发展到包括自动变速器的动力总成控制模块,再发展到整车集中控制。集中控制系统要求其中的电子控制单元功能强大,除了其中的输入、输出线路复杂外,对计算机的速度和容量要求亦很高。

3. 汽油机电子管理系统

一个集控制点火、喷油、怠速、排放和故障诊断等控制功能于一体的汽油机集中控制系统一般具有如下功能:

(1)系统监测。监测系统部件。

(2)部件保护。防止关键部件的损坏,如三元催化转化器。

(3)应急反应。设定故障忽略或"跛行回家"工作模式。

(4)信息储存。存储故障发生时刻的有关信息。

(5)超标限制。有害排放物超过标准时警报。

(6)信息读取。可在维修站利用检测设备读取故障信息。

具有车载诊断装置(OBD)的汽油机管理系统的组成如图9-1所示。汽油机电子管理系统不断发展主要表现在控制策略的完善。

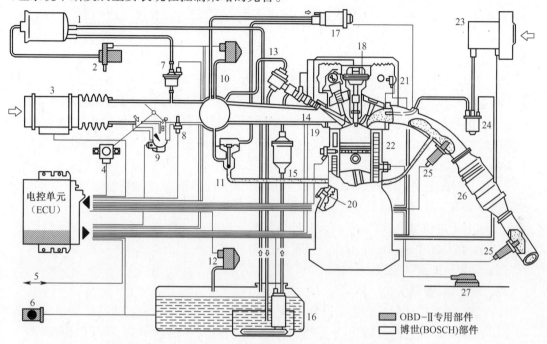

图 9-1　具有 OBD-Ⅱ的汽油机管理系统的组成

1—炭罐;2—截止阀;3—空气流量计;4—节气门位置控制器;5—诊断接口;6—故障显示灯;7—净化阀;8—进气温度传感器;9—怠速控制器;10—进气歧管传感器;11—废气再循环阀;12—压差传感器;13—燃油压力调节器;14—喷油器;15—燃油滤清器;16—油泵;17—压力控制器;18—点火线圈;19—爆燃传感器;20—转速传感器;21—凸轮轴位置传感器;22—冷却液温度传感器;23—二次空气泵;24—二次空气切换阀;25—氧传感器;26—三元催化转化器;27—车身和底盘修理提示传感器。

随着市场竞争的加剧和不断严格的节能与环保法规的出台,电子控制系统控制算法及策略的研究也就处在为提高控制精度而不断进行的改进中。例如,只要精确控制稳态空燃比,基本能达到欧洲Ⅰ号标准;要到达欧洲Ⅱ号标准,就必须精确控制动态空燃比;要达到欧洲Ⅲ号标准,还必须精确控制起动工况和冷机工况的空燃比。

下面以福特汽车公司 EEC-Ⅳ电控系统为例,介绍各种运行模式下的控制策略。

1) 暖机恒速模式

暖机恒速模式指采用车辆恒速控制时,发动机的运转处于部分负荷,且工况变化不大。控制的目标是中等负荷、最佳燃油经济性和最低排放。此时,空燃比采用闭环方式。基本的喷油量不断地根据氧传感器(EGO)信号进行精细的调节。变化速率为每秒 10~20 次。部分型号的发动机可单独调节各缸的空燃比。执行废气再循环 EGR,控制 EGR 量。ECU 根据 EGR 导致的空气流量减少值,减少相应的喷油量。EGR 还定时开启燃油蒸气净化系统的控制阀。在此阀开启期间,ECU 会稍微减少喷油量。对于带二次空气喷射的机型,ECU 将驱动二次空气切换阀(图9-1 部件 24)。

点火提前角一般在上止点前 30°,由暖机恒速模式对应的脉谱决定。加大的点火提前角将使燃油消耗降低,但 HC 和 NO_x 排放量有所增加。由于 EGR 会使燃烧速度变慢,ECU 会根据 EGR 阀位置信号,稍微增大点火提前角。

ECU 将使怠速旁通阀全开,其目的是为可能的急减速做好准备。如果节气门突然关闭,怠速旁通阀将从全开位置逐渐关小。当转速仍较高时,怠速旁通阀将全关,同时 ECU 使燃油停供,以降低排放并加强发动机制动。当转速低于某一值时,怠速旁通阀重新打开至某一位置,同时恢复喷油。

2) 起动拖转模式

起动拖转模式指用起动机拖转发动机,且发动机未着火的工况。此时输入信号的特征是转速信号低且不规则、质量空气流量(MAF)低且流量不规则、发动机冷却液温度(ECT)低(−35~35℃)、进气温度(IAT)低、节气门位置处于全关状态、氧传感器 EGO 电平为零。ECU 根据这些信号特征确定起动拖转模式。

空燃比控制为开环方式,ECU 将从起动拖转模式的脉谱中查出喷油脉宽的基本量,然后根据 ECT 与 IAT 进行校正。温度越低,校正加浓越多。喷油时刻与转速信号同步,并固定在上止点前 10°。ECU 在接到转速信号后同时打开计时器。若 20s 后发动机仍不着火,ECU 将切断喷油以防止溢油。点火提前角将固定在上止点前 10°。怠速旁通阀全开,以提供足够的空气流量。

3) 冷起动/暖机模式

冷起动/暖机模式紧接在起动拖转模式之后。当 ECU 监测到稳定的转速信号且转速明显高于起动拖转转速、MAF 信号变得稳定且有规律、指示出低负荷、节气门位置(TP)仍保持节气门全关的信号,立即从起动拖转模式转换为冷起动/暖机模式。此时,空燃比控制程序转向冷起动/暖机模式的脉谱。此阶段基本喷油脉宽大约只为起动拖转模式的一半。脉宽的校正量仍取决于 ECT,随发动机逐渐暖机而减小。IAT 过冷时也会增加喷油。在冷起动/暖机模式,混合气仍会较浓,这一方面是为了提高怠速稳定性,避免熄火;另一方面是为了让部分多余的燃油在三元催化转换器中燃烧,从而使三元催化转换器尽快提高温度。

对于带二次空气喷射的机型,当 ECT 高于 12℃ 时,ECU 将驱动二次空气切换阀,使二次空气流入排气管。同时,计时器开始计时,3min 后再次切换,使二次空气流入氧化催化器。这样,既可降低起动初期的 HC、CO 排放量,又可加速氧化催化器升温。但由于二次空气流入排气管时会使 EGO 处于低电平,所以 ECU 将忽略 EGO 信号。所以仍是空燃比控制开环方式。

点火提前角由相应的脉谱给出,其基本量与转速和 MAF 有关。ECT 将决定点火提前角的校正量。对于配置自动变速器的车辆,只有将变速杆置于空挡或驻车位置时,方可进行起动。若在冷起动/暖机模式中将变速杆转换到其他挡位,点火也会稍微提前,以适应功率的变化并维持平稳怠速。

怠速旁通阀由全开位置关小至"快怠速"位置。在此模式中,怠速的控制是闭环的。ECU 根据温度和负荷决定目标怠速后,就根据实际转速控制怠速旁通阀,使实际转速靠近目标怠速转速,怠速转速取决于温度和负荷。当 ECT 与 IAT 低时,怠速转速稍高,此时,负荷的变动是由于 P/N(驻车挡/空挡)、车窗电热丝、空调、动力转向、前照灯所引起的。

4）冷起步模式

在很多情况下，不等发动机充分预热，驾驶员就会开动车辆，这时 ECU 根据下列信号判断发动机进入冷起步模式：发动机转速升高，MAF 加大，节气门开度已不是全关而是以某一速率打开至某一开度，ECT 与 IAT 仍给出冷机温度。

空燃比控制由冷起步模式的喷油脉宽脉谱决定，还要加上两种校正量，一是加速加浓校正量，它由节气门开度以及从全关到这一开度的开启速率决定；二是温度补偿，主要根据 ECT 进行加浓，必要时也根据 IAT 加浓。

在此模式中，EGR 与燃油蒸气净化系统仍不工作。这是由于发动机温度低，NO_x 排放量不高，且不希望空燃比控制受到干扰。当 ECT 高于 77℃ 或冷起步时间超过了 3min 后，ECU 将二次空气喷射系统的空气切换到直接进入氧化催化器。

点火提前角由该模式的脉谱根据转速和负荷（MAF）决定，并根据 ECT 进行点火提前量的校正，ECT 升高，点火提前量减小。ECU 使怠速旁通阀保持一定开度，以防止突然关闭节气门时发动机熄火。节气门开度随 ECT 上升而逐渐减小。

5）热起步模式

热起步模式指发动机已基本预热后，车辆起步的工况。这时传感器主要的信息是发动机转速增加；MAF 增加；ECT 与 IAT 表明发动机温度接近暖机温度；节气门已有一定开度；EGR 阀位置传感器表明 EGR 已开始工作；EGO 已充分预热，送出波动的电压信号，可以进入闭环控制。

空燃比控制的基本喷油脉宽从相应的脉谱查出。根据节气门开度以及开启速率，要增加脉宽校正量。此时，ECT 一般已足够高而无需加 ECT 校正，但 IAT 可能仍低而需要加相应的校正。ECU 计时器开始计时，一般在进入此模式 1min 后，空燃比转向闭环控制。

EGR 开始工作，ECU 通过 EGR 阀位置传感器或 EGR 阀背压传感器测定 EGR 量，并进行调整。燃油蒸气净化阀在此模式初期保持关闭，直到 ECT 表明发动机已充分暖机后开始工作。二次空气喷射从排气管切换至氧化催化器。

点火提前角脉谱首先根据 ECT 进行校正，由于 EGR 会使燃烧持续期加长，所以点火提前角还需依 EGR 量进行成正比的校正。

在起步模式中，对于配置自动变速器的车辆还会自动进行换挡。在换挡期间，若 ECT 尚未到达正常的工作温度，ECU 将保持原点火提前角不变，以增加换挡期间的转矩；若 ECT 已达正常的工作温度，ECU 将在换挡期间（20~30ms）暂时推迟点火，然后恢复原点火提前角。怠速旁通控制与冷起步模式相似。

6）部分节气门加速模式

此模式指进行加速时，节气门开度小于 85% 的运转模式。良好的燃油经济性与排放是这一模式的目标。为此，要实行空燃比闭环控制，并令排放控制措施工作。在此过程中，TP 是最重要的传感器信号。喷油脉宽的基本量由相应的脉谱根据转速及负荷查出，主要的校正量由 TP 决定。在节气门加大开度的过程中，会根据节气门开启速率进行加浓校正，之后则根据开度逐渐减少加浓校正，直至混合气达到化学计量比。为了维持化学计量比，将进行空燃比的闭环控制，即利用 EGR 反馈信号来精细调整喷油量，并适应逐渐增加的空气流量。

在加速过程中,自动变速器可能会换入低挡(如从4挡换至3挡)。在换挡过程中,ECU会短暂切断喷油或短暂推迟点火,以使换挡过程中的转矩降低。EGR、燃油蒸气净化以及二次空气喷射等系统均工作,控制情况类似于暖机恒速模式。

点火提前角基本量由脉谱根据转速及负荷查出,并根据ECT、IAT和EGR量校正。

急速旁通控制与暖机恒速模式类似。

在加速过程中,当转速超过3200r/min时,进气谐振系统中的控制阀切换空气流动管道,使谐振频率转向高速范围。

7) 全节气门加速模式

一旦TP给出节气门全开信号,控制的目标就转变为追求最大功率,而暂时忽略燃油经济性及排放性。

喷油脉宽脉谱仍为转速及负荷的函数,但对应的混合气较浓。在节气门开启的过程中,还会根据开启速率进一步给出加浓校正。若ECT或IAT过低,亦会进行温度补偿。ECU将忽略EGO输出信号而采用开环控制。同时EGR、燃油蒸气净化及二次空气喷射等系统均关闭。

在进入该模式最初的5~10s,ECU会切断空调电源以保证功率。对一些排量较小的发动机,还会短暂切断电动冷却风扇约10s。

在该模式下,发动机转速可能超速。一旦超速,ECU将减少喷油以降低转速。对某些机型,若车速大于一定值且超过规定的时间,ECT或机油温度超过规定的温度,则ECU会切断喷油。若变速器处于低挡而发动机转速太高,则故障指示灯闪烁同时蜂鸣警告,提示驾驶员换入高挡或降低车速,否则,ECU将切断喷油。

与之对应的点火提前角脉谱,只追求最大转矩而不考虑排放。一般点火会提前,如从上止点前20°提前至上止点前30°。在此过程中若出现爆燃,将根据爆燃传感器信号执行爆燃闭环控制。

在自动变速器换入低挡的过程中,ECU会短暂推迟点火,以使换挡平稳,延长换挡离合器的使用寿命。

急速旁通阀保持全开,类似于暖机恒速模式。此时,全开的旁通空气通道相当于加大节气门的尺寸和通流面积。

8) 减速模式

减速模式是指车辆运行中突然放开加速踏板的工况。此时,ECU车速传感器及节气门全关信号感知现行车速并转入减速模式。在这一模式中,主要是减速、稀化及排放控制。

ECU将减小喷油脉宽。若脉宽小于2ms,且转速仍大于1500r/min,ECU将切断喷油。待转速继续降低至某一转速时恢复喷油,恢复喷油的转速与ECT有关。在停止喷油期间,一旦踏动加速踏板,立即恢复喷油。在这一模式中,所有的排放措施将停止工作。

点火提前角由减速模式时的脉谱给定。由于此时很少会爆燃,点火一般会提前。随着节气门关闭,急速旁通阀首先移到半开位置,以提供部分空气量。这时旁通空气起缓冲作用,以防止瞬间过浓。在接下来的几秒钟,旁通阀全关以增加发动机制动能力;直至发动机转速接近急速转速时,旁通阀重新开启,以防止发动机熄火。

9）热怠速模式

ECU 从节气门全关、车速为零以及冷却液温度为正常温度感知并转入热怠速模式。

热怠速脉谱给出空燃比的基本量。对于现代发动机，热怠速时空燃比已经很接近理想空燃比。若 EGO 能发出正常的交变信号，ECU 可维持空燃比闭环控制。若 EGO 信号不交变达 15s，ECU 转入空燃比开环控制，待重新接收到 EGO 交变信号且交变两次时，才恢复闭环控制。

ECU 将关闭 EGR，二次空气喷射将导入下游的氧化催化器。

若热怠速时间超过几分钟，为防止氧化催化器过热，二次空气将被旁通。

热怠速时的排气温度较低，为了控制 HC 和 CO 的排放量，热怠速 1min 后，点火将逐渐推迟 5°左右。

热怠速 1min 后，怠速旁通空气量会逐渐增加，以补偿点火的推迟。若热怠速超过 4min，怠速旁通空气量会进一步增加，以使怠速转速升高 80r/min。但这一措施对自动变速器来说必须是变速杆处于 P/N 位置，否则会引起车辆蠕动。

9.1.2 电控技术在柴油机上的应用

柴油机电控燃油喷射技术的难度在于柴油机是高压缸内喷射，要求在毫秒级的时间内完成喷油定时、喷油率及喷油压力等的精确控制。例如，重型载货汽车电控泵喷嘴使用的电磁控制阀，与汽油机的电磁喷油器相比，承受压力高了 300~500 倍，启闭速度则要快 10~20 倍。

喷油系统的控制方式归纳起来可分为位置控制式喷油系统、时间控制式喷油系统和共轨式喷油系统三类。位置控制式电控喷油系统如直列喷油泵、P 型泵、分配泵等，这类泵的原有的油量及供油规律由柱塞螺旋槽（分配泵为油量控制套筒）、机械调速器和油泵凸轮控制。喷油定时由机械式喷油提前器（分配泵为液压自动提前器）控制，它们的供油方式都是脉动的。将这类喷油系统电控化，脉动的供油方式没有改变。时间控制式喷油系统主要指电控泵喷嘴系统和电控单体泵系统，此类系统仍保持传统的柱塞往复运动脉动供油方式，但由电磁溢流阀开闭时间和时刻来控制油量和定时。共轨式喷油系统不采用柱塞泵脉动供油原理，而是由公共油道（共轨）或蓄压室向各喷油器提供所需的高压燃油，通过随工况而变化的实时控制，共轨上蓄压室的高速电磁阀调节喷射压力和喷油规律。

1. 位置控制式电控喷油系统

1）电控直列泵

电控直列泵是在原直列喷油泵基础上装有齿杆位移传感器和凸轮轴相对曲轴的转角位移传感器、线性电磁铁的执行器和电控单元控制系统，对喷油量进行调节。喷油量的计量按位置控制方式，根据加速踏板位置、转速等输入信息，以柱塞的供油始点和供油终点间的物理长度，即有效行程来确定。图 9-2 所示为德国 BOSCH 公司的电控直列泵。

以上结构的电控直列泵还不能实现对喷油始点和喷油规律的电子控制。要实现该功能，可以采用可变预行程结构，其原理是将喷油定时杆的原固定柱塞套筒通过旋转电磁铁，使套筒能在小范围内上下移动，从而就能选择喷油时刻。图 9-3 所示为 ZEXEL 公司的可变预行程直列泵控制特性。

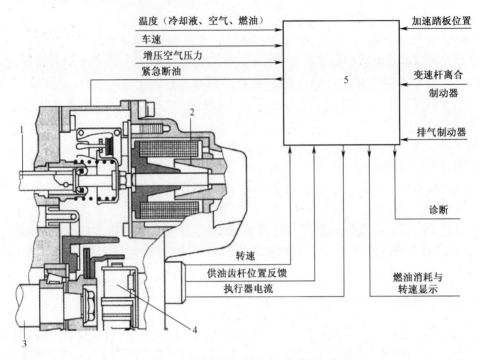

图 9-2 德国 BOSCH 公司的电控直列泵
1—供油齿杆；2—比例电磁铁；3—油泵凸轮轴；4—转速传感器；5—电控单元(ECU)。

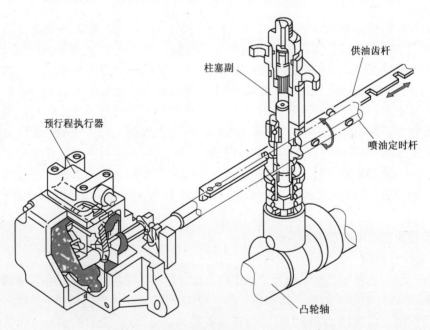

图 9-3 Zexel 公司的可变预行程直列泵

可变预行程还能选择喷油泵凸轮工作段的形线位置，如图 9-4 所示。在 A 区，喷油提前但油泵供油率低；在 B 区，供油率上升。NO_x 和微粒的排放量可通过喷油时期和喷油压力来调整。当柴油机在低负荷时，可选择凸轮形线的低速段，使喷油提前，减少微粒排放，并利用这时的低供油率减小预混燃烧，从而也可降低 NO_x 的排放量。在高负荷时则选择高速段凸轮形线,既可减少 NO_x 排放量又可减少微粒排放量。此外,还可利用转速与负荷的关系选择同时降低 NO_x 和微粒排放量的凸轮形线工作段。

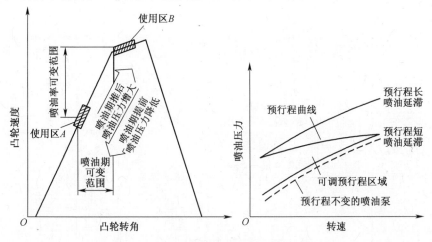

图 9-4 可变预行程直列泵控制特性

上述电控喷油泵改动最小,是最早的柴油机电控产品。其缺点是过程控制慢,控制精度低,喷射压力难以进一步提高,虽然可变预行程对喷油规律有一定的调节作用,但调节柔性低,结构复杂,目前已应用很少。

2) 电控分配泵

用电控装置取代机械调速器和提前器,对 VE 分配泵供油量调节套筒的位置以及液压提前器进行低频连续调节,以实现油量和定时的控制,图 9-5 所示为日本电装公司生产用 VE 分配泵的电控喷油系统。

该系统供油量的控制方法是:ECU 根据加速踏板位置传感器和柴油机转速传感器的输入信号,首先算出基本供油量;然后根据来自冷却液温度、进气温度和进气压力等传感器的信号以及起动机信号,对基本供油量进行修正;再按供油量调节套筒位置传感器信号进行反馈修正之后,确定最佳供油量(调节套筒位置)。

ECU 把计算和修正的结果作为控制信号传到供油量控制电磁阀(图 9-6),产生磁力,吸引可动铁心。控制信号的电流越大,磁场就越强,可动铁心向左的移动量越大,通过杠杆将供油量调节套筒向右推移得越多,供油量也就越大。

供油定时的控制方法是:ECU 首先根据柴油机转速和加速踏板位置等传感器的输入信号,初步确定一个供油时刻,然后再根据进气压力、冷却液温度等传感器的信号和起动机信号进行修正(图 9-7)。喷油泵喷油提前器活塞位置传感器 1 的铁心直接与喷油提前器的活塞相连。喷油提前器活塞位置信号反馈给 ECU,以实行反馈控制。ECU 根据最后确定的供油时刻,向供油定时控制阀 3 的线圈 6 通电,可动铁心 7 被电磁铁吸引,压缩弹簧 8 向右移动,打开喷油提前器由高压腔 4 通往低压腔 5 的油路,使喷油提前器活塞两侧的压差缩小,活塞 2 向右移动,供油时刻推迟,即供油提前角减小。

供油定时控制阀是电磁阀,其通过改变流过电磁线圈脉冲电流的占空比,改变由喷油提前器的高压腔到低压腔的流通截面积,以调整喷油提前器活塞两侧的压力差,使活塞产生不同的位移,以控制供油时刻。

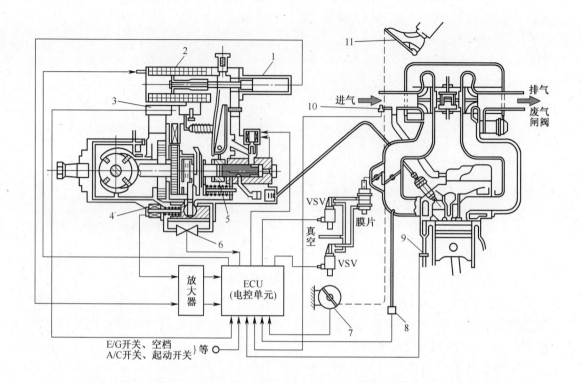

图 9-5 日本电装公司生产用 VE 分配泵的电控喷油系统

1—供油量调节套筒位置传感器;2—供油量控制电磁阀;3—转速传感器;4—定时器位置传感器;
5—供油量调节套筒;6—定时器控制阀;7—加速踏板位置传感器;8—进气压力传感器;9—冷却液温度传感器;
10—进气温度传感器;11—加速踏板。

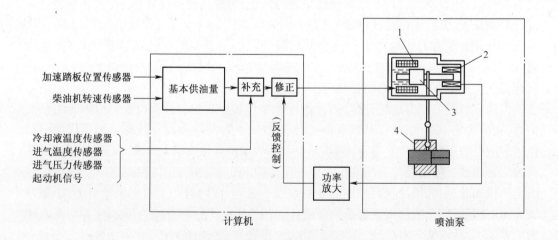

图 9-6 供油量的控制

1—供油量控制电磁阀;2—供油量调节套筒传感器;3—可动铁心;4—供油量调节套筒。

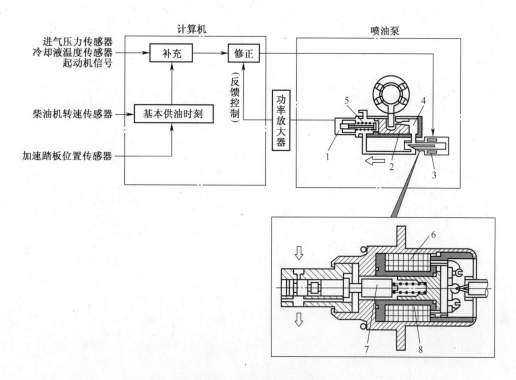

图 9-7 供油定时的控制

1—喷油提前器活塞位置传感器；2—喷油提前器活塞；3—供油定时控制阀；4—高压腔；5—低压腔；
6—供油定时控制阀线圈；7—可动铁心；8—弹簧。

电控分配泵相对机械式喷油泵和调速器，它控制油量和供油时刻精确、灵敏，不存在产生失调的可能性；在需要扩大控制功能时，只需改变 ECU 的存储软件，便可实现综合控制。通过改换输入装置的程序和数据，可以改变控制特性。一种喷射系统可用于多种柴油机，也可在一种柴油机上实现不同的控制模式，优化柴油机运转特性。

脉动式电控喷油系统只是对传统喷油系统的初步电控化的改造。由于未变更喷油装置，所以其原有喷射特性保持不变，一般不能对喷油速率和喷油压力进行调控。此外，由于不是对油量和定时进行直接控制，存在中间环节，控制响应速度还不能满足现代柴油机的要求，同时也做不到各缸的独立控制。

2. 时间控制式喷油系统

时间控制式喷油系统也称为时间控制式柱塞泵脉动喷油系统，此类系统仍保持传统的柱塞往复运动脉动供油方式，利用安装在高压油路中的高速电磁溢流阀来直接控制喷油始点和喷油量，柱塞副只起加压、供油作用，没有油量调节功能。为此取消了专用于调节油量和定时的机构，如调速器、提前器、供油调节杆、柱塞斜槽乃至出油阀组件等。

图 9-8 所示的电控泵喷嘴系统和图 9-9 所示的电控单体泵系统，是目前已使用的两种时间控制式柱塞泵脉冲燃油喷射系统。可以很容易辨认出由电磁阀所控制的高压油路，并且只存在不带斜槽的柱塞偶件。其中供油压力仍是由凸轮的运转规律决定的，因此喷油量的大小要首先考虑供油压力变化规律，然后由电磁溢流阀开启脉冲大小来调节，喷油定时由电磁溢流阀开启时刻决定。

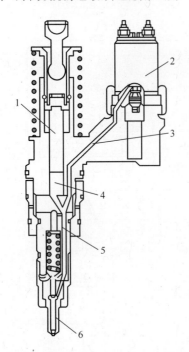 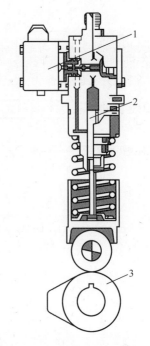

图 9-8　德国 BOSCH 公司的电控直列泵
1—油泵柱塞；2—电磁溢流阀；3—旁通油路；
4—柱塞腔；5—高压油路。

图 9-9　电控单体泵系统
1—电磁溢流阀；2—柱塞；3—发动机凸轮轴。

3. 共轨式喷油系统

高压共轨系统不再应用柱塞脉动供油原理，而是先将柴油以高压（喷油压）状态蓄集在被称为共轨室（common rail）的容器中，然后利用电磁三通阀将共轨室中的压力油引到喷油器中完成喷射任务，并利用安装在高压油路中的高速电磁溢流阀来直接控制喷油始点和喷油量。与汽油机的电控喷油系统原理不同的是还可通过实时变更电磁阀升程或改变高压油路中的油压来实现喷油率和喷油压力的控制，它还具有能分缸调控和响应快等优点。

共轨室中若有与喷油压力相同的柴油，则此油直接进入喷油嘴（针阀腔）开启针阀进行喷射，这就是高压共轨系统。

图 9-10 所示为 BOSCH 公司的高压共轨燃油喷射系统，高压油泵 2 只起向共轨 6 供油的作用，其工作频率与柴油机转速没有固定的约束关系，可任意选择，只需保持共轨腔的油压即可。将燃油箱来的低压油泵入，经调压器 5 控制阀调节到喷油所需的高压。

喷油量控制方法是在发动机运行条件（由各种传感器检测）的基础上计算最佳喷油量，靠控制喷油器电磁三通阀的脉冲宽度来实现，而喷油定时靠控制电磁三通阀的开闭时刻来实现。

图 9-11 所示为喷油器工作原理示意图，共轨室的高压油一路直通喷油嘴的针阀腔 6，另一路由电磁三通阀 1 控制。当 ECU 命令此阀切断泄油道而让高压油向下直通液压活塞 5 的顶部时，喷油嘴针阀及活塞组件处于上、下液压平衡状态，针阀在弹簧压力下处于关闭状态。在 ECU 命令电磁三通阀封闭到活塞顶的高压油路，并打开泄油道 2 使其与活塞顶相通后，活塞上腔迅速泄压，针阀在针阀腔的高压作用下顶开弹簧开启喷油。

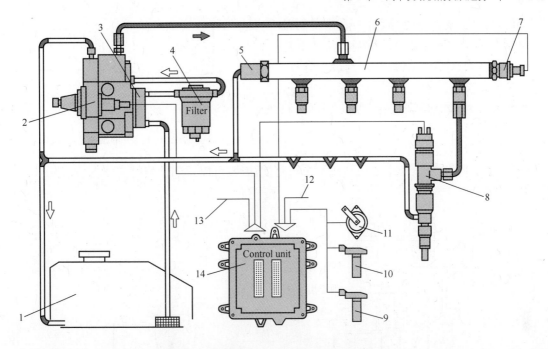

图 9-10 BOSCH 公司的共轨燃油喷射系统

1—燃油箱;2—高压油泵;3—齿轮泵;4—燃油滤清器;5—调压器;6—共轨;7—油轨压力传感器;8—喷油器;9—曲轴位置传感器;10—转速传感器;11—加速踏板;12—其他传感器;13—其他执行器;14—控制单元(ECU)。

喷油率控制对于优化柴油机性能非常重要,尤其是在降低噪声和排放方面。按照"先缓后急"的思想,共轨燃油喷射系统靠控制室压力的变化和脉冲来实现柴油机运转需要的各种喷油率,如三角形、靴形和预喷射,如图9-12所示。

三角形喷油率,也称为 Δ 形喷油率,当控制脉冲从控制器传到电磁三通阀时,喷油器液压活塞上方的控制室内的高压燃油流回燃油箱。此刻,电磁三通阀后的压力很快降低;但控制压力(在节流孔下游)只是根据孔径大小而逐渐降低,由于节流孔的影响,与液压活塞相连的喷油嘴针阀逐渐抬起到最大升程,开始高压喷射,当电磁三通阀控制断电时,共轨管压力供到控制室液压活塞背后(在压力上升时节流孔不起作用),喷油嘴迅速关闭,快速停止喷油,从而得到三角形喷油率。

靴形喷油率,也称为 boot 形或台阶形喷油率,实现靴形喷油率需要针阀有一个小的预行程停留才能获得。为此将喷油器总成电磁三通阀与液压活塞之间的节流孔处改为一个靴形阀,如图9-13所示。靴形阀和液压活塞间的间隙作为可调的预行程。当电磁三通阀通电时,靴形阀中的高压燃油被释放到泄油道,喷油嘴打开到相当于预行

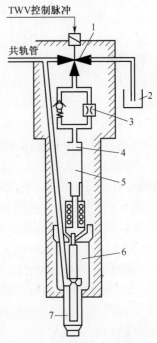

图 9-11 喷油器工作原理

1—电磁三通阀;2—泄油道;3—节流孔;4—控制室;5—液压活塞;6—针阀腔;7—针阀。

程的高度,针阀在该处停留,一直维持到靴形阀末端残余压力通过靴形阀节流孔下降一定程度后,针阀才继续升高到最大升程,达到最大喷油速率。依靠预行程量和靴形阀节流孔直径的合理组合,可以得到各种形式的靴形喷油率。

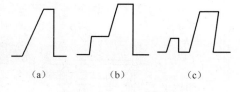

图 9-12 各种喷油率
(a)三角形;(b)靴形;(c)预喷射。

预喷射型喷射率,也称为先导(pilot)喷射,在主喷射之前,给电磁三通阀一个小宽度脉冲,可以得到预喷射,每次喷油实际上针阀动作两次。

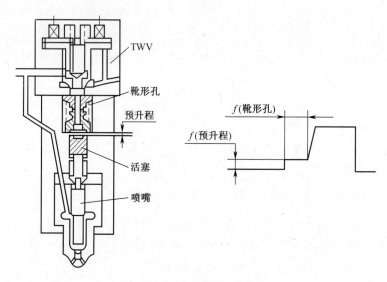

图 9-13 靴形喷油率的实现

多段喷射喷油率是根据工况按照燃烧优化目标将循环供油量分成多次喷射,并可调整不同比例。

下面以预喷射和多段喷射为例说明喷油率的灵活控制对燃烧过程的影响。

预喷射在着火延迟期内只需较少的可燃混合气量。这部分混合气形成较弱的初期燃烧放热,并使随后的主喷射燃油的着火延迟期缩短,避免了速燃期急剧的压力和温度升高。图 9-14 所示为预喷射对燃烧特性的影响。

多段喷射与普通喷射相比,后期喷射的燃油实际上对正在进行的燃烧起到一种扰动作用,促进燃烧后期的混合气形成及燃烧加速,因而燃烧压力提高,燃烧持续期缩短,使炭烟排放降低。另外,采用多段喷射可以改善冷起动特性。根据有关研究结果,采用多段喷射后,30℃时的冷起动时间缩短了 20%,这就意味着白烟和 HC 等排放量会明显减少。图 9-15(a)所示为多段喷射的示意图,图 9-15(b)所示为多段喷射(脉宽比例 7∶3)对燃烧特性的影响。

因此,上述共轨喷油系统具有显著优点:

(1)喷油压力与发动机转速无确定关系,只取决于共轨腔中按要求调整的压力,因而彻底解决了传统喷油泵高速、低速时喷油压力差别过大而性能难于兼顾的固有矛盾。

第9章　汽车发动机的发展趋势 · 145

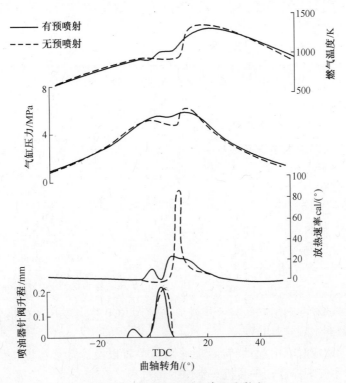

图 9-14　预喷射对燃烧特性的影响

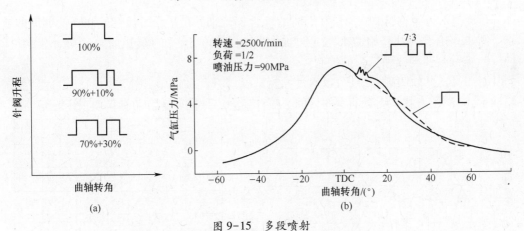

(a) (b)

图 9-15　多段喷射

(a)多段喷射示意图；(b)多段喷射对燃烧特性的影响。

（2）根本解决了传统喷油泵脉动供油时输出的峰值转矩过大，凸轮轴瞬间转速变化太快，不能稳定控制小喷油量的矛盾，使预喷射成为可能。

（3）由于共轨腔压力可任意调节，再加上可灵活控制电磁阀升程，于是能实现喷油压力和喷油率的柔性控制。

4. 柴油机电子管理中心

以电控喷射为主的柴油机电子管理中心可以实现下述各项功能。

1）目标喷油量控制

可按要求来设计任何模式（全程、两极或其他）的油量调速曲线，以及包括起动加浓、转矩校正在内的"校正外特性"曲线。若有需要,还可利用转速反馈达到等速控制曲线。

图9-16所示为高压共轨系统油量控制特性曲线之一。此时柴油机加速踏板的位置只是一种控制信号,反映驾驶员的一种意愿。

2) 目标喷油定时控制

根据排放、油耗、功率和其他性能指标如噪声、冷起动等多方面的综合要求来确定各工况所需的最优化喷油定时值。

3) 喷油量及定时的补偿控制

根据环境状态及某些运行状态参数的变化对目标喷油量和定时进行补偿控制。参数包括大气压力、大气温度、冷却液温度、燃油温度等。此时将试验归纳出的经验公式或数据输入ECU供其发出执行指令时选用。

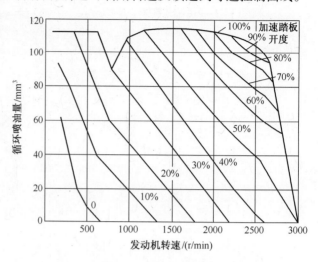

图9-16 高压共轨系统油量控制特性曲线之一

4) 冷起动及怠速稳定性控制

冷起动油量和定时都由起动转速、加速踏板位置以及冷却液温度、燃油温度共同决定,并按一定程序实现冷起动—暖机—怠速的全过程。

5) 过渡性能与烟度控制

可通过对过渡过程中喷油量和定时的综合补偿来满足最佳过渡性能和降低烟度的要求。例如,增压柴油机开始加速时,通过加大供油提前角可使加速转矩加大,并减小冒烟量。

6) 喷油规律与喷油压力的控制

对于高压共轨喷射系统,可以通过控制电磁阀升程和调节共轨腔中的压力达到控制喷油率、喷油压力和预喷射油量的目的。喷油压力需要随转速和负荷调整(图9-17)。

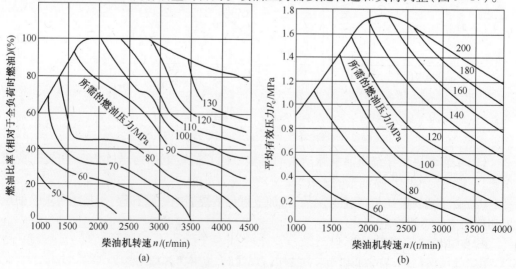

图9-17 喷油器工作原理

(a) Benz OM611;(b) Volkswagen。

7) 其他参数及性能的控制

目前,能实现的控制项目很多,但并非每个项目都需要,是否需要取决于具体的要求。这些项目有增压油量与增压时进气量的补偿控制,废气再循环控制,增压器涡轮机喷口的可变截面控制,可变气门定时、可变进气涡流、可变进气管长度的控制,暖机时对进排气的节流控制,部分停缸控制等。此外还有柴油机低油压保护、增压器工作状态保护、传动系统的配套控制以及故障自动诊断功能、故障保险功能等。

9.2 燃烧技术的发展

传统意义上认为,汽油机一般采用预混合燃烧,受不正常燃烧(主要是爆燃)的限制,其压缩比不能提高,效率低;柴油机通常采用预混合同时燃烧扩散的燃烧方式,可采用高压缩比,有较高的效率。但从排放的角度看,柴油机最难以解决的问题微粒和 NO_x 的排放量高,因此,应用传统的内燃机燃烧方式,不论是火花点火或压缩着火,都因为气缸内温度分布不均匀,存在局部的高温区域,排放物的生成均不可避免。例如,在火花点火发动机中,火花点火以后,火焰向外传播,火焰前锋把气缸内的工质分隔成已燃区和未燃区两部分,已燃区是高温度区域,也就是 NO_x 的高生成区;在压燃式发动机中,可燃混合气分布极不均匀,首先是在最适宜的着火点上多点着火,然后进行由混合速率控制的扩散燃烧,此时气缸内不仅混合气分布不均匀,温度分布也不均匀,在高温稀混合气区生成 NO_x,在高温浓混合气区生成微粒。

近年来,上述的柴油机与汽油机固有的燃烧方式的区别已经被打破。在缸内直喷式汽油机的部分工况中已经采用了稀燃,从而使汽油机的热效率以及排放性能得到大幅度提高。

柴油机采用均匀充量压燃(预混压燃)的燃烧方式被认为是解决排放和节约能源的最有希望的途径之一。应该说,无论是柴油机还是汽油机,要同时实现高效率和低污染都是困难的。HCCI 燃烧方式改变了传统的柴油机的燃烧方式,还保留柴油机热效率高的优势,成为下一代发动机开发的热点。

9.2.1 HCCI 燃烧特性

柴油机采用 HCCI 的燃烧方式,采用均匀的稀混合气,几乎是全部混合气同时压缩着火,气缸内燃烧温度并不高,也没有火焰传播,因此 NO_x 生成量很少。

实现 HCCI 燃烧的最大困难是实现对着火始点和燃烧率随发动机工况变化的控制。

HCCI 燃烧放热分为两个阶段,第一阶段是低温化学动力学反应,产生冷焰或蓝焰,然后经一段滞后时间进入第二阶段主放热阶段。试验表明,HCCI 是多区域同时着火,并没有明显的火焰传播和火焰面,湍流混合的作用也不明显。由于 HCCI 着火的始点与气缸内的气流状况关系较少,因此 HCCI 燃烧方式的循环变动很小。

HCCI 燃烧方式的排放明显改善。由于 HCCI 燃烧方式在燃烧室内不产生局部高温区,整个气缸的平均温度由于采用十分稀的混合气等原因也比较低,因而 NO_x 排放量可比常规柴油机减少 90%~98%,HCCI 的 NO_x 排放量随负荷的增加而增加,在高负荷时 b_e 和 NO_x 排放量急剧增长,其指标比一般发动机差得多,它只适合于中、低负荷,同时也表明

HCCI 高负荷运行技术尚不成熟。

同时,由于 HCCI 没有扩散燃烧,也没有过浓区存在,因此微粒和炭烟的排放量均较低。但是 HC 和 CO 的排放量比普通柴油机要高,其原因是稀混合气和高 EGR 率,使燃烧温度低,减少了 HC 和 CO 燃烧后再氧化的可能。

9.2.2 HCCI 实现方法

在柴油机上实现 HCCI 燃烧的主要方法有采用喷雾范围大、油粒细而均匀的燃油喷雾,以快速形成均匀的混合气浓度场;想方设法大幅度延长着火延迟期,以便在着火前使燃油有充分的蒸发混合时间;控制前期燃烧速度,以抑制 NO_x 生成和高温裂解产生炭烟。

1)丰田 NUIBUS 燃烧方式

由丰田公司推出的 NUIBUS 燃烧方式的实质是均匀扩散预混合燃烧。为了得到均匀预混合气,通常采用特殊的喷油器,力求在燃烧室内形成一种油束贯穿距离小、喷雾范围大、油粒细而均匀的燃油喷雾。图 9-18 所示为 NUIBUS 系统的多层多孔喷油器。多喷孔喷油器布置在燃烧室的中心,其喷孔直径为 0.08mm,孔数为 20~30 个,喷油夹角分别为 55°、105°和 155°,喷雾几乎充满了整个燃烧室空间,形成的混合气浓度分布非常均匀。另外为了使着火前燃油有充分的蒸发混合时间,形成均匀的稀混合气,丰田 NUIBUS 燃烧系统采用了大幅度提前喷油时间的措施等。

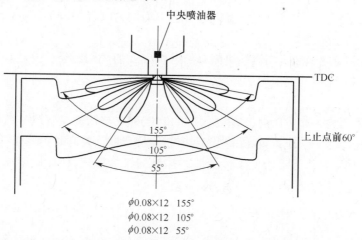

图 9-18 丰田 NUIBUS 系统的多层多孔喷油器

试验表明,采用 NUIBUS 燃烧系统的柴油机可以大幅度改善柴油机的 NO_x 和炭烟排放。但是仅仅当较小负荷下才得以实现,另外如何控制着火时间也是一个关键问题。

2)日产 MK 燃烧方式

日产公司开发的 MK(Modulated Kinetics)燃烧方法的核心思想是低温预混合燃烧。产生均匀预混合气的主要方法是延长着火落后期和加速混合气形成速度,为此,MK 燃烧中大幅度推迟喷油时间并采用 EGR 率高达 45% 的废气再循环。EGR 在这里不仅是控制燃烧速率和燃烧温度以抑制 NO_x 产生的对策,而且是控制着火落后期长短的手段。图 9-19 所示为实现 MK 燃烧过程的主要技术路线及排放降低效果,最终使 NO 降低到原机水平的 1/12 左右,炭烟降至几乎为零,HC 也降低了 50% 左右。

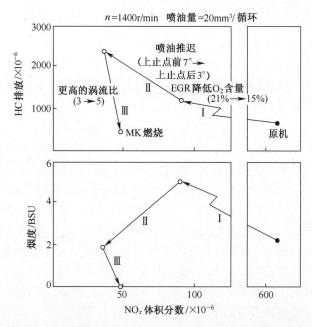

图 9-19 实现 MK 燃烧过程的主要技术路线及排放降低效果

9.2.3 HCCI 技术难点

尽管已有多种柴油机的预混合燃烧方法,如分别由进气吸入和缸内喷入不同燃料、多段组合喷油等,但要达到实用化,尚需克服以下技术难点。

(1) 在发动机全工况范围内控制着火定时。

(2) 在发动机全工况范围内控制燃烧率,尤其是高负荷运行时燃烧率的控制(使放热率放慢,限制噪声或过高燃烧压力)。

(3) 把 HCCI 向高负荷扩展。

(4) 改善冷起动和瞬态响应特性。

(5) 发展排放控制系统,降低 HC 和 CO 排放。

(6) 发展发动机的控制策略和系统(闭环反馈系统)以及研制相应的传感器。

(7) 开发合适的燃料(包括混合燃料)。

(8) 保证多缸机各缸的均匀性。

其中最关键的是要解决着火时刻和燃烧速率的控制问题。总的说来,柴油机预混合燃烧方案的提出,极大地拓宽了研究柴油机燃烧的思路。围绕对于被 NO_x 和微粒排放问题长期困扰的传统柴油机,开始探索到一条有可能打破僵局的途径,其意义是十分重大的。

9.3 混合动力驱动技术

根据国际电工委员会电动汽车技术委员会建议,对混合动力电动汽车(HEV)的定义是:在混合动力车辆上,至少有一种储能器、能量源或能量转换器能提供电能。混合电动汽车由牵引电动机(traction motor)、载荷均衡装置(LLD,Load Leveling Device)、辅助动力单元(APU,Auxiliary Power Units)以及传动系统所组成。

在过去,电动汽车普遍采用有刷直流电动机驱动。随着交流电动机控制技术以及大功率电子器件的发展,交流驱动已经逐步变成电动汽车驱动的主流。采用矢量控制的异步电动机,因为结构简单、坚固、控制性能好,而且具有调速范围较宽(允许有合理的最高车速)和在较高的起动转矩时也无须增加多挡变速器的优点,目前已被广泛应用于电动汽车和混合动力汽车。永磁同步电动机和无刷直流电动机具有很高的能量密度,体积小、质量小、效率高,在电动汽车中有较好的应用前景。开关磁阻电动机结构较简单、坚固,起动性能好,没有大的电流冲击,效率高,兼有异步电动机变频调速和直流电动机调速的优点,如果能克服噪声和转矩波动较大的缺点,也将在混合电动汽车设计中得到广泛采用。

LLD 也是能量储存装置,它的作用是提供电能和在再生制动时吸收汽车的动能,起到能量缓冲器的作用;当路面为高功率需求时它放电,当路面为低功率需求时它被充电,使燃油发动机能够高效地工作。LLD 的选择依据主要是质量、控制策略、比功率、比能量以及在频繁的高功率充放电状况下的可靠性。目前得到广泛应用的是电化学电池,同时超级电容器和飞轮也已经开始应用于混合电动汽车上。

APU 主要有燃气轮机、传统的燃油喷射式汽油机和柴油机以及燃料电池系统。燃气轮机主要以燃气轮机+发电机的形式应用在串联型混合电动汽车上,它具有效率高和排放性能好两大优点。大多数现有的混合电动汽车使用四冲程汽油机或者四冲程柴油机,近年来由于技术的发展,可以将发动机的尺寸和质量设计得更小,比功率显著增加。而且尾气处理技术大大改善了四冲程发动机的排放性能,所以目前四冲程发动机大规模应用于混合电动汽车设计中。

因此,通常在汽车上装有内燃机和电动机两种动力源,将产生动力的部件与电能储存元件以不同的方式结合起来,可以形成不同类型的 HEV。与常规的内燃机动力相比,混合动力的主要优点是:采用了高功率的载荷均衡装置(飞轮、超级电容器或蓄电池)向汽车提供瞬时能量,可以减小发动机尺寸、提高效率、降低排放。它较纯电动汽车有以下优点:

(1) 可以最大限度发挥内燃机汽车和纯电动汽车的双重优点。

(2) APU 的选用使汽车的续驶里程和动力性能可以达到内燃机汽车的水平。

(3) 虽然内燃机会有排放产生,但由于其排量小,主要工作在最佳工况点附近,而大大减少了汽车变工况(特别是低速、怠速)时的排放,再由于可回收制动能量,可使混合动力汽车成为较低排放并节能的汽车。

(4) 在一些对汽车排放严格限制的地区(如商业区、游览区、居民区等),混合电动汽车可以关闭 APU,由纯电力驱动,暂时成为零排放的电动汽车。

电动汽车基本上不改变现有的汽车产业结构,不改变现有能源(石油燃料)的体系,不改变用户对汽车的使用习惯,这也是它能够迅速实现产业化的重要因素。专家预测,在未来十年内可能有 40% 的燃油汽车实现混合驱动。

混合动力电动汽车的驱动系统是在纯电动汽车和内燃机汽车的基础上发展起来的,按照电动汽车动力驱动系统与 APU 的结合方式划分为串联、并联和混联三种驱动系统。

9.3.1 串联式混合驱动系统

串联式混合驱动系统由电动机驱动汽车行驶,发动机与发电机集成为 APU,如图 9-20 所示。发动机在最佳工况点附近驱动发电机以相对稳定的工况运行。当发电机发出的功率无法满足汽车行驶对功率的需求时(如起动、高速行驶、爬坡等),电池组可以向电动机提供额外的电能;当发电机发出的功率超过汽车行驶对功率的需求时(如低速、滑行、停车等),发电机向电池组充电。

三菱公司开发的串联混合动力轻型货车 Canter 就是一种串联式的 HEV,排量为 1.8L 的液化石油气发动机在 2000r/min 的转速下功率为 20kW,发电效率为 27%。铅酸电池组的工作电压为 336V,可由发电机组或回收制动能量进行充电。Canter 串联混合动力控制策略如图 9-21 所示,Canter 的驱动系统中发动机在选定的最佳工作区内以开关的模式参与驱动,采用以电池组的充电状态(State Of charge,SOC)作为控制信号的单参数控制策略,当电池组 SOC 高于 55%时,发动机停机,由电池组向电动机提供电能,此时 Canter 为零排放的纯电动模式;当电池组 SOC 低于 50%时,发电机组开始向电池组充电,此时也为混合驱动模式;当电池组 SOC 值再达到 55%时,又进入纯电动模式。由于电池组的 SOC 接近充满状态时充电效率很低,所以 Canter 将电池组 SOC 控制在效率最高的 50%~55% 之间,电池不充电,以混合驱动模式运行,这样还有利于制动能量的高效回收。

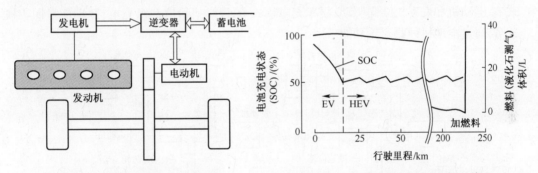

图 9-20 串联式混合驱动系统　　图 9-21 Canter 串联混合动力控制策略

该系统 APU 与电动机无机械连接,整车布置的自由度较大,控制系统也简单,但能量转换次数多,效率不高,续驶里程也有限。

9.3.2 并联式混合动力系统

并联式混合动力系统是指发动机与电动机可以分别独立地驱动车轮,该系统适合于城市间公路行驶的车辆。当汽车进入市区行驶时,关闭发动机,进入电动状态;当汽车在市郊公路行驶时,关闭电动机,由发动机直接驱动。但与混联式混合动力驱动系统相比,控制不够灵活。

9.3.3 混联式混合动力系统

在混联式混合动力系统中,发动机和电动机既可以分别驱动汽车也可以同时驱动汽车,如图 9-22 所示,发动机与电动机的工作状态是由计算机控制的。该系统适合各种行驶条件,续驶里程与内燃机汽车相当,是最理想的混合电动方案,其技术含量高,控制复杂,以丰田 Prius 驱动系统为例,丰田公司把 Prius 使用的混合动力系统(Toyota Hybrid System,THS)定义为一种并串联系统,如图 9-23 所示。

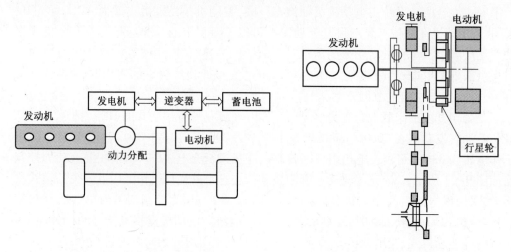

图 9-22　混联式混合动力驱动系统　　　图 9-23　丰田 Prius 混合动力系统

THS 系统的 5 条能量流动途径如图 9-24 所示。从图中可以看出,Prius 可以在以下模式下运行:纯电动模式 A,由电动机驱动;纯发动机模式 B,由发动机驱动;混合驱动模式 C,电动机和发动机共同驱动;停车充电模式 D,发动机给电池组充电;制动能量回收模式 E,通过电动机回收车轮动能。

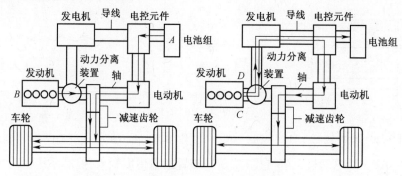

图 9-24　THS 的能量流动途径

A—电池组→电动机→车轮;B—发动机→车轮;C—发动机→发电机→电动机→车轮;
D—发动机→发电机→电池组;E—车轮→电动机→电池组(A 逆)。

THS 的控制核心是一个行星轮系构成的动力分配装置,发动机和发电机分别与行星轮和中心轮相联。该装置通过协调发动机、发电机和电动机的转速,能起到电控无级变速器的作用,无需离合器。它可以通过调节发电机的转速来改变发动机的转速,保证发动机在高效率区内工作。

Prius 采用了以设定车速 v_{mode} 和电池组 SOC 为控制信号的控制策略。通过动力分配装置的执行,灵活地选用最优的能量流动途径,在汽车起动或低速行驶时,汽油机停机,采用纯电动模式(A);如果车速高于 v_{mode} 且电池组的 SOC 超过了设定的上界值 SOC_{max},则采用发动机单独驱动模式(B),通过节气门开度来调整功率;在全负荷加速或重载工况下,电动机从电池组获得电能作为辅助动力($B+A$),提供峰值功率;减速或制动时,电动机被用作发电机,产生反向转矩,利用回收的制动能给电池组充电(E);计算机控制的充电系统保证了电池组始终处于理想的充电状态(D)。

THS 中的 1.5L 汽油机采用了高膨胀比的 Atkinson 循环,并且始终高效率运转,所以与传统的汽油轿车相比可节油 50%,CO 和 NO 等的排放量只有日本排气法规限值的 1/10,且加速性能很好。Prius 的混合动力驱动系统通过行星轮系的结构实现了控制策略的可操作性,是 HEV 产品的一个成功的典范,值得深入研究和借鉴。

9.3.4 ISG 系统

近年来,一种被称为缓和式混合驱动方式发展起来,它一般采用发电机与起动电动机(兼驱动作用)一体化集成形式(ISG),目前已有很多现成产品和技术可供选用。ISG 系统具有以下特点。

(1) 电动机只提供较小的加速辅助动力,系统较轻且蓄电池花费较低。
(2) 机械上较简单,控制功能也比较容易实现。
(3) 对排放和燃油经济性的改进得到了较好的效果。
(4) 可以在汽车 42V 电源系统中实现。

在混合动力电动车中有发动机的转动动能全部或部分直接转换为车辆动能;发动机转动动能全部或部分转换为电能;电能转换为蓄电池电动势(电势能);蓄电池电势能转换为车辆动能等各种能量转换。但是,在设计混合动力驱动方案时,应该把握住以下能量转换的法则。

(1) 任何能量转换都伴随着能量损失。
(2) 部分负荷运行能量效率总是较差的。
(3) 任何变工况运行的效率总是较差的。
(4) 将动能储存为其他能量的效率总是较差的,特别是储存于蓄电池。

思 考 题

1. 简述共轨喷油系统的优点,说明如何实现柔性喷油率控制。
2. 目前 HCCI 有哪些实现方法,遇到哪些技术难题?
3. 混合动力电动汽车(HEV)的定义是什么,具有什么优点?

第二篇 汽车理论

  汽车是一种应用极广的重要交通运输工具,为评价汽车的完善程度,需要结合汽车的具体使用条件,综合地采用一系列使用性能来评价。汽车的使用性能是指汽车在一定的使用条件下以最高效率工作的能力,它是决定汽车利用效率和方便性的结构表征。

  汽车理论是研究汽车主要使用性能的科学,是以汽车整车及其部件的受力分析为基础,建立有关的动力学方程,在分析汽车运动基本规律的基础上研究汽车主要使用性能与其结构之间的内在联系,讨论了汽车及其部件的结构参数对使用性能的影响,分析汽车主要使用性能的各种影响因素,从而指出正确设计汽车和合理使用汽车的基本途径。

  对汽车使用性能的要求是多方面的,汽车理论主要研究汽车动力性、燃油经济性、动力参数的选定、制动性、操纵稳定性、平顺性和通过性等内容。

第10章 汽车动力性

汽车动力性是汽车最基本、最主要的性能之一，它是指汽车在良好路面上直线行驶时，由汽车受的纵向外力决定的、所能达到的平均行驶速度。汽车作为一种高效率的运输工具，其运输效率的高低主要取决于汽车的动力性。动力性好，汽车就会具有较高的行驶速度，较好的加速能力和上坡能力，因而汽车的运输效率也较高。

本章主要介绍汽车动力性的评价指标、汽车行驶时的受力分析、动力性的评价方法以及影响汽车动力性的主要因素。

10.1 汽车动力性的评价指标

汽车平均行驶速度是评价汽车动力性的总指标，为获得尽可能高的平均行驶速度，就必须提高汽车的最高车速、加速能力和爬坡能力。因此，汽车的动力性可用最高车速、加速能力和爬坡能力这三方面的指标来评定。

10.1.1 汽车的最高车速

汽车的最高车速是指满载时，在风速≤3m/s的条件下，在干燥、平坦、清洁的混凝土或沥青路面上，汽车能够达到的最大稳定行驶速度，用符号u_{amax}表示，单位是km/h。一般轿车最高车速为130~200km/h，客车最高车速为90~130km/h，货车最高车速为80~110km/h。在实际使用中要使汽车达到最高车速，必须将变速箱挂入最高挡位，加速踏板踩到底。

10.1.2 汽车的加速能力

汽车的加速能力是指汽车在各种行驶条件下迅速提高行驶速度的能力，可用汽车以最大加速度行驶时的加速时间、加速度或加速行程来表示。但在实际中，通常用加速时间来评价汽车的加速能力。加速时间是汽车满载时，在风速≤3m/s的条件下，在干燥、平坦、清洁的混凝土或沥青路面上，由某一低速加速到某一高速所需的时间，用t表示，单位为s。汽车加速时间分原地起步加速时间和超速加速时间两种。

原地起步加速时间指汽车由低挡起步，并以最大的加速度（包括选择恰当的换挡时机）逐步换至最高挡，达到某一距离或车速所需的时间。一般常用原地起步行驶，以0~400m距离所需的时间秒数来表示汽车原地起步加速能力；也有用原地起步从0~100km/h行驶速度所需的时间来表示汽车原地起步加速能力。

超车加速时间是指用高挡由某一较低车速全力加速至某一高速所需的时间。由于超车时汽车与被超车辆并行，容易发生交通事故。所以超车加速能力强，并行时间短，行驶就安全。超车加速能力采用较多的是用高挡由 30~40km/h 全力加速行驶至某一高速所需的时间来表示,还可用车速—加速时间关系曲线来全部反映汽车加速能力的。

10.1.3 汽车的爬坡能力

汽车的爬坡能力常用满载时汽车在良好路面上的最大爬坡度来表示。爬坡度 i 可用角度 α 的正切值表示,也可用每百米水平距离内坡道的升高距离 h 与百米的比值来表示,即

$$i = \frac{h}{100} \times 100\% = \tan\alpha$$

最大爬坡度用符号 i_{max} 来表示,它是汽车爬过的最大坡道角度 α_{max} 的正切值,即

$$i_{max} = \tan\alpha_{max}$$

显然,汽车爬过最大坡道时,必须将加速踏板踩到底,变速器挂入最低挡位,而且要求汽车在最大坡道上等速行驶。

不同车辆对爬坡能力的要求不同。轿车主要行驶在良好路面上,车速高,加速快,一般不强调它的爬坡能力。但实际上为了保证其良好的加速能力,要求发动机功率较大,所以爬坡能力自然较强。货车在各种路面上行驶,要求具有足够的爬坡能力,一般 i_{max} 在 30%,即最大坡度在 16.5°左右。越野车要求在坏路或无路条件下行驶,因此爬坡能力是一个很重要的指标,它的 i_{max} 要求达到 60%,即最大坡度在 30°左右。

另外,为了维持道路上各种车辆能畅通行驶,要求各种车辆在常见坡道上的行驶速度相差不能太悬殊。所以也可以用在一定坡道上,汽车必须保证的一定车速来表明它的爬坡能力。例如,要求汽车在 4% 的坡道上能以 50km/h 的车速行驶。控制这个指标可以使各种车辆在通常条件下的爬坡能力接近,有利于交通的畅通。

10.2 汽车的驱动力

为了确定汽车的动力性,确定汽车沿行驶方向的运动状况,需要掌握在汽车行驶方向作用于汽车的各种外力,这些外力包括驱动力与行驶阻力。根据这些外力的平衡关系,建立汽车行驶方程式,就可以估算汽车的最高车速、加速性能和最大爬坡度,本节研究汽车的驱动力。

10.2.1 汽车驱动力的形成

汽车发动机产生的转矩经传动系统传至驱动轮。作用在驱动轮上的转矩 T_t 使驱动轮对地面产生一个圆周力 F_0,此力是驱动轮对地面的作用力,地面则对驱动轮产生一个反作用力 F_t,F_t 与 F_0 大小相等、方向相反、作用在两个物体上,如图 10-1 所示。F_t 即是驱动汽车的外力,称为汽车的驱动力,其数值为

$$F_t = \frac{T_t}{r}$$

式中　T_t——作用在驱动轮上的转矩(N·m);
　　　r——车轮半径(m)。

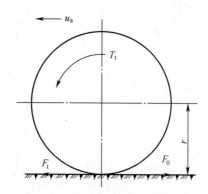

图 10-1 汽车的驱动力

作用在驱动轮上的转矩 T_t 是发动机输出的有效转矩经传动系传到驱动轮上的,两者的关系为

$$T_t = T_{tq} i_g i_0 \eta_T$$

式中　T_{tq}——发动机输出的有效转矩(N·m);

　　　i_g——变速器的传动比;

　　　i_0——主减速器的传动比;

　　　η_T——传动系的传动效率。

此公式适用于具有手动有级变速的一般传动系的汽车,对于装有分动器、轮边减速器、液力传动等装置的汽车,还应考虑其相应的传动比和传动效率。

将上式代入 $F_t = \dfrac{T_t}{r}$,可得

$$F_t = \frac{T_{tq} i_g i_0 \eta_T}{r}$$

由此公式可知,汽车的驱动力与发动机输出的有效转矩、传动系的传动效率、车轮半径、传动系的传动比有关。对于某一具体汽车而言,传动比为已知常数,因此影响汽车驱动力的因素有发动机输出的有效转矩、传动系的传动效率及车轮半径。

10.2.2　汽车驱动力的影响因素

1. 发动机的速度特性

发动机速度特性是指发动机的输出功率、转矩、燃油消耗率与发动机曲轴转速之间的变化关系。如果它们之间的关系用曲线表示,则形成发动机的速度特性曲线。如将加速踏板踩到最大位置,即发动机节气门全开(或高压油泵调速手柄在最大供油量位置)时,发动机的输出功率、转矩与发动机曲轴转速之间的关系曲线,称为发动机外特性曲线。如将节气门部分开启(或调速手柄在部分供油量位置),则称为发动机部分负荷速度特性曲线。

图 10-2 为一汽油发动机的外特性曲线。n_{min} 为发动机的最小稳定工作转速。发动机转速增加,发动机输出的功率和转矩随之增加;当发动机转速为 n_{tq} 时,发动机获得最大转矩 T_{tqmax};发动机转速再增加,转矩 T_{tq} 有所下降,但功率继续增加;当发动机转速为 n_p 时,发动机获得最大功率 p_{emax};继续增加转速时,功率下降。允许的发动机最高转速为 n_{max}。

发动机功率与转矩有如下关系：

$$p_e = \frac{T_{tq} n}{9550}$$

式中　p_e——功率（kW）；
　　　T_{tq}——转矩（N·m）；
　　　n——转速（r/min）。

图 10-3 为汽车发动机的外特性和部分负荷速度特性的功率和转矩随曲轴转速变化的曲线。曲线上的数字为节气门开度百分比，相应的曲线便是各个节气门开度下发动机功率和转矩随曲轴转速的变化关系。汽车运行中，节气门全开的工况是较少的，绝大部分工况中发动机是在节气门部分开度下运行的。根据外界阻力的变化，驾驶员通过变换挡位及节气门开度，可以控制发动机的工作转速，使发动机在最低稳定转速和最高转速之间的任何转速下运转。

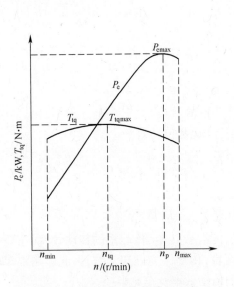

图 10-2　汽油发动机外特性曲线

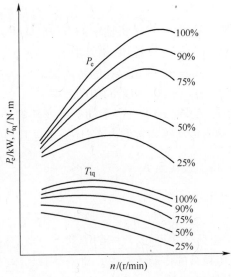

图 10-3　发动机外特性及部分负荷特性曲线

需要说明的是：制造厂提供的发动机外特性曲线，是在未带风扇、空气滤清器、消声器、废气净化器、发电机、空气压缩机等附件的条件下，在试验台上测出的。带上全部附件设备时的发动机特性曲线称为使用外特性曲线。使用外特性曲线的功率和转矩小于外特性曲线的功率和转矩。图 10-4 是汽车发动机外特性和使用外特性中的功率和转矩随曲轴转速的变化曲线。

汽车常在不稳定的工况下工作，发动机所能提供的功率一般较稳定的工况

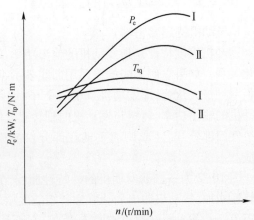

图 10-4　发动机的外特性曲线和使用外特性曲线
Ⅰ—外特性曲线；Ⅱ—使用外特性曲线。

时下降5%~8%。在进行动力性估算时,一般常沿用稳定工况时发动机台架试验所得到的使用外特性的功率和转矩曲线。

为了便于计算,常采用多项式来拟合由试验台上测得的发动机转矩曲线。

$$T_{tq} = a_0 + a_1 n + a_2 n^2 + \cdots + a_k n^k$$

式中　　a_0、a_1、a_2、$\cdots$、a_k ——系数,可由最小二乘法来确定;

　　　　k ——拟合阶数,随特性曲线而异,一般在2、3、4、5中选取。

2. 传动系的传动效率

发动机所输出的功率在经传动系传至驱动轮的过程中,有部分功率消耗于克服传动系各种机构中的阻力。传动系的传动效率为

$$\eta_T = \frac{p_e - p_T}{p_e} = 1 - \frac{p_T}{p_e}$$

式中　　p_e ——发动机输出的有效功率(kW);

　　　　p_T ——传动系中损失的功率(kW)。

传动系的功率损失由传动系中的变速器、传动轴万向节、主减速器等部件的功率损失所组成。其中变速器和主减速器的功率损失较大,其他部件的功率损失较小。

传动系功率损失分为机械损失和液力损失两类。传动系机械损失是齿轮传动副、轴承、油封等处的摩擦损失。机械损失与啮合齿轮的对数、传递的转矩等因素有关。液力损失是消耗于润滑油的搅动、润滑油与旋转零件之间的表面摩擦等功率损失。液力损失与润滑油的品质、温度、箱体内的油面高度以及齿轮等旋转零件的转速有关。例如,变速器直接挡工作时,啮合的齿轮没有传递转矩,因此比超速挡时的传动效率要高。同一挡位转矩增加时,润滑油搅动损失所占比例减少,传动效率较高。转速低时搅油损失小,传动效率比转速高时要高。

传动系的效率是在专门试验台上测得的。可直接测出整个传动系的效率,也可分别测出每一部件效率后,再算出传动的总效率。表10-1为传动系各部件的传动效率,可用来估算汽车的传动效率。

表10-1　传动系各部件的传动效率

部件名称	η_T	部件名称	η_T
4~6挡变速器	95%	单级减速主减速器	96%
分动器	95%	双级减速主减速器	92%
8挡以上变速器	90%	传动轴的万向节	98%

传动效率因受到多种因素的影响而有变化,但对汽车进行初步的动力性分析时,可把传动效率看作一个常数。采用有级机械变速器传动系的轿车,其传动效率可取为0.9~0.92;货车、客车可取0.82~0.85;越野汽车可取为0.80~0.85。

3. 车轮的半径

现代汽车多采用弹性充气车轮,在不同情况下具有不同的半径。

车轮按规定气压充好气并处于无载荷状态时的半径称为自由半径r_0。

汽车静止时,弹性车轮在静载荷的作用下,将产生变形。车轮承受法向载荷,轮胎产

生径向变形,车轮中心至轮胎与道路接触面间的距离称为静力半径 r_s。由于轮胎发生显著变形,所以静力半径小于自由半径。车轮的静力半径与法向载荷及胎内气压等有关。

汽车运动时,滚动着的车轮除承受法向载荷外,还有承受转矩,则弹性轮胎除有径向变形外,还有切向变形。此时的车轮半径称为滚动半径 r_r。滚动半径与作用在车轮上的转矩、法向载荷以及胎内气压等有关。滚动半径以车轮转动圈数与车轮实际滚动距离之间的关系来换算,其表达式为

$$r_r = \frac{s}{2\pi n}$$

式中　n——车轮转动的圈数;
　　　s——车轮转动 n 圈时车轮滚动的距离(m)。

滚动半径可通过试验测量按上述表达式求得,也可以用经验公式进行估算,经验公式为

$$r_r = \frac{Fd}{2\pi}$$

式中　d——轮胎的自由直径(m);
　　　F——计算常数,子午线轮胎 $F = 3.05$,斜交轮胎 $F = 2.99$。

静力半径用于动力学分析,滚动半径用于运动学分析,但在一般分析中常不计其差别,统称为车轮半径,即认为

$$r_s \approx r_r \approx r$$

10.2.3　汽车的驱动力图

一般用驱动力与车速之间的函数关系曲线 $F_t - u_a$ 来全面表示汽车的驱动力,称为汽车的驱动力图。根据发动机的外特性曲线、传动系的传动比、传动效率、车轮半径等参数,可以求出在各个挡位发动机相应转速的驱动力 F_t 的值。

同时,根据发动机转速与汽车行驶速度之间的转换关系求出汽车行驶速度 u_a。

$$u_a = 0.377 \frac{rn}{i_g i_0}$$

式中　u_a——汽车行驶速度(km/h);
　　　r——车轮半径(m);
　　　n——发动机转速(r/min);
　　　i_g——变速器传动比;
　　　i_0——主减速器传动比。

根据各个挡位的 F_t 和 u_a,即可得到 $F_t - u_a$ 曲线。图 10-5 是具有 5 挡变速器的某汽车驱动力图。

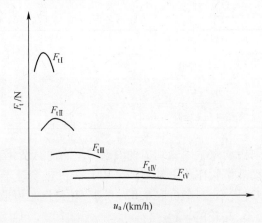

图 10-5　某汽车的驱动力图

10.3 汽车的行驶阻力

汽车行驶时需要克服行驶中所遇到的各种阻力。汽车在水平道路上等速行驶时必须克服来自地面滚动阻力 F_f 和来自汽车周围的空气阻力 F_w。当汽车在坡道上,上坡行驶时,还必须克服汽车重力沿坡道的分力,称为坡度阻力 F_i;汽车直线加速行驶时还需要克服惯性力,称为加速阻力 F_j。因此,汽车行驶的总阻力为

$$\sum F = F_f + F_w + F_i + F_j$$

在上述各种阻力中,滚动阻力和空气阻力在任何行驶条件下都是存在的;坡度阻力在上坡行驶时存在,在水平道路上行驶时没有坡度阻力;加速阻力在汽车加速行驶时存在,等速行驶时没有加速阻力。

10.3.1 滚动阻力

车轮滚动时,轮胎与路面的接触区域产生相互作用力,轮胎和支承路面发生相应的变形。由于轮胎和支承面的相对刚度不同,它们的变形特点也不同。当弹性轮胎在混凝土路、沥青路等硬路面上滚动时,轮胎的变形是主要的。图 10-6 所示是轮胎在硬路面上受径向载荷时的变形曲线,图中 OCA 为轮胎加载时的变形曲线,面积 OCABO 则为加载过程中对轮胎所做的功;ADE 为轮胎卸载时的变形曲线,面积 ADEBA 则为卸载过程中轮胎放出的能量;两面积之差 OCADEO 即表示轮胎变形时引起的能量损失,这部分能量消耗在轮胎内部橡胶、帘线等的摩擦上,最后转化为热能而散失在大气中,称为轮胎的弹性迟滞损失。

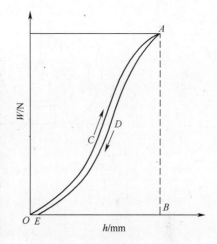

图 10-6 轮胎的径向变形曲线

轮胎的弹性迟滞损失表现为阻碍车轮滚动的一种阻力偶。当车轮静止时,地面对车轮法向反作用力的分布是前后对称的,合力通过车轮中心。而当车轮滚动时,在法线

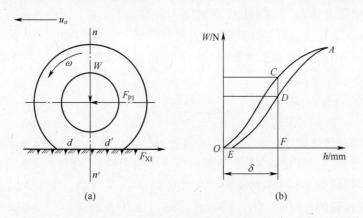

图 10-7 弹性车轮在硬路面上的滚动

$n-n'$ 前后相对应点 d 和 d' 变形量相同,如图 10-7(a)所示。但由于弹性迟滞现象,前部处于压缩过程的 d 点的地面法向反作用力较大,而后部处于恢复过程的 d' 点的地面法向反作用力较小。这可以从图 10-7(b)中看出,设取同一变形 δ,压缩过程受力为 CF,恢复过程受力为 DF,由于 CF 大于 DF,就使地面法向反作用力的分布前后并不对称,这样就使它们的合力 F_Z 相对于 $n-n'$ 法线向前移动了一个距离 a,如图 10-8(a)所示,这个偏移距离随轮胎弹性迟滞损失的增大而增大。合力 F_Z 与法向载荷 W 大小相等,方向相反,由于 F_Z 的作用点前移了一个距离 a,从而形成一个阻碍车轮滚动的阻力偶矩 $T_f = F_Z a$。

由图 10-8 可知,要使从动轮在硬路面上等速滚动,必须在车轮中心施加一个推力 F_{P1},此推力与地面切向反作用力 F_{X1} 构成一个力偶矩来克服滚动阻力偶矩。由平衡条件得

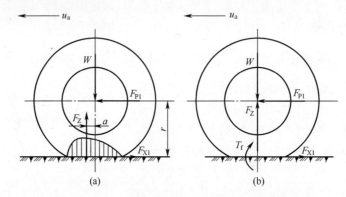

图 10-8 从动轮在硬路面上滚动时的受力分析

$F_{P1} r = T_f$,则

$$F_{P1} = \frac{T_f}{r} = F_Z \frac{a}{r} = W \frac{a}{r}$$

令 $f = \dfrac{a}{r}$,则

$$F_{P1} = Wf \text{ 或 } f = \frac{F_{P1}}{W}$$

f 称为滚动阻力系数。由此可见,滚动阻力系数是车轮在一定条件下滚动时所需要的推力与车轮载荷之比,也就是单位汽车重力需要的推力。试验证明,滚动阻力系数仅取决于道路条件和轮胎的结构,它受车轮载荷的影响很小,可忽略,因此定义滚动阻力 F_f 的计算式为

$$F_f = \frac{T_f}{r} = Wf$$

这样,我们在分析汽车行驶阻力时,不需要具体考虑车轮滚动时所受到的滚动阻力偶矩,只要知道滚动阻力系数和车轮载荷就可以求出滚动阻力,有利于简化动力性分析。

驱动轮在硬路面上等速滚动时的受力情况如图 10-9 所示。图中 F_{X2} 为驱动力矩 T_t 引起的道路对车轮的切向反作用力,W 为驱动轮上的垂直载荷,F_{P2} 为驱动轴作用于车轮的水平力,F_Z 为法向反作用力,由于轮胎的弹性迟滞现象,其作用点向前偏移了一个距离

a，换句话说，在驱动轮上也作用有滚动阻力偶矩 T_f，根据力矩平衡方程有

$$F_{X2}r = T_t - T_f$$

故

$$F_{X2} = \frac{T_t}{r} - \frac{T_f}{r} = F_t - F_f$$

由此可见，汽车行驶中，真正驱动汽车前进的外力 F_{X2} 等于汽车的驱动力 F_t 与驱动轮上的滚动阻力 F_f 之差，它是真实存在的，而驱动力 F_t 和滚动阻力 F_f 都是定义的力，在汽车的受力图上并不存在。

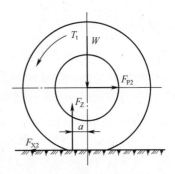

图 10-9 驱动轮在硬路面上滚动时的受力分析

滚动阻力是指车轮在路面上滚动时，由于轮胎与路面之间的相互作用而引起的能量损失。这些能量损失主要包括 4 部分：轮胎变形引起的能量损失，路面变形引起的能量损失，轮胎与路面间相对滑移引起的摩擦损失，路面不平导致汽车振动而引起的能量损失。汽车在不同的路面上行驶时，组成行驶阻力的各部分所占比例有所不同。例如，汽车在平坦的硬路面上行驶时，轮胎变形引起的能量损失所占比例较大；汽车在松软的路面上行驶时，路面变形引起的能量损失所占比例较大；汽车在不平的硬路面上行驶时，汽车振动引起的能量损失所占比例较大；随行驶车速的提高，轮胎与路面间相对滑移引起的摩擦损失增加。

对汽车性能进行一般分析时，不需对各种损失分别进行计算，而以滚动阻力系数来概括各种损失的总效应。滚动阻力系数与路面的种类、行驶车速以及轮胎的结构、材料、气压等有关，可由试验确定。表 10-2 所列的滚动阻力系数的数值是汽车用同一轮胎在不同路面上以中低速行驶试验所得到的大致数值。

表 10-2 滚动阻力系数

路面类型	滚动阻力系数	路面类型	滚动阻力系数
良好的沥青或混凝土路面	0.010~0.018	雨后压紧土路	0.050~0.150
一般的沥青或混凝土路面	0.018~0.020	泥泞土路	0.100~0.250
碎石路面	0.020~0.025	干砂路面	0.100~0.300
良好的卵石路面	0.025~0.030	混砂路面	0.060~0.150
坑洼的卵石路面	0.030~0.050	结冰路面	0.015~0.030
干燥的压紧土路	0.025~0.035	压紧雪道	0.030~0.050

滚动阻力系数的数值也可以用经验公式大致估算。在一般较平坦的硬路面上，轿车的滚动阻力系数可按下式估算，即

$$f = f_0\left(1 + \frac{u_a^2}{19440}\right)$$

式中　f_0——良好沥青或混凝土路面为 0.014，卵石路面为 0.025，砂石路面为 0.020；
　　　u_a——行驶车速(km/h)。

货车轮胎气压高，滚动阻力系数可用下式来估算，即

$$f = 0.0076 + 0.000056u_a$$

10.3.2 空气阻力

汽车在空气介质中运动,空气介质本身也有运动,这均将对汽车的运动产生阻力,汽车直线行驶时受到的空气作用力在行驶方向上的分力称为空气阻力。空气阻力分为摩擦阻力和压力阻力两部分。摩擦阻力是由于空气的黏性在车身表面产生的切向力的合力在行驶方向上的分力。压力阻力是作用在汽车外形表面上的法向压力的合力在行驶方向上的分力,压力阻力分为形状阻力、干扰阻力、内循环阻力和诱导阻力等 4 部分。形状阻力是由汽车形状引起的阻力,与车身主体形状有关;干扰阻力是车身表面上一些如把手、后视镜、引水槽、驱动轴等突起物而引起的阻力;内循环阻力为发动机冷却系统以及车身通风等所需要的空气在车体内部流动时形成的阻力;诱导阻力是汽车行驶时的空气升力在行驶方向上的分力。

在一般轿车的空气阻力中,形状阻力占 58%,干扰阻力占 14%,内循环阻力占 12%,诱导阻力占 7%,摩擦阻力占 9%。

空气阻力是真实存在的力,在汽车行驶范围内,空气阻力为

$$F_w = \frac{1}{2} C_D A \rho u_r^2$$

式中 C_D——空气阻力系数;
ρ——空气密度,一般 $\rho = 1.2258 \text{kg/m}^3$;
A——汽车迎风面积,即汽车行驶方向的投影面积(m^2);
u_r——汽车与空气的相对速度(m/s)。

无风时,u_r =汽车行驶速度 u_a;顺风时,u_r =汽车行驶速度 u_a -风速;逆风时,u_r =汽车行驶速度 u_a +风速。

如果汽车与空气的相对速度单位以 km/h 计,则空气阻力为

$$F_w = \frac{C_D A u_r^2}{21.15}$$

空气阻力与汽车相对速度的平方成正比,相对速度越高,空气阻力越大。空气阻力与空气阻力系数 C_D 及汽车迎风面积 A 值成正比。汽车迎风面积 A 和汽车与空气的相对速度 u_r 受到汽车乘坐使用空间和汽车运输效率的限制不易进一步减少,所以降低空气阻力系数 C_D 是降低空气阻力的主要手段。

空气阻力系数可由道路试验、风洞试验等方法测得。一般汽车的空气阻力系数和迎风面积如表 10-3 所列。

表 10-3 汽车的空气阻力系数和迎风面积

车 型	迎风面积 A/m^2	空气阻力系数 C_D
轿车	1.4~1.9	0.32~0.5
货车	3~7	0.6~1.0
客车	4~7	0.5~0.8

10.3.3 坡度阻力

当汽车上坡行驶时,汽车重力沿坡道方向的分力称为汽车的坡度阻力 F_i,如图 10-10

所示,即

$$F_i = G\sin\alpha$$

式中　F_i——坡度阻力(N);
　　　G——作用于汽车上的重力(N);
　　　α——坡道角度(°)。

道路坡度 i 是以坡高与相应的水平距离之比来表示,按图 10-10 中所示尺寸,道路坡度与坡道角度的关系为

$$i = \frac{h}{s} \times 100\% = \tan\alpha$$

根据我国公路路线的设计规范,高速公路平原微丘区最大纵坡为 3%,山岭重丘区为 5%;一级汽车

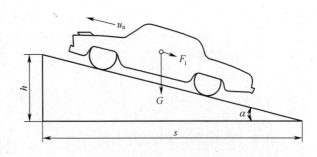

图 10-10　汽车的坡度阻力

专用公路平原微丘区最大坡度为 4%,山岭重区为 6%;一般四级公路平原微丘区最大坡度为 5%,山岭重区为 9%。所以一般道路的坡度均较小,此时

$$\sin\alpha \approx \tan\alpha = i$$

则

$$F_i = G\sin\alpha \approx G\sin\alpha = Gi$$

当坡度较大时,坡度阻力按上式计算误差较大,仍应按定义式计算。

上坡时垂直于坡道路面的汽车重力分力为 $G\cos\alpha$,故汽车在坡道上行驶时的滚动阻力为 $F_f = Gf\cos\alpha$。

由于坡度阻力与滚动阻力都是与道路有关的阻力,而且都与汽车重力成正比,所以可把这两种阻力合在一起考虑,称为道路阻力,用 F_ψ 表示,即

$$F_\psi = F_f + F_i = G(f\cos\alpha + \sin\alpha)$$

令

$$f\cos\alpha + \sin\alpha = \psi$$

则

$$F_\psi = G\psi$$

式中　ψ——道路阻力系数,表示单位车重的道路阻力。

10.3.4　加速阻力

汽车加速行驶时,需要克服汽车质量加速运动时的惯性力,这就是加速阻力 F_j。汽车的质量分为平移质量和旋转质量两部分。加速时,不仅要克服汽车平移质量在加速过程中产生的惯性力 F_{j1},同时还要克服旋转质量产生的惯性力偶矩。为了便于计算,一般把旋转质量的惯性力偶矩转化为平移质量的惯性力 F_{j2}。因此,汽车加速时的加速阻力为

$$F_j = F_{j1} + F_{j2} = \delta m \frac{du}{dt}$$

式中　F_j——加速阻力(N);
　　　δ——汽车旋转质量换算系数;
　　　m——汽车质量(kg);

$\dfrac{\mathrm{d}u}{\mathrm{d}t}$ ——行驶加速度($\mathrm{m/s^2}$)。

汽车旋转质量换算系数主要与飞轮的转动惯量、车轮的转动惯量和传动系的传动比有关,在进行汽车动力性一般计算时,可以按下面的经验公式估算,即

$$\delta = 1 + \delta_1 + \delta_2 i_g^2$$

式中　δ_1——车轮旋转质量换算系数,轿车 $\delta_1 = 0.05 \sim 0.07$,货车 $\delta_1 = 0.04 \sim 0.05$;
　　　δ_2——飞轮旋转质量换算系数,$\delta_2 = 0.03 \sim 0.05$;
　　　i_g——变速器传动比。

10.4　汽车行驶的驱动与附着条件

10.4.1　汽车的驱动力平衡方程

汽车行驶时,作用于汽车的外力有驱动力和行驶阻力,它们互相平衡时,可得到汽车的驱动力平衡方程,即

$$F_t = F_f + F_w + F_i + F_j$$

或

$$\frac{T_{tq} i_g i_0 \eta_T}{r} = Wf + \frac{C_D A u_r^2}{21.15} + Gi + \delta m \frac{\mathrm{d}u}{\mathrm{d}t}$$

10.4.2　汽车行驶的驱动条件

由汽车驱动力平衡方程可知:
若　$F_t = F_f + F_w + F_i$ 时,汽车将等速行驶;
　　$F_t > F_f + F_w + F_i$ 时,汽车将加速行驶;
　　$F_t < F_f + F_w + F_i$ 时,汽车无法起步,行驶中的汽车将减速直至停车。
所以,汽车行驶的驱动条件(或称必要条件)为

$$F_t \geqslant F_f + F_w + F_i$$

10.4.3　汽车行驶的附着条件

为了满足汽车行驶的驱动条件,我们可以采用增大发动机转矩、加大传动比等办法来增大汽车驱动力。但是在实际使用中,驱动力过大会使驱动轮发生滑转现象,而驱动轮一旦产生滑转,再增大驱动力,只能加速驱动轮旋转,而不能增加地面给驱动车轮的切向反作用力,即驱动汽车的外力受轮胎与路面之间附着条件的限制。这种现象表明,汽车行驶除满足驱动条件外,还要满足轮胎与地面的附着条件。

轮胎与路面之间附着条件可用附着力来表示,附着力越大,附着条件越好。附着力是指路面对轮胎切向反作用力的极限值,用 F_φ 表示。对一定的轮胎和路面,附着力与驱动轮法向反作用力 F_Z(或垂直载荷 W)成正比,即

$$F_{Xmax} = F_\varphi = F_Z \varphi$$

式中　φ——附着系数,它由路面和轮胎的情况决定。驱动轮上的地面切向反作用力不
　　　　　　能大于附着力,否则会发生驱动轮滑转,汽车无法正常行驶。因此,汽车行
　　　　　　驶的附着条件为

$$F_{X2} = \frac{T_t}{r} - \frac{T_f}{r} = F_t - F_f \leq F_\varphi = F_Z \varphi$$

即
$$F_t \leq F_Z \varphi + F_f = F_Z \varphi + Wf = F_Z \varphi + F_Z f$$

故
$$F_t \leq F_Z (\varphi + f)$$

因为附着系数 φ 比滚动阻力系数 f 大很多,故可略去 f,上式可近似写成

$$F_t \leq F_Z \varphi$$

式中　F_Z——作用于所有驱动轮上的地面法向反作用力。

对于前轮驱动的汽车,$F_Z = F_{Z1}$;对于后轮驱动的汽车,$F_Z = F_{Z2}$;对于全轮驱动汽车,$F_Z = F_{Z1} + F_{Z2}$。

这是汽车行驶的第二个条件——附着条件,它是汽车行驶的充分条件。

10.4.4　汽车行驶的驱动与附着条件

将汽车的驱动条件与附着条件联写,可得

$$F_f + F_w + F_i \leq F_t \leq F_\varphi = F_Z \varphi$$

上述关系称为汽车行驶的驱动与附着条件,也是汽车行驶的充分与必要条件。

汽车行驶首先要满足驱动条件,即汽车本身具有足够驱动力的必要条件。这就要求汽车发动机能产生足够大的转矩或功率,汽车传动系有一定的传动比,以保证计算的驱动力 F_t 足够大,足以克服各种行驶阻力,即 $F_t \geq F_f + F_w + F_i$。但是,该条件只是汽车行驶的必要条件,并不充分,换句话说,汽车行驶只满足驱动条件是不够的。

推动汽车行驶的驱动力 F_t 是地面对驱动轮的切向反作用力,是地面作用于汽车的外力。人们可以观察到,驱动轮被架空而离开地面时,无论发动机产生多大转矩,汽车都是不能行驶的。汽车行驶必须有外力(驱动力)作用,路面对汽车作用的驱动力的最大值,要受附着力的限制。驱动力 F_t 不能超过附着力 F_φ。因此,为了保证汽车正常行驶,轮胎与地面必须有良好的附着性能,即附着力足够大,地面才能在附着力的限制下对驱动轮作用足够的切向反作用力。换句话说,附着力是限制驱动力大小的一个界限。

10.4.5　附着系数

由汽车的行驶条件不难得出,提高附着系数以提高附着力,是保证汽车驱动力充分利用的重要措施。提高附着系数,不仅有利于汽车动力性的发挥,也可提高汽车的制动性。

附着系数主要取决于路面的种类和表面状况,同时也与轮胎结构、胎面花纹以及使用条件等有关,行驶车速对附着系数也有影响。

车轮在硬路面上滚动时,轮胎的变形远比路面的变形大,路面的微观结构粗糙且有一定的尖锐棱角,路面的坚硬微小突起会嵌入轮胎的接触表面,使车轮与路面有较好的附着能力。当路面覆盖有尘土时,路面的微观凹凸处为尘土所填,附着力系数则降低。在潮湿的路面上,轮胎与路面间的液体起着润滑剂的作用,所以附着性能显著下降。

车轮在松软路面上滚动时,土壤变形较轮胎变形大,轮胎花纹的凸起部分嵌入土壤,这时附着系数的数值不仅取决于轮胎与土壤间的摩擦,同时取决于土壤的抗剪强度,因为只有在嵌入轮胎花纹凹入部分的土壤被剪切后,车轮才能滑转。因此,土壤的抗剪强度越高,其附着能力越大。土壤的抗剪强度与土壤的粒度、湿度、多孔度及土壤内摩擦系数等

有关。

轮胎的结构及材料对附着系数的影响也很显著。具有细而浅花纹的轮胎在硬路面上有较好的附着能力;而在软土壤上,具有宽而深花纹的轮胎则可得较大的附着系数。花纹纵向排列的轮胎所能传递的侧向力较高;而横向或人字形排列的花纹的轮胎则传递切向力的能力较大。轮胎材料不同,附着系数也不同,合成橡胶轮胎较天然橡胶轮胎有较高的附着系数。轮胎气压不同,附着系数也不同,轮胎气压对附着系数的影响如图10-11所示。低气压、宽断面的子午线轮胎与地面的接触面积较大,附着系数比普通轮胎要高。轮胎的磨损会影响附着能力,随着胎面花纹深度的减小,其附着系数将有显著下降。

汽车行驶速度对附着系数也有显著影响,如图10-12所示。在硬路面上,如果行驶速度过高,由于胎面橡胶来不及与路面微观凹凸构造完全啮合,所以附着系数有所降低;在潮湿路面上提高行驶速度时,轮胎不易将液体挤出,所以附着系数有显著的降低。在软土壤路面上行驶时,车速过高,车轮的动力作用易破坏土壤的结构,这将使附着系数有显著下降。

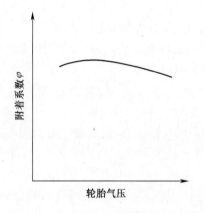 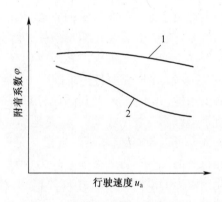

图10-11 轮胎气压对附着系数的影响　　图10-12 汽车行驶速度对附着系数的影响

综上所述,轮胎与路面的附着系数与一系列影响因素有关。表10-4中所列为不同轮胎在各种路面上测试的附着系数。

在实际计算时,在良好的混凝土、沥青路面上,当路面干燥时可取 $\varphi = 0.7 \sim 0.8$,当路面潮湿时可取 $\varphi = 0.5 \sim 0.6$;干燥的碎石路上可取 $\varphi = 0.6 \sim 0.7$;干燥的土路可取 $\varphi = 0.5 \sim 0.6$;湿土路面上可取 $\varphi = 0.2 \sim 0.4$。

表10-4 不同轮胎在各种路面上测试的附着系数

路面		轮胎		
类型	状态	高压轮胎	低压轮胎	越野轮胎
沥青、混凝土路面	干燥	0.50~0.70	0.70~0.80	0.70~0.80
	潮湿	0.35~0.45	0.45~0.55	0.50~0.60
	污染	0.25~0.45	0.25~0.40	0.25~0.45
碎石路面	干燥	0.50~0.60	0.60~0.70	0.60~0.70
	潮湿	0.30~0.40	0.40~0.50	0.40~0.55

(续)

路面		轮胎		
类型	状态	高压轮胎	低压轮胎	越野轮胎
土路	干燥	0.40~0.50	0.50~0.60	0.50~0.60
	潮湿	0.20~0.40	0.30~0.40	0.35~0.50
	泥泞	0.15~0.25	0.15~0.25	0.20~0.30
积雪荒地	松软	0.20~0.30	0.20~0.40	0.20~0.40
	压实	0.15~0.20	0.20~0.25	0.30~0.50
结冰路面		0.08~0.15	0.10~0.20	0.05~0.10

10.5 汽车驱动力—行驶阻力平衡图与动力特性图

10.5.1 驱动力—行驶阻力平衡图

根据汽车的驱动力平衡方程式

$$F_t = F_f + F_w + F_i + F_j$$

或

$$\frac{T_{tq} i_g i_0 \eta_T}{r} = Wf + \frac{C_D A u_r^2}{21.15} + Gi + \delta m \frac{du}{dt}$$

当无风时,汽车与空气的相对速度等于汽车行驶速度,即 $u_r = u_a$。

该平衡方程式表明了汽车行驶时驱动力和外界阻力之间相互关系。当发动机的速度特性、变速器的传动比、主减速比、传动效率、车轮半径、空气阻力系数、汽车迎风面积以及汽车质量等初步确定后,便可利用此式分析汽车的行驶能力,即确定汽车在节气门全开时可能达到的最高车速、加速能力和爬坡能力。

汽车行驶动力方程通常用图解法来进行分析,比较清晰形象。图解法就是在汽车驱动力图上再画上汽车行驶中经常遇到的滚动阻力和空气阻力曲线,作出汽车驱动力-行驶阻力平衡图,并用来确定汽车的动力性。

图 10-13 为具有 5 挡变速器汽车的驱动力—行驶阻力平衡图。图上既有各挡的驱动力,又有滚动阻力以及滚动阻力和空气阻力叠加后得到的行驶阻力曲线。

1. 最高车速的确定

从图 10-13 上可以清楚地看出不同车速时驱动力和行驶阻力之间的关系。根据汽车最高车速的定义,最高挡位的驱动力曲线与行驶阻力($F_f + F_w$)曲线的交点所对应的车速即为汽车的最高车速 u_{amax}。汽车以最高车速行驶时,驱动力全部用来克服滚动阻力和空

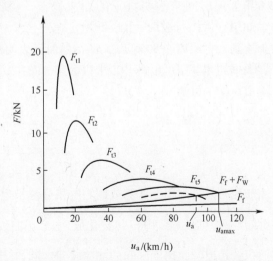

图 10-13 汽车驱动力—行驶阻力平衡图

气阻力,无多余的驱动力来爬坡或加速,此时汽车处于相对稳定的平衡状态。如遇坡道等汽车的行驶阻力增加时,汽车的行驶速度就会降低,为保证汽车正常行驶,必要时还必须降低挡位。

从图10-13上还可以看出,当车速低于最高车速时,驱动力大于行驶阻力。这样,汽车就可以利用剩下来的驱动力加速或爬坡。当需要在较低车速 u_a 等速行驶时,驾驶员可以关小节气门开度(图10-13中虚线),此时发动机只用部分负荷特性工作,相应地得到虚线所示驱动力曲线以使汽车达到新的平衡。

2. 加速能力的确定

汽车的加速能力通常用它在水平良好路面上行驶时能产生的最大加速度或最短加速时间来表示。

1) 汽车加速度

由汽车的驱动力平衡方程式得

$$\frac{du}{dt} = \frac{1}{\delta m}[F_t - (F_f + F_w)] \quad (设 F_i = 0)$$

根据上式和汽车的驱动力-行驶阻力平衡图,即可计算对应某一挡位和车速时汽车所能产生的最大加速度,由此可制取汽车的加速度曲线 $a = f(u_a)$,如图10-14所示。由该图可知,加速度的大小与挡位和行驶速度 u_a 有关。低挡时的加速度最大,有的车辆由于变速器结构的差异,Ⅰ挡 δ 值较大,有时Ⅱ挡的加速度可能比Ⅰ挡的加速度还大。

2) 加速时间

由于加速度的数值不易测量,实际中常用加速时间来表明汽车的加速能力。如用直接挡行驶时,由最低稳定速度加速到一定距离或 $80\% u_{a\max}$ 所需的时间表明汽车的加速能力。

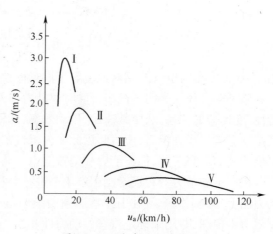

图 10-14 汽车的加速度曲线

根据加速度图可以进一步求得由某一车速 u_1 加速至另一较高车速 u_2 所需的时间。

由运动学可知

$$dt = \frac{1}{a}du$$

$$t = \int_0^t dt = \int_{u_1}^{u_2} \frac{1}{a}du = A$$

加速时间可用积分计算或用图解积分法求出。用图解积分法时,将加速度与车速曲线,即 $a - u_a$ 曲线(图10-14)转化成 $\frac{1}{a} - u_a$ 曲线(图10-15(a))。曲线下两个速度区间的面积就是通过此速度区间的加速时间。例如,求某一挡位下由某一车速 u_1 加速至另一较高车速 u_2 的加速时间,常将速度区间分为若干区间,通过确定面积 Δ_1、Δ_2、…来计算总的加速时间(图 10-15(b))。

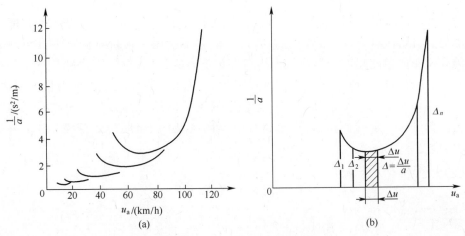

图 10-15 汽车的加速度倒数曲线

3. 爬坡能力的确定

根据汽车行驶方程式与驱动力-行驶阻力平衡图,可确定汽车的爬坡能力。

一般所谓汽车的爬坡能力,是指汽车等速行驶在良好路面上克服滚动阻力和空气阻力后所剩的动力全部用来克服坡度阻力时所能爬上的坡度,故 $\dfrac{\mathrm{d}u}{\mathrm{d}t}=0$,所以

$$F_i = F_t - (F_f + F_w)$$

汽车以较低挡位行驶时,能爬过的坡道角度较大,由于 $F_i = G\sin\alpha$,所以汽车的爬坡度应根据汽车的驱动力-行驶阻力平衡图按下列公式进行求解,即

$$\alpha = \arcsin\frac{F_t - (F_f + F_w)}{G}$$
$$i = \tan\alpha$$

汽车以较高挡位行驶时,能爬过的坡道角度较小,因此 $F_i = G\sin\alpha \approx G\tan\alpha$,所以汽车的爬坡度应根据汽车的驱动力—行驶阻力平衡图按下列公式求得

$$i = \tan\alpha \approx \sin\alpha = \frac{F_t - (F_f + F_w)}{G}$$

图 10-16 为某一汽车的爬坡度曲线。其中,汽车最大爬坡度 i_{max} 为 I 挡时的最大爬坡度。但是最高挡最大爬坡度 i_{0max} 也是一项重要指标,因为汽车经常以最高挡行驶,i_{0max} 过小,汽车在遇到不大的坡度时就要经常换挡。这样就会影响汽车的平均行驶速度。

图 10-16 汽车的爬坡度曲线

10.5.2 动力特性图

利用汽车的驱动力-行驶阻力平衡图,可以确定一辆汽车的最高车速、加速能力和上坡能力,可以评价同一类型汽车的动力性,但它不能用于评价不同类型汽车的动力性。因为汽车的道路阻力和加速阻力均与汽车重力成正比,空气阻力则与汽车外形等因素有关,所以不能单纯根据汽车驱动力的大小,简单地判定汽车的动力性。因此,需要有一个既考虑驱动力又包括汽车重力和空气阻力的综合性参数。为此将汽车驱动力平衡方程进行一定的变换,即可求得评价不同类型汽车的动力性参数,这个参数称为动力因数。

汽车的驱动力平衡方程式为

$$F_t = F_f + F_w + F_i + F_j$$

$$F_t = Wf\cos\alpha + F_w + G\sin\alpha + \delta m \frac{du}{dt} \quad (W = G)$$

两边除以汽车重力得

$$\frac{F_t - F_w}{G} = f\cos\alpha + \sin\alpha + \frac{\delta}{g}\frac{du}{dt}$$

由于 $f\cos\alpha + \sin\alpha = \psi$ (ψ 称为道路阻力系数),所以上式整理得

$$\frac{F_t - F_w}{G} = \psi + \frac{\delta}{g}\frac{du}{dt}$$

令 $D = \dfrac{F_t - F_w}{G}$,D 称为汽车的动力因数,则

$$D = \psi + \frac{\delta}{g}\frac{du}{dt}$$

上式也称为动力平衡方程。由该式可知,无论汽车的 F_t、G、C_D、A 等参数有什么不同,只要有相等的动力因数,汽车就能克服同样的道路阻力和坡度阻力,若汽车的 δ 值也相同,则汽车也能产生同样的加速能力,因此把动力因数作为表征汽车动力特性的指标比较合理。同时利用动力因数及其特性图来分析汽车的动力性能不仅有其全面性,而且也较简便。因此在评定汽车动力性能时得到广泛使用。

汽车的动力特性图是指在各挡下的动力因数与汽车行驶速度的关系曲线,如图 10-17 所示。将汽车滚动阻力系数 f 随汽车行驶速度 u_a 变化关系曲线,以相同比例尺画在动力特性图上,就可以方便地求解汽车动力性评价指标。

1. 最高车速的确定

由于汽车的最高车速是汽车在良好

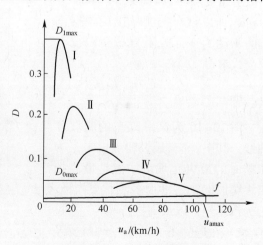

图 10-17 汽车动力特性图

水平路面上，满载等速行驶达到的最高车速。当汽车达到最高车速时，$\psi = f$，$\dfrac{\mathrm{d}u}{\mathrm{d}t} = 0$，根据动力平衡方程可得

$$D = f$$

因此，$D - u_a$ 曲线与 $f - u_a$ 曲线交点所对应的车速，就是汽车的最高车速。

2. 加速能力的确定

因为要使汽车在各种条件下达到最大加速能力时，$i = 0$，即 $\psi = f$，根据动力平衡方程可得

$$D = f + \frac{\delta}{g} \frac{\mathrm{d}u}{\mathrm{d}t}$$

$$\frac{\mathrm{d}u}{\mathrm{d}t} = \frac{g}{\delta}(D - f)$$

因此，$D - u_a$ 曲线与 $f - u_a$ 曲线间距离的 $\dfrac{g}{\delta}$ 倍就是各挡的加速度。

3. 爬坡能力的确定

因为汽车达到最大爬坡能力时，$\dfrac{\mathrm{d}u}{\mathrm{d}t} = 0$，由动力平衡方程可得

$$D = \psi = f\cos\alpha + \sin\alpha = f\sqrt{1 - \sin^2\alpha} + \sin\alpha$$

解该三角函数方程得

$$\alpha = \arcsin \frac{D - f\sqrt{1 - D^2 + f^2}}{1 + f^2}$$

然后按 $\tan\alpha = i$，可求出坡度值。若将 I 挡最大动力因数 $D_{\mathrm{I\,max}}$ 和滚动阻力系数 f 代入上式，就可直接求出最大爬坡度 $i_{\max}$。

10.6 汽车的功率平衡

汽车行驶时，不仅驱动力和行驶阻力互相平衡，而且汽车发动机功率和汽车行驶的阻力功率也是互相平衡的。在汽车行驶的每一时刻，发动机发出的功率始终等于机械传动损失的功率与全部运动阻力所消耗的功率之和。

发动机输出功率为 P_e，汽车运动阻力所消耗的功率有滚动阻力功率 P_f、空气阻力功率 P_w、坡度阻力功率 P_i 及加速阻力功率 P_j，于是得汽车功率平衡方程式

$$P_e = \frac{1}{\eta_T}(P_f + P_w + P_i + P_j)$$

式中 η_T ——传动系的传动效率。

如果汽车的行驶阻力用 F 表示，单位为 N；汽车的行驶速度用 u_a 表示，单位为 km/h；克服该行驶阻力所消耗的功率用 P 表示，单位为 kW，则

$$P = \frac{Fu_a}{3600}$$

根据上式有

滚动阻力功率 $P_f = \dfrac{Wfu_a}{3600} = \dfrac{Gfu_a}{3600}$

空气阻力功率 $P_w = \dfrac{C_D A u_a^3}{76140}$

坡度阻力功率 $P_i = \dfrac{Giu_a}{3600}$

加速阻力功率 $P_j = \dfrac{\delta m u_a}{3600}\dfrac{du}{dt}$

因此得到汽车功率平衡方程式为

$$P_e = \dfrac{1}{\eta_T}\left(\dfrac{Gfu_a}{3600} + \dfrac{C_D A u_a^3}{76140} + \dfrac{Giu_a}{3600} + \dfrac{\delta m u_a}{3600}\dfrac{du}{dt}\right)$$

与汽车的驱动力-行驶阻力平衡一样，汽车的功率平衡也可用功率平衡图来表示。汽车的功率平衡图以发动机的功率 P_e 为纵坐标，以汽车行驶速度 u_a 为横坐标，将各挡位的 P_e - u_a 曲线和汽车在平直良好路面上等速行驶所遇到的阻力功率 $\dfrac{1}{\eta_T}(P_f + P_w)$ 与车速 u_a 的关系曲线绘出，即得汽车的功率平衡图，如图10-18所示。

发动机功率与各个挡位行驶车速的关系曲线 P_e - u_a，可以根据发

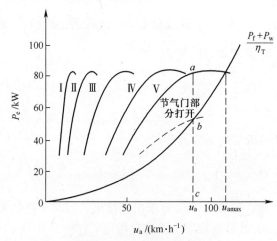

图10-18 汽车功率平衡图

动机功率曲线及公式 $u_a = 0.377\dfrac{rn}{i_g i_0}$，将发动机转速转换成车速进行绘制。可见对应于汽车变速器的每一个挡位，都可绘出一条发动机功率 P_e - u_a 曲线。变速器有几个挡位，便有几条发动机功率曲线。在不同挡位下，各条曲线的起始点、终点及峰值的发动机功率 P_e 是一致的，但各挡发动机功率曲线所对应的车速位置不同，高挡时车速高，所占速度变化区域宽；低挡时车速低，所占速度变化区域窄。

阻力功率与行驶车速的关系曲线 $\dfrac{1}{\eta_T}(P_f + P_w)$ - u_a，在低速范围内为一斜直线，在高速时由于滚动阻力系数 f 随车速 u_a 的增加而增大，所以 P_f 随 u_a 的增加而增加；空气阻力 P_w 是车速 u_a 的三次函数，所以 P_w 将随着 u_a 的增加而大大增加。二者叠加后，得到阻力功率曲线 $\dfrac{1}{\eta_T}(P_f + P_w)$ - u_a，它是一条斜率越来越大的曲线。高速行驶时，汽车主要克服空气阻力。对轿车来说，当车速达到100km/h时，空气阻力约占总阻力的70%。

图10-18中发动机在V挡的功率曲线与阻力功率曲线相交点处对应的车速就是在良好水平路面上汽车的最高车速 $u_{a\max}$。如果需要汽车以较低车速 u_a 等速行驶时，驾驶

员应减小节气门的开度,使发动机以部分负荷速度特性工作,其功率曲线如图中虚线所示,以维持汽车等速行驶。此时,汽车的阻力功率 $\frac{1}{\eta_T}(P_f + P_w)$ 为 bc 段所对应功率。如汽车行驶速度为 u_a 时,节气门全开,则发动机发出的功率为 ac 段所对应功率。因此在某一车速 u_a 下有

$$P_e - \frac{1}{\eta_T}(P_f + P_w) = ac - bc = ab$$

ab 段对应的这部分功率称为汽车的后备功率,可用来加速或爬坡。在一般情况下维持汽车等速行驶所需的发动机功率并不大,发动机节气门开度较小。当需要爬坡或加速时,驾驶员加大节气门开度,可使汽车的全部或部分后备功率发挥作用。因此,汽车的后备功率越大,汽车的动力性越好。

10.7 影响汽车动力性的主要因素

为了提高汽车的动力性,使汽车具有合理的动力性参数,必须对影响汽车动力性的各种因素进行分析。影响汽车动力性的主要因素有发动机特性、传动系参数、汽车质量、空气阻力、轮胎尺寸与形式和使用因素等。

10.7.1 发动机特性

发动机特性受其结构型式的影响,不同种类的发动机有不同的特性。如图 10-19 所示为三种最大功率相等但不同类型发动机的特性曲线,图 10-19(a) 为一般活塞式发动机外特性曲线;图 10-19(b) 为一种假想的能在不同转速下发出等功率的发动机特性曲线;图 10-19(c) 为活塞式蒸汽机的特性曲线。把这三种发动机分别装在汽车上,并保证汽车的总质量、变速比、最高车速均相同,在这个前提下,根据三种发动机特性曲线,作出汽车的功率平衡图与驱动力—行驶阻力平衡图,如图 10-20 所示。从该图可以看出,活塞式发动机、蒸汽机与等功率发动机具有同一最大功率,但活塞式发动机汽车,在车速较低时,能提供的驱动力很小。其原因是该发动机在低转速时功率较小,后备功率也较小,只能通

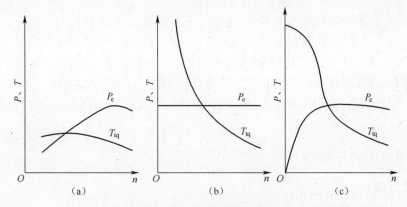

图 10-19 三种发动机特性曲线
(a)活塞式发动机;(b)等功率的发动机;(c)活塞式蒸汽机。

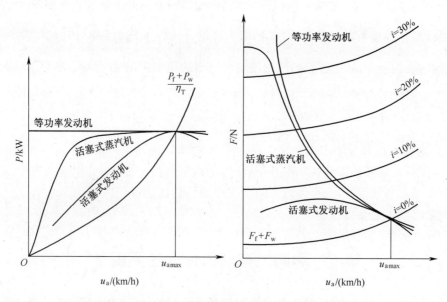

图 10-20　汽车的功率平衡图与驱动力-行驶阻力平衡图

过很小的坡度。蒸汽机汽车可以克服 30% 以上的坡度。等功率发动机汽车可以克服更大的坡度。由此可见，活塞式发动机的外特性远不如活塞式蒸汽机的好，更比不上等功率发动机。等功率发动机的特性曲线为理想的汽车发动机特性。

汽车上配备的发动机的功率越大，则汽车的动力性越好，但功率过大，会使经济性降低。为了评价汽车的动力性能，可用汽车的比功率作为评价指标。比功率是发动机最大功率 P_{emax} 与汽车总质量 m 之比，即 P_{emax}/m，也称功率利用系数，其值大小因汽车型式的不同而异。

发动机所发出的转矩随转速的降低而增大的程度对发动机的工作性能有很大影响，通常以发动机的适应性系数来表征发动机的这种工作性能，发动机适应系数 K 是指最大转矩 T_{tqmax} 与最大功率时的转矩 T_{tqP} 的比值，即

$$K = \frac{T_{tqmax}}{T_{tqP}}$$

对于低速发动机，其转矩变化较大，适应性系数较高，在低速范围内具有较大的转矩，但转速低将导致功率下降，降低了高速行驶时的汽车动力性。对于高速发动机，其转矩变化较小，适应性系数较低，但选择了适当的传动系后，可以使转矩随转速增加而下降缓慢。这样，可以保证汽车在任一挡位的全部速度变化范围内均有良好加速性。这对高速汽车尤为重要，使其具有良好的超车能力，保证高速行驶。所以现在汽车发动机多向高速方向发展。

10.7.2　传动系参数

1. 传动效率 η_T

传动损失功率可表示为 $P_T = P_e - P_e\eta_T$，可见传动效率越高，传动损失功率越小，发动机有效功率将更多地转变为驱动力，汽车动力性越好。目前，可采用提高加工精度、在润滑

油中加入减磨添加剂和选用黏度适当且受温度影响小的润滑油等措施,来提高传动效率。

2. 主减速器传动比

汽车装用的发动机和变速器等均相同时,其动力性可因改变主减速器传动比 i_0 而有所变化。图10-21所示为不同主减速器传动比对汽车动力性的影响,其中 $i'_0 > i''_0 > i'''_0$。

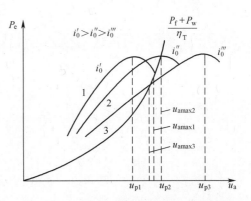

图10-21 主传动比对汽车动力性的影响

由图可知,随着 i_0 的增大,功率曲线向左移动,在一定行驶车速时的后备功率增大,所以汽车的爬坡能力和加速能力提高。此外,汽车的最大行驶速度 u_{amax} 也随着 i_0 的增大而发生变化。当主传动比为 i''_0 时,阻力功率曲线与发动机功率曲线的最大功率处相交,此时汽车的最高车速 u_{amax2} 最高。当主传动比过大(为 i'_0)或过小(为 i'''_0)时,汽车的最高车速 u_{amax1} 或 u_{amax3} 均降低。由此可见,为提高汽车的动力性,应在保证最高车速的前提下,尽可能选择较大的主减速器传动比。

应当注意,随着主减速比的增大,不仅会使汽车的最高车速 u_{amax} 减小,也会使发动机经常以较高转速工作,对发动机的使用寿命和燃料经济性均会产生不利的影响。此外,增大主减速器传动比,与之相应的主减速器外形尺寸加大,这会减小驱动桥的离地间隙,影响汽车的通过性。为此,对于一般用途汽车,为了保证其有足够的后备功率,在选择 i_0 时,应使阻力功率曲线与发动机功率曲线交点所决定的最大车速高于最大功率时的车速,如图10-21中主传动比为 i'_0 的发动机功率曲线与阻力功率曲线的位置关系所示。两车速的比值一般为 $u_{amax1}/u_{P1} = 1.1 \sim 1.25$,其中 u_{P1} 是相当于最大功率时的行驶速度,但此时燃油经济性较差。

3. 变速器参数

为了扩大发动机的转矩变化范围,克服活塞式发动机特性曲线上的缺陷,汽车必须在传动系中采用变速器,从而使汽车的驱动功率与驱动力矩接近等功率发动机,改善了汽车的动力性。影响汽车动力性的变速器参数有变速器挡数及各挡传动比。

1)变速器挡数

变速器挡数对汽车动力性有很大影响,图10-22为装有活塞式发动机和三挡变速器的汽车与装有等功率发动机汽车的动力性对比。显然,变速器挡数越多,越接近等功率发动机,若变速器挡数无限增多,即采用无级变速器,则活塞式发动机就可能总是在最大功率 P_{emax} 下工作。

增加变速器挡数,可在不同行驶条件下选择最佳的挡位,使发动机输出最大功率,从而提高汽车的后备功率,使汽车具有较强的加速能力和爬坡能力。但普通齿轮式有级变速器,挡数过多会使结构复杂,操纵困难。因此有级变速器的实际挡数一般为3~5个。在汽车上采用无级变速器,是解决上述矛盾的最佳选择。

2)变速器传动比

变速器传动比要分别考虑最低挡传动比和各挡传动比。

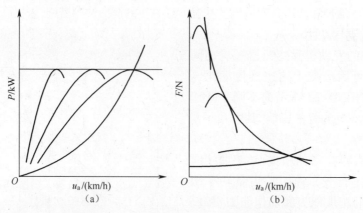

图 10-22 变速器挡数对汽车动力性的影响

最低挡传动比对汽车动力性有重大影响,最低挡传动比越大,汽车所能克服的道路阻力越大,汽车的最大爬坡度也越大,但应考虑驱动轮与道路之间的附着情况,驱动轮上的最大驱动力不能大于驱动轮与道路之间的附着力。

变速器各挡传动比之间的分配对汽车动力性也有影响,各挡传动比要合理分配。分配得当能使发动机经常在接近外特性最大功率 P_{emax} 处的大功率范围内运转,从而增加了汽车的后备功率,提高了汽车的加速和上坡能力。如果各挡传动比分配不当,还会使换挡困难,影响汽车的动力性。

10.7.3 汽车总质量

汽车总质量对汽车的动力性有很大影响。除了空气阻力以外,其他行驶阻力都与汽车总重力成正比。在其他条件相同的情况下,动力因数与汽车总重力成反比。因此,随汽车总质量增加,汽车动力性能变差,汽车行驶的平均速度显著下降。如果能减轻汽车自重,可成比例地减小汽车行驶的滚动阻力、上坡阻力和加速阻力,使汽车动力性得到改善,且使其燃料经济性变好。对具有相同载重量的不同汽车,其自重较小者,总质量亦较小,因而动力性较好。对于自重占汽车总质量比例较大的轿车,减轻自重可获得较显著的动力性。

对于货车,为了提高运货量,采用挂车,汽车总质量增加,汽车动力性变差,即汽车带上挂车后的平均行驶速度将有所降低,但由于运货量增加,只要保证运输生产率增加,对汽车运输仍是有利的。

10.7.4 空气阻力

空气阻力系数 C_D、迎风面积 A 及车速 u_a 决定了汽车空气阻力的大小。在汽车低速行驶时,空气阻力对汽车动力性影响较小;而在汽车高速行驶时,空气阻力和车速平方成正比,因而其在汽车行驶阻力总值中占很大比例,对汽车动力性影响较大。所以改善汽车流线形状,减少空气阻力,对高速行驶汽车提高动力性是非常必要的。

10.7.5 轮胎尺寸与形式

汽车的驱动力与滚动阻力以及附着力都受轮胎的尺寸与形式的影响,故轮胎的选用对汽车的动力性影响较大。

当其他条件相同时,驱动力与轮胎半径成反比,而汽车的行驶速度与轮胎半径成正比。这说明,轮胎半径对与动力性有关的驱动力和车速的影响是矛盾的。汽车在良好的路面行驶时应用小直径的轮胎,即可得到较大的驱动力。而对于车速的提高可以采用减小主减速器传动比的方法来解决。轮胎尺寸和主减速器传动比减小,使汽车重心高度降低,从而提高了汽车行驶稳定性,为汽车高速化提供了有利条件。汽车在软路面上行驶时,车速不高,要求轮胎半径大一些,主要是为增加轮胎与路面间的附着系数。

轮胎形式、花纹和气压对汽车动力性也有影响。为提高汽车动力性应尽量减少汽车轮胎的滚动阻力,同时增加道路与轮胎间的附着力。根据这一原则,硬路面上行驶的汽车,用子午线胎,小而浅的花纹,较高的轮胎气压,这对提高汽车的动力性有一定作用;在软路面上行驶的汽车,用大而深的花纹、较低的轮胎气压,这对提高汽车动力性和通过性有较好的作用。

10.7.6 使用因素

汽车的动力性还在不同程度上受到汽车运行条件的影响,如道路、气候、海拔高度、驾驶技术、技术保养与调整、交通规则与运输组织等。在汽车使用过程中,加强保养维护,采用正确的驾驶方法,合理的运输组织,改善道路和交通条件,均有利于提高汽车的平均行驶速度,充分发挥汽车的动力性能,以提高汽车运输效率。

思 考 题

1. 汽车理论主要研究汽车的哪些使用性能?
2. 汽车动力性指标有哪些?
3. 已知一汽车发动机的转速为 3200r/min 时,发出转矩为 75.5N·m,求此时的功率?
4. 汽车行驶阻力有哪些?如何计算这些阻力的数值?
5. 试画出汽车加速上坡的受力图,并写出汽车行驶动力方程。
6. 什么是附着力?影响附着力的因素有哪些?
7. 什么是汽车的动力因数?
8. 什么是汽车功率平衡方程式?

第11章 汽车的燃油经济性

在保证动力性的条件下,汽车以尽量少的燃油消耗量完成运输工作的能力,称为汽车的燃油经济性。

汽车燃油经济性是汽车的主要性能之一。在汽车运输成本中,燃油消耗的费用占总费用的 30%～40%,所以燃油经济性的提高就意味着汽车运输成本的下降和经济效益的提高。汽车用油在当前和今后相当长的一段时间内仍然是石油产品,随着我国汽车保有量的逐年增加,石油的消耗量也在逐步增加,而我国石油产量增加较慢,难以满足汽车增长的要求,因此我国每年都需进口大量的石油。能源短缺迫使人们关注汽车的燃油经济性,每个汽车生产厂家都在加强研究如何降低汽车油耗。

汽车排出的尾气中含有碳氢化合物(HC)、一氧化碳(CO)、氮氧化物(NO_x)等有害物质,严重影响了人体的健康。发动机的燃油消耗率与排放污染是有密切关系的,降低汽车发动机的燃油消耗率,改善汽车的燃油经济性,是保护环境,保证汽车发动机排放达到有关法规要求的有力措施之一。

由于节约燃料、保护环境已成为全球关注的重大事件,汽车燃油经济性受到各国政府、汽车制造企业与汽车使用者进一步的重视。

11.1 汽车燃油经济性的评价指标

汽车的燃油经济性常用一定运行工况下汽车行驶百公里的燃油消耗量或一定燃油量能使汽车行驶的里程来衡量。

在美国、英国等一些国家用 MPG(mile/gal)作为汽车燃油经济性的评价指标,即用每消耗 1 加仑燃油汽车行驶的英里数来表示(1mile=1.6093km,1 美加仑=3.785L,1 英加仑=4.546L),相同载质(客)量的汽车,该数字越大,说明该车的燃油经济性越好。

在我国及欧洲,燃油经济性指标的单位为 L/100km,即汽车每行驶 100km 所消耗的燃油升数,其数值越大,表明汽车燃油经济性越差。如相同载质(客)量的汽车,百公里油耗数字越小,说明该车的燃油经济性越好。

百公里燃油消耗量分为等速行驶百公里燃油消耗量和循环工况行驶百公里燃油消耗量。

11.1.1 等速行驶百公里燃油消耗量

汽车百公里油耗可以用下面的表达式计算

$$Q_s = \frac{100q}{s}$$

式中 Q_s——百公里油耗(L/100km);
   q——汽车通过测试路段的燃油消耗量(L);
   s——测量路段长度(km)。

汽车运输企业还常用完成 100 吨公里运输工作量所消耗的燃油量(以体积计算)来表示汽车的燃油经济性,该指标便于比较不同装载量汽车的燃油经济性。表示方法如下:

$$Q_t = \frac{100q}{Ws}$$

式中 Q_t——汽车 100 吨公里的油耗(L/100t·km);
   q——给定里程的燃油消耗量(L);
   W——汽车载质量(t);
   s——汽车行驶的里程(km)。

从节约燃油的目的出发,汽车运输企业对汽车燃油经济性的评价用燃油消耗量定额作为依据。不同的车型规定了不同的燃油消耗量,车辆燃油消耗的多少主要是通过与该车型燃油消耗量定额做比较而得出的。因此,运输企业燃油消耗量定额就成了评价运输车辆燃油经济性的指标。

等速百公里燃油消耗量,是常用的一种评价指标,指汽车在额定的载荷下,以最高挡在水平良好路面上等速行驶 100km 的燃油消耗量。我们把各个速度下的等速百公里燃油消耗量标注在以行驶速度为横坐标、百公里燃油消耗量为纵坐标的图上,即可得到等速百公里燃油消耗量曲线,如图 11-1 所示,我们可以用它来评价汽车的燃油经济性。表 11-1 为几种车型的等速百公里油耗。

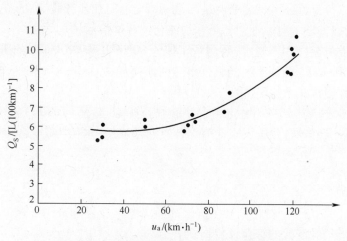

图 11-1 汽车等速行驶百公里燃油消耗量曲线

表 11-1 几种车型的汽车 90km/h 等速百公里油耗量

车 型	别克 GL8	神龙富康 988EX	赛欧 SL	夏利 2000	宝来 1.8L-MT	波罗 ALi	奥迪 A4-3.0
90km/h 等速油耗/(L/100km)	8.6	≤6.5	5.3(手动变速) 5.7(自动变速)	≤5	6.4	5.8	9.7

11.1.2 循环工况行驶百公里燃油消耗量

由于等速行驶工况没有全面反映汽车的实际运行情况,特别是在市区行驶中频繁出现的加速、减速、怠速停车等行驶工况。因此,在对实际行驶车辆进行跟踪测试统计的基础上,制定一些典型的循环行驶试验工况来模拟实际汽车运行状况,并以其百公里燃油消耗量来评定相应行驶工况的燃油经济性。

循环工况规定了车速-时间行驶规范,如何时换挡、何时制动以及行车的速度和加速度等数值。在路上进行循环工况燃油经济性试验比较困难,一般多规定在室内汽车底盘测功机上进行测试;而规定在路上进行试验的循环工况均很简单。我国制定了货车与客车的路上行驶循环工况,货车为 6 工况,1.075km 循环,如图 11-2(a) 所示;客车为城市 4 工况,0.70km 循环,如图 11-2(b) 所示。

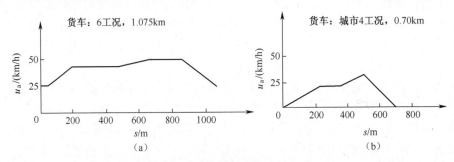

图 11-2 我国汽车燃油经济性的行驶工况

我国规定以等速百公里燃油消耗量和最高挡全油门加速行驶 500m 的加速油耗作为单项评价指标,以循环工况燃油消耗量作为综合性评价指标。

欧洲经济委员会(ECE)规定,要测量车速为 90km/h 和 120km/h 的等速百公里燃油消耗量和按 ECE-R.15 循环工况的百公里燃油消耗量,并各取 1/3 相加作为混合百公里燃油消耗量来评定汽车燃油经济性。

美国环境保护局(EPA)规定,要测量城市循环工况(UDDS)及公路循环工况(HWFET)的燃油经济性,并按下式计算综合燃油经济性(单位为每加仑燃油汽车行驶英里数),即

$$综合燃油经济性 = \frac{1}{\dfrac{0.55}{城市循环工况燃油经济性} + \dfrac{0.45}{公路循环工况燃油经济性}}$$

并以此作为燃油经济性的综合评价指标。

11.2 汽车燃油经济性的计算

在汽车设计与开发工作中,常常需要根据发动机台架试验得到的万有特性图与汽车功率平衡图,对汽车燃油经济性进行估算。本节将分别介绍等速行驶工况、等加速行驶工况、等减速行驶工况和怠速停车工况的燃油消耗量计算方法,在此基础上计算整个循环工况的百公里燃油消耗量。

11.2.1 等速行驶工况燃油消耗量的计算

图 11-3 绘出了汽油发动机的万有特性曲线,在万有特性图上有等燃油消耗率曲线。根据这些曲线,可以确定发动机在一定转速 n,发出一定功率 P_e 时的燃油消耗率 b。

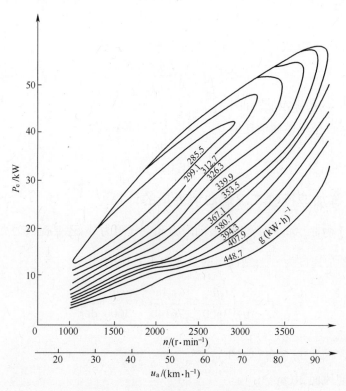

图 11-3 汽油发动机的万有特性曲线

计算时,将发动机转速 n 按汽车等速行驶时的最高挡转换成行驶车速,并画在横坐标上。同时计算出等速行驶时为克服滚动阻力与空气阻力的汽车阻力功率 $\frac{1}{\eta_T}(P_f + P_w)$,显然,汽车发动机发出的功率应等于该阻力功率。根据等速行驶车速 u_a 及阻力功率 P,在万有特性图上可确定相应的燃油消耗率 b,对没有落在图 11-3 中万有曲线上的点,可以通过相邻两万有曲线用插值法求得。这样就可以计算出该汽车等速行驶时单位时间内的燃油消耗量 Q_t 为

$$Q_t = \frac{Pb}{367.1\rho g}$$

式中　P——阻力功率(kW),$P = \frac{1}{\eta_T}(P_f + P_w)$;

　　　b——燃油消耗率(g/kW·h);

　　　ρ——燃油的密度,汽油可取为 0.71~0.73kg/L,柴油可取为 0.81~0.83kg/L;

　　　g——重力加速度(m/s²)。

整个等速行驶 s 行程的燃油消耗量 Q 可按下式计算:

$$t = \frac{\frac{s}{1000}}{u_a} \times 3600 = \frac{3.6s}{u_a}$$

式中 u_a——行驶车速(km/h);
s——行程(m);
t——所需时间(s)。

把 t 值代入 Q_t 表达式,可得行程为 s 的燃油消耗量 Q 为

$$Q = \frac{Pbs}{102u_a\rho g}$$

式中 u_a——行驶车速(km/h)。

折算成等速百公里燃油消耗量 Q_s(单位为 L/100km)为

$$Q_s = \frac{Pb}{1.02u_a\rho g}$$

11.2.2 等加速行驶工况燃油消耗量的计算

汽车加速行驶时,发动机除克服滚动阻力和空气阻力外,还要提供为克服加速阻力所消耗的功率。若加速度为 $\frac{du}{dt}$,则汽车的阻力功率 P 应为

$$P = \frac{1}{\eta_T}\left(\frac{Gfu_a}{3600} + \frac{C_DAu_a^3}{76140} + \frac{\delta m u_a}{3600}\frac{du}{dt}\right)$$

式中 G——汽车总重力(N);
u_a——汽车行驶速度(km/h);
A——迎风面积(m^2);
m——汽车总质量(kg);
$\frac{du}{dt}$——汽车加速度(m/s^2)。

显然,汽车在正常工作时,发动机应提供的功率在数值上等于此时汽车的阻力功率。现在要计算汽车由 u_{a1} 以等加速度加速行驶至 u_{a2} 的燃油消耗量,如图11-4所示。首先把加速过程分隔为若干个小区间,区间以速度每增加 1km/h 为一间隔。然后根据平均的单位时间燃油消耗量和行驶时间来计算出每个区间的燃油消耗量。各区间起始或终了车速所对应时刻的单位时间燃油消耗量 Q_t(mL/s),可根据相

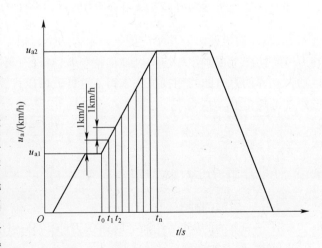

图 11-4 等加速行驶工况燃油消耗量的计算

应的发动机发出的功率与燃油消耗率求得

$$Q_t = \frac{Pb}{367.1\rho g}$$

而汽车行驶速度每增加 1km/h 所需时间 $\Delta t(s)$ 为

$$\Delta t = \frac{1}{3.6\dfrac{du}{dt}}$$

式中　$\dfrac{du}{dt}$——行驶速度增加 1km/h 这期间内汽车的加速度(m/s^2)。

汽车以行驶初速度 u_{a1} 加速至($u_{a1}+1$km/h)所需燃油量(mL)为

$$Q_1 = \frac{1}{2}(Q_{t0} + Q_{t1})\Delta t$$

式中　Q_{t0}——汽车行驶初速为 u_{a1} 时,即 t_0 时刻的单位时间燃油消耗量(mL/s);

　　　Q_{t1}——车速为($u_{a1}+1$km/h)时,即 t_1 时刻的单位时间燃油消耗量(mL/s)。

同理可知,车速由($u_{a1}+1$km/h)再增加 1km/h 所需的燃油量(mL)为

$$Q_2 = \frac{1}{2}(Q_{t1} + Q_{t2})\Delta t$$

式中　Q_{t2}——车速为($u_{a1}+2$km/h)时,即 t_2 时刻的单位时间燃油消耗量(mL/s)。

依此类推,其他各个区间的燃油消耗量为

$$Q_3 = \frac{1}{2}(Q_{t2} + Q_{t3})\Delta t$$

$$\vdots$$

$$Q_n = \frac{1}{2}(Q_{t(n-1)} + Q_{tn})\Delta t$$

式中　Q_{t3}、Q_{t4}、…、Q_{tn}——t_3、t_4、…、t_n 各个时刻的单位时间燃油消耗量(mL/s)。

整个加速过程的燃油消耗量 Q_a(mL/s)为

$$Q_a = \sum_{i=1}^{n} Q_i = Q_1 + Q_2 + \cdots + Q_n$$

或

$$Q_a = \frac{1}{2}(Q_{t0} + Q_{tn})\Delta t + \sum_{i=1}^{n-1} Q_{ti}\Delta t$$

整个加速区段内汽车行驶的距离 s_a(s)为

$$s_a = \frac{u_{a2}^2 - u_{a1}^2}{25.92\dfrac{du}{dt}}$$

式中　u_{a2}——汽车加速终了的行驶速度(km/h);

　　　u_{a1}——汽车加速起初的行驶速度(km/h);

　　　$\dfrac{du}{dt}$——汽车加速度(m/s^2)。

11.2.3 等减速行驶工况燃油消耗量的计算

汽车减速行驶时,油门松开,关至最小位置,发动机处于强制怠速工作状态,所以其燃油消耗量即为正常怠速时的燃油消耗量。因此,等减速工况燃油消耗量为怠速燃油消耗率与减速行驶时间的乘积。

减速时间 t 为

$$t = \frac{u_{a2} - u_{a3}}{3.6 \dfrac{du}{dt}}$$

式中　u_{a2}——等减速行驶的起始车速(km/h);
　　　u_{a3}——等减速行驶的终了车速(km/h);
　　　$\dfrac{du}{dt}$——减速度(m/s²)。

所以等减速过程燃油消耗量 Q_d(mL) 可按下式计算

$$Q_d = \frac{u_{a2} - u_{a3}}{3.6 \dfrac{du}{dt}} Q_i$$

式中　Q_i——怠速燃油消耗率(mL)。

减速区段内汽车行驶的距离(m)为

$$s_d = \frac{u_{a2}^2 - u_{a3}^2}{25.92 \dfrac{du}{dt}}$$

11.2.4 怠速停车时的燃油消耗量

怠速停车时的燃油消耗量 Q_{id}(mL) 为

$$Q_{id} = Q_i t_s$$

式中　Q_i——怠速燃油消耗率(mL/s);
　　　t_s——怠速停车时间(s)。

11.2.5 整个循环工况的百公里燃油消耗量

对于由等速、等加速、等减速、怠速停车等行驶工况组成的循环工况,其燃油消耗为所有过程的燃油消耗的总和,整个试验循环的百公里燃油消耗量 Q_s(L/100km) 可按下式计算

$$Q_s = \frac{\sum Q}{s} \times 100$$

式中　$\sum Q$——所有过程油耗量之和(mL);
　　　s——整个循环的行驶距离(m)。

11.3　影响汽车燃油经济性的因素

由 11.2 节可知，汽车等速百公里燃油消耗量 Q_s 为

$$Q_s = \frac{Pb}{1.02 u_a \rho g}$$

由于等速行驶时为克服滚动阻力与空气阻力的汽车阻力功率 $P = \frac{1}{\eta_T}(P_f + P_w)$，而

$P_f = \frac{Wfu_a}{3600} = F_f \frac{u_a}{3600}$，$P_w = \frac{C_D A u_a^3}{76140} = F_w \frac{u_a}{3600}$，将这三式代入上式，可得

$$Q_s = \frac{CFb}{\eta_T}$$

式中　C——常数；
　　　F——行驶阻力，$F = F_f + F_w$。

由上式可知，等速百公里燃油消耗量与等速行驶时的行驶阻力和燃油消耗率成正比，与传动效率成反比。因此，要提高汽车燃油经济性，必须在汽车结构和汽车使用两方面采取措施以降低发动机燃油消耗率、减小汽车的行驶阻力和提高传动系的传动效率。

发动机的燃油消耗率，一方面取决于发动机的种类、设计制造水平；另一方面又与汽车行驶时发动机的负荷率有关。对一定的发动机而言，负荷一定时，燃油消耗率随发动机转速变化不大；而转速一定时，燃油消耗率随负荷变化很大，负荷在 80%～90% 范围内燃油消耗率最低，超出此范围燃油消耗率明显增加。由此可见，降低发动机的燃油消耗率，主要应选用热效率高的发动机，并在结构和使用两方面都尽量使发动机的负荷保持在燃油消耗率较低的范围内。

汽车的行驶阻力主要取决于汽车的结构、行驶工况和行驶条件。从行驶阻力计算公式不难看出，要减小汽车的行驶阻力，在结构上主要应减小汽车总质量、减小空气阻力系数和迎风面积，在使用中主要应选择良好的道路条件。

传动系的传动效率取决于传动系各总成的机械效率，而各总成的机械效率主要取决于总成的结构，所以改进传动系各总成的结构是提高传动系传动效率的主要措施。

11.3.1　汽车结构方面

在汽车结构方面，有以下几个因素影响汽车燃油经济性。

1. 汽车尺寸和质量

汽车尺寸和质量增加，会加大滚动阻力、空气阻力、坡道阻力和加速阻力，为了保证汽车的较高动力性，需要装用大排量发动机，但这样汽车在正常行驶中负荷率较低。所以，又大又重的豪华型轿车比小而轻的轻型、微型轿车的油耗要大得多，因此广泛采用轻型、微型轿车是节约燃油的有效措施。

汽车总质量为整备质量与装载质量之和，整备质量指汽车在加满燃料、润滑油、工作油液（如制动液等）及发动机冷却液并装备齐全（随车工具及备胎等）后，但未载人、载货时的总质量。装载质量为最大货运质量与最大客运质量之和。汽车总质量影响到汽车的

滚动阻力、坡度阻力、惯性阻力和加速阻力,对汽车的燃油经济性影响很大。据统计资料表明,整备质量为1360kg的汽车,当汽车总质量减少10%时,则油耗降低8.8%。因此,在汽车上广泛采用轻质材料,减轻汽车自重,是提高汽车燃油经济性的一个主要方向。

减小汽车总质量的措施主要有:采用高强度的低合金钢、铝合金、塑料等轻质材料制造汽车零件;改进汽车结构,尽量减少大型零部件尺寸和数量,提高零部件承载能力,如采用前轮驱动、承载式车身等;零件设计时,在保证零件强度和刚度的前提下,不追求过高的安全系数,以减小零件的尺寸和质量。

货车的质量利用系数影响燃油经济性。货车的质量利用系数是指装载质量与装备质量之比。质量利用系数越大,有效运输质量比重增加,运输中的单位油耗与成本都将降低。随着生产技术水平的提高,质量利用系数正在逐步提高。

2. 发动机

发动机是对汽车燃油经济性最有影响的部件。影响的因素主要有压缩比、燃料供给、功率利用率等。

发动机压缩比越大,则其有效效率越高,动力性和经济性越好。因此在容许范围内提高压缩比,可改善汽车的燃油经济性。

不同类型发动机的性能有很大差异,对汽车燃油经济性的影响也有很大差异。选用热效率高的发动机,在一定工况下,发动机的燃油消耗率比较低,是提高汽车燃料经济性的重要措施之一。

目前在汽车上应用的发动机按燃料不同,主要分为汽油机、柴油机和燃气发动机。三者相比,柴油机的热效率最高,尤其发动机在部分负荷工作时的燃油消耗率较低,因此柴油机比汽油机的油耗要低得多。试验和使用证明,一般装备柴油发动机的轿车比装备汽油发动机的轿车节油18%左右,柴油发动机载货汽车比汽油发动机载货汽车节油30%左右。目前,世界各国正在积极推行轻型货车和轿车的柴油化进程,在总质量为2~5t的载货汽车中,德国有95%左右已用柴油机,日本约为90%。所以扩大柴油机的应用范围是改善汽车燃油经济性的主要途径之一。

按发动机对燃料供给量的控制方式不同,汽油机、柴油机和燃气发动机都可分为传统机械控制方式和电控方式。对燃料供给方式采用电控方式的发动机,在各种工况下均可精确地控制混合气的浓度,保证各缸供应混合气的均匀性,燃料燃烧完全,发动机的经济性较好。因此,为提高汽车的燃料经济性,应尽量选用电控燃料喷射式发动机。

汽车上选用燃气发动机时,应尽量选用单燃料的燃气发动机。因为单燃料燃气发动机是专门根据燃气特点设计制造的,其性能明显优于双燃料或混合燃料燃气发动机。

发动机的功率利用率,对燃油经济性有很大影响。在负荷率为80%~90%时燃油消耗率最低,经济性最高,低负荷和全负荷时燃油消耗率都将增加。在汽车的实际使用中,大部分使用时间内发动机的负荷率都达不到经济范围,试验表明,一般汽车在水平良好路面上以常用速度行驶时,克服各种阻力所需的功率仅为发动机相应转速下最大功率的50%~60%,相当于发动机最大功率的20%左右。因此,为提高汽车使用中发动机的负荷率,以提高汽车的燃料经济性,在保证汽车动力性足够的前提下,不宜选用大功率的发动机。

增压化、广泛采用电子计算机控制技术,将使燃油经济性得到进一步的提高。稀薄燃烧和缸内直接喷射技术是汽油机改善燃油经济性的一个方向。此外，燃料的汽化、雾化及其与空气的混合，对促进燃烧、提高热效率关系也很大。因此改进喷射系、燃烧室、进排气系等的设计，保证燃料良好的汽化、雾化以及与空气的均匀混合对提高燃油经济性是很重要的。

目前看来提高发动机经济性的主要途径为：
（1）提高现有汽油发动机的热效率与机械效率。
（2）扩大柴油发动机的应用范围。
（3）增压化（是指增压汽油机，目前采用增压柴油机已很普遍）。
（4）广泛采用电子计算机控制技术。
（5）采用稀薄燃烧和缸内直接喷射技术（汽油机）。

3. 传动系

汽车传动系对燃油消耗的影响，取决于传动系效率、变速器挡数与传动比。

传动系效率越高，则损失于传动系的能量越少，因而燃油经济性也越好。传动系的传动效率等于传动系各总成传动效率的乘积。在传动系的结构设计中，合理选择传动方式和各总成的结构形式、改善润滑条件、缩短传动路线等，可减少传动过程中的功率损失，提高汽车的燃料经济性。

变速器的挡位与传动比对燃油经济性也有影响。虽然汽车行驶时所需的发动机功率与变速器挡位无关，但发动机转速则随所接合的挡位的改变而变化。在汽车行驶速度不变的情况下，接合高挡时，传动比小，发动机的转速低；而接合低挡时，由于传动比加大，发动机转速将增高。在发动机负荷相同的情况下，转速越低，发动机的单位燃油消耗量越少。因此，在一定行驶条件下，传动系的传动比越小，则汽车的燃油经济性越好。现代汽车常采用超速挡，可以减小传动系的总传动比，在良好的道路条件下采用超速挡，可以更好地利用发动机功率，提高汽车燃油经济性。

变速器的挡数增加，使发动机经常保持在经济工况下工作，挡数越多，越容易选择保证发动机以最经济工况工作的转速，汽车的经济性越好。因此，近年来轿车手动变速器基本上采用5挡，也有采用6挡的。大型货车有采用更多挡位的趋势，但不能为了提高燃油经济性而过多地增加有级式变速器的挡数。因为这将使传动系过于复杂，而且也不便于操作选用。

当变速器的挡数为无限时，即为无级变速，当采用无级变速器，在任何条件下都提供了使发动机在最经济工况下工作的可能性。若无级变速器能维持较高的机械效率，则汽车的燃油经济性将显著提高。但现有的采用液力变矩器的无级变速器，由于效率较低，经济性不一定改善。

4. 汽车外形与轮胎

汽车外形对燃油经济性有影响，主要表现在高速行驶时的空气阻力。因此，改善车身流线型，并尽量减少车身外部凸出物的数量和面积，可有效减小迎风面积 A、降低空气阻力系数 C_D，从而减小汽车行驶时的空气阻力，提高燃油经济性。

为克服空气阻力而消耗的发动机功率与汽车行驶速度的立方成正比。汽车速度不高时，空气阻力对汽车的燃油消耗影响不大，因此在城区，由于行驶车速低，对油耗影响较小。但当车速超过50km/h，空气阻力对汽车燃油经济性的影响逐步明显。减少空气阻力主要是通过减少汽车的空气阻力系数来实现,汽车制造厂通过整车的风洞试验研究使汽车外形接近最优化。

据资料显示,Audi100 轿车通过变动车身形状而具有不同 C_D 值的试验结果:当 C_D 值由 0.42 降低到 0.3 时,其混合百公里燃油消耗可降低 9%,而以 150km/h 等速行驶的油耗则可降低 25%左右。20 世纪 60 年代轿车的 C_D 值在 0.45 左右,现代不少轿车的 C_D 值已降低到 0.3 左右,今后 C_D 值仍可能继续下降到 0.2。

汽车轮胎对燃油经济性也有影响。在硬路面上行驶时,轮胎变形引起的能量损失是滚动阻力的主要组成部分,而滚动阻力和空气阻力是汽车行驶中始终存在的行驶阻力,所以改进轮胎结构,减少轮胎引起的能量损失,对减小行驶阻力、提高汽车的燃料经济性有重要意义。改进轮胎结构以减小滚动阻力的方法主要是:改进橡胶材料和采用子午线结构等。现在公认子午线轮胎的耐磨性、动力性、经济性等综合性能最好,与一般斜交轮胎相比,滚动阻力大幅度减小,而且行驶速度越高,差别越大,表现出的燃油经济性越好。图 11-5 为东风 5t 载货汽车 EQ-140 装用不同轮胎时的等速百公里燃油消耗量曲线。

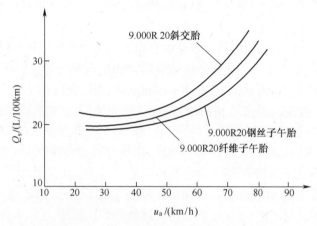

图 11-5 装用不同轮胎时的等速百公里燃油消耗量曲线

11.3.2 汽车使用方面

在使用方面影响燃油经济性的主要因素是正确的技术保养与调整和正确驾驶操作技术。主要表现为以下几点。

1. 正确的技术保养与调整

汽车的保养与调整会影响到发动机的性能与汽车行驶阻力,对百公里油耗有相当影响,所以,正确的技术保养与调整,对改善汽车燃油经济性有很大影响。

1) 发动机技术状况

发动机是汽车上直接消耗燃料的总成,在发动机的结构因素一定的前提下,保持其良好的技术状况是减少燃料消耗的技术基础。

发动机技术状况对燃料经济性影响较大的因素主要是:气缸压力、配气相位、冷却系、燃料供给系和点火系的技术状况。

要定期检查气缸,防止漏气,保持正常的气缸压力。气缸压缩压力越大,表明气缸、活塞环、气门、气门座、气缸垫等状况良好,发动机做功行程瞬时产生有效压力越大,混合气点火燃烧速度就快,热损失小,可使发动机得到较高的动力性和经济性。如果由于磨损或其他原因造成气缸密封性不良,使气缸压力降低,发动机燃烧过程中的燃烧速度和平均有效压力就会下降,因此发动机的动力性下降,燃料消耗增多。

配气机构有关零部件的磨损或失调会使配气相位失准,充气系数下降,发动机功率降低、燃料消耗增多。试验表明:发动机的气门间隙每减小0.1mm,功率降低3.5%~4.0%,燃料消耗增加2%~3%。

燃料供给系的技术状况直接影响混合气的浓度和形成质量,从而影响发动机的动力性和燃料经济性。如空气滤清器技术状况不良时,进气阻力大,实际充气量减小,使混合气变浓,燃油消耗率明显增加;燃油滤清器工作不良时,燃油中机械杂质堵塞油道、量孔,或进入燃烧室使积炭增多,都会影响供油浓度或燃烧过程,使燃油消耗率增加;柴油机供油提前角调整不当,会影响燃烧过程,使燃油消耗率增加;汽油机供油不当,会使混合气过浓或过稀,燃油消耗率增加。

要正确地保养和检查点火系,保持火花塞的清洁及正确的电极间隙和断电器触点间隙。火花塞电极间隙一般情况下应适当偏大,这样可提高点火系电极电压,增加点火能量,对提高发动机的经济性是有利的。要根据燃油品种与工作地区,选择点火提前角。调整点火正时,它不仅影响燃烧压力、速度,对热效率也有明显影响,点火正时的调整是与发动机混合气的浓度有关的,混合气越稀,越需要将点火适当提前。分电器真空点火提前机构和离心点火提前机构出现故障都会使油耗大大增加。试验表明:一个火花塞不工作,8缸和6缸发动机燃料消耗分别增加15%和25%;断电器触点间隙每增加或减小0.1mm,燃料消耗分别增加2%和4%。

冷却系统的技术状况直接影响发动机的工作温度。发动机工作温度过低,燃料雾化和蒸发不良,且发动机运转阻力大,使燃油消耗率增加;而温度过高,则充气量下降,且容易产生早燃和爆燃,也会使燃油消耗率增加。

2) 底盘技术状况

在汽车底盘方面,要加强对各总成的保养与调整,以保持适当的滑行能力,减少燃油消耗量。汽车的滑行能力常用滑行距离来评价,滑行距离的多少可以用来检查底盘的技术状况。当汽车的前轮定位正确,制动器摩擦片与制动鼓有正常的间隙,轮胎气压正常,各相对运动零部件滑磨表面光洁、间隙恰当并有充分的润滑油时,底盘的行驶阻力会减小,滑行距离便大大增加。阻力较小的装载质量为2.5t的汽车,在良好水平道路上以30km/h的车速开始摘挡滑行,滑行距离应达200~250m。当滑行距离由200m增至250m时,油耗可降低7%。

汽车的前轮定位,制动器的间隙调整,轮胎气压,各部轴承的紧度,运动摩擦部分间隙以及润滑质量都会对汽车的运动阻力有很大影响,必须按照规定进行调整和保养。前轮前束失调时,轮胎在滚动时产生滑移,增加滚动阻力,引起前轮发摆,使油耗增大。当轮胎气压低于标准时,轮胎变形增大,滚动阻力增加,会增加燃油消耗。轮毂轴承过紧,制动器过紧,都会增加行驶阻力,使油耗增加。试验表明:转向轮前束值失准1mm,燃料消耗增加约5%;载货汽车的全部轮胎气压若都降低49kPa,燃料消耗将增加5%,若气压降低98kPa,燃料消耗将增加约10%。

底盘传动系统各配合副配合不良,都将消耗发动机的有效功率,使传动效率降低。润滑油使用不当,油耗也会增加,冬季使用夏季油,油耗将增加 4%。此外,变速器跳挡,会增加换挡次数与中间挡的使用时间,也会增加燃油消耗。如果出现上述故障,必须及时排除,进行正确的调整。

2. 正确驾驶操作技术

驾驶操作技术是影响汽车燃料消耗的主要因素之一。正确的驾驶操作可大大降低汽车的燃料消耗量。在其他条件相同时,如果能够经济合理的驾驶,可以减少油耗 10% 左右,其原因在于驾驶人员是否能够根据汽车运行条件采用相适应的驾驶操作,使人机配合得当,保持汽车最佳运行状况。因此提高驾驶员的操作技术水平,合理的驾驶操作掌握合理运行工况,是改善汽车燃料经济性的有效途径,对节约燃油有很大作用。

1) 控制行驶速度

汽车在相同道路上行驶时,车速不同燃料消耗也不同,控制汽车行驶速度主要是要做到"缓加速,中速行"。

"缓加速"是指汽车加速时不要过急,因为汽车的加速度越高,克服加速阻力所需的功率越大,燃料消耗越多。"中速行"是指汽车的行驶速度不能过高或过低,在接近于低速的中等车速行驶是最经济的,速度过高或过低都会使燃油消耗量增加。速度过低时,尽管阻力小,但发动机负荷率低,燃油消耗上升,百公里油耗也有所增加。在高速行驶时,虽然发动机的负荷率较高,但汽车的行驶阻力增加很多而导致百公里油耗增加。由于经济车速相对较低,如解放 CA1091 型汽车为 40~50km/h,影响运输效率,因此在实际运行中,汽车多以略高于经济车速的速度行驶。

2) 合理使用挡位

汽车行驶的道路条件相同时,使用的变速器挡位不同,发动机的工况不同,燃油消耗率也不同。合理使用挡位主要是要做到"低挡不高速,高挡不硬撑"。

"低挡不高速"是指在变速器挂低挡时,不能追求高速行驶;使用低挡时靠提高发动机转速来提高车速,发动机的内部损失增大,会使燃料消耗增加。"高挡不硬撑"是指汽车行驶阻力较大时,应及时换入低挡以提高驱动轮上的驱动力矩;在一般道路上行驶时,应尽可能采用高挡行驶,以增大发动机的负荷率,但汽车行驶阻力较大时,仍采用高挡强行,使发动机的负荷率过高,燃油消耗率也会增加。因此,在驾驶中,必须合理选择挡位,使发动机的负荷率保持在燃油消耗率较低的范围。此外,换挡操作要做到脚轻手快,以减少功率浪费。

3) 正确使用制动

正确使用制动和滑行主要是要做到"少制动,多滑行"。

正确使用制动,主要是要做到"少制动","少制动"是指汽车行驶中,在保证行驶安全的前提下,尽量少使用制动。因为汽车的制动过程就是消耗汽车行驶惯性能量而使汽车减速的过程,而汽车行驶的惯性能量是由燃料的化学能转换而来,汽车惯性能量的摩擦消耗,也就意味着燃料的浪费。

此外,驾驶员应养成良好的习惯,不乱轰油门,发现故障及时维修,尽量减少汽车使用中的燃料浪费。

11.3.3 合理组织运输

在使用汽车时,要充分发挥运输工作人员的主观积极性,采取一切先进措施以减少单位运输工作的燃油消耗量。运输企业中普遍拖带挂车,这是提高运输生产率和降低成本、降低燃油消耗量的一项有效措施。拖带挂车后,阻力增加,发动机负荷率增加,使燃油消耗率下降,虽然汽车总的燃油消耗量增加了,但由于运货量增加,汽车的装载质量与整车装备质量之比较大,所以分摊到每吨货物上的油耗下降了,运输成本降低,生产率提高。此外,合理组织运输,减少空车往返,也能提高燃油经济性。

思 考 题

1. 如何评价汽车的燃油经济性?
2. 如何计算汽车循环工况的燃油消耗?
3. 如何在汽车使用方面来改善汽车燃油经济性?
4. 从结构上提高发动机燃油经济性的主要途径有哪些?
5. 变速器的挡位和传动比对燃油经济性有何影响?
6. 汽车尺寸和质量对燃油经济性有何影响?
7. 汽车外形和轮胎对燃油经济性有何影响?

第12章 汽车动力装置参数的确定

在设计和改装汽车时,必须充分满足人们对汽车性能的各种要求。汽车动力装置参数是指发动机的功率、传动系的传动比,它们对汽车的动力性和燃油经济性有很大影响。在确定这些动力装置参数时,必须充分考虑满足对这两个基本性能的要求。此外,还要注意满足驾驶性的要求。

本章将讨论发动机功率、传动装置参数的初步选择及按燃油经济性-加速时间曲线进一步确定这些参数的方法。

12.1 发动机功率的选择

设计中常先从保证汽车预期的最高车速来初步选择发动机应有的功率。最高车速虽然仅是汽车动力性评价指标中的一个指标,但它实质上也反映了汽车的加速能力与爬坡能力这两个指标。这是因为最高车速越高,要求的发动机功率越大,汽车后备功率大,其加速与爬坡能力必然较好。

若给出了汽车期望的最高车速,选择的发动机功率应大体等于、但不小于以最高车速行驶时,行驶阻力功率之和。由汽车功率平衡方程式知,发动机功率应为

$$P_e = \frac{1}{\eta_T}\left(\frac{Gfu_{amax}}{3600} + \frac{C_D A u_{amax}^3}{76140}\right)$$

式中 u_{amax} ——汽车期望的最高车速。

当 u_{amax}、m、C_D、f、A、η_T 的值给定后,便能求出应有功率的数值。

在实际工作中,发动机应有功率也可以利用汽车比功率来确定。汽车比功率是汽车发动机的额定功率 P_e 与汽车总质量 m 的比值,即比功率是指车辆单位总质量所具有的发动机的额定功率。比功率的常用单位为 kW/t,可由下式求得

$$汽车比功率 = \frac{1000 P_e}{m} = \frac{fg}{3.6\eta_T}u_{amax} + \frac{C_D A}{76.14 m \eta_T}u_{amax}^3$$

汽车比功率可以利用现有汽车统计数据来初步估计,从而确定发动机应有功率。

各种货车的 C_D、f、η_T 值大致相等且最高车速亦相差不多,但总质量变化范围很大。货车最高车速为 100km/h 左右,一辆中型货车的比功率约为 10kW/t,其中用来克服滚动阻力的功率,即汽车比功率计算式中第一项,约占 2/5。显然,对于各类货车,在行驶速度相等时,汽车比功率计算式中第一项的数值大体一样。汽车比功率计算式中第二项是汽车克服空气阻力功率的部分,它随 A/m 的值而变化,货车总质量增大时,迎风面积增加有限,故汽车比功率计算式中第二项随着总质量的增加而逐步减小,从而使车辆比功率需求值随之下降,这也意味着车辆的吨百公里油耗的下降。从另外一个角度分析,这主要是因

为空气阻力与车辆总质量无关,而主要与车速、A 值及 C_D 值有关。在总行驶阻力中空气阻力所占比重会随着车速的下降以平方速度更快地下降。例如,总重 16~17t 的车辆,当车速为 120~140km/h 时,其空气阻力占总行驶阻力的 60% 左右,而总重 40~44t 的车辆,当车速为 90~110km/h 时,其空气阻力仅占总行驶阻力的 28% 左右。故第二项将随着总质量的增加而逐步减少。因此,不同货车的比功率将随其总质量的增大而逐步减少,但大于单位质量应克服的滚动阻力功率。

总之,货车可以根据同样总质量与同样类型车辆的比功率统计数据,初步选择发动机功率。

我国有关大客车的标准明确规定了客车最高车速与比功率的数值,可以作为初步确定发动机功率的依据。如交通部行业标准 JT/T 325—1997 中规定,高三级(即最高级)大型客车(车身长度>9m)的设计车速不小于 125km/h、比功率应不小于 14.5kW/t。

轿车行驶车速高,且不同轿车的动力性能相差也比较大。一般轿车最高车速在 140~200km/h 之间,比功率相差也比较大,为 15~90kW/t。

比功率可以综合评价车辆的动力性能,如车辆的速度特性和加速性能等。同时,它的大小直接影响到车辆运行的经济性。因此,比功率是车辆设计和使用的重要参数之一。为了保证车辆在高速公路上有足够的行驶速度,不少国家对汽车的比功率限值有所规定。在设计新车时,须使其比功率不低于法规规定的数值。

12.2 最小传动比的选择

汽车大部分时间以最高挡行驶,也就是用最小传动比的挡位行驶的,因此最小传动比的选定是很重要的。

传动系的总传动比是传动系中各部件传动比的乘积 i_t,即

$$i_t = i_g i_0 i_c$$

式中　i_g——变速器传动比;
　　　i_0——主减速器传动比;
　　　i_c——分动器、副变速器传动比。

普通的汽车没有分动器或副变速器。三轴变速器的最小传动比为直接挡或超速挡,当变速器最小传动比为直接挡时,传动系的最小传动比就是主减速器传动比 i_0;当变速器最小传动比为超速挡时,则最小传动比应为变速器超速挡传动比与主减速器传动比的乘积。

下面讨论变速器最小传动比为 1 时,汽车最小传动比的选择,即主减速器传动比 i_0 的选择。

图 12-1 是一汽车的功率平衡图,图上有水平路面行驶阻力功率曲线,还画了不同主减速器传动比 i_{01}、i_{02}、i_{03} 所确定的发动机功率曲线 1、2、3,图中对应的功率曲线满足 $i_{01} < i_{02} < i_{03}$。下面分别讨论选择不同的 i_0 对汽车最高车速、汽车的后备功率、汽车燃油经济性、汽车驾驶性能的影响。

1) i_0 对最高车速的影响

主减速器传动比不同,汽车功率平衡图上发动机功率曲线的位置不同,与水平路面行

驶阻力功率曲线的交点所确定的最高车速不同。当阻力功率曲线正好与发动机功率曲线交在其最大功率点上,此时所得最高车速最大,即 $u_{amax} = u_p$,u_p 为发动机最大功率时的车速。从图 12-1 可以看出,主传动比为 i_{02} 时,阻力功率曲线正好与发动机功率曲线 2 交在其最大功率点上,此时,$u_{amax2} = u_{p2}$。而装有另外两种传动比的主减速器,发动机功率曲线 1、3 与阻力功率曲线的交点均不在最大功率点,即 $u_{amax1} \neq u_{p1}$,$u_{amax3} \neq u_{p3}$,且 u_{amax1}、u_{amax3} 均小于 u_{amax2}。所以当 $i_0 = i_{02}$ 时,即选择汽车的最高车速等于发动机最大功率点的车速时,最高车速是最大的。其他情况最高车速要下降,会影响汽车的动力性。

2)i_0 对汽车后备功率的影响

主减速器传动比 i_0 不同,汽车的后备功率也不同。如图 12-1 所示,i_0 增大,发动机功率曲线左移,汽车的后备功率增大,动力性加强,但燃油经济性较差。i_0 减小,发动机功率曲线右移,汽车的后备功率较小,动力性较差,但发动机功率利用率高,燃油经济性较好。当主传动比为 i_{01} 时,发动机功率曲线 1 在曲线 2 的右方($u_{p1} > u_{amax1}$,当然 u_{p1} 是不可能实现的)。因此,除了 $u_{amax1} < u_{amax2}$ 外,汽车的后备功率也比较小,即汽车的动力性比主传动比为 i_{02} 时要差;不过,发动

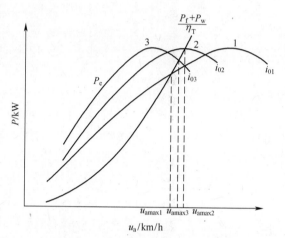

图 12-1 不同 i_0 时的汽车功率平衡图

机功率利用率高,燃油经济性较好。当主传动比为 i_{03} 时,发动机功率曲线 3 在曲线 2 的左方。此时 $u_{p3} < u_{amax3}$,虽然 $u_{amax3} < u_{amax2}$,但汽车的后备功率却有较大增加,即动力性有其加强的一面,但是燃油经济性较差。

3)i_0 对汽车燃油经济性的影响

选择最小传动比时,不但要考虑动力性,也要考虑燃油经济性。过去选择汽车最小传动比时,通常使 $u_{amax} = u_p$;但为了保证有足够的后备功率,需增大最小传动比,此时 u_p 可稍小于 u_{amax};近年来,为了提高燃油经济性,出现了减小最小传动比的趋势,即令 u_p 稍大于 u_{amax}。据统计,约 74%轿车 u_{amax}/u_p 值在 0.9~1.10 之间,5.5%的轿车在 1.1~1.39 之间,17.5%的轿车在 0.7~0.9 之间,3%的轿车低达 0.5~0.70。

4)讨论 i_0 对驾驶性能的影响

最小传动比还受到驾驶性能的限制。驾驶性能是指动力装置的转矩响应、噪声和振动。驾驶性能与加速不畅、迟缓、怠速不稳、爆燃、回火、放炮等现象有关。这些现象出现越少,驾驶性能越好。驾驶性能由驾驶员通过主观评价来确定。影响驾驶性能的因素有发动机的排量、气缸的数目、最小传动比以及传动系的刚度等。大排量、气缸数多的发动机可以提供较大、较快、较平稳的转矩响应。前置发动机前驱动汽车的传动系,没有传动轴等部件,刚度较大,转矩响应较后驱动好。最小传动比对转矩响应有较大影响,如最小传动比过小,发动机在重负荷下工作,加速性不好,出现噪声与振动;最小传动比过大,燃油经济性差,发动机高速运转噪声大。

最小传动比也可由最高挡动力因数 $D_{0\max}$ 来确定。

根据动力因数定义式有 $D = \dfrac{F_t - F_w}{G} = \dfrac{\dfrac{T_{tq}i_g i_0 \eta_T}{r} - \dfrac{C_D A u_r^2}{21.15}}{G}$，因此在最高挡位时动力因数 $D_{0\max}$ 为

$$D_{0\max} = \dfrac{\dfrac{T_{tq}i_0 \eta_T}{r} - \dfrac{C_D A u_{at}^2}{21.15}}{G} \quad (\text{直接挡或最高挡时}, i_g = 1)$$

式中　G——汽车总质量的重力(N)；
　　　u_{at}——汽车直接挡或最高挡时发动机发出最大转矩时的汽车车速(km/h)。

$D_{0\max}$ 可按下列推荐值选取，中型货车 $D_{0\max} \approx 0.04 \sim 0.08$，中级轿车 $D_{0\max} \approx 0.1 \sim 0.15$。

根据上面的关系式，可以初步选定最小传动比。

12.3　最大传动比的选择

传动系最大传动比 $i_{t\max}$，对普通汽车来说，为变速器 I 挡传动比 i_{gI} 与主减速器传动比 i_0 之积。当主减速器传动比 i_0 已知时，确定传动系最大传动比就是确定变速器 I 挡传动比 i_{gI}。

变速器 I 挡传动比 i_{gI} 对汽车的动力性有显著影响，确定最大传动比时，要考虑三方面因素：最大爬坡度、附着条件和汽车最低稳定车速，下面分别讨论这三种因素。

1) 最大爬坡度

汽车在最大上坡路面上行驶时，由于车速不高，故可忽略空气阻力。上坡行驶时，$\dfrac{du}{dt} = 0$。因此，汽车上坡行驶时的最大驱动力只要克服轮胎与路面间滚动阻力及上坡阻力即可。由汽车的驱动力平衡方程式可知，这时

$$F_{t\max} = F_f + F_{i\max}$$

式中　$F_{t\max}$——汽车最大驱动力；
　　　F_f——滚动阻力；
　　　$F_{i\max}$——最大上坡阻力。

根据第 8 章汽车动力性的内容，有 $F_{t\max} = \dfrac{T_{tq\max} i_{gI} i_0 \eta_T}{r}$，$F_f = Gf\cos\alpha_{\max}$，$F_{i\max} = G\sin\alpha_{\max}$，将这三式代入上式得

$$\dfrac{T_{tq\max} i_{gI} i_0 \eta_T}{r} = Gf\cos\alpha_{\max} + G\sin\alpha_{\max}$$

即

$$i_{gI} \geq \dfrac{G(f\cos\alpha_{\max} + \sin\alpha_{\max})r}{T_{tq\max} i_0 \eta_T}$$

一般货车的最大爬坡度约为 30%，即 $\alpha_{\max} = 16.7°$。轿车也应具有爬上 30% 坡道的

能力。实际上轿车的最大爬坡能力常大于 30%。把其他有关参数代入上式,可求得 i_{gI} 的值。

2) 附着条件

汽车行驶时,为了使驱动轮不打滑,必须使驱动力等于或小于驱动轮与路面间的附着力,即

$$F_{tmax} = \frac{T_{tqmax} i_{gI} i_0 \eta_T}{r} \leqslant F_Z \varphi$$

计算时,可取附着系数 $\varphi = 0.5 \sim 0.6$;F_Z 是在坡道上路面对驱动轮的法向反作用力。把有关参数代入上式,可求得 i_{gI} 的值。

3) 最低稳定车速

对于越野汽车传动系,最大传动比 i_{tmax} 应保证汽车能在极低车速下稳定行驶。这样可以避免在松软地面上行驶时土壤受冲击剪切破坏而损害地面附着力。最大传动比 i_{tmax} 应为

$$i_{tmax} = 0.377 \frac{n_{min} r}{u_{amin}}$$

式中 n_{min} ——发动机最低转速;

u_{amin} ——最低稳定车速;

r ——车轮滚动半径。

把有关参数代入上式,可求得 i_{tmax},进而能得到 i_{gI} 的值。

根据上述三个条件确定的 I 挡传动比可能不相等,此时应选其中的小值。

此外,轿车的最大传动比是根据加速能力的要求来确定的,可参考同等级的轿车来选择。

12.4　传动系挡数与各挡传动比的选择

不同类型的汽车具有不同的传动系挡位数,其原因在于它们的使用条件不同,对整车性能的要求不同,汽车本身的功率不同。而传动系的挡位数与汽车的动力性、燃油经济性有着密切的关系。

就动力性而言,挡位数多,可以使发动机经常在最大功率附近的转速工作,而且使发动机转速变化范围小,发动机平均功率高,使发动机发挥最大功率的机会增多,提高了汽车的加速与爬坡能力,故提高了汽车的动力性。

图 12-2 为一汽车的功率输出特性,图中 I、II、III 表示 3 个挡位的功率曲线。若取消 II 挡,则图中画阴影线部分应减去。当汽车在 $u_{a1} \sim u_{a2}$ 速度区间行驶时,从图 12-2 可以看出,发动机此时输出功率的利用率将降低很多。因此,在汽车行驶速度变化范围内,传动系挡位数越多,则动力装置输出功率的利用率越高。

就燃油经济性而言,挡位数多,增加了发动机在低燃油消耗率区工作的可能性,降低了油耗。所以增加挡位数会改善汽车的动力性和燃油经济性。

挡位数多少还影响挡与挡之间的传动比。相邻两挡传动比过大会造成换挡困难。一般认为该比值不宜大于 1.7~1.8。因此,如最大传动比与最小传动比之比值越大,挡位数

也应越多。

轿车的行驶车速高,比功率大,最高挡的后备功率也大,即相对而言最高挡的驱动力与Ⅰ挡驱动力间的范围小,即 i_{tmax}/i_{tmin} 小。因此,过去美国装备手动变速器的轿车,常用操纵方便的3挡变速器;而注重节约燃油的国家,如欧洲各国,选用发动机的排量较小,则用4挡变速器。近年来,为了进一步节省燃油,装用手动变速器的轿车普遍采用5挡变速器,也有采用6挡变速器的。

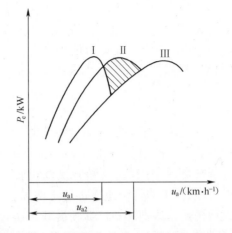

图12-2 发动机输出功率与行驶速度关系曲线

总质量3.5~10t 的轻型货车和中型货车因为比功率小,一般多采用5挡变速器。重型货车的比功率更小,使用条件也更复杂,如矿山用重型汽车,行驶道路变化很大。重型牵引车要拖带挂车,有时要求有很大的驱动力。重型车辆发动机工作时间长,油耗量大,且本身自重很大,增加挡位数不会过多地增加汽车的制造成本,所以一般采用6挡至十几挡的变速器,以适应复杂的使用条件,使汽车具有足够的动力性和良好的燃油经济性。越野汽车遇到的使用条件最复杂,所以 i_{tmax}/i_{tmin} 的比值很大,其传动系的挡位数较同吨位的普通货车常多一倍左右。

在变速器中,前进挡超过5个会使结构大为复杂,同时操纵机构也相应复杂。为此,常在变速器后接上一个2挡位或3挡位的副变速器,使挡位数倍增。越野汽车在变速器后面采用分动器,达到多轴驱动的要求,同时使挡位数倍增。

在选定汽车的最小传动比 i_{tmin}、最大传动比 i_{tmax} 及传动系的挡位数后,应当确定中间各挡的传动比。

实际上,汽车传动系各挡的传动比大体上是按等比级数分配的。例如,轿车SH760变速器相邻两挡的传动比比值为

$$\frac{i_{g1}}{i_{g2}} = \frac{3.52}{2.32} = 1.52, \frac{i_{g2}}{i_{g3}} = \frac{2.32}{1.52} = 1.52, \frac{i_{g3}}{i_{g4}} = \frac{1.52}{1.00} = 1.52$$

它们完全按等比级数分配。

又如 CA72205 汽车,5挡变速器相邻两挡的传动比比值为

$$\frac{i_{g1}}{i_{g2}} = \frac{3.6}{2.125} = 1.69, \frac{i_{g2}}{i_{g3}} = \frac{2.125}{1.458} = 1.46, \frac{i_{g3}}{i_{g4}} = \frac{1.458}{1.070} = 1.36, \frac{i_{g4}}{i_{g5}} = \frac{1.070}{0.857} = 1.25$$

它们的比值彼此相差不大,所以可以认为,一般汽车各挡传动比大致符合如下关系

$$\frac{i_{g1}}{i_{g2}} = \frac{i_{g2}}{i_{g3}} = \cdots = q$$

式中 q ——常数,各挡之间的公比。

因此,各挡的传动比为

$$i_{g1} = q i_{g2}, i_{g2} = q i_{g3}, i_{g3} = q i_{g4}, \cdots$$

如果是5挡变速器,则各挡传动比与 q 有如下关系

$$i_{g4} = qi_{g5}, \ i_{g4} = q^2 i_{g5}, \ i_{g4} = q^3 i_{g5}, \ i_{g4} = q^4 i_{g5}$$

通过下面分析可知,采用等比级数的办法来分配变速器各挡传动比是有道理的。

图 12-3 中绘有发动机的外特性曲线,再根据公式

$$u_a = 0.377 \frac{nr}{i_g i_0}$$

画出每个挡位的车速与发动机转速的关系曲线。

驾驶员用 I 挡起步,随着发动机转速的提高,汽车的行驶速度也随之增加。当发动机转速达到 n_2 时,驾驶员开始换挡,假设换挡过程中车速没有降低,则换上 II 挡时,发动机转速应降到 n_1,离合器才能平顺无冲击地接合。n_1 和 n_2 有如下关系。

I 挡时发动机转速升到 n_2 时所对应的车速为

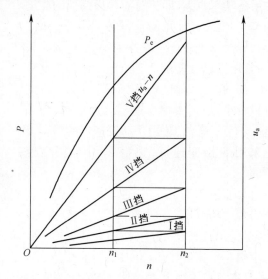

图 12-3 换挡过程中车速与发动机转速的关系

$$u_{a1} = 0.377 \frac{n_2 r}{i_{g1} i_0}$$

换上 II 挡时,发动机转速降到 n_1,相应的车速 u_{a2} 仍应等于 u_{a1},即

$$u_{a2} = 0.377 \frac{n_1 r}{i_{g2} i_0}, \ u_{a2} = u_{a1}$$

故

$$\frac{n_1}{i_{g2}} = \frac{n_2}{i_{g1}} \ 或 \ \frac{n_2}{n_1} = \frac{i_{g1}}{i_{g2}}$$

当满足上述关系式时,汽车从 I 挡换上 II 挡,离合器才能实现无冲击地接合。

在换上 II 挡时,发动机转速下降到 n_1,随着发动机转速的提高,汽车的行驶速度也随之增加。当发动机转速升高到 n_2 时换 III 挡,假设换挡过程中车速没有降低,则换上 III 挡时,发动机转速应降到 n_1' 才能平顺无冲击地接合离合器,同理应有

$$\frac{n_2}{n_1'} = \frac{i_{g2}}{i_{g3}}$$

由于各挡传动比是采用等比级数的办法来分配的,即有

$$\frac{i_{g1}}{i_{g2}} = \frac{i_{g2}}{i_{g3}}$$

故

$$\frac{n_2}{n_1} = \frac{n_2}{n_1'}$$

即

$$n_1 = n_1'$$

由此可见,采用等比级数的方法来分配变速器各挡传动比,若每次发动机都是提高到转速 n_2 时换挡,只要发动机都降到同一低转速 n_1,离合器就能无冲击地接合。就是说,换挡过程中,发动机总在同一转速范围 $n_1 \sim n_2$ 内工作。这样,驾驶员在起步加速时操作就

方便得多了。

不过,按等比级数分配传动比的主要目的还在于充分利用发动机提供的功率,提高汽车的动力性。当汽车需要大功率(如全力加速或上坡)时,若排挡选择恰当,具有按等比级数分配传动比的变速器,能使发动机经常在接近外特性最大功率P_{emax}处的大功率范围内运转,从而增加了汽车的后备功率,提高了汽车的加速或上坡能力。

按等比级数分配传动比的(主)变速器,还便于和副变速器结合构成更多挡位的变速器。例如,一个具有5挡位的主变速器,各挡间的公比为q^2,其传动比序列为1、q^2、q^4、q^6、q^8。若结合一个后置两挡副(减速)变速器,其传动比为1、q,便可构成一个具有10挡位的变速器,各挡间的公比为q,其传动比序列为1、q、q^2、q^3、q^4、q^5、q^6、q^7、q^8、q^9。

上述变速器传动比按等比级数分配的,是依据换挡过程中车速不降低来考虑的。实际上,对于挡位较少(如5挡以下)的变速器,各挡传动比之间的比值常常并不正好相等,即并不是正好按等比级数来分配传动比的。这主要是考虑到各挡利用率差别很大,汽车主要是用较高挡位行驶的,如中型货车5挡变速器中的1、2、3三个挡位的总利用率仅为10%~15%,所以较高挡位相邻两挡间的传动比的间隔应小些,特别是最高挡与次高挡之间更应小些,这对改善汽车的动力性有利。因此,实际上各挡传动比常按下面的关系分布

$$\frac{i_{g1}}{i_{g2}} \geqslant \frac{i_{g2}}{i_{g3}} \geqslant \cdots \geqslant \frac{i_{gn-1}}{i_{gn}}$$

12.5 利用燃油经济性-加速时间曲线确定动力装置参数

初步选择动力装置参数之后,还要进一步分析计算不同参数匹配下的汽车动力性和燃油经济性,然后综合考虑各方面因素,最终确定动力装置的参数。通常以循环工况的每升燃油行驶公里数代表燃油经济性,以原地起步加速时间代表动力性,作出不同参数匹配下的燃油经济性-加速时间曲线,并利用此曲线来确定有关参数。

12.5.1 主减速器传动比的确定

在动力装置其他参数不变的条件下,先选定主减速器传动比范围,然后从大到小改变i_0,每对应一个i_0值,计算出不同的加速时间和每升燃油行驶里程数。可得到不同i_0时的燃油经济性-加速时间曲线,如图12-4所示。图中的横坐标为循环工况每升燃油行驶里程,单位为km/L。坐标往右,表示每升燃油行驶里程增多,燃油经济性提高。图中的纵坐标为0~100km/h的原地起步加速时间,单位为s。坐标往上,表示加速时间减少,动力性提高,反之即相反。

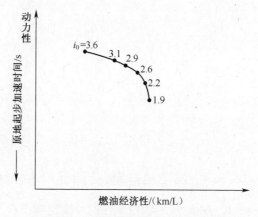

图12-4 燃油经济性-加速时间曲线

从图 12-4 中曲线可以看出，i_0 值大时，加速时间短、动力性好而燃油经济性差；i_0 值变小时，加速时间延长，动力性变差，但燃油经济性得到改善。因此，如果以动力性为主要指标，则应选较大的 i_0 值；如果以燃油经济性为主要指标，则应选较小的 i_0 值；如果选用适当的中间值，则能兼顾汽车的燃油经济性和动力性。

12.5.2 变速器与主减速器传动比的确定

在发动机一定的条件下，可以利用燃油经济性-加速时间曲线从数种变速器中确定一种合适的变速器和一个合适的主减速器传动比。图 12-5 为装有不同变速器时的燃油经济性-加速时间曲线。图 12-5(a) 是 3 挡变速器与 4 挡变速器的曲线，变速器都有直接挡，由于 4 挡变速器的变速范围广，汽车动力性比较高。图 12-5(b) 是 4 挡变速器与 5 挡变速器的曲线，5 挡变速器，挡位多，有超速挡，汽车的燃油经济性与动力性都比较高。因此，选用 5 挡变速器比较合适。图 12-5(c) 是装用三种不同传动比的 5 挡变速器 A、B、C 时汽车的曲线，我们可以根据主要指标来选用其中的一种变速器，并确定主传动 i_0。

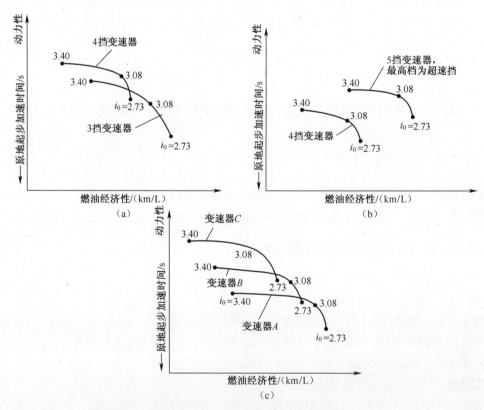

图 12-5　装用不同变速器时的燃油经济性-加速时间曲线

12.5.3 发动机排量、变速器与主减速器传动比的确定

图 12-6(a) 是一辆轿车在同一变速器条件下，选用三种不同排量的发动机的燃油经济性-加速时间曲线。我们可以根据动力性和燃油经济性的要求，按照曲线来确定发动机排量。如图中要求的加速时间为 14s，那么就不能采用小排量发动机。在大排量和中

排量发动机中,由于中排量发动机的燃油经济性比较好,所以选用中排量发动机比较好,并采用中排量发动机的燃油经济性-加速时间曲线来确定最佳主减速器传动比。

在图 12-6(a)上还画出了一条三种不同排量发动机燃油经济性-加速时间曲线的包络线,这条包络线称为最佳燃油经济性动力性曲线,利用包络线可以进行经济性动力性分析。图 12-6(b)上画出了该轿车装用三种不同传动比的 4 挡变速器时的最佳燃油经济性动力性曲线。从图中可以看出,当要求加速时间为 14s 时,C 型变速器的燃油经济性最佳。

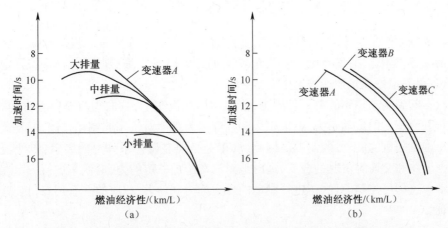

图 12-6 不同排量发动机与不同变速器的最佳燃油经济性和动力性曲线

利用燃油经济性-加速时间曲线来确定动力装置参数是一种经常采用的方法。

思 考 题

1. 已知一汽车总质量为 1200kg,滚动阻力系数 $f = 0.013$,传动系机械效率 $\eta_T = 0.85$,空气阻力系数 × 迎风面积 $(C_D A) = 0.70 m^2$,求最高车速 $u_{amax} = 140 km/h$ 时,应有的功率数值。
2. 什么是汽车比功率?如何利用比功率来确定发动机应有功率?
3. 选择主减速器传动比 i_0 时,应考虑哪些问题?
4. 如何选择汽车变速器 I 挡传动比?
5. 汽车变速器挡位数取决于哪些因素?
6. 汽车变速器各挡传动比是如何分配的?
7. 什么是燃油经济性-加速时间曲线?如何用其来确定动力装置参数?
8. 按照动力性及燃油经济性要求该怎样选择最小传动比?
9. 试述最小传动比怎样影响汽车的驾驶性能。

第13章 汽车制动性

13.1 概 述

汽车的制动性是汽车的主要性能之一,它直接关系到交通安全。汽车制动主要在以下几种情况下发生作用:使行驶中的汽车减速甚至停车;使下坡行驶的汽车保持稳定的车速;使汽车可靠地停在平地或坡道上。

对汽车起到制动作用的是一种外力,该力作用在汽车上,方向与汽车行驶方向相反。作用在行驶汽车上的滚动阻力、上坡阻力和空气阻力都能对汽车起制动作用,但是这些外力的大小都是随机的、不可控制的。因此,汽车上必须装设一系列专门装置,以便使驾驶员能根据道路和交通等情况的改变,适时地对汽车施加一定的力,对汽车进行一定程度的强制制动。这种可控制、对汽车进行制动的外力称为制动力,相应的一系列专门装置称为制动系统。

为了实现制动功能,制动系统至少应有两套独立的制动装置,即行车制动装置和驻车制动装置。

行车制动装置是用来保证实现第一种和第二种情况,主要包括供能装置、控制装置、传动装置和制动器等几大部分。供能装置是供给和调节制动所需的能量并改善传动状态的部件。根据制动所利用能量的不同,供能装置可分为机械式、电力式、液压式以及气压式等几种类型,也可利用动能或势能作为制动能源。控制装置是指产生制动动作和控制制动效果的部件或机构。控制系统根据控制信号的传递方式不同也可以分为机械式、气压式、液压式和电动式等几种类型。在汽车行驶中,通过控制装置和传动装置将制动能量转换为制动器的制动力,由此控制汽车的减速或停车过程。

驻车制动功能是用来保证实现第三种情况的,常用手柄操纵,所以也称手制动装置。其制动器的旋转元件可以设置在传动轴上,此时称为中央制动器,优点是制动力矩经驱动轴放大后传到车轮,在满足制动力要求的前提下可用较小的手操纵力,不仅使操纵方便,而且增加了制动灵敏度。但在应急用时会使传动轴过载。

除此之外,有些汽车上还装设有应急制动、辅助制动和自动制动装置。

应急制动装置是利用机械力源(如压缩弹簧)进行制动。例如,对于某些采用动力制动或伺服制动的汽车上,一旦蓄压装置压力过低时,可用应急制动装置实现汽车制动。同时,在人力控制下它还能兼作驻车制动。

辅助制动装置可实现汽车下坡行驶时,持续地减速或保持稳定的车速,以减轻或解除行车制动装置的负荷。

自动制动装置可实现当挂车与牵引车连接的制动管路渗漏或断开时,使挂车自动制动。

对于以上任何一套制动装置都是由制动器和制动驱动机构两部分组成的。

为了实现可靠制动,制动系统应能满足如下主要要求:(1)具有足够的制动效能。行车制动能力是用一定制动初速度下的制动减速度和制动距离两项指标来评定的;驻坡能力是以汽车在良好路面上能可靠地停驻的最大坡度来评定的。(2)在任何速度下制动时,汽车都不应丧失可操纵性和方向稳定性。(3)工作可靠性高。行车制动装置至少有两套独立的驱动制动器的管路,当其中一套管路失效时,另一套完好的管路应保证汽车制动能力不低于没有失效时规定值的30%。行车和驻车制动装置可以有共同的制动器,而驱动机构应各自独立。行车制动装置都用脚操纵,其他制动装置多用手操纵。(4)应使操纵轻便,并具有良好的随动性。(5)制动能力的热稳定性应良好。(6)应防止水和污泥进入制动器的工作表面。(7)动作滞后性应尽可能好。动作滞后性是指制动反应时间,以制动踏板开始动作至达到给定的制动效能所需的时间来评价。(8)制动时产生的噪声应尽可能小,同时要求减少散发出对人体有害的石棉纤维等物质,以减少公害。(9)摩擦衬片应有足够的使用寿命。(10)摩擦副磨损后,应有能消除因磨损而产生间隙的机构,且调整间隙工作容易。(11)当制动驱动装置的元件发生故障时,制动系统应有报警提示。

以上对制动系统的主要要求也是在进行制动系统设计时需要考虑的问题。只有充分满足以上要求,才能保障汽车具有优良的制动性能,从而保障汽车行驶的安全性。近年来防抱死制动系统(ABS)在汽车上得到很快的应用和发展,其主要原因是制动时防止车轮抱死有利于提高转向操纵性和方向稳定性,并能缩短制动距离。

13.2 制动性的评价指标

评价汽车的制动性一般用三方面的指标:制动效能、制动效能的恒定性和制动时的方向稳定性。

13.2.1 制动效能

制动效能包括制动距离、制动减速度和制动力。具体讲就是汽车从一定初速度制动到停车所驶过的距离、制动过程中减速度和制动力的大小,它是制动性能最基本的评价指标。

13.2.2 制动效能的恒定性

制动效能的恒定性是指抵抗制动效能的热衰退和水衰退的能力。

抗热衰退能力是指汽车在高速或较长下坡行驶中连续制动时,导致制动器温度显著升高的条件下保持一定制动效能的程度。制动过程实质是把汽车行驶的动能通过制动器吸收转换为热能,造成制动器温度升高,摩擦副摩擦系数下降,摩擦力矩下降,制动力下降,很难保持在冷状态时的制动效能,因此制动效能的抗热衰退能力成为设计制动器时主要考虑的问题之一。制动效能降低的程度用热衰退率 η_t 表示,即

$$\eta_t = \frac{j_冷 - j_热}{j_冷} \times 100\% = \frac{s_热 - s_冷}{s_热} \times 100\%$$

式中 $j_冷$——制动器在冷状态(制动起始温度在100℃以下)下的制动减速度(m/s^2);

$j_热$——制动器在温度升高以后的制动减速度(m/s^2);

$s_冷$——制动器在冷状态(制动起始温度在100℃以下)的制动距离(m);

$s_热$——制动器在温度升高以后的制动距离(m)。

抗水衰退能力是指汽车在潮湿的情况下或涉水行驶后,制动效能保持的程度。在这种情况下,由于制动器表面水膜的作用,造成摩擦系数降低,制动力减小。在实际使用过程中可以通过踩刹车来解决水衰退问题。

13.2.3 制动时的方向稳定性

制动时汽车方向稳定性是指汽车在制动过程中不发生跑偏(制动时汽车偏驶,但后轮沿前轮的轨迹运动)、侧滑(制动时汽车一轴或双轴发生横向滑动,前后轮轨迹不重合)或丧失转向能力(如前轮抱死拖滑,汽车将失去转向能力)而按驾驶员给定方向行驶的性能。

表13-1为《机动车运行安全技术条件》(GB 7258—2012)对各类汽车行车制动性能的要求;表13-2为一些国家轿车制动规范对行车制动性的部分要求。

表13-1 GB 7258—2012《机动车运行安全技术条件》对各类汽车行车制动性能的要求

类型	制动初速度/(km/h)	满载检验制动距离要求/m	空载检验制动距离要求/m	满载检验充分发出的平均减速度/(m/s^2)	满载检验充分发出的平均减速度/(m/s^2)	制动稳定性要求车辆任何部位不得超出的试车道宽度/m
三轮汽车	20	≤5.0		≥3.8		2.5
乘用车	50	≤20.0	≤19.0	≥5.9	≥6.2	2.5
总质量≤3.5t 低速货车	30	≤9.0	≤8.0	≥5.2	≥5.6	2.5
总质量≤3.5t 汽车	50	≤22.0	≤21.0	≥5.4	≥5.8	2.5
其他汽车、汽车列车	30	≤10.0	≤9.0	≥5.0	≥5.4	3.0

表13-2 一些国家轿车制动规范对行车制动性的要求

项目 \ 国家	中国 ZB/T 24007—1989	中国 GB 7258—1998	瑞典 F18	美联邦 135	欧共体(EEC)
试验路面	干水泥路面	$\varphi \geq 0.7$	$\varphi = 0.8$	Skid No81	附着良好
载重	满载	任何载荷	任何载荷	轻、满载	满载
制动初速	80km/h	50km/h	80km/h	96.54km/h	80km/h
制动时的稳定性	不许偏出3.7m 通道	不许偏出2.5m 通道	不抱死跑偏	不抱死跑偏 3.66m	不抱死跑偏
制动距离或制动减速度	≤50.7m	≤20m	≥5.8m/s^2	≤65.8m	≥5.8m/s^2
踏板力	<500N	<500N	<490N	66.7—667N	<490N

13.3 制动时车轮的受力分析

汽车制动时，只有受到与行驶方向相反的外力作用才能减速以至停车。而这个外力只能由地面和空气来提供。由于空气阻力相对较小，所以主要外力实际上由地面提供。地面提供的这种使汽车减速至停车的力，称为地面制动力。当汽车质量一定时，地面制动力越大，制动减速度越大，制动距离也越短，所以地面制动力的大小对制动性能具有决定性的影响。而地面制动力的大小，是由制动过程中制动器产生的摩擦力矩的大小来决定。

13.3.1 制动器制动力

图 13-1 为汽车驾离地面后某一车轮在旋转过程中制动时受力分析图。该图中忽略了惯性力偶矩，F_Z 为支架对车轮的法向反力，W 为车轮的垂直载荷，T_μ 为车轮制动器中摩擦片与制动鼓或盘相对滑转时的摩擦力矩，单位为 N·m，在车轮周缘为克服制动器摩擦力矩所需施加的切向力称制动器制动力，以符号 F_μ 来表示。它等于把汽车驾离地面，踩住制动踏板后，在车轮周缘推动车轮，直至它能转动所需施加的切向力，它的单位是 N。若车轮半径为 r，单位为 m，则

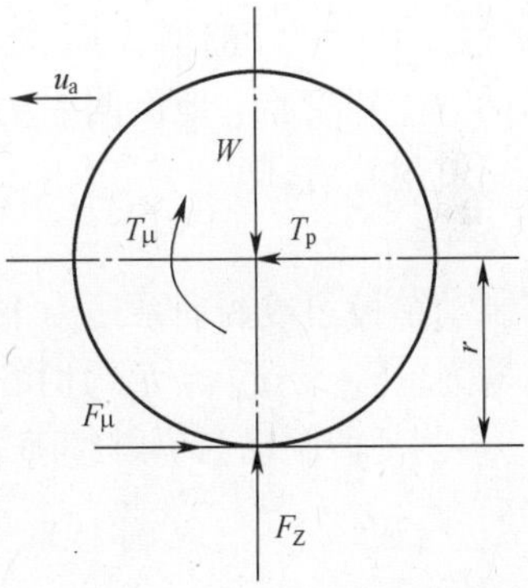

$$F_\mu = \frac{T_\mu}{r}$$

图 13-1 车轮架离地面时制动受力分析

由此可知，制动器制动力是由制动系的设计参数所决定，即取决于制动器的型式、结构尺寸、车轮半径、摩擦副的摩擦系数、制动传动系的油压或气压（即制动踏板力），在结构参数一定的情况下，一般它与制动系的油压或气压成正比。

13.3.2 地面制动力

图 13-2 是车轮在路面上制动时的受力分析图。图中减速时的惯性力、惯性力偶矩和滚动阻力偶矩均忽略不计，F_{Xb} 是地面制动力，F_Z 是地面对车轮的法向反力，T_μ 是车轴对车轮的力矩，从力矩平衡方程可得

$$F_{Xb} = \frac{T_\mu}{r}$$

地面制动力是一个外力，它的方向与行驶方向相反，可使车速迅速降低以至停车。一般汽车多用车轮制动器使汽车车轮受到与汽车行驶方向相反的地面切向反作用力完成制动过程。其大小

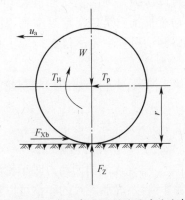

图 13-2 车轮在地面制动时受力分析

取决于两个摩擦副的摩擦力:一个是制动器内制动摩擦片与制动鼓(盘)间的摩擦力,一个是轮胎与地面间的附着力。

13.3.3 制动器制动力、地面制动力与地面附着力关系

汽车制动时,根据制动强度的不同,车轮的运动可简单地考虑为减速滚动和抱死拖滑两种状态,对应的制动器制动力、地面制动力与地面附着力之间的关系如图 13-3 所示。

当制动踏板力较小时,制动器摩擦力矩不大,地面制动力足以克服制动器摩擦力矩使车轮滚动,对应的车轮的运动处于减速滚动状态。此时地面制动力等于制动器制动力,且随着制动系油压或气压(踏板力)的增大而成正比增加。但地面制动力受到轮胎与地面附着力的限制,它的值不能超过附着力,即

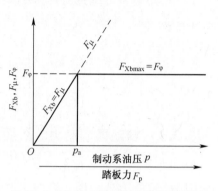

图 13-3 制动过程中地面制动力、制动器制动力及附着力的关系

$$F_{Xb} \leqslant F_\varphi = F_Z\varphi$$

当制动踏板力或制动系压力上升到某一极限值时,地面制动力和制动器制动力达到地面附着力($F_{Xb} = F_\mu = F_\varphi$)时,车轮即被抱死而出现拖滑现象。此后如果继续增大制动踏板力,制动器制动力仍继续随之增大,但地面制动力达到附着极限不再增加,即最大地面制动力为

$$F_{Xbmax} = F_Z\varphi$$

由以上分析可以得出:地面制动力首先取决于制动器制动力,同时受地面附着条件的限制。通过增大制动器尺寸、增加制动踏板力、增大摩擦系数等来增大制动器制动力比较容易,而通过提高附着系数来增大地面附着力相对较难。只有具有足够的制动器制动力,同时又能提供高的附着力时,才能获得足够的地面制动力。

13.3.4 制动过程中车轮的运动状态与附着系数

汽车在制动过程中,车轮在路面上的运动是一个边滚边滑的过程。车轮未制动时,车轮可以认为是纯滚动状态。当车轮抱死时,车轮在路面上的运动处于纯滑动状态。即制动过程实质是从车轮滚动到边滚边滑,再到抱死拖滑的一个渐变的连续过程。通过观察制动过程中轮胎留在地面上的印痕(图13-4),可以发现轮胎印痕基本分 3 个阶段。

第 1 阶段:车轮印痕的形状与轮胎胎面花纹基本一致,车轮接近于纯滚动,可以认为

$$u_\omega = r_{r0} \cdot \omega_\omega$$

式中 u_ω ——车轮中心的速度;

ω_ω ——车轮的角速度;

r_{r0} ——无地面制动力时车轮滚动半径。

第 2 阶段:轮胎花纹的印痕可以辨认出来,但花纹渐趋模糊,车轮运动不只是纯滚动,胎面与地面还发生一定程度的相对滑动,即车轮处于边滚边滑的状态,因此有

$$u_\omega > r_{r0} \cdot \omega_\omega$$

且随着制动强度的增大,滑动成分的比例越来越大。

第 3 阶段:轮胎花纹印痕粗黑,看不出轮胎花纹,此时车轮被抱死拖滑,车轮处于纯滑动状态,因此有

$$\omega_\omega = 0$$

从以上 3 个阶段说明,随着制动强度的增大,车轮的滚动成分越来越少,而滑动成分越来越大。为了定量描述车轮的运动状态,引入车轮滑动率 s 这一参数,用来表示车轮滑动成分的多少,滑动率 s 的定义为

$$s = \frac{u_\omega - r_{r0} \times \omega_\omega}{u_\omega} \times 100\%$$

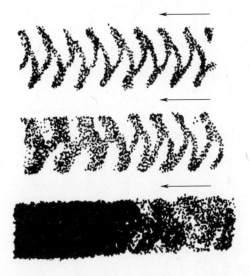

图 13-4 制动时轮胎在地面上的印痕

在纯滚动时,$u_\omega = r_{r0} \times \omega_\omega$,滑动率 $s = 0$;作纯滑动时,$\omega_\omega = 0$,滑动率 $s = 100\%$;边滚边滑时,$0 < s < 100\%$。所以滑动率 s 的数值可以用来表示车轮运动中滑动成分所占的比例,滑动率 s 越大,滑动成分越多。

若令车轮的地面制动力与车轮垂直载荷之比为车轮与路面间的纵向附着系数 φ_x,则 φ_x 随滑动率 s 而变;若令车轮的侧向力与车轮垂直载荷之比为车轮与路面间的侧向附着系数 φ_y,则 φ_y 也随滑动率 s 而变化,如图 13-5 所示。

对于纵向附着系数曲线来说,曲线 OA 段近似于直线,φ_x 随着 s 的增加而迅速增大,此时,虽有一定的滑动率,但轮胎与地面没有发生真正的相对滑动。$s > 0$ 是由于地面制动力的作用,轮胎即将与地面接触的前端胎面受到拉伸而有微量伸长,车轮的滚动半径随着

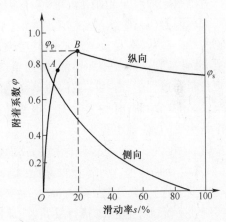

图 13-5 附着系数随滑动率变化的关系

地面制动力增大而增大,故 $u_\omega = r_r \times \omega_\omega > r_{r0} \times \omega_\omega$。曲线到达 A 点后,纵向附着系数增长缓慢,这是由于轮胎与地面接触处出现局部相对滑动。在 B 点达到最大值 φ_p,称为峰值附着系数,φ_p 一般出现在 $s = 15\% \sim 20\%$。B 点以后,滑动率再增加,纵向附着系数逐渐下降,直至滑动率为 100%。这是由于摩擦副间的摩擦系数大于静摩擦系数。当 $s = 100\%$ 时,纵向附着系数降至最小,称为滑动附着系数 φ_s。在干燥路面上,φ_s 和 φ_p 的差别不大,而在湿路面上差别较大。表 13-3 是各种路面上的平均峰值附着系数和滑动附着系数。

对于侧向附着系数曲线来说,随着滑动率的升高,侧向附着系数逐渐减小,轮胎保持转向和防止侧滑的能力逐渐下降。

表 13-3 各种路面上的平均峰值附着系数和滑动附着系数

路　面	峰值附着系数 φ_p	滑动附着系数 φ_s
沥青或混凝土（干）	0.8~0.9	0.75
沥青	0.5~0.7	0.45~0.6
混凝土	0.8	0.7
砾石	0.6	0.55
土路（干）	0.68	0.65
土路（湿）	0.55	0.4~0.5
雪（压紧）	0.2	0.15
冰	0.1	0.07

从20世纪20年代以来，许多汽车工程师通过大量的路面试验和实验室台架试验来研究 φ_x 和 φ_y 与 s 的函数关系。到目前为止，基本搞清楚了影响纵向附着系数和侧向附着系数的因素。这些因素可归纳为轮胎因素 T、汽车因素 V、路面因素 R 和制动工况因素 M 4类；即

$$\varphi_x = f_x(T,V,R,M,s)$$
$$\varphi_y = f_y(T,V,R,M,s)$$

轮胎因素包括轮胎的径向、切向、侧向刚度、轮胎尺寸及其比例、帘布层结构、胎压、胎面花纹及其磨损程度、轮胎类型（四季型、夏季型还是冬季型）等。

对于给定的汽车轮胎，这些因素可以认为在制动过程中保持不变。

汽车因素包括整车质心位置、轴距、车轮外倾角、整车质量、悬挂质量、前后轮距、每个车轮的动态载荷、车身绕其质心的转动惯量、各个车轮的转动惯量、转换到驱动轮上的转动惯量、悬挂装置的类型和性能、转向系统的类型和性能、制动系统的类型和性能等。

在制动过程中，有些参数保持不变，如车轮的转动惯量；有些随时间改变，如作用在各个车轮上的动载荷；有些参数在一定条件下是变化的，如悬挂质量；有些参数改变很小，可看作是不变的，如轴距等。

路面因素包括路面宏观不平度、路面微观粗糙度、路面基础、路面材料、路表面的覆盖物（如灰尘、油污、水、雪、冰等）、路面曲率、路面横向坡度等。

当汽车行驶时，这些因素随时在改变。

制动工况因素包括车辆行驶路迹、风速及其作用方向、车速、制动踏板动作速度、侧向力和制动器的温度等。

当汽车行驶时，这些因素随时在改变。

只有当以上这些因素确定时，纵向和侧向附着系数才能表达成车轮滑动率 s 的函数。

$$\varphi_x = f_x(s)$$
$$\varphi_y = f_y(s)$$

其变化趋势如图 13-5 所示。

13.4 汽车的制动效能

GB 7258—2012《机动车运行安全技术条件》规定，用制动距离法、制动力法或制动减

速度法三者之一,来检验汽车的制动性能。

13.4.1 用制动距离法检验制动效能

1. 制动距离的理论公式

制动距离是指汽车速度为 u_0 时,从驾驶员操纵制动踏板(或手触动制动手柄)开始到汽车完全停止所驶过的距离,它是评价汽车制动效能最直观的指标。

汽车制动过程包括从驾驶员接收到制动信号开始,直至制动停车的全过程。其制动减速度 $j(m/s^2)$ 与制动时间 $t(s)$ 关系曲线如图 13-6 所示。

t_0 是驾驶员的反应时间,指从驾驶员接收到制动信号开始,至驾驶员的脚接触到制动踏板为止所经历的时间。它包括驾驶员发现红灯或障碍物等作出紧急制动的决定时间和脚由加速踏板等位置移动到制动踏板所用的时间。驾驶员反应时间 t_0 的长短主要与驾驶员身体素质和驾驶经验等有

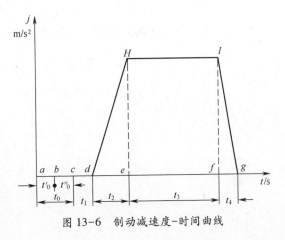

图 13-6 制动减速度-时间曲线

关,一般为 0.3~1s,在此时间内可以认为汽车以制动初速度 u_0 作等速行驶,行驶过的距离为 $s_0 = u_0 t_0$。

t_1 是制动器的作用时间,指驾驶员刚踩下制动踏板到汽车出现制动减速度为止所经历的时间。它包括消除制动系机械传动部分间隙所用的时间、消除制动踏板自由行程所用的时间、液压油或压缩空气在制动管路中流动所用的时间、消除制动器间隙所用时间等,在此时间内仍可认为汽车作初速度为 u_0,减速度为零的等速运动,行驶过的距离 $s_1 = u_0 t_1$。

t_2 是制动力由零增加至稳定值,制动减速度由零增至稳定值所经历的时间。不同车的稳定制动减速度值各不相同,通常将 $t_1 + t_2$ 称为制动系的协调时间,它主要取决于踏制动踏板的速度和制动系的结构,一般为 0.2~0.9s。

t_3 是以稳定减速度制动的时间。t_4 是制动解除时间,指从开始放松制动踏板的瞬时起,到制动力完全消除所经历的时间,一般为 0.3~1s。该段时间对制动过程没有影响,但时间过长,会影响随后的起步行驶。

对整个制动过程影响较大的是 t_1、t_2 和 t_3 时间段。制动距离就是指 t_1、t_2 和 t_3 时间内,汽车所驶过的距离。

通过上述分析,可以得到汽车制动距离的理论公式。

在 t_1 时间内汽车行驶的距离(等速运动过程)为

$$s_1 = u_0 t_1$$

在 t_2 时间内汽车行驶的距离(变减速直线运动过程)可由下面的计算确定。

根据制动减速度和时间曲线,某瞬时 t 的减速度为

$$j = kt$$

式中　k ——常数，为图 13-6 中线段 dH 的斜率。

当 $t = t_2$ 时，$j = j_{max}$（达到最大制动减速度），故斜率为

$$k = \frac{j_{max}}{t_2}$$

若取减速度 j 为正值，有　$-j = \frac{du}{dt}$，故

$$du = -jdt = -ktdt$$

对上式两边积分，得到 t_2 时间内速度变化的规律。

$$\int_{u_0}^{u} du = -k \int_0^t tdt$$

$$u = u_0 - 0.5kt^2 \ (u_0 \text{ 指制动的初速度，单位为 km/h})$$

当 $t = t_2$ 时的车速为

$$u_2 = u_0 - 0.5kt_2^2$$

将 $k = \frac{j_{max}}{t_2}$ 代入 $u = u_0 - 0.5kt^2$ 得

$$u_2 = u_0 - 0.5j_{max}t_2$$

因为

$$u = \frac{ds}{dt}$$

故

$$ds = udt$$

对上式两边积分，并把 $u = u_0 - 0.5kt^2$ 代入上式，可得

$$\int_0^{s_2} ds = \int_0^{t_2} (u_0 - 0.5kt^2)dt$$

即

$$s_2 = u_0 t_2 - \frac{kt_2^3}{6} = u_0 t - \frac{j_{max}t_2^2}{6}$$

在 t_3 时间内汽车行驶的距离（此时间内为等减速运动过程，初速度为 u_2，末速度为 $u_3 = 0$）为

$$s_3 = \frac{u_2^2 - u_3^2}{2j_{max}}$$

将 u_2 代入上式，可得

$$s_3 = \frac{u_2^2}{2j_{max}} = \frac{u_0^2}{2j_{max}} - \frac{u_0 t_2}{2} + \frac{j_{max}t_2^2}{8}$$

把求得的 s_1、s_2、s_3 相加，可得制动距离为

$$s = s_1 + s_2 + s_3 = (t_1 + 0.5t_2)u_0 + \frac{u_0^2}{2j_{max}} - \frac{j_{max}t_2^2}{24}$$

因为 t_2 很小（一般只有零点几秒），故上式中的第三项 $\frac{j_{max}t_2^2}{24}$ 是一微量，在近似计算中可忽略不计，因此

$$s = (t_1 + 0.5t_2)u_0 + \frac{u_0^2}{2j_{max}}$$

上式中 u_0 的单位是 m/s,若以 km/h 为单位,则制动距离的理论公式为

$$s = s_1 + s_2 + s_3 = \frac{(t_1 + 0.5t_2)u_0}{3.6} + \frac{u_0^2}{25.92j_{max}}$$

所得制动距离的单位是 m。

由制动距离的理论公式可知,决定汽车制动距离的主要因素是:协调时间、最大制动减速度以及起始制动车速。其中协调时间对制动距离有很大的影响,它与制动系的结构形式有密切的关系。例如,紧急制动时,液压制动系的协调时间可缩短至 0.1s 或更短;真空动力制动系和气压制动系的协调时间为 0.3~0.9s;货车有挂车时,挂车制动器的协调时间有时长达 2s,但精心设计可缩短至 0.4s。

通过改进制动器的协调时间,可有效地缩短制动距离。例如,某款"红旗"轿车由真空助力制动系改为压缩空气助力制动系后,两种不同助力制动系分别从 30km/h 起始车速制动,所测得的制动试验结果如表 13-4 所列。

表 13-4 装有两种不同助力系时某款"红旗"轿车的制动效能

性能指标 制动系形式	制动距离/m	制动时间/s	最大制动减速度/(m/s²)
真空助力制动系	2.12	12.25	7.25
压缩空气—液压制动系	1.45	8.25	7.65

由表 13-4 可见,采用压缩空气-液压制动后,制动距离缩短了 32%,制动时间减少 32.65%,但最大制动减速度仅提高 5.5%。虽然没有单独给出协调时间的变化情况,但试验结果说明,最大制动减速度提高不多、制动初速度相同,因此,根据制动距离的理论公式,可认为协调时间减少是缩短制动距离的主要原因。

2. 用制动距离检验制动系的工作状况

实测制动距离必须在以下条件下进行:

(1) 路面良好、干燥、清洁、平直,且轮胎与地面间的附着系数不小于 0.7 的水泥或沥青路面。

(2) 发动机与传动系分离。

(3) 在用车进行空载检验,制造厂出厂的新车进行满载检验。

(4) 在用车检验时,对于气压制动系,储气筒气压表的指示气压不大于 590kPa(6kg/cm²);对于液压制动系,有助力装置时的踏板力不大于 350N,无助力装置时的踏板力不大于 600N。

(5) 新车检验时,对于气压制动系,储气筒气压表的指示气压不大于额定气压(CA1091 为 784~813kPa、EQ1090 为 637~735kPa、JN162 为 764~804kPa);对于液压制动系,有助力装置时的踏板力不大于 400N,无助力装置时的踏板力不大于 700N。

检验时,在规定的初速度下紧急制动,其实测制动距离不大于允许值,制动的方向稳定性达到要求;在规定的较高车速下,点刹时的方向稳定性达到要求,才能判定制动系工作为合格。若紧急制动的制动距离达到要求,制动的方向稳定性达不到要求,则应判定制动系工作为不合格。

由制动距离的理论公式可知,制动初速度稍有不同,制动距离会相差很大。因此,当

实际车速与规定的初速度不一致时,应由实际车速用经验公式算出允许的制动距离后,再与实测距离比较,才能判断制动系工作是否合格,经验公式见表 13-5 所列。

表 13-5 各种车型制动距离的经验公式

车型	装置	t_1/s	t_2/s	$J_{max}/(m/s^2)$	经验公式
小型车,总质量<4.5t	空满	0.03 0.03	0.30 0.34	7.4 7.4	$s = 0.05u_0 + u_0^2/190$ $s = 0.055u_0 + u_0^2/190$
中型车,总质量 4.5~12t	空满	0.05 0.05	0.30 0.34	6.2 6.2	$s = 0.055u_0 + u_0^2/160$ $s = 0.06u_0 + u_0^2/160$
大型车,总质量>12t	空满	0.05 0.05	0.34 0.40	5.5 5.5	$s = 0.06u_0 + u_0^2/142$ $s = 0.07u_0 + u_0^2/142$
转向盘式拖拉机带挂车	空满	0.08 0.08	0.40 0.64	4.0 4.0	$s = 0.08u_0 + u_0^2/108$ $s = 0.11u_0 + u_0^2/105$

3. 用地面拖印长度反推制动初速度

在处理交通事故时,有时需要判断驾驶员是否违章超速行驶,这就要由实测的轮胎在地面上形成的印痕长度 s 反推出制动初速度。

产生粗黑的轮胎印痕时,车轮处于抱死拖滑状态,此时对应的地面制动力为最大地面制动力,即 $F_{Xbmax} = F_\varphi = F_Z\varphi = G\varphi$,对应的制动减速度为最大制动减速度 j_{max},它们之间的关系是:

$$j_{max} = \frac{F_{Xbmax}}{m} = \frac{F_\varphi}{m} = \frac{F_Z\varphi}{m} = \frac{G\varphi}{m} = \frac{mg\varphi}{m} = g\varphi$$

根据动能定理可知,所有车轮抱死后,汽车动能转化为地面制动力做的功,所以有

$$\frac{1}{2}\frac{G}{g}u_2^2 = G\varphi s$$

所在车轮刚开始抱死时的车速为

$$u_2 = \sqrt{2g\varphi s} = \sqrt{2j_{max}s} \quad (m/s)$$

将上式代入 $u_2 = u_0 - 0.5j_{max}t_2$,可以解出紧急制动的初速度为

$$u_0 = 3.6(\sqrt{2j_{max}s} + 0.5j_{max}t_2) \quad (km/h)$$

在交通事故发生后,只要测得该车在该路段上的最大制动减速度 j_{max}、制动减速度上升时间 t_2 和现场留下的印痕长度 s,就可以利用上式推算出制动初速度 u_0。

例如,某事故后测得汽车在该路段上的 $j_{max} = 7.2m/s^2$,$t_2 = 0.36s$,现场拖印长 $s = 11m$,则制动初速度 $u_0 = 3.6(\sqrt{2 \times 7.2 \times 11} + 0.5 \times 7.2 \times 0.36)km/h = 49.98km/h$。

制动距离是反映整车制动性能好坏的一个参数。但它不能反映出各个车轮的制动状况和制动力的分配情况,当制动距离延长时,也不能反映出是什么故障使车辆制动性能变差。

13.4.2 用制动力法检验制动效能

制动力可使汽车强制地减速以至停车,它的变化直接表征减速度的变化特性,也可间接地反映制动距离的变化。因此用制动力检验汽车的制动效能是从本质上进行的检验方法,能够综合地评价汽车的制动性能。

采用制动力作为制动效能的评价指标,可以在汽车空载的情况下,采用试验台测试的方法来检验汽车的制动性能。

一般来说,在用车按空载的要求检验,出厂新车按满载的要求检验。这里的满载,是指下面的几种情况:对于出厂新车,并不是指货箱内一定要装载,而是说各轮制动器制动力的总和应不小于满载总质量的50%;主要承载轴制动力之和不小于满载时该轴轴荷的50%。对于在用车,各轮制动器制动力总和不小于汽车空载质量的60%;主要承载轴左、右制动力之和不小于空载轴荷的60%。因此,按满载检验的要求较高。

对制动力平衡性的要求是:在制动力增长的全过程中,前轴左、右轮制动力之差与该轴左、右轮中制动力大者之比不大于20%;对后轴不大于24%。前轴左、右轮制动力之差,不大于该轴轴荷的5%;后轴左、右轮制动力之差不大于该轴轴荷的8%。

对制动协调时间的要求是:单车制动协调时间不大于0.6s;列车制动的协调时间不大于0.8s。

对车轮阻滞力的要求:进行制动力检测时车辆各轮的阻滞力均不得大于该轴轴荷的5%。

所谓车轮阻滞力是指当车轮在制动试验台滚筒上,车轮尚未实施制动时,滚筒由停滞到动旋转时,试验台的仪表上所显示的力。它包括车轮轴承的阻力和制动鼓与制动蹄间由于调整不当产生的阻力,对于驱动轮还包括主减速器和差速器的阻力。阻滞力过大不仅影响制动力检测的准确性,同时也会造成汽车行驶无力、制动鼓不正常发热等故障。

在制动试验台上检验制动力,若上述要求均能满足,则判定为汽车制动效能合格。

用制动力这一参数检验车辆的制动性能时,因用测力试验台测试,所以主要反映制动系统对整车制动性能的影响,而反映不出制动系以外的因素对整车制动性能的影响。

13.4.3 用制动减速度法检验制动效能

按照测试、取值和计算的不同方法,制动减速度法可分为制动稳定减速度法和充分发出的平均减速度法。

1. 制动稳定减速度

在制动减速度随时间的变化曲线中,取其最大稳定值为制动稳定减速度,用 j_{max} 表示。

一般认为制动到抱死状态,具有最大的地面制动力,因而产生的制动减速度最大。对应的车轮在路面上拖滑,留下黑色的印痕。在平直路面上,当所有的车轮都抱死时,汽车的地面制动力为

$$F_{Xbmax} = \sum Z\varphi = G\varphi$$

制动时的空气阻力相对于地面制动力较小,可忽略不计。因此根据牛顿第二定律有

$$F_{\text{Xbmax}} = G\varphi = \frac{G}{g}j_{\max}$$

即产生的制动稳定减速度

$$j_{\max} = \varphi g \ (\text{m/s}^2)$$

该式表明,制动到所有的车轮都处于抱死时,所能达到的制动稳定减速度和车轮与路面的附着系数 φ 成正比,比例系数为重力加速度,与汽车的总质量无关。

制动稳定减速度是评价制动性能的参数之一,从理论上讲,制动初速度的大小对制动稳定减速度没有影响,测试时,它受路面不平整度的影响较小,但受路面附着系数的影响很大。测出的制动稳定减速度是一个整车性能参数,反应不出各车轮的制动力及其分配情况。

2. 充分发出的平均减速度

充分发出的平均减速度 MFDD 是在车辆制动试验中用速度计测得了制动距离和速度的情况下,根据下列公式计算的平均减速度。

$$\text{MFDD} = \frac{u_b^2 - u_e^2}{25.92(s_e - s_b)} \quad (\text{m/s}^2)$$

式中　u_b ——车辆的速度为 $0.8u_0$ (km/h);
　　　u_e ——车辆的速度为 $0.1u_0$ (km/h);
　　　s_b ——在初速度 u_0 和 u_b 之间车辆驶过的距离(m);
　　　s_e ——在初速度 u_0 和 u_e 之间车辆驶过的距离(m)。

实际上也可认为充分发出的平均减速度是采样时段的平均加速度,即

$$\text{MFDD} = \frac{u_b - u_e}{3.6t_{be}} \quad (\text{m/s}^2)$$

式中　t_{be} ——车辆车速由 u_b 降低至 u_e 所用的时间(s)。

充分发出的平均减速度能较准确地反映车辆的制动减速特性,在安全条件规定中采用充分发出的平均减速度 MFDD 指标来代替制动稳定减速度 $j_{\max}$。

用上述两种方法来检验制动效能,一般将制动减速度控制在 $j<(0.4\sim0.5)g$,点制动时 $j=0.2g$。当 $j=(0.7\sim0.9)g$ 时,将有害于乘客或货物的安全。因此应在保证行车安全的前提下,尽量避免紧急制动。

安全条件规定:用制动距离法、制动力法、制动减速法三者之一检验合格,即认为汽车的制动效能合格。当车辆经台架检验后对其制动性能有质疑时,可用规定的路试检验进行复检,并以满载路试的检验结果为准。

13.4.4 改善制动效能的措施

改善制动效能主要从增大制动器制动力和缩短制动协调时间两方面入手。

1. 增大制动器制动力

可以通过下列方式来提高制动器制动力:(1)保持摩擦表面的摩擦系数;(2)必要时重新调整制动控制阀的平衡弹簧,加大预紧力,使制动气室的气压和储气筒的气压接近,以增大制动蹄对制动鼓的压紧力;(3)增大制动蹄与制动鼓的接合面积,采用制动蹄摩擦面圆弧半径稍大于制动鼓内径及合理调整蹄和鼓间隙的办法可以达到这一要求。

2. 缩短制动协调时间

可以通过下列方式来缩短制动协调时间:(1)适当减少制动踏板的自由行程;(2)保持制动管路畅通和气液系统的密封;(3)适当缩小蹄鼓间隙;(4)减少制动系机械部分的旷量。

13.5 制动效能的恒定性

13.4 节讨论的制动效能仅限于在冷态下的制动情况,即制动器的工作温度在 100℃以下。当汽车下长坡时,制动器要采取较长时间连续地进行较大强度的制动来控制下坡速度,制动器温度通常在 300℃以上,有时高达 600~700℃。在高速制动时,汽车动能大,制动器吸收能量多,温度也会很快上升。制动器温度上升后,摩擦力矩常会有显著下降,汽车的制动效能也会显著降低,这种现象称为制动器的热衰退。例如,凌志 LS400 汽车在冷制动时,起始制动车速为 195km/h,制动距离为 163.9m,减速度为 8.5m/s^2,而经过下坡中的 26 次制动,制动器温度达 693℃,这时仍以同样的起始车速制动,减速度为 6.0m/s^2,制动距离加长了 80.6m,达到 244.5m。热衰退性是目前制动器不可避免的现象,只是程度上有所差别。制动效能的恒定性主要指的是制动器的热衰退性能。

制动器的抗热衰退性一般用一系列连续制动时制动效能的保持程度来衡量。国际标准草案 ISO/DIS6597 推荐:汽车以一定车速连续制动 15 次,每次的制动减速度为 3m/s^2,在制动踏板力相同时的制动效能应不低于规定冷状态制动效能(5.8m/s^2)的 60%。对于山区行驶的货车和高速行驶的轿车,抗热衰退性能有更高的要求。一些国家规定,大型货车必须装备辅助制动器,以保持山区行驶的制动性能。另外在低附着系数路面上,可通过辅助制动器吸收汽车的动能避免使用行车制动而引起汽车侧滑等现象。

影响抗热衰退性能的主要因素是制动器摩擦副材料和制动器的结构型式。

13.5.1 制动器摩擦副材料

一般制动器的制动鼓(或制动盘)为 HT200,硬度为 170~241HB,含有 90%细密的珠光体。摩擦片以石棉为材料,采用耐热黏合剂成型。制动鼓(或制动盘)在合金成分、金相组织、硬度、工艺等合格的条件下,摩擦片材料对制动器的抗热衰退性起决定作用。

正常制动时,摩擦副的温度在 200℃左右,摩擦片与制动鼓(或制动盘)的摩擦系数为 0.3~0.4,此时摩擦系数是稳定的。温度升高到 200~250℃时,摩擦系数降到约 0.2,制动器的热衰退显著增加。另外如果使用不当会引起制动液温度急剧上升,当温度超过制动液的沸点时会发生汽化现象,使制动完全失效。

摩擦材料内部含有合成树脂、天然或合成橡胶等有机聚合物。在生产过程中,它们都是在加温加压的条件下固化形成的。为了提高摩擦材料的耐热能力,首先要在保证摩擦材料良好、均匀的摩擦性能和耐磨能力的前提下,要尽量提高其加热的温度。在正常和中等负荷的制动工况下,摩擦片温度没有超过生产成型时的温度,因而具有正常的制动效能。但在连续强制制动或高速制动时,摩擦片温度很高,大大超过生产成型时的最高温度。于是,摩擦材料中的有机物发生分解,产生一些气体和液体,它们在摩擦表面间形成有润滑作用的薄膜,使摩擦系数下降,而出现了制动效能的热衰退现象。严重时,制动蹄表面会烧糊,即使冷却下来,摩擦系数也不能恢复。试验表明,当蹄片温度达到436～460℃时,制动器的摩擦力矩只有冷态正常制动时的23%。因此,提高石棉摩擦片的抗热衰退性,应采取以下措施：

(1) 减少有机成分的含量,增加金属添加剂的成分。

(2) 使摩擦片具有一定的气孔。

(3) 采用环氧树脂、三聚脂胶树脂、无机黏合剂等耐热黏合剂。

(4) 多数树脂模制摩擦片,经初期衰退后便不再衰退,因此可在使用前先进行表面处理,使其表面产生热稳定层来缓和衰退。

此外,还可采用散热性能较好和热容量较大的制动鼓(或制动盘),在相同的制动强度下,其温度升高量较小,制动效能的恒定性也较好。如在连续较大强度的制动后,带散热肋的制动鼓温度比不带散热肋的要低45%～65%。

13.5.2 制动器的结构型式

制动器的抗热衰退性能不仅受摩擦材摩擦系数下降的影响,而且与制动器的结构型式有密切关系。制动器的结构型式不同,其制动效率也不同。为了进行定量比较,引入制动效能因数 k_{ef} 这一指标,即

$$K_{ef} = \frac{F}{P}$$

其意义为单位制动泵推力(即制动蹄张开装置对制动蹄的推力 P)所产生的制动摩擦力 F。具有典型尺寸的各种型式制动器制动效能因数与摩擦系数的关系如图13-7所示。

由变化曲线可知,对于双向自动增力蹄制动器1和双领蹄制动器2,由于结构上的几何力学的关系产生增力作用,具有较大的制动效能因数。但其摩擦系数稍有下降,致使制动器的摩擦力矩大幅度下降,即摩擦因数的微小改变,能引起制动效能大幅度变化,对应制动器的稳定性差;双从蹄制动器4具有较小的制动效能因数,摩擦系数的微小变化,不会引起制动效能的大幅度变化;领、从蹄制动器3介于二者之间;盘式制动器5,其制动效能低于鼓式制动器,但其稳定性好。高强度制动时,摩擦材料的摩擦因数虽有下降,但对制动效能影响不大。同

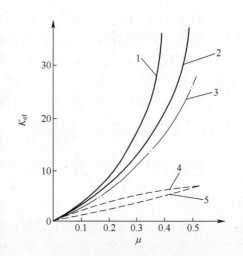

图13-7 制动效能因数曲线
1—双向自动增力蹄制动器;
2—双领蹄制动器;3—领、从蹄制动器;
4—双从蹄制动器;5—盘式制动器。

时,盘式制动器和鼓式制动器相比,反应时间短且不会因为热膨胀而增加制动间隙。因此,盘式制动器已普遍用作轿车的制动器。目前各种吨位的货车,包括重型货车、牵引车采用盘式制动器的也日益增多。

表13-6是对Benz600轿车进行制动试验所测得的数据,该车的四个轮都装有盘式制动器。

表 13-6　四个轮都装有盘式制动器的 Benz600 轿车制动试验数据

起始制动车速/(km/h)	制动减速度/(m/s²)
50	8.5~8.9
80	8.3~8.6
100	7.8~8.5
120	7.3~7.7

结果表明，起始制动车速提高后，汽车的制动减速度下降很小。这从试验结果也突出反映了盘式制动器制动效能的恒定性。

汽车涉水后，由于制动器摩擦副被水浸湿，制动效能也会下降，这种现象称为制动器的水衰退。与鼓式制动器相比，盘式制动器暴露在外，被水浸湿后容易干燥，抗水衰退能力也比较强。在使用中，汽车涉水后，踩几次制动踏板，有意识地提高制动器温度，使水分迅速蒸发，对缓解制动器的水衰退非常有效。

13.6　制动时的方向稳定性

汽车制动时的方向稳定性是指在制动过程中，汽车按驾驶员给定的轨迹行驶的能力，即保持直线行驶或按预定弯道行驶的能力。在实施制动的过程中，有时会出现制动跑偏、侧滑或前轮失去转向能力等现象，从而造成汽车失去控制而离开原来的行驶方向，引发严重的交通事故。西方一些国家的统计表明，发生人身伤亡的交通事故中，在潮湿路面上约有 1/3 与侧滑有关；在冰雪路面上有 70%~80% 与侧滑有关。根据对侧滑事故的分析，发现有 50% 是由制动引起的。

13.6.1　制动跑偏

在汽车制动时，驾驶员本期望按直线方向减速以至停车，但有时会出现汽车自动向左或向右偏驶的现象。制动时汽车自动偏驶的现象称为制动跑偏。制动跑偏的程度可用横向位移或航向角来评价，横向位移是指汽车制动后车身最大的横向移动量，航向角是指制动后汽车的纵向轴线与原行驶方向的夹角。

制动时汽车跑偏的原因有两个：
(1) 汽车左、右车轮，特别是前轴左、右车轮(转向轮)制动器的制动力不相等。
(2) 制动时悬架导向杆系与转向系拉杆在运动学上的不协调(互相干涉)。

其中，第一个原因是制造、调整误差造成的，汽车究竟向左或向右跑偏，要根据具体情况而定；而第二个原因是设计造成的，制动时汽车是向左或向右一个方向跑偏。

由于左、右转向轮制动力不相等引起汽车跑偏的受力分析如图 13-8 所示。为了简化，假定车速较低，跑偏不严重，且跑偏过程中方向盘是不动的，在制动过程中没有发生侧滑，并忽略汽车作圆周运动时所产生的离心力及车身绕质心的惯性力偶矩。

设左前轮的制动器制动力大于右前轮，故地面制动力 $F_{X1l} > F_{X1r}$，此时前、后轴分别受到地面侧向反力 F_{Y1} 和 F_{Y2}。由于 F_{X1l} 绕主轴销的力矩大于 F_{X1r} 绕主轴销的力矩，虽然方向盘固定不动，但因转向系各处的间隙及零部件的弹性变形，转向轮仍将产生一个向左偏转的角度,而使汽车轻微的向左偏驶,即所谓的制动跑偏。同时,由于主销有后倾,也使F_{Y1}对转向轮产生一个同方向的偏转力矩,从而增大了向左转的角度。

在轿车上做了专门的试验来观察左、右车轮制动力不相等的程度对制动跑偏的影响,试验证明,前轴左、右轮制动力之差超过 5%,后轴左、右轮制动力之差超过 10%,将引起制动跑偏现象,跑偏的方向总是制动力较大的一侧。制动跑偏随左、右车轮制动力之差的增大而增大,当车轮抱死时,跑偏程度加大。此外,若左、右轮主销的内倾角不等,即便是制动力相等,也会向主销内倾角较小的一侧跑偏。

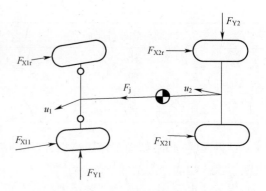

图 13-8　制动跑偏时的受力图

造成左、右转向轮制动力不等的原因主要有:
(1) 同轴两侧车轮的制动蹄片接触情况不同。
(2) 同轴两侧车轮胎面磨损不均或者胎压不一致。
(3) 同轴两侧车轮制动蹄、制动鼓间隙不一致。
(4) 左右轴距不等。
(5) 前轮定位参数失准。

13.6.2 制动侧滑

制动侧滑是指制动时汽车的某一轴或某两轴发生横向移动的现象。制动侧滑影响汽车的操纵稳定性,尤其是高速行驶的汽车制动时,如果发生后轴侧滑将会引起不规则的急剧回转运动而失去控制,严重时会使汽车调头甚至翻车。侧滑与跑偏是有联系的,严重的跑偏有时会引起后轴侧滑,易于发生侧滑的汽车也有加剧跑偏的趋势。

车轮侧滑是由于侧向力超过了侧向附着力。在汽车制动时,随车轮滑移率的增大,侧向附着系数减小,侧滑的可能性增大。当车轮被抱死拖滑(滑移率为 100%)时,侧向附着系数几乎为零,稍有侧向力就会引起侧滑。

由试验与理论分析得知,制动时发生侧滑,特别是后轴侧滑,会引起汽车偏转,严重时可使汽车掉头。制动时若后轴车轮比前轴车轮先抱死拖滑,就有可能发生后轴侧滑。若能使前、后轴车轮同时抱死或前轴车轮先抱死,后轴车轮再抱死或不抱死,则能防止后轴侧滑。但是前轴车轮抱死后将失去转向能力。

1. 车辆侧滑的条件

如果制动过程中发生侧滑,车轮的受力分析如图 13-9 所示。该轮所受的垂直载荷为 W,地面垂直反力为 F_Z,制动器的摩擦力矩为 T_μ,所产生的地面制动力为 F_{Xb};由于侧向风、道路横坡引起的侧向力及转弯时离心力的作用,车轮上产生侧向力 F_r,相应的地面侧向反力为 Y。

F_{Xb} 和 Y 的合力为 R,显然,当 $R = F_Z\varphi$ 时,将产生侧滑。在地面制动力 F_{Xb} 的作用下,不产生侧滑所承受的侧向力为

$$R = \sqrt{F_{Xb}^2 + Y^2} \leqslant F_Z \varphi$$

该式表明,车辆抵抗侧滑的能力与作用在车轮上的地面制动力和法向力有关。当地面制动力与车轮和地面的附着力相等时,即 $F_{Xb} = F_Z \varphi$,即使是微小的侧向力都将引起车轮的侧向滑移。

2. 汽车侧滑时的运动

汽车侧滑时的运动情况如图 13-10 和图 13-11 所示。图 13-10 为汽车前轴侧滑时的运动简图,直线行驶的汽车制动时,若前轮抱死而后轮滚动,则前轴在侧向力的作用下发生侧滑。汽车前轴中点的速度方向将偏离汽车的行驶方向,而后轴中点的速度方向与汽车的行驶方向一致。

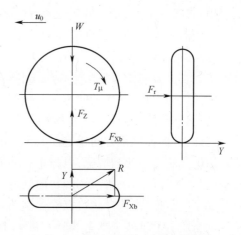

图 13-9 汽车车轮侧滑的受力情况

汽车作类似转弯的运动,其瞬时回转中心为速度 v_A 和 v_B 两垂线的交点 O,汽车相当于绕 O 作圆周运动,所产生的离心惯性力为 F_c,其作用效果总是起抵消侧向力的作用,减轻侧滑。而且一旦侧向力消失,F_c 有使汽车自动回正的作用。因此,仅前轴抱死产生的侧滑在汽车前进方向上的改变不大。

图 13-11 为汽车后轴侧滑时的运动简图,此时后轮抱死而前轮滚动。若在侧向力作用下后轴发生侧滑,则侧滑方向与离心惯性力为 F_c 的方向基本一致。于是离心惯性力加剧后轴侧滑;后轴进一步侧滑又促使离心惯性力增大。如此下去,汽车将产生甩尾,甚至掉头。侧滑发生时,驾驶员往往来不及反应,即使采用放松制动踏板的措施,一般也无法恢复对汽车的控制,如果来得及,可向后轴侧滑方向适度转动方向盘,以增大回转半径减小离心惯性力。车速越高,离心力越大,侧滑产生更为迅速。因此在高等级公路上行驶应尽量减少不必要的制动。

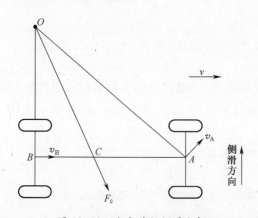

图 13-10 汽车前轴侧滑分析

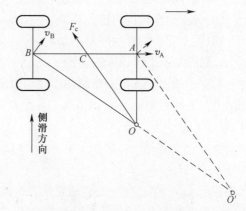

图 13-11 汽车后轴侧滑分析

13.6.3 转向能力的丧失

前轮失去转向能力,是指弯道制动时汽车不再按原来的弯道行驶而是沿弯道切线方向驶出;直线行驶制动时,虽然转动方向盘但汽车仍按直线方向行驶的现象。前轮失去转向能力和后轴侧滑是有联系的,一般如果汽车后轴不会侧滑,前轮就可能丧失转向能力;后轴侧滑,前轮常仍有转向能力。

前轮丧失转向能力是由于在汽车制动时,车轮滑移率增大,侧向附着系数减小,因此汽车的转向能力下降;当转向轮抱死拖滑(滑移率为100%)时,侧向附着系数几乎为零,不能产生任何地面侧向反作用力,汽车将完全丧失转向能力。

因此,从保证汽车方向稳定性的角度出发,首先不能出现只有后轴车轮抱死或后轴车轮比前轴车轮先抱死的情况,以防止后轴侧滑。其次,尽量减少只有前轮抱死或前、后车轮都抱死的情况,以维持汽车的转向能力。最理想的情况就是前、后车轮都处于边滚边滑状态而不完全抱死,这样就可以确保制动时的方向稳定性。目前汽车上普遍采用的防抱死制动系统(ABS)就基本上解决了制动时的车轮抱死问题。

本节讨论了评价汽车制动性的三项指标,即制动效能、制动效能的恒定性以及制动时汽车的方向稳定性,并分析了各种影响因素。下面讨论与方向稳定性密切相关的制动器制动力在前、后轴间的分配和调节问题。

13.7 前、后制动器制动力的比例关系

13.7.1 前、后车轮抱死次序

对不装有 ABS 的普通制动系统,根据其前、后轴制动器制动力的分配情况、载荷情况及道路附着系数等因素,当汽车以最大强度制动时,可使所有的车轮均抱死,以保证汽车制动的可靠性。在汽车制动过程中可能出现如下三种情况:

(1) 前轮先抱死拖滑,然后后轮抱死拖滑。
(2) 后轮先抱死拖滑,然后前轮抱死拖滑。
(3) 前、后车轮同时抱死拖滑。

前、后车轮的抱死次序对制动时的方向稳定性和制动系工作效率有很大影响。

1. 对制动系工作效率的影响

制动系的工作效率是指制动器制动力的利用程度,一般用全部车轮均抱死时的地面制动力与制动器制动力的比值来表示。对两轴汽车,制动系的工作效率 η_b 可用下式计算,即

$$\eta_b = \frac{F_{\tau1max} + F_{\tau2max}}{F_{\mu1} + F_{\mu2}}$$

式中 $F_{\tau1max}$、$F_{\tau2max}$——前、后轮最大地面制动力,等于前、后轮上的附着力(N);

  $F_{\mu1}$,$F_{\mu2}$——前、后车轮均抱死时,前、后车轮的制动器制动力(N)。

在制动过程中,如果前轮先于后轮抱死,则前、后车轮均抱死时,$F_{\mu1} > F_{\tau1max}$,$F_{\mu2} = F_{\tau2max}$,所以制动系的工作效率 $\eta_b < 1$;如果后轮先于前轮抱死,则前、后车轮均抱死时,$F_{\mu1} = F_{\tau1max}$,$F_{\mu2} > F_{\tau2max}$,制动系的工作效率 $\eta_b < 1$;如果前、后轮同时抱死,则全部车轮均抱死时,$F_{\mu1} = F_{\tau1max}$,$F_{\mu2} = F_{\tau2max}$,制动系的工作效率 $\eta_b = 1$。

2. 制动时对方向稳定性的影响

在汽车的制动过程中，达到附着极限处于制动抱死的车轮最容易发生侧滑，且失去转向能力。如果前轮先于后轮抱死，则在汽车未达到最大制动强度之前，就会出现前轮抱死拖滑的现象，虽然前轮发生侧滑时危险性不大，但通常作为转向轮的前轮会失去转向能力；如果后轮先于前轮抱死，则汽车在未达到最大制动强度之前，后轴车轮就容易发生因抱死而侧滑的现象，后轴侧滑具有较大的危险性；如果前、后轮同时抱死，在汽车未达到最大制动强度之前，前、后轴车轮均不会抱死，有利于保持汽车制动时的方向稳定性。

由上述分析可知，未装 ABS 的普通制动系统中，前、后制动器制动力分配的比例，将影响汽车制动时的方向稳定性和附着条件利用程度，是设计汽车制动系时必须考虑的问题。前、后轮同时抱死是制动的最佳状态，不仅制动系工作效率高，而且制动时的方向稳定性好。

13.7.2　制动时地面对前、后车轮的法向反作用力

在分析前、后制动器制动力分配比例以前，必须先了解在制动时地面作用于前、后车轮的法向反作用力的变化情况。

汽车在水平路面上制动时的受力如图 13-12 所示。图中忽略了汽车的滚动阻力、空气阻力以及旋转质量减速时产生的惯性力偶矩。此外，下面的分析中还忽略了制动时车轮边滚边滑的过程，附着系数只取一个定值 φ_0。由图 13-12 对后轮接地点取力矩得

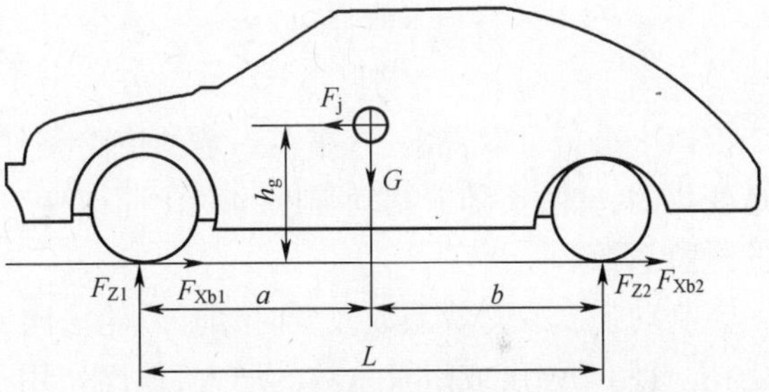

$$F_{Z1}L = Gb + m\frac{du}{dt}h_g$$

图 13-12　制动时汽车受力图

式中　F_{Z1}——地面对前轮的法向反作用力；
G——汽车重力；
b——汽车质心至后轴中心线的距离；
m——汽车质量；
h_g——汽车质心高度；
$\dfrac{du}{dt}$——汽车减速度；
F_j——汽车制动时的惯性力，$F_j = m\dfrac{du}{dt}$。

根据平衡条件，对前轮接地点取力矩，得

$$F_{Z2}L = Ga - m\frac{du}{dt}h_g$$

式中　F_{Z2}——地面对后轮的法向反作用力；
a——汽车质心至前轴中心线的距离。

所以有

$$F_{Z1} = \frac{G}{L}\left(b + \frac{h_g}{g} \cdot \frac{du}{dt}\right)$$

$$F_{Z2} = \frac{G}{L}\left(a - \frac{h_g}{g} \cdot \frac{du}{dt}\right)$$

若令 $\frac{du}{dt} = zg$，z 称为制动强度，则上式可变为

$$F_{Z1} = \frac{G}{L}(b + zh_g)$$

$$F_{Z2} = \frac{G}{L}(a - zh_g)$$

若在不同附着系数的路面上制动，前、后轮都抱死（不论是同时抱死或分别先后抱死），此时 $F_{Xb} = F_\varphi = G\varphi$ 或 $\frac{du}{dt} = \varphi g$。则地面作用于前、后轮的法向反作用力为

$$F_{Z1} = \frac{G}{L}(b + \varphi h_g)$$

$$F_{Z2} = \frac{G}{L}(a - \varphi h_g)$$

由以上分析可以得出：汽车在一定的道路条件下制动时，前、后轮的地面法向反作用力是变化的，它主要随着制动强度的变化而改变。前、后轮全部抱死时，它主要取决于道路的附着系数。

当制动强度或附着系数改变时，前、后轮法向反作用力的变化是很大的。总体变化趋势是：随着制动强度或附着系数的增大，地面作用于前轮的法向反作用力增大，而作用于后轮的法向反作用力减小。

13.7.3 理想的前、后轮制动器制动力分配曲线

前面已经指出，制动时前、后车轮同时抱死，对附着条件的利用，制动时汽车的方向稳定性均较为有利，制动系的工作效率也是最高。此时的前、后轮制动器制动力 $F_{\mu1}$ 和 $F_{\mu2}$ 的关系曲线，称为理想的前、后轮制动器制动力分配曲线。

在任何附着系数 φ 的路面上，前、后车轮同时抱死的条件是：前、后轮制动器制动力之和等于附着力，并且前、后轮制动器制动力分别等于各自的附着力。因此理想的前、后轮制动器制动力分配应满足的条件为

$$\begin{cases} F_{\mu1} + F_{\mu2} = \varphi G \\ F_{\mu1} = \varphi F_{Z1} \\ F_{\mu2} = \varphi F_{Z2} \end{cases}$$

将地面作用于前、后轮的法向反作用力公式代入上式得

$$\begin{cases} F_{\mu1} + F_{\mu2} = \varphi G \\ \dfrac{F_{\mu1}}{F_{\mu2}} = \dfrac{b + \varphi h_g}{a - \varphi h_g} \end{cases}$$

当汽车的结构参数（G、a、b、h_g）一定时,按上述方程组可作出不同附着系数时,前、后轮制动器制动力的关系曲线,即理想的前、后轮制动器制动力分配曲线,简称 I 曲线,如图 13-13 所示。

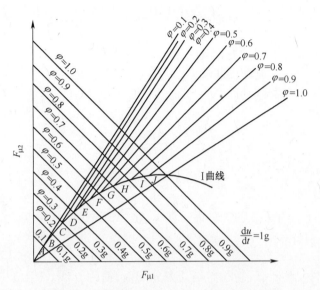

图 13-13　理想的前、后制动器制动力分配曲线

I 曲线可用作图法直接求得。首先建立 $F_{\mu1}-F_{\mu2}$ 坐标系,将方程组中第一式按不同 φ 值($\varphi = 0.1, 0.2, 0.3, \cdots$)作图,可得到一组与坐标轴成 45°、与坐标轴截距依次为 $\varphi g(0.1g, 0.2g, 0.3g, \cdots)$ 平行线;再对方程组中第二式按不同 φ 值($\varphi = 0.1, 0.2, 0.3, \cdots$)代入,可得到一组通过坐标原点,斜率不同的射线组。在这两组直线中,对于某一 φ 值,均可找到两条直线,这两条直线的交点便是满足方程组中 $F_{\mu1}$ 值和 $F_{\mu2}$ 值。把对应于不同 φ 值的两直线交点 A、B、C、⋯圆滑地连接起来,便得到了 I 曲线。曲线上任一点代表在该附着系数路面上,前、后轮同时抱死时,所要求的理想前、后轮制动器制动力数值。

由此可见,只要给出汽车的总质量（或汽车的重力）、汽车的质心位置（a、b、h_g）,就能作出 I 曲线。另外,I 曲线随着汽车载荷增加而上移。

需要说明的是,I 曲线是踏板力增长到前、后车轮同时抱死拖滑时的前、后制动器制动力的分配曲线。车轮同时抱死时,$F_{\mu1} = F_{Xb1} = F_{\varphi1}$,$F_{\mu2} = F_{Xb2} = F_{\varphi2}$,所以 I 曲线也是车轮同时抱死时 $F_{\varphi1}$ 和 $F_{\varphi2}$ 的关系曲线。另外,实际制动时,汽车前、后制动器制动力常不能按 I 曲线的要求来分配。制动过程中常是一根车轴的车轮先抱死,随着踏板力的进一步增加,接着另一根车轴的车轮抱死。显然,I 曲线还是前、后车轮都抱死后的地面制动力 F_{Xb1} 与 F_{Xb2},或 $F_{\varphi1}$ 与 $F_{\varphi2}$ 的关系曲线。

其实,这里讨论的"理想的前、后制动器制动力分配曲线"是汽车工程技术中的习惯称呼,并非真正"理想的制动力分配",只有根据 4 个车轮上的载荷与地面情况,使每个车轮均能利用峰值附着系数,同时有较大的侧向系数,才是"理想的制动力分配"。

13.7.4　具有固定比值的前、后制动器制动力与同步附着系数

目前,一般两轴汽车实际的前、后制动器制动力之比为一常数。即只能在某一种路面

上使前、后轮同时抱死拖滑,而在其他路面上则不是前轮先抱死就是后轮先抱死。为了说明前、后轮制动器制动力的分配情况,通常用前轮制动器制动力与汽车全部制动器制动力之比来表示,其比值的大小称为制动器制动力分配系数,并以符号 β 表示,即

$$\beta = \frac{F_{\mu 1}}{F_{\mu}}$$

式中　$F_{\mu 1}$ ——前制动器制动力;
　　　F_{μ} ——汽车全部制动器制动力,$F_{\mu} = F_{\mu 1} + F_{\mu 2}$;
　　　$F_{\mu 2}$ ——后制动器制动力。

故

$$F_{\mu 1} = \beta F_{\mu}$$
$$F_{\mu 2} = (1 - \beta) F_{\mu}$$
$$\frac{F_{\mu 1}}{F_{\mu 2}} = \frac{\beta}{1 - \beta}$$

由上式可知,$F_{\mu 1}$ 与 $F_{\mu 2}$ 的关系为一直线,此直线通过坐标原点,且其斜率为

$$\tan\theta = \frac{1 - \beta}{\beta}$$

这条直线称为实际前、后制动器制动力分配线,简称 β 线。图 13-14 给出了某汽车的 β 线,同时还给出了该车空载和满载时的 I 曲线。

由图 13-14 可以看出,实际前、后制动器制动力分配线(β 线)与理想前、后制动器制动力分配曲线(I 曲线)只有一个交点,即实际上只有在该车 β 线与 I 曲线交点对应的附着系数路面上制动时,才能使汽车处于前、后车轮同时抱死的理想状态,在其他附着系数的路面上制动时,只能使一轮先抱死,而另一轮后抱死。

图 13-14 中 β 线与 I 曲线(满载)交于 B 点,此时的附着系数值为 $\varphi_0 = 0.786$,一般称 β 线与 I 曲线交点处的附着系数 φ_0 为同步附着系数,同步附着系数所对应的制动减速度为临界减速度,同步附着系数是由汽车

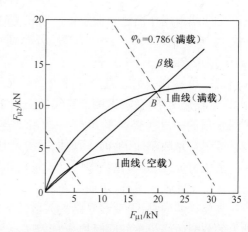

图 13-14　某汽车的 β 线与 I 曲线

的结构参数决定,它是反映汽车制动性能的一个重要参数,它说明,前、后制动器制动力为固定比值的汽车,只有在同步附着系数的路面上制动时,才能使前、后车轮同时抱死。汽车满载时,同步附着系数最大,随着载荷减少,同步附着系数越来越小。

由 β 线与I曲线交点(即附着系数为同步附着系数)对应的前、后轮制动器制动力关系为

$$\begin{cases} \dfrac{F_{\mu 1}}{F_{\mu 2}} = \dfrac{b + \varphi_0 h_g}{a - \varphi_0 h_g} \\ \dfrac{F_{\mu 1}}{F_{\mu 2}} = \dfrac{\beta}{1 - \beta} \end{cases}$$

于是可得出

$$\varphi_0 = \frac{L\beta - b}{h_g}$$

式中　L——汽车轴距，$L = a + b$。

13.7.5 前、后制动器制动力具有固定比值的汽车在不同路面上制动过程分析

利用 β 线与 I 曲线的配合，就可以分析前、后制动器制动力具有固定比值的汽车在不同路面上的制动情况。由图 13-14 可以看出，只有在一种路面上，即附着系数为 φ_0 的路面上制动时，才能达到前、后轮同时抱死的理想制动状态。在 $\varphi < \varphi_0$ 的路面上制动时，由于 I 曲线(满载)位于 β 线上方，当前轮抱死所需的制动器制动力一定时，实际的后轮制动器制动力总是达不到同时抱死需要的制动力，所以前轮先于后轮抱死。而在 $\varphi > \varphi_0$ 的路面上制动时，由于 I 曲线(满载)位于 β 线下方，当前轮抱死所需的制动器制动力一定时，实际的后轮制动器制动力总是已超过同时抱死需要的制动力，所以后轮先于前轮抱死。

汽车空载时，I 曲线基本位于 β 线下方，所以空载制动时，一般都是后轮先于前轮抱死。

13.7.6 同步附着系数的选择

由以上讨论可知，汽车的制动情况取决于 β 线与 I 曲线的配合，或者说同步附着系数对汽车制动减速度、制动效率以及制动时汽车的方向稳定性有着重要的影响。

汽车的总质量及质心位置给定后，即可作出 I 曲线。β 线则是由制动器制动力在前、后轴上的分配来确定。所以设计中可调整 β 值以求得 β 线与 I 曲线的恰当配合，保证合适的同步附着系数。

图 13-15 画出了汽车的 I 曲线及三条不同的 β 线。β 线的斜率为 $\tan\theta = \frac{1-\beta}{\beta}$，$\beta$ 值越大，β 线的斜率越小。图中 $\beta_1 < \beta_2 < \beta_3$，$\beta$ 值越大，同步附着系数 φ_0 越大，因此 $\varphi_{01} < \varphi_{02} < \varphi_{03}$。$\varphi_{01} = 0$，实际上没有同步附着系数，即没有一种路面可使汽车制动时前、后车轮同时抱死；β_2 线与 I 曲线交点处对应的同步附着系数 $\varphi_{02} = 0.35$。这时一般在较滑的路面(如 $\varphi = 0.4$)上制动时，会出现后轮先抱死拖滑的情况，可能引起危险的后轴侧滑。且在较高附着系数路面上制动时，由于 β 线远离 I 曲线，因此制动系的工作效率较低；当 β 值增大到 β_3 时，β_3 线与 I 曲线交点处对应的同步附着系数 $\varphi_{03} = 0.85$，这时即使在较高附着系数路面上制动时，也不会发生后轴侧滑，且在高附着系数路面上制动时，制动系的工作效率也较高。但是在多数路面上制动时，前轮会先于后轮抱死而可能失去转向能力。

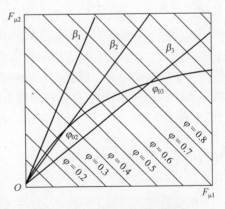

图 13-15　β 线与 I 曲线的配合

同步附着系数主要是根据车型和使用条件来选择。

越野汽车常采用较高的同步附着系数。这样即使在较高附着系数路面上制动时,也不会发生后轴侧滑,且在高附着系数路面上制动时,制动系的工作效率也较高。但是在多数路面上制动时,前轮会先于后轮抱死而可能失去转向能力。试制 BJ2020 越野车时,原设计满载时 $\varphi_0 = 0.35$,空载时 $\varphi_0' = 0.1$,在样车试验过程中经常发生制动时后轴侧滑。后来改进设计,把前轮制动泵直径由 $\phi 35$ 改为 $\phi 38$,而把后轮制动泵直径由 $\phi 38$ 改为 $\phi 35$,这样就改变了 β 值,同步附着系数也相应改变,提高到满载时 $\varphi_0 = 0.7$,空载时 $\varphi_0' = 0.32$,如图 13-16 所示。因此显著地消除了后轴侧滑现象。

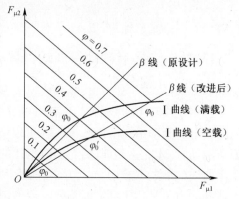

图 13-16　BJ2020 汽车 I 曲线与 β 线的配合

对轿车而言,行驶车速较高,目前一般轿车的最高车速为 140~200km/h,或更高,在高速行驶时制动,引起后轴侧滑是十分危险的。因此一般采用较高的同步附着系数。

对货车而言,由于车速较低,制动时后轴侧滑的危险性较小,但在较滑的路面上制动时汽车可能丧失转向能力,因此同步附着系数一般较小。但是由于道路条件的改善和货车行驶速度的提高,存在着提高同步附着系数的趋势。

使用条件也影响 φ_0 的选择。在多雨的山区,坡路弯道多,下急弯坡制动时,如果汽车失去转向能力,将是十分危险的。因此经常在山区使用的车辆,同步附着系数应取较低值。我国西南山区有些运输单位,为了行车安全,有意地调小前轮制动器制动力。

有些矿用重型自卸车装有干湿路面气压调整阀,在湿滑路面行驶时,可使前轮气压(制动器制动力)下降 50%,以保持制动时汽车的转向能力。

综上所述,为了防止因后轮抱死而发生危险的侧滑,汽车制动系的实际前、后轮制动器制动力分配线(β 线)应总是在理想前、后轮制动器制动力分配曲线(I 曲线)的下方。为了减少制动时前轮抱死而失去转向能力,提高制动效能,β 线应尽量接近 I 曲线,且位于 I 曲线的上方。对于具有固定比值的前、后轮制动器制动力的汽车,其实际制动力分配线与理想的制动力分配曲线有较大差别,可能出现因后轮先抱死而发生后轴侧滑的危险情况,或因前轮先抱死而丧失转向能力的情况。因此,现代汽车均装有各种制动力调节装置,用来改变前轮或后轮制动器分泵的油压或气压,从而改变前、后制动器制动力的比值,使之接近于理想制动力分配曲线。

13.7.7　发动机制动

山区行驶的车辆下长坡时,为避免车轮制动器长时间工作而发生过热,或冬季行驶在冰雪路面上为避免制动力过大引起侧滑,常利用发动机制动。

在行驶中的汽车,如果关闭节气门,发动机将对汽车产生制动力。此时,汽车的一部分动能被发动机的内摩擦和其他机械损失所吸收,不过这种制动力是非常有限的。有的汽车在排气歧管安装排气制动器来增加发动机的压气机作用。排气制动器由安装在排气系统中的节流阀组成,制动时排气制动器阀门关闭,切断油路,利用排气歧管中的反压力产生制动作用。该节流阀可以通过机械、电动或气动方法来关闭。产生的制动力矩取决于发动机转速和传动系传动比。用发动机制动时,放松加速踏板,驱动轮在汽车惯性力作用下,通过传动系迫使发动机转速高于怠速转速。传动系传动比越大,发动机转速越高,发动机内阻力矩消耗的能量越多,制动效果越明显。

通常,发动机所能产生的最大制动力矩是发动机驱动力矩的70%左右。因此在汽车中速和高速行驶时制动,还应使用汽车主制动器。排气制动器受限制的结构因素主要与排气管节流阀的弹簧有关,当排气系统压力升高时,有克服该阀门弹簧力的趋势,迫使节流阀开起,从而限制了发动机的压气机作用。

有关于排气制动器,有以下几个结论:

（1）对于紧急停车制动来说,除了正常的车轮制动器以外,加用排气制动器,只能使车辆的最大制动性能略有增加。

（2）当只使用发动机制动时,车辆总的平均减速度约为0.015g,而采用排气制动器,其总的平均减速度可提高到0.03g。

（3）为了使车辆在最高挡、下坡行驶时保持32km/h左右的稳定速度,在较小的坡道上可以不必使用主制动器,而用排气制动器代替,可使主制动器的使用率减少33%左右。

（4）在正常交通情况下,使用排气制动器可使车轮主制动器的使用率减少20%左右。

13.8　汽车制动防抱死系统(ABS)和制动辅助系统(BAS)

13.8.1　制动防抱死系统(ABS)

安全、环保和节能构成了当今世界范围内汽车发展亟待解决的三大问题。随着汽车电子控制技术日趋完善,这三大问题得到很大的改善,而且使汽车的动力性、经济性、可靠性和舒适性得到进一步提高。就安全性而言,汽车上采用制动防抱死技术,交通事故明显下降。据欧洲各国统计,应用该技术后,发生交通事故的情况,摩托车减少10%,轿车和轻型货车减少8%,公共汽车减少4%,重型货车减少10%,平均减少7.5%。电子控制制动防抱死系统实质上是实现制动器制动力的自动调节,这种系统使汽车装置的结构发生了质的变化,它可充分发挥制动器的制动效能,提高制动减速度和缩短制动距离,并能有效地提高车辆制动时方向稳定性,从而大大提高汽车行驶安全性。

由理论和试验研究表明,轮胎纵向附着系数在滑动率$s=20\%$左右达最大值,在车轮抱死时的附着系数反而有所降低。另外侧向附着系数在纯滚动时为最大,随着滑动率的增加而迅速减小,在车轮抱死时,侧向附着系数下降到零。因此,车轮制动时,如果完全抱死,不但由于纵向附着系数下降而达不到最佳制动效能,而且还会丧失转向和抵抗侧向力的作用,造成制动时方向不稳定。电子控制制动防抱死装置的目的,就是自动调节制动器制动力,使车轮滑动率保持在20%的最佳状态,以充分利用峰值附着系数,提高汽车的制动效能,并使汽车具有较好的转向和抵抗侧向力的作用,提高汽车制动时的方向稳定性。

1. 制动防抱死系统的组成

无论气压制动系统还是液压制动系统,汽车的制动防抱死系统都是由三大部分组成:

转速传感器、压力调节器和电子控制装置。

目前用于制动防抱死系统的转速传感器主要有磁电式和霍尔式两种。其用途是检测车轮的转速,并把检测到的信息传递给电子控制装置。

压力调节器是要接受来自电子控制装置的指令,使制动轮缸或气室能实现压力增高、压力保持或压力降低。而且在自动调节轮缸或气室压力时,不受驾驶员的控制。通常分为滑阀式和柱塞式两大类,每种类型又有多种不同的形式和结构,一般由电动泵、储液器和电磁阀组成。回油泵是在制动轮缸压力减小的过程中,抽吸制动轮缸的制动液,并把它泵回到制动主缸里;储液器暂时储存压力减小时制动轮缸流出的制动液;电磁阀在车轮制动时调节轮缸液压力。

电子控制装置是接收轮速传感器送来的信号,先进行滤波整形放大,后计算出车轮滑动率 s、车轮角减速度,再通过判别处理,由其输出端将指令信号输出至压力调节器,执行制动压力调节的任务。

2. 制动压力调节器

无论是气压制动还是液压制动,均是靠控制装置送来的电信号控制电磁阀动作,从而调节制动压力的减弱或加强,使车轮的滑动率接近最佳值。

如图 13-17 所示,在正常制动时,液力蓄能器的高压油将球阀 4 推开,高压油作用在减压活塞上方,使球阀 9 处于常开状态,制动分泵与制动总泵直接相通,制动过程中,控制装置不断分析传感器送来的信息,当减速度达到一门限值时,控制装置发出指令,电磁线圈 5 通电产生吸力,铁心连同推杆 6 向右移动,使球阀 4 关闭液力蓄能器的高压油道,同时使减压活塞 8 上方与低压泄油道相通而上移,球阀 9 关闭,分泵油压与低压泄油道相通,油压降低,制动器制动力下降。随着制动力的减小,车轮转速增加,当其角加速度达到设定的门限值,控制装置又发出指令,切断电磁线圈电流,在液力蓄能器的高压作用下,铁心左移,球阀 4 关闭减压活塞 8 上方与低压泄油道 2 的通道,蓄能器中的高压油使活塞 8 下移,顶开球阀 9,分泵压力重新上升,又开始制动,如此循环,直至停车。

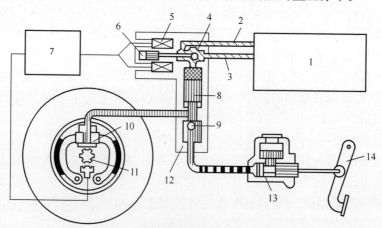

图 13-17 制动防抱死系统控制简图

1—液力蓄能器;2—低压管路;3—高压管路;4—球阀;5—电磁线圈;6—推杆;7—控制装置;8—减压活塞;9—球阀;10—分泵;11—角速度传感器;12—制动压力调节器;13—总泵;14—制动踏板。

液压式调节器是用电磁阀和液压泵产生的压力控制制动力。每个车轮或每个系统内部都有电磁阀,通过电磁阀直接或间接地控制制动压力。下面就液压式调节器调压以实现压力降低、压力保持或压力升高的工作过程做一阐述。

(1) 减压过程。如图13-18所示,当电磁阀电流较大时,柱塞移至上端,主缸和轮缸的通路被截断,轮缸和液压油箱接通,轮缸的制动液流入液压油箱,制动压力降低。与此同时,驱动电动机起动,带动液压泵工作,把流回液压油箱的制动液加压后输送到主缸,为下一个周期做好准备。

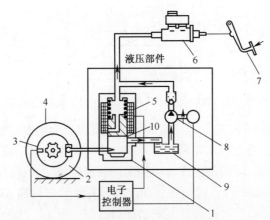

图13-18 循环调压方式减压过程
1—电磁阀;2—制动分泵;3—车轮转速传感器;4—车轮;5—电磁阀线圈;
6—制动总泵;7—制动踏板;8—电动泵;9—储液器;10—柱塞。

(2) 保压过程。当电磁阀通入较小的电流时,柱塞移至图13-19所示位置,所有的通路都被截断,所以能保持压力。

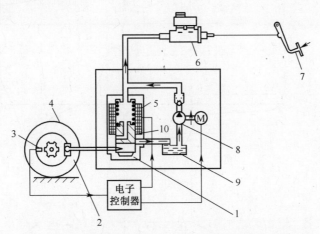

图13-19 循环调压方式保压过程(图注同图13-18)

(3) 增压过程。电磁阀断电后,如图13-20所示,柱塞处在升压位置,制动主缸与制动轮缸相通,主缸中的制动液直接进入轮缸,轮缸的制动液压随着主缸的液压而改变,主缸液压直接由驾驶员脚踩制动踏板控制。

3. 制动防抱死系统的控制过程

目前的ABS大都采用车轮的角减速度、角加速度和车轮的滑动率为控制参数的门限

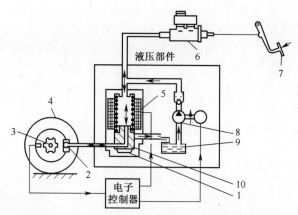

图 13-20 循环调压方式增压过程(图注同图 13-18)

控制方式,一般以设定的车轮的角减速度和角加速度参数为主要控制门限值,以滑动率参数为辅助控制门限值。通常以车轮转速信号和设定一个车辆制动减速度值来计算得到参考滑动率,而门限减速度、门限加速度及车辆制动减速度值均通过试验确定,因此,不同车型,不同类型的 ABS 一般不具有通用性。现以典型的博世公司的 ABS 为例,说明 ABS 在高附着系数路面上的制动控制过程。其制动控制过程如图 13-21 所示。

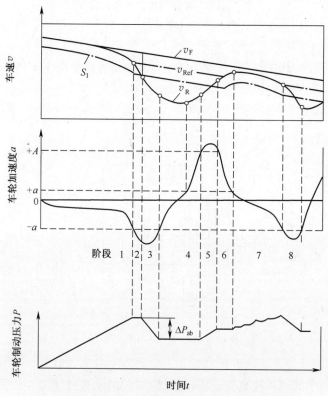

图 13-21 在高附着系数路面上 ABS 系统控制过程
v_F—实际车速;v_{Ref}—参考车速;v_R—车轮速度。

第 1 阶段:制动开始阶段,制动轮缸压力增加,制动器制动力矩增加。此阶段车轮速

度 v_R 随着制动压力的增大而下降,同时车轮的减速度增大。当车轮的减速度达到门限值 $-a$ 时,制动压力将停止增大,电磁阀从升压切换到保压状态。

第 2 阶段:车轮减速度达到了门限值 $-a$,但计算得到的参考滑动率还未达到门限值 S_1,因此,在电子控制装置中激发了一个信号,并传给压力调节器,使之保持轮缸压力不变,以使车轮充分进行制动。

第 3 阶段:当车轮的参考滑动率达到其门限值 S_1,此信号使电子控制装置又给压力调节器一个信号,使轮缸压力降低,即制动压力减小,车轮在惯性力的作用下开始加速。

第 4 阶段:当车轮的减速度减小至门限值 $-a$ 时,电子控制装置使压力调节器进入保持阶段。此阶段由于汽车惯性力的作用,车轮仍然在加速。当车轮加速度达到加速度门限值 $+a$ 时,仍然保持制动压力,直到车轮加速度超过第二加速度门限值 $+A$ 为止。

第 5 阶段:第二加速度门限值 $+A$ 为适应附着系数突然增大而设,当车轮的加速度超过第二加速度门限值 $+A$ 时,电子控制装置再使制动压力增大,以适应附着系数的增大。此时,随着制动压力增大,车轮加速度会下降。

第 6 阶段:当车轮加速度又低于 $+A$ 时,电子控制装置又使制动压力进入保持阶段,直到车轮加速度又回落至 $+a$ 以下。

第 7 阶段:车轮的加速度在 $+a$ 以下时,对制动压力的控制为增压、保持的快速转换,以使车轮的滑动率在理想滑动率附近波动。此阶段制动压力以较小的阶梯升高,车轮加速度继续回落。

第 8 阶段:当车轮的减速度再次超过 $-a$ 时,又开始进入制动压力减小阶段,此时制动压力降低不再考虑参考滑动率门限值,进入下一个控制循环过程。

4. 制动防抱死系统的发展趋势

制动防抱死系统成功解决了汽车制动时的纵向稳定性问题,但不能解决汽车在驱动和转向时的方向稳定性问题。为解决这个问题,汽车驱动防滑系统和汽车动态控制系统的发展成为一种必然趋势。

汽车驱动防滑系统是汽车制动防抱死系统功能的自然扩展,它是利用"制动力控制""发动机调速控制""光滑路面状况显示控制"和"轴荷转移控制"来维持汽车驱动行驶时的方向稳定性,并尽可能利用车轮与路面间的纵向附着能力,提供最大的驱动力。现已成功地应用在一些高档小汽车、客车和货车上,取得了明显效果。

汽车动态控制系统(VDC)是在制动防抱死系统和驱动防滑系统的基础上发展起来的。它把汽车的制动、驱动、转向和发动机等各主要总成的控制系统在功能上、结构上有机的综合在一起,可使汽车在各种恶劣工况下,如冰雪路面上、弯道路面上以及制动、加速和下坡等工况行驶时,都表现出最佳的行驶性能。该系统对汽车转向行驶时方向稳定性控制主要借助于对各个车轮的制动控制和发动机功率输出控制来实现。例如,汽车左转弯时,若前轮因转向能力不足而趋于滑出弯道,VDC 系统即可测知侧滑即将发生,采取适当制动左后轮的办法。左后轮产生的制动力可帮助汽车转向,使汽车继续按照理想的路线行驶;若在同一弯道上,因后轮趋于侧向滑出而转向过多,VDC 系统即采取适当制动右前轮的办法,维持车辆的稳定行驶。在极端情况下,该系统还可采取降低发动机功率输出的办法降低行驶车速,减少对地面侧向附着能力的需求来维持车辆的稳定行驶,并可以使汽车在弯道路面上的制动距离进一步缩短,提高制动时的横向稳定性。汽车动态控制系统的应用,将在汽车的主动安全行驶方面竖立一个新的里程碑。

综上所述,汽车采用制动防抱死系统后,可自动调节制动器制动力,使车轮的滑动率保持在20%的最佳状态,以充分利用峰值附着系数来提高制动效能,缩短制动距离;可使汽车具有较好的转向和抵抗侧向力的作用,提高汽车制动时的方向稳定性;可大大提高汽车行驶的安全性。

13.8.2 制动辅助系统(BAS)

在紧急情况下,90%的汽车驾驶员踩刹车时缺乏果断,制动辅助系统正是针对这一情况而设计的,它可以从驾驶员踩制动踏板的速度中探测到车辆行驶中遇到的情况,当驾驶员在紧急情况下迅速踩制动踏板,但踏板力又不足时,此系统便会协助,并在不到1s的时间内把制动力增至最大,缩短在紧急制动情况下的刹车距离。

ABS 能缩短刹车距离,并能防止车辆在刹车时失控,从而减少事故发生的可能性。但如果采用点刹时,刹车不够有力,车轮就不会被抱死,ABS 也没有机会发挥作用,从而达不到预期的效果。为此设计了刹车辅助系统 BAS,即让现有 ABS 具有一定的智能,当踩刹车动作快、力量大时,BAS 就判断驾驶者在紧急刹车并让 ABS 工作,迅速增大制动力。BAS 分为机械式和电子控制式两种。机械式 BAS 实际上是在普通刹车加力器的基础上稍加修改而成,在刹车力量不大时,它起到加力器的作用,随着刹车力量的增加,加力器压力室的压力增大,起动 ABS。电子控制式 BAS 的刹车加力器上有一个传感器,向 ABS 控制器输送有关踏板行程和移动速度的信息,如果 ABS 控制器判断是紧急刹车,它就让加力器内螺线阀门开起,加大压力室内的气压,以提供足够的助力。

13.9 汽车驻车制动性

对驻车制动性能的要求是:实施驻车制动的汽车,不会因停车时间过长或驾驶员离开汽车而丧失驻车性能。驻车制动性能常用驻坡度来衡量,它是衡量汽车长期停放在坡道的能力。驻车制动一般靠手或脚操纵的驱动机构使后轴制动器或中央制动器(传动轴上)产生制动力矩并传到后轮,使路面对后轮产生地面制动力,以实现整车的制动(即驻车制动)。

图 13-22 为汽车驻车时的受力分析图。α 为坡道的倾角,F_{b2} 为驻车制动时的地面制动力(驻车制动都在后轮)。

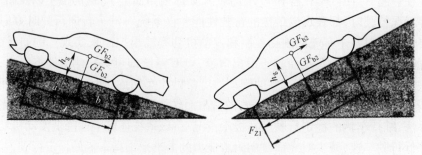

图 13-22 汽车驻车时的受力情况

根据力和力矩平衡条件，可以列出力和力矩平衡方程。

对于上坡方向驻车有

$$\begin{cases} F_{b2} = G\sin\alpha \\ F_{Z2} = \dfrac{Ga\cos\alpha + Gh_g\sin\alpha}{L} \end{cases}$$

汽车停驻的极限上坡倾角 α 可根据后轮上的附着力与制动力相等的条件求得，即 $F_{b2} = \varphi F_{Z2}$，于是得

$$\alpha = \arctan\frac{\varphi a}{L - \varphi h_g}$$

对于下坡方向驻车有

$$\begin{cases} F_{b2} = G\sin\alpha' \\ F_{Z2} = \dfrac{Ga\cos\alpha' - Gh_g\sin\alpha'}{L} \end{cases}$$

采用与上坡方向相同方法可以求得汽车停驻的极限下坡倾角为

$$\alpha' = \arctan\frac{\varphi a}{L + \varphi h_g}$$

因为 $\alpha > \alpha'$，所以汽车最大驻坡度应为下坡方向驻车极限坡度值 i_α，即

$$i_\alpha = \tan\alpha' = \frac{\varphi a}{L + \varphi h_g}$$

由此可见，降低汽车重心的高度 h_g，可以提高汽车的驻坡度，即提高汽车的驻车制动性。

思 考 题

1. 什么是汽车的制动性能？有哪些评价指标？
2. 什么是汽车的地面制动力、制动器制动力及附着力？汽车制动过程中三者之间有何关系？
3. 什么是车轮的滑动率？它与附着系数有什么关系？
4. 什么是汽车的同步附着系数？同步附着系数的选择原则是什么？
5. 在附着系数非常低的冰雪路面上，驾驶员常用点制动或驻车制动器（或称手制动器）制动而不用紧急制动，为什么？
6. 试述 ABS 系统的工作原理。为什么装有 ABS 系统的汽车具有最优良的制动性能？
7. 利用理想的前、后制动器制动力分配曲线分析当路面附着系数大于或小于同步附着系数两种情况下的制动过程。

第14章 汽车操纵稳定性

汽车的操纵稳定性是指在驾驶者不感到过分紧张、疲劳的条件下,汽车能遵循驾驶者通过转向系及转向车轮给定的方向行驶,且当遭遇外界干扰时,汽车能抵抗干扰而保持稳定行驶的能力。

汽车的操纵稳定性包含互相联系的两个部分,即操纵性和稳定性。操纵性是指汽车确切地响应驾驶员操纵指令的能力,稳定性是指汽车抵抗外界干扰而保持稳定行驶的能力。汽车操纵稳定性不仅影响到汽车驾驶的操纵方便程度,也是影响汽车安全性的重要因素之一。随着道路条件的改善,特别是高速公路的发展,汽车以 100km/h 或更高车速行驶的情况是常见的。现代轿车设计的最高车速一般已超过 200km/h,运动型轿车甚至超过 300km/h。因此,为了保证安全行驶,汽车的操纵稳定性日益受到重视,成为现代汽车的重要使用性能之一。在使用中,操纵稳定性不好的汽车,不仅驾驶员的劳动强度大、行驶安全性差,而且也使汽车的行驶速度受到限制,从而限制汽车动力性的充分发挥,使运输生产率下降。

本章重点介绍汽车的极限稳定性、转向稳定性、直线行驶稳定性和操纵轻便性。

14.1 汽车的极限稳定性

汽车的极限稳定性是指汽车抵抗外界干扰而不发生翻车事故的能力。汽车的翻倒可分为纵向翻倒和侧向翻倒,汽车的极限稳定性也分纵向极限稳定性和侧向极限稳定性。

14.1.1 纵向极限稳定性

1. 纵向翻倒

汽车的纵向翻倒最容易发生在上坡时,现通过分析汽车在上坡时的受力情况来说明汽车的纵向翻倒,如图 14-1 所示。在实际使用中,当坡道较大时,汽车行驶速度比较低,空气阻力忽略不计,同时汽车的动力主要用来克服坡道阻力,在较大的坡道上加速能力有限,也不考虑加速阻力。由受力图可求得汽车前、后轮的地面法向反作用力为

$$Z_1 = \frac{bG\cos\alpha - h_g G\sin\alpha}{L}$$

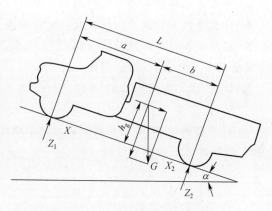

图 14-1 汽车上坡时受力分析图

$$Z_2 = \frac{aG\cos\alpha + h_g G\sin\alpha}{L}$$

式中 Z_1——前轮地面法向反作用力(N);
Z_2——后轮地面法向反作用力(N);
G——汽车的总重力(N);
h_g——汽车质心高度(m);
L——汽车前后轴距(m);
a——汽车质心到前轴的距离(m);
b——汽车质心到后轴的距离(m);
α——道路纵向坡道角度,(°)。

从汽车前、后轮的地面法向反作用力计算式可以看出,随着坡道角度 α 的增大,前轮的地面法向反作用力 Z_1 减小,当坡道角度增大到纵向不翻倒的极限坡道角 α_{max},前轮的地面法向反作用力 Z_1 为零时,前轮将失去转向操纵能力,并可能发生向后纵向翻倒。因此,汽车上坡时,不发生纵向翻倒的条件为

$$Z_1 = \frac{bG\cos\alpha_{max} - h_g G\sin\alpha_{max}}{L} > 0$$

整理上式可得

$$\tan\alpha_{max} < \frac{b}{h_g}$$

由纵向翻倒的条件可知,汽车的质心到后轴的距离 b 越大,汽车的质心高度 h_g 越小,则汽车上坡时越不容易发生向后纵向翻倒,汽车的极限稳定性越好。

2. 驱动轮滑转

汽车上坡时,坡道阻力也随坡道角度的增大而增加,在坡道角度大到一定程度时,为克服坡道阻力所需的驱动力超过附着力时,汽车的驱动轮就会产生滑转,汽车行驶的稳定性也会遭到破坏。汽车上坡时,后轮驱动的汽车不发生驱动轮滑转的条件为

$$F_{tmax} = G\sin\alpha_{\varphi max} \leq Z_2\varphi$$

式中 F_{tmax}——最大驱动力(N);
$\alpha_{\varphi max}$——汽车后轮不发生滑转所能克服的最大道路坡度角(°);
φ——纵向附着系数。

驱动轮滑转与附着系数、汽车质心位置及汽车的驱动型式有关。

将 Z_2 的值代入上式,并整理可得

$$\tan\alpha_{\varphi max} \leq \frac{a\varphi}{L - \varphi h_g}$$

3. 纵向极限稳定条件

在实际使用中,如果汽车遇有较大坡道时,驱动轮因受附着条件的限制而滑转,地面无法提供克服坡道阻力所需的驱动力,汽车也就无法上坡,也就不会发生向后纵向翻倒。因此,要保持汽车纵向的极限稳定性,就要保证汽车上坡时,随着坡道角度的增大,驱动轮的滑转先于向后纵向翻倒。对后轮驱动的汽车,上坡时保持纵向极限稳定性的条件为

$$\frac{a\varphi}{L-\varphi h_g} < \frac{b}{h_g}$$

整理上式可得

$$\frac{b}{h_g} > \varphi$$

上式称为后轮驱动型汽车上坡时的纵向极限稳定条件,用同样方法可求得前轮驱动型汽车、全轮驱动型汽车上坡时的纵向极限稳定条件。

对于前轮驱动型汽车,其上坡时的纵向极限稳定条件为

$$L > 0$$

对于全轮驱动型汽车,其上坡时的纵向极限稳定条件为

$$\frac{b}{h_g} > \varphi$$

由于现代汽车的质心位置都比较低,即质心高度 h_g 比较小,因此均能满足上述条件。但是对于越野汽车,其轴距 L 较小,质心一般较高(h_g 较大),轮胎又具有纵向防滑花纹,因而附着系数较大,故其丧失纵向稳定性的危险增加。因此,对于经常行驶于坎坷不平路面的越野汽车,应尽可能降低其质心位置,而前轮驱动型汽车的纵向稳定性最好。

14.1.2 侧向极限稳定性

汽车行驶中,常受到侧向力的作用,侧向力有重力的侧向分力、离心力、侧向风力和不平道路的侧向冲击等。汽车在侧向力的作用下,如车轮的侧向反作用力达到附着力时,汽车将沿侧向力的作用方向而滑移。侧向力同时将引起左、右车轮的地面法向反作用力的改变,如果侧向力足够大,使某一侧车轮的地面法向反作用力为零时,汽车就可能发生侧向翻倒,而失去侧向极限稳定性。

1. 侧向翻倒

汽车高速转弯时,由于受到较大的离心力,最容易发生侧向翻倒。在道路转弯处,一般都有外高内低的横向坡度,汽车在横向坡道上等速转弯时的受力分析,如图 14-2 所示。

由受力分析图,可求得汽车左、右车轮的地面法向反作用力为

$$Z_L = \frac{1}{B}\left(\frac{B}{2}G\cos\beta - Gh_g\sin\beta + F_C\frac{B}{2}\sin\beta + F_C h_g\cos\beta\right)$$

$$Z_R = \frac{1}{B}\left(\frac{B}{2}G\cos\beta + Gh_g\sin\beta + F_C\frac{B}{2}\sin\beta - F_C h_g\cos\beta\right)$$

式中 Z_L——左侧车轮地面法向反作用力(N);
Z_R——右侧车轮地面法向反作用力(N);
F_{yL}——左侧车轮地面侧向反作用力(N);
F_{yR}——右侧车轮地面侧向反作用力(N);
F_C——汽车转弯时的离心力(N);

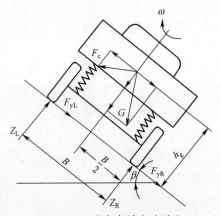

图 14-2 汽车在横向坡道上等速转弯时受力图

G ——汽车的总重力(N);
B ——汽车左右车轮轮距(m);
h_g ——汽车质心高度(m);
β ——道路横向坡道角度(°)。

汽车转弯时的离心力 F_C 作用在汽车质心上,其大小为

$$F_C = \frac{G}{g}\frac{v^2}{R}$$

式中　g ——重力加速度(m/s²);
　　　v ——汽车行驶速度(m/s);
　　　R ——转弯半径(m)。

由上面公式可知,随汽车转弯速度 v 的提高,离心力 F_C 增大,汽车右侧车轮的地面法向反作用力 Z_R 减小,当车速足够高使 $Z_R = 0$ 时,汽车就可能向外侧(图中左侧)翻倒。汽车不向外侧翻倒的条件是 $Z_R > 0$,将 Z_R 和 F_C 计算式代入此条件并进行整理,可得汽车不向外侧翻倒而允许的转弯车速范围为

$$v < \sqrt{\frac{gR(B + 2h_g\tan\beta)}{2h_g - B\tan\beta}}$$

由上式可见,当 $\tan\beta = \dfrac{2h_g}{B}$ 时,右侧分母为零,所以汽车在此横向坡道上,无论以多高的车速转弯行驶,均不会发生向外侧翻倒的现象。当 $\beta = 0$,即汽车在平路上转弯时,汽车不发生向外侧翻倒的条件为

$$v < \sqrt{\frac{gRB}{2h_g}}$$

在实际道路施工中,一般都在转弯处设计有一定的横向坡度,目的就是提高汽车转弯时的稳定性。随坡道角度增大,汽车不发生向外侧翻倒而允许的转弯车速越高。应当注意:如果横向坡道角度过大,而汽车转弯速度又比较低时,汽车可能向内侧(图中右侧)翻倒,根据 $Z_L > 0$ 可求得汽车在较大的横向坡道上转弯时,不发生向内侧翻倒而允许的最低转弯车速,这种情况在实际中一般不会出现。

汽车在横向坡道上停车或直线行驶时,离心力 $F_C = 0$,如果坡道角度过大,汽车就会向坡道下方(图中右侧)翻倒,根据左侧车轮法向反作用力 Z_L 计算式,可求得汽车不发生翻倒允许的坡道角度 β 即

$$\tan\beta < \frac{B}{2h_g}$$

由以上各式可看出,增大转弯半径、增大轮距和降低汽车质心高度,均可提高汽车侧向极限稳定性。

2. 侧向滑移

汽车转弯行驶时,随车速提高,汽车所受的侧向力增大,当侧向力超过侧向附着力时,汽车就会沿侧向力方向侧滑。由图 14-2 可得汽车不发生向外(左)侧滑的条件为

$$F_C\cos\beta - G\sin\beta \leq (G\cos\beta + F_C\sin\beta)\varphi$$

式中 φ ——侧向附着系数。

将 F_C 的计算式代入上式,整理可得汽车不发生向外侧滑的允许车速范围为

$$v \leq \sqrt{\frac{gR(\varphi + \tan\beta)}{1 - \varphi\tan\beta}}$$

由上式可知,当 $\tan\beta = \dfrac{1}{\varphi}$ 时,右侧分母为零,所以汽车在此横向坡道上,无论以多高的车速转弯行驶,均不会发生向外侧滑的现象。当 $\beta = 0$,即汽车在平路上转弯时,汽车不发生向外侧滑的条件为

$$v \leq \sqrt{gR\varphi}$$

汽车在横向坡道上停车或直线行驶时,离心力 $F_C = 0$,如果坡道角度过大,汽车就会向坡道下方(图中右侧)侧滑,侧向力为 $G\sin\beta$,汽车不发生侧滑的条件为

$$G\sin\beta \leq G\varphi\cos\beta$$

即

$$\tan\beta \leq \varphi$$

3. 侧向极限稳定条件

一般侧翻比侧滑更危险。为了确保行驶安全,在高速转弯时,汽车应从结构上保证使侧滑发生在侧翻之前。这样驾驶员一旦发现侧滑后,可及时降低车速,便能避免事故发生。要保证侧滑先于侧翻,由不发生侧翻和侧滑的条件可得

$$\sqrt{\frac{gR(\varphi + \tan\beta)}{1 - \varphi\tan\beta}} < \sqrt{\frac{gR(B + 2h_g\tan\beta)}{2h_g - B\tan\beta}}$$

整理可得:

$$\frac{B}{2h_g} > \varphi$$

上式称为侧向极限稳定条件,其中 $\dfrac{B}{2h_g}$ 为侧向稳定性系数。一般汽车行驶于干燥的沥青路面上,这时 φ 值较大,为 0.7~0.8,能满足上述稳定性的条件。由于轮距 B 受车宽小于或等于 2.5m 的限制,要避免侧翻应力求降低质心高度,一般车辆都能满足要求。只有在装载货物质心太高且偏向车箱的一侧,或者转向时车速过高,转动方向盘过急,就容易产生侧翻。为了保证行车安全,就是侧滑也不希望发生,所以汽车转弯应降低车速,以减少侧翻及侧滑的机会。

用普通货车底盘改装的厢式货车,如冷藏车等,改装后的质心高度增加,使侧翻的危险性加大。

14.1.3 提高极限稳定性的措施

由汽车纵向和侧向极限稳定条件不难看出,汽车的极限稳定性主要取决于汽车本身的尺寸参数,影响最大的是汽车的质心高度,降低汽车的质心高度是提高汽车极限稳定性的有效措施。此外,增大汽车质心与驱动车轴之间的距离,增大汽车的轮距,对改善汽车的极限稳定性也具有一定意义。

14.2 汽车转向时的操纵稳定性

14.2.1 轮胎的侧偏现象与特性

在汽车行驶过程中,由于路面的侧向倾斜、侧向风力或曲线行驶时的离心力等的作用,车轮中心沿 Y 轴方向将作用有侧向力 F_Y,则相应地在地面上产生地面侧向反作用力 F_Y',F_Y' 也称为侧偏力。

当车轮是刚性时,若侧偏力 F_Y 未超过车轮与地面间的附着极限,则车轮与地面间没有滑动,车轮仍沿其本身平面 $\overline{cc}$ 的方向行驶,如图 14-3 所示;若侧偏力 F_Y 达到车轮与地面间的附着极限,则车轮发生侧向滑动,车轮按合成速度 u' 方向行驶。

当车轮有侧向弹性时,即使 F_Y 没有达到附着极限,车轮行驶方向亦将偏离 $\overline{cc}$ 方向,这就是轮胎的侧偏现象。显然,当车轮静止不动时,由于 F_Y 使轮胎产生侧向变形,轮胎与地面接触印迹的长轴线与车轮的中平面不重合,错开 Δh,如图 14-4 所示。为了分析弹性车轮有侧向变形时的滚动轨迹,在轮胎中心线上标出 a、b、c… 各点,如图 14-5 所示。若车轮未受侧向力作用而滚动时,a、b、c… 各点将依次落在地面上 a_1、b_1、c_1… 各点,车轮沿 $\overline{cc}$ 方向运动。若车轮在侧向力作用下滚动,则 a、b、c… 各点将依次落在 a、b_1'、c_1'… 上,车轮在路面上的运动轨迹 af_1' 相对 $\overline{cc}$ 方向偏离了角度 α,即产生侧向偏离。α 角称为弹性车轮的侧偏角。

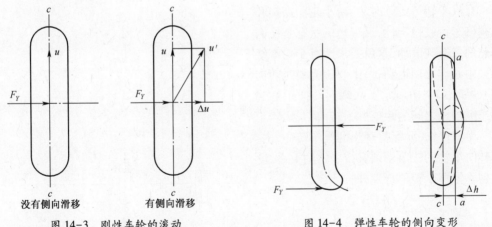

图 14-3 刚性车轮的滚动　　　图 14-4 弹性车轮的侧向变形

显然,侧偏角 α 的大小与侧向力 F_Y(侧偏力 F_Y')的大小有关。图 14-6 为侧偏力—侧偏角关系曲线。曲线表明,侧偏角不超过 3°~4° 时,可以认为 F_Y 与 α 成线性关系,随着侧偏力的增大,侧偏角也增大。当侧向力增加到接近附着极限时,由于轮胎接地部分局部滑移,侧偏角迅速增大。汽车正常行驶时,侧偏角一般不超过 4°~5°,故认为侧偏力与侧偏角成线性关系,即

$$F_Y = K\alpha$$

式中　K——侧偏刚度($N/°$)。

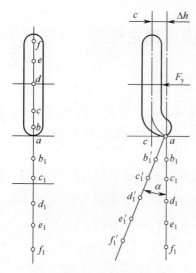
图 14-5 轮胎的侧偏现象

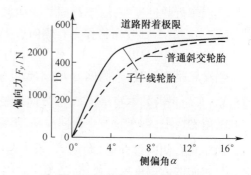
图 14-6 侧偏力-侧偏角关系曲线

可见弹性车轮的侧偏角不仅与侧偏力有关,还与侧偏刚度有关。侧偏刚度是指产生每 1°的侧偏角所需的侧向力。轮胎的侧偏刚度主要与外胎结构、轮胎气压、轮胎与路面之间的法向和切向作用力等有关,一般用试验方法确定。

14.2.2 轮胎侧偏对转向操纵稳定性的影响

1. 无侧偏时的转向半径

在汽车转弯行驶时,为减小轮胎磨损和提高汽车行驶稳定性,最理想的状态是所有车轮都保持纯滚动,这就要求所有车轮都绕同一中心作圆周运动,该中心称为瞬时转向中心,如图 14-7 所示。从瞬时转向中心到汽车纵轴线之间的距离称为转向半径。

由图可知,要保持理想的汽车转向,内、外转向车轮的转角必须保持一定的关系,此关系称为理论转角特性,即

$$\cot\delta_1 - \cot\delta_2 = \frac{OG}{L} - \frac{OD}{L} = \frac{d}{L}$$

式中 δ_1——左车轮转角(°);
δ_2——右车轮转角(°);
L——轴距(m);
d——左、右转向主销中心距(m)。

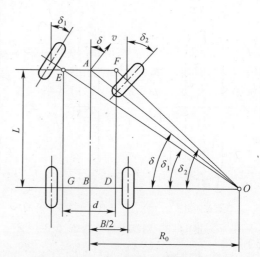
图 14-7 无侧偏时的汽车转向

在实际的汽车转向时,内、外转向轮的转角关系是由转向梯形机构决定的。在汽车设计时,通过对转向梯形参数(转向梯形各边长度和底角)的合理选择,也只能使实际的内、外轮转角关系尽量接近理论转角特性,要完全符合理论转角特性是不可能的。

不考虑轮胎侧偏时,设汽车前轴中点的速度方向与汽车纵轴线之间的夹角为 δ,由图

中各三角形关系可以证明，δ 与左、右转向轮转角 δ_1 和 δ_2 的关系为

$$\delta = \frac{\delta_1 + \delta_2}{2}$$

则由三角形 ABO 可得无侧偏时的转向半径为

$$R_0 = \frac{L}{\tan\delta}$$

当汽车转向角度较小时，并用弧度表示的 δ 大小，则

$$\tan\delta \approx \delta$$

$$R_0 \approx \frac{L}{\delta}$$

2. 有侧偏时的转向半径

汽车转向时的离心力会使弹性轮胎产生侧偏，轮胎的侧偏会影响实际的转向半径。如图 14-8 所示，为便于分析，假设在离心力作用下，同一轴车轮的侧偏角度相等，前轴车轮的侧偏角度为 α_A，后轴车轮的侧偏角度为 α_B。

汽车转向时，由于弹性轮胎的侧偏，使前、后轴中点速度方向和瞬时转向中心都发生改变。与无侧偏时相比，前、后轴中点的速度分别由 v_A 和 v_B 变为 v'_A 和 v'_B，过前、后轴中点 A 和 B 分别作前、后轴中点实际速度 v'_A 和 v'_B 的垂线交于 O' 点，此点即有侧偏时的瞬时转向中心，可见瞬时转向中心也不再是原来的 O 点。过 O' 点作汽车纵轴线的垂线交于 D 点，$O'D$ 即为有侧偏时汽车的转向半径，用 R 来表示。

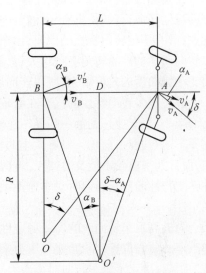

图 14-8 有侧偏时的汽车转向

由图 14-8 中的三角关系可得

$$\tan(\delta - \alpha_A) = \frac{AD}{O'D}$$

$$\tan\alpha_B = \frac{BD}{O'D}$$

将以上两式相加，并且 $AD + BD = L$，$O'D = R\tan(\delta - \alpha_A) \approx \delta - \alpha_A$，$\tan\alpha_B \approx \alpha_B$，整理可得

$$R \approx \frac{L}{\delta + \alpha_B - \alpha_A}$$

比较有侧偏时和无侧偏时的转向半径公式可得出如下结论：

（1）对一定汽车而言，当前轮转角（或转向盘转角）一定时，即 δ 一定，前、后轴车轮的侧偏角度影响转向半径。当前、后轴车轮的侧偏角度相等时，有侧偏时的转向半径与无侧偏时的转向半径也相等，称汽车具有中性转向特性；当后轴车轮的侧偏角度小于前轴车轮的侧偏角度时，有侧偏时的转向半径大于无侧偏时的转向半径，称汽车具有不足转向特

性;当后轴车轮的侧偏角度大于前轴车轮的侧偏角度时,有侧偏时的转向半径小于无侧偏时的转向半径,称汽车具有过多转向特性。

(2) 当汽车沿给定的弯道转向行驶时,即转向半径 R 一定,前、后轴车轮的侧偏角度影响汽车转向所需的前轮转角(或转向盘转角)。当前、后轴车轮的侧偏角度相等时,具有中性转向特性的汽车,转向所需的前轮转角与无侧偏时相等;当后轴车轮的侧偏角度小于前轴车轮的侧偏角度时,具有不足转向特性的汽车,转向所需的前轮转角比无侧偏时大;当后轴车轮的侧偏角度大于前轴车轮的侧偏角度时,具有过多转向特性的汽车,转向所需的前轮转角比无侧偏时小。

14.2.3 提高转向操纵稳定性的措施

在实际汽车转向行驶时,车速是影响前、后轴车轮侧偏角度的重要因素。当汽车沿给定的弯道转向行驶时,具有中性转向特性的汽车,转向所需的前轮转角是固定的,与车速无关;具有不足转向特性的汽车,由于随车速的提高,后轮与前轮侧偏角度的差值减小,所以转向所需的前轮转角必须增大;具有过多转向特性的汽车,由于随车速的提高,后轮与前轮侧偏角度的差值增大,所以转向所需的前轮转角必须减小。

具有过多转向特性的汽车在给定的弯道上转向时,所需的前轮转角必须随车速的提高而减小,当车速达到某一临界车速时,所需的前轮转角就会减小到零,这意味着汽车以临界车速行驶时,前轮只要有微小的转角,汽车就会以很小的半径绕瞬时转向中心高速转向,而且如果前轮不能及时回正,转向半径会越来越小,将导致汽车失去稳定性。具有中性转向特性的汽车转向时对车速不敏感,具有适度不足转向特性的汽车才有良好的操纵稳定性。

为提高汽车转向时的操纵稳定性,使汽车具有适度的不足转向特性,一般通过合理选择汽车的质心位置和轮胎充气压力来实现。在汽车总布置设计时,确定汽车质心到前、后轴的距离,决定了汽车转向时离心力在前、后轴上的分配,直接影响前、后轮的侧偏角度,故质心位置的确定应保证前轮侧偏角比后轮大。在使用中,轮胎的充气压力是影响其侧偏刚度的重要因素,气压越高,侧偏刚度越大,所以汽车前轮的充气压力一般比后轮低,以保证前轮侧偏角比后轮大。

14.3 汽车直线行驶时的操纵稳定性

影响汽车直线行驶操纵稳定性的因素主要有转向轮的振动、转向轮的定位和轮胎侧偏。

14.3.1 转向轮振动的影响

汽车的转向轮通过悬架和转向传动机构与车架相连,这些互相联系的机件组成了弹性振动系统。在汽车行驶过程中,车轮受路面不平的冲击,就会使转向轮出现左右摆动或上下跳动的现象,如图 14-9 所示。转向轮的振动不仅会使行驶阻力、轮胎磨损、行驶系和转向系零件动载荷增加,而且严重影响汽车的操纵稳定性,使汽车行驶速度的发挥受到限制。

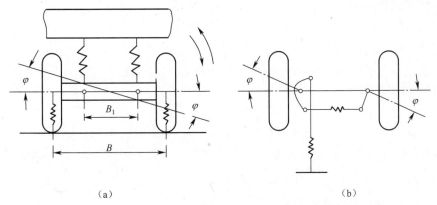

图 14-9 转向轮的振动

转向轮的上下跳动可看作绕汽车纵轴线的角振动,它一般是由路面不平或车轮不平衡引起的。汽车直线行驶时,由于路面不平或车轮不平衡等使转向轮绕汽车纵轴线产生角振动时,由于陀螺效应的影响,会使转向轮在水平平面内绕主销左右偏转,其规律是:如果左前轮升高,该车轮将向右偏转;如果左前轮下落,该车轮将向左偏转;如果右前轮下落,该车轮将向右偏转;如果右前轮升高,该车轮将向左偏转,即转向轮绕汽车纵轴线的角振动激发了转向轮绕主销的角振动。同样由于陀螺效应,转向轮绕主销的角振动会反过来加剧转向轮绕汽车纵轴线的角振动,如此反复,将严重影响汽车直线行驶的稳定性。

转向轮的左右摆动就是绕主销的角振动。无论是由于路面不平、车轮不平衡或侧向风等直接引起转向轮绕主销的角振动,还是转向轮绕汽车纵轴线的角振动间接引起转向轮绕主销的角振动,都会影响汽车直线行驶时的方向稳定性。

14.3.2 转向轮定位的影响

转向轮的定位参数中,主销内倾和主销后倾对操纵稳定性影响较大。

1. 主销内倾的影响

主销内倾角是指在汽车横向垂直平面内,转向主销中心线与铅垂线之间的角度,如图 14-10 所示。当汽车转向时,转向轮绕主销偏转,假设转向轴的空间位置不变,且转向轮绕主销偏转 180°,则转向轮由图中实线所示位置转到双点画线所示位置,转向轮的接地点 A 深入到地面以下的 A' 点。但实际转向轮不可能进入地面以下,而是将转向轮连同汽车前轴被抬高一定距离 h,驾驶员施加在转向盘上的运动能量部分转化为前轴升高的势能而贮存起来。虽然汽车实际转向时,转向轮的偏转角度一般只有 35°左右,不可能达到 180°,但由此可推论,由于主销内倾角的影响,使转向轮绕主销偏转时,前轴被抬高而势能增大,贮存起来的势能与转向轮的偏转角度成正比。汽车转向后,驾驶员松开方向盘,在前轴重力作用下,被贮存起来的势能便释放出来,从而使转向轮自动回正。这种自动回正作用,有利于保持汽车直线行驶的稳定性,但主销内倾角过大,会使转向沉重。

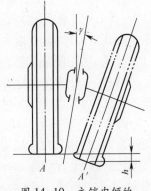

图 14-10 主销内倾的自动回正作用

2. 主销后倾的影响

主销后倾角是指在汽车纵向垂直平面内,转向主销中心线与铅垂线之间的角度,如图 14-11 所示。汽车转向时,离心力在前轴上的分力引起路面对转向轮的侧向反作用力 Y_1。由于主销的后倾,使轮胎的接地点与主销之间存在一定的垂直距离,则侧向反作用力绕主销形成力矩。无论转向轮绕主销向何方向偏转,侧向反作用力绕主销形成力矩都会促使转向轮自动回正,因此主销后倾也有利于保持汽车直线行驶时的稳定性,但主销后倾角过大,同样也会使转向沉重。

14.3.3 轮胎侧偏的影响

1. 前轮侧偏的影响

弹性轮胎与路面的接触不是点接触,而是面接触。转向轮接地印迹内侧向反作用力的分布,影响汽车直线行驶时的操纵稳定性。当车轮静止时,受到侧向力作用后,由于接地印迹长轴方向各点的侧向变形量相等,所以地面侧向反作用力均匀分布。但滚动的车轮受到侧向力作用时,由于弹性轮胎的侧偏使接地印迹扭曲,接地印迹前端面离车轮平面近,后端则离车轮平面远,轮胎的侧向变形量沿接地印迹长轴方向由前到后逐渐增大。由于侧向反作用力的大小与侧向变形量成正比,所以转向轮接地印迹内侧向反作用力的合力向后偏移,如图 14-12 所示,侧向力 F_{JY} 与侧向反作用力 Y_1 形成的力偶矩可使转向轮回到直线行驶位置。由此可见,转向轮的侧偏有利于汽车转向后转向轮的自动回正,同样有利于保持汽车直线行驶时的稳定性。

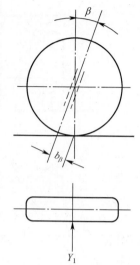

图 14-11 主销后倾的自动回正作用

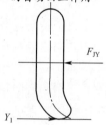

转向轮的侧偏刚度越小,受到侧向力作用时的侧偏角度就越大,自动回正作用也随之增大。目前轿车上广泛采用低压胎以提高其附着性能,也增大了转向轮的自动回正作用。

2. 前、后轮侧偏的综合影响

前、后轮的侧偏角度影响汽车的转向特性,而具有不同转向特性的汽车,其直线行驶时的稳定性也不同。

具有中性转向的汽车沿 xx 方向直线行驶时,如果有偶然的侧向力 R_Y 作用在汽车质心上,由于前、后车轮的侧偏角度相等,汽车将沿与 xx 方向成 $\alpha = \alpha_A = \alpha_B$ 角的 mm 方向直线行驶,如图 14-13(a) 所示。要想维持原来的行驶方向,只要向侧向力相反一侧转动方向盘,使汽车纵轴线与原行驶方向成 α 角,然后再将转向盘转回直线行驶位置,如图 14-13(b) 所示。

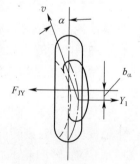

图 14-12 轮胎侧偏的自动回正作用

具有不足转向特性的汽车直线行驶时,如果有偶然的侧向力 R_Y 作用在汽车质心上,由于前轮侧偏角度 α_A 比后轮侧偏角度 α_B 大,汽车将向侧向力作用方向一侧转弯行驶,并产生离心力 F_C,如图 14-14 所示。由于离心力 F_C 的侧向分力 F_{CY} 与侧向力 R_Y 的方向相反,有抑制侧向力 R_Y 的作用,所以当侧向力 R_Y 消失后,汽车能自动回复直线行驶。由

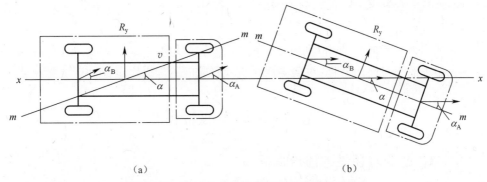

(a)　　　　　　　　　　　　(b)

图 14-13　中性转向特性汽车的直线行驶稳定性

此可见,具有不足转向特性的汽车有良好的直线行驶稳定性。

具有过多转向特性的汽车直线行驶时,如果有偶然的侧向力 R_Y 作用在汽车质心上,由于前轮侧偏角度 α_A 比后轮侧偏角度 α_B 小,汽车将向侧向力方向相反的一侧转弯行驶,并产生离心力 F_C,如图 14-15 所示。由于离心力 F_C 的侧向分力 F_{CY} 与侧向力 R_Y 的方向相同,会加剧轮胎的侧偏,从而使转向半径减小,离心力进一步增大,尤其车速较高时,如此恶性循环,最终将导致汽车失去操纵稳定性。

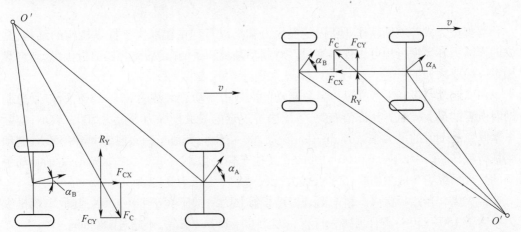

图 14-14　不足转向特性汽车的直线行驶稳定性　　图 14-15　过多转向特性汽车的直线行驶稳定性

14.3.4　提高直线行驶操纵稳定性的措施

提高汽车直线行驶时的操纵稳定性,主要应采取以下措施:

(1) 转向轮振动的产生原因主要是路面不平和车轮不平衡等,改善道路条件、保持车轮动平衡是防止车轮振动的有效措施。在使用中,应特别注意车轮的平衡问题,必要时应对车轮进行动平衡试验,消除不平衡因素。

(2) 悬架与转向传动机构的运动干涉,也是引起转向轮左右摆动的一个重要因素。在汽车设计时,应尽量使转向垂臂与直拉杆连接球头接近悬架铰接点,以协调悬架与转向传动机构的运动关系。

(3) 合理选择转向轮定位参数,在充分考虑转向轻便和轮胎侧偏影响的前提下,保证转向轮有足够的自动回正能力。

(4) 在汽车设计中,合理选择悬架结构,如采用独立悬架取代非独立悬架,可避免或减轻由于陀螺效应引起的转向轮左右摆动。

(5) 适当减小转向轮的侧偏刚度,不仅可增强转向轮的自动回正能力,而且有利于使汽车具有适度的不足转向特性,对提高汽车直线行驶时的操纵稳定性具有重要意义。

14.4 汽车的操纵轻便性

14.4.1 操纵轻便性的评价指标

操纵轻便性主要影响驾驶员在工作中的疲劳强度,它取决于单位行驶里程内的操纵作业次数、所需的操纵力和操纵行程。

驾驶员在工作中的主要操纵作业包括加速踏板操纵、制动踏板从和手柄操纵、离合器踏板操纵、换挡操纵和转向盘操纵。

驾驶员在单位行驶里程(100km)内完成各项操纵作业的次数,受汽车结构、道路条件、行驶环境等因素的影响很大,难以用统计数字进行比较,一般根据汽车相关装置的结构进行分析评价,如带同步器的变速器比不带同步器的变速器换挡时踩离合器的次数少等。

驾驶员完成各项操纵作业所需的操纵力和操纵行程主要取决于操纵机构的结构,具体的操纵力和操纵行程可用仪器测量。对制动踏板和手柄操纵、离合器踏板操纵、转向盘操纵一般要求如下:

(1) 制动踏板和手柄操纵。紧急制动的次数占制动总次数的5%~10%,所以紧急制动时所需的最大操纵力允许值较大,各国法规规定的最大操纵力一般为500~700N;实际车辆紧急制动时的最大操纵力,轿车一般为200~350N,其他车辆一般为350~550N;制动踏板行程,轿车一般不大于100~150mm,其他车辆一般不大于150~200mm;驻车制动手柄的最大操纵力一般为400~500N,最大行程一般不大于160~200mm。

(2) 离合器踏板操纵。轿车离合器踏板操纵力一般不大于80~150N,其他车辆操纵力不大于150~250N;离合器踏板行程一般为80~150mm,最大不超过180mm。

(3) 转向盘操纵。汽车转向时,施加在转向盘上的作用力,轿车一般不大于200N,中型载货汽车和客车一般不大于360N,重型载货汽车一般不大于450N;转向盘转动总圈数,轿车一般不大于3.6圈,不装动力转向的重型载货汽车一般不大于7圈。

14.4.2 提高操纵轻便性的措施

提高汽车的操纵轻便性的措施主要是改进汽车结构,包括以下几个方面:

(1) 用液压或气压传动取代机械传动。用液压传动或气压传动代替机械传动,不仅可减少传动损失,而且在转向、制动和离合器传动机构中采用的液压或气压传动装置,均有助力作用,使驾驶员能轻松地完成各项操纵作业。

(2) 提高汽车动力性,完善传动系结构。通过对发动机和传动系的改进和优化,提高汽车的动力性,从而提高汽车的通过能力和克服各种行驶阻力的能力,在机械变速器上装用同步器,用自动变速器取代机械变速器,均可在相同的使用条件下,有效减少对离合器和换挡的操纵次数,从而减轻驾驶员的疲劳强度。

(3) 电控技术的应用。近年来,电子控制技术在汽车上的广泛应用,对提高汽车的操纵轻便性也起到了积极作用,如巡航控制系统、电控节气门系统的应用,使驾驶员在长途行驶中,只要道路条件和交通条件允许,即可通过简单的操纵使汽车进入巡航控制模式,驾驶员只需控制汽车的行驶方向,而不需操纵加速踏板和制动踏板,汽车就能以设定车速自动行驶。此外 ABS 在汽车上的应用,不仅提高了汽车的制动性,同时由于相同条件下的制动距离和时间缩短,也减轻了驾驶员制动操纵的疲劳强度。

应当注意:不能为提高汽车的操纵轻便性,过分减小驾驶操纵所需的操纵力,否则会使驾驶员失去踏板感(路感)。

思 考 题

1. 后轮驱动型汽车上坡时的纵向极限稳定条件是如何推导得到的?
2. 侧向极限稳定条件是如何推导得到的?
3. 什么是轮胎的侧偏现象?什么是侧偏角?
4. 无侧偏时对转向半径有什么影响?
5. 提高转向操纵稳定性的措施有哪些?
6. 主销内倾对操纵稳定性有什么影响?
7. 前轮侧偏对操纵稳定性有什么影响?
8. 操纵轻便性的评价有哪些指标?

第 15 章　汽车平顺性和通过性

本章简述汽车平顺性的评价方法、评价指标、提高平顺性的措施和汽车通过性及其影响因素。

15.1　汽车行驶的平顺性

在汽车行驶过程中，由于干扰力的作用而产生振动。引起振动的振源主要有两个：一个是由地面不平引起的随机干扰力。这种干扰力的变化规律除与地面的几何形状有关外，还与行驶速度、车轮直径、轮胎的弹性等有关。另一个是由发动机力矩不均匀造成的干扰力矩，以及发动机旋转质量、往复运动质量不平衡引起的惯性干扰力和力矩等而产生的较高频率的规则振动。当汽车的振动达到一定程度时，将对乘客或货物的安全带来不利的影响，还会使汽车的使用寿命降低、操纵稳定性下降、行驶速度的发挥受到限制。

汽车的行驶平顺性是指汽车能吸收行驶时所产生的各种冲击和振动的能力，保持汽车在行驶过程中产生的振动和冲击环境对乘员舒适性和所运货物完整无损性的影响在一定界限之内。它是评价汽车性能的一项重要指标，主要研究汽车振动对人的生理反应（疲劳和舒适）和所载货物完整性的影响。由于平顺性主要是根据驾驶员的舒适程度来评价，所以它有时又称为乘坐舒适性。

汽车是一个复杂的多质量振动系统。其车身通过悬架的弹性元件与车桥连接，而车桥又通过弹性轮胎与道路接触，其他如发动机、驾驶室等也是以橡皮垫固定于车架上。在激振力作用（如道路不平而引起的冲击和加速、减速时的惯性力等）以及发动机振动与传动轴等振动时，系统将发生复杂的振动，对乘员的生理反应和所运货物的完整性，均会产生不利的影响。

路面不平度和车速形成了对汽车振动系统的"输入"，振动系统的"输入"经过振动系统的传递，得到系统的"输出"——悬挂质量的加速度或进一步经座椅传至人体的加速度。此加速度通过人体对振动的反应——舒适性程度来评价汽车的平顺性。

15.1.1　平顺性的评价指标

汽车行驶平顺性的评价指标，一般是根据人体对振动的生理反应来制定的，并用振动的物理量，如频率、振幅、加速度、加速度变化率等作为行驶平顺性的评价指标。常用汽车车身振动的固有频率和振动加速度均方根值，来评价汽车的行驶平顺性。

试验表明，为了保持汽车具有良好的行驶平顺性，车身振动的固有频率应为人体所习惯的步行时，身体上下运动的频率，为 60~80 次/min（1~1.6Hz），振动加速度的极限值为 0.2g~0.3g。对载货汽车，为了保证运输货物的完整性，车身振动加速度也不宜过大，其极限值一般应低于 0.6g~0.7g；如果车身振动加速度达到 1g，未经固定的货物，就有可能离开车厢底板。

国际标准化组织 ISO 在综合大量资料基础上，提出了 ISO 2631—1978E《人体承受全身振动的评价指南》，它已被许多国家所采用。该标准用加速度的均方根值作为描述振动强度的物理量，并给出了振动频率在 1~80Hz 范围内，人体对振动反应的三个不同的感觉界限：疲劳—工效降低界限、暴露极限和舒适降低界限。我国参照 ISO 2631—1978E 制定了 GB/T 4970—2009《汽车平顺性试验方法》和 QC/T 474—2011《客车平顺性评价指标及极限》。

1. 疲劳-工效降低界限

如图 15-1 所示，该界限是一组不同承受时间下频率与加速度均方根的界限曲线，当驾驶员承受的振动强度在此界限之内时，能准确灵活地反应，正常地进行驾驶。如果驾驶员承受的振动超过此界限，就会感觉疲劳和影响工作效率。

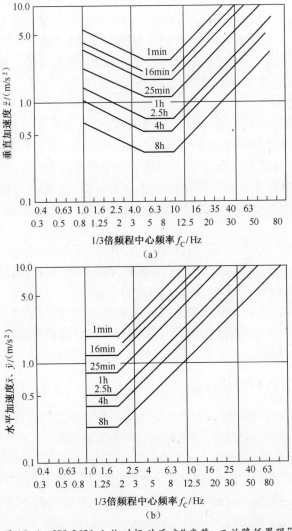

图 15-1 ISO 2631 人体对振动反应"疲劳-工效降低界限"

(a) 垂直方向(z)；(b) 水平方向(x—纵向，y—横向).

由此界限曲线可见，人对振动最敏感的频率，在垂直方向是 4~8Hz，在水平方向（纵向、横向）是 2Hz 以下，即在上述频率范围内，人体能承受的加速度均方根值最低。

2. 暴露极限

它是人体可承受的振动上限，越过此界限就意味着不安全和有害健康。该界限曲线同"疲劳-工效降低界限"曲线完全相同，只是将相应的加速度均方根值增大一倍。

3. 舒适降低界限

在这个界限之内，人体承受振动的感觉良好，能顺利完成吃、读、写等动作。该界限也具有与"疲劳-工效降低界限"相同的曲线形式，只是加速度均方根值为"疲劳-工效降低界限"的 1/3.15 倍。

由图 15-1 可以看出，"疲劳-工效降低界限"振动加速度允许值的大小与振动频率、振动作用方向和暴露时间三个因素有关。

1) 振动频率

人体包括心脏、胃部在内的"胸-腹"系统在垂直振动 4~8Hz、水平振动 1~2Hz 范围内会出现明显的共振。在图 15-1 上，对于每一给定的暴露时间都相应有一条"疲劳-工效降低界限"曲线，它表示不同频率下，同一暴露时间达到"疲劳"（即人体对振动强度的感觉相同）时，传至人体的振动允许值的变化，因此也称为等感觉曲线。由曲线可以看出，人体对振动最敏感的频率范围内的加速度允许值最小。

2) 振动作用方向

比较图 15-1(a)(b)可以看出，在同一暴露时间下，水平方向在 2.8Hz 处的允许加速度值与垂直方向最敏感频率范围 4~8Hz 处的相同，2.8Hz 以下水平方向允许加速度值低于垂直方向 4~8Hz 处的允许值，水平方向最敏感频率范围 1~2Hz 比垂直方向 4~8Hz 处的允许值低 70% 左右。对于汽车的振动环境，2.8Hz 以下的振动占相当大的比重，故对由俯仰振动引起的水平振动应予以充分的重视。

3) 暴露时间

人体达到"疲劳""不舒适"等界限，都是由人体所感觉到的振动强度的大小和暴露时间长短二者综合的结果。由图 15-1 可以看出，在一定频率下，随暴露时间的增加，"疲劳-工效降低界限"曲线向下平移，即加速度允许值减小。

参照 ISO 2631 的规定，根据我国的具体情况，我国制定了《汽车平顺性试验方法》，并以车速特性来描述汽车的平顺性。所谓车速特性是指评价指标随车速变化的关系曲线。轿车、客车用"舒适降低界限"车速特性，货车用"疲劳-工效降低界限"车速特性。

15.1.2　平顺性的评价方法

国际标准 ISO 2631 推荐用 1/3 倍频带分别评价法和总加速度加权评价法对人承受全身振动进行评价，汽车的平顺性评价也按这两种方法进行。

1. 1/3 倍频带分别评价方法

1/3 倍频带分别评价法是把"疲劳-工效降低界限"及由计算或频谱分析仪处理得到的 1/3 倍频带的加速度均方值画在同一张频谱图上。然后检查各频带的加速度均方差是否都保持在这个感觉界限之内。

1/3 倍频带上限频率 f_u 与下限频率 f_l 的比值为

$$\frac{f_u}{f_l} = 2^{\frac{1}{3}} = 1.26$$

中心频率
$$f_c = \sqrt{f_u f_l} = 2^{\frac{1}{6}} f_l$$

上限频率 f_u、下限频率 f_l 与中心频率 f_c 的关系为
$$f_u = 1.12 f_c\ ;\ f_l = 0.89 f_c$$

带宽
$$\Delta f = f_u - f_l$$

用这种方法评价,首先要将传至人体的加速度进行频谱分析,得到 1/3 倍频带的加速度均方根值谱。

各 1/3 倍频带加速度均方根值分量 σ_{Pi},可以从传至人体加速度 $p(f)$ 的功率谱密度 $G_P(f)$ 在对应 1/3 倍频带中心频率 f_{ci} 的带宽 Δf_i 上积分得

$$\sigma_{Pi} = \sqrt{\int_{0.89 f_{ci}}^{1.12 f_{ci}} G_P(f) \mathrm{d}f}$$

由于人体对各频带振动的敏感程度不同,因而 1/3 倍频带加速度均方根值分量 σ_{Pi} 的大小并不能全面地反映人体感觉的振动强度的大小。为此,要引入人体对不同频率振动敏感程度的频率加权函数,将人体最敏感的频率范围以外各 1/3 倍频带加速度均方根值分量 σ_{Pi} 进行频率加权,即按人体感觉的振动强度相等的原则,折算为最敏感频率范围(垂直振动 4~8Hz,水平振动 1~2Hz)内的值 $\sigma_{P\omega i}$,此值称为加权加速度均方根值分量。

$$\sigma_{P\omega i} = W(f_{ci}) \sigma_{Pi}$$

式中 f_{ci} ——第 i 个 1/3 倍频带的中心频率;

$W(f_{ci})$ ——频率加权函数,并有

垂直方向:
$$W_N(f_{ci}) = \begin{cases} 0.5 \sqrt{f_{ci}} & (1 < f_{ci} \leq 4) \\ 1 & (4 < f_{ci} \leq 8) \\ 8/f_{ci} & (8 < f_{ci}) \end{cases}$$

水平方向:
$$W_L(f_{ci}) = \begin{cases} 1 & (1 < f_{ci} \leq 2) \\ 2/f_{ci} & (2 < f_{ci}) \end{cases}$$

1/3 倍频带分别评价方法的评价指标就是 $\sigma_{P\omega i}$ 中的最大值 $(\sigma_{P\omega i})_{max}$。

1/3 倍频带分别评价方法认为,同时有若干个 1/3 倍频带都有振动能量作用于人体时,各频带振动的作用无明显的联系,对人体产生影响的主要是由人体感觉振动强度最大的那个 1/3 倍频带所造成的。因此,要改善行驶平顺性,主要是避免振动能量过于集中,尤其是在人体最敏感的频率范围内,不应该有突出的尖峰。

例如,要求允许的"疲劳-工效降低界限"的暴露时间 $T_{FD} = 4h$,由图 15-1(a) 可以查得对应于 4~8Hz 的加速度均方根值为 $0.53 \mathrm{m/s^2}$。若经计算或实测分析得到的 $(\sigma_{P\omega i})_{max} \leq 0.53 \mathrm{m/s^2}$,则满足暴露时间 $T_{FD} = 4h$ 的要求。也可 $(\sigma_{P\omega i})_{max}$ 由查出相应的暴露时间 T_{FD},若查出的暴露时间 $T_{FD} > 4h$,也表明能保持在暴露时间 $T_{FD} = 4h$ 的界限之内。

2. 总加权值评价法

总加权值评价法是 ISO 2631/1 中推荐的优先选用评价方法。它是用 20 个 1~80Hz 的 1/3 倍频带加权加速度均方根值分量 $\sigma_{P\omega i}$ 的平方和根值——总加权加速度均方根

$\sigma_{P\omega}$ 来评价的。

$$\sigma_{P\omega} = \sqrt{\sum_{i=1}^{20}(\sigma_{P\omega i})^2}$$

总加权值 $\sigma_{P\omega}$ 还可以利用计权滤波网络,由均方根值检波器读出。在 GB/T 4970—2009《汽车平顺性试验方法》和 QC/T 474—2011《客车平顺性评价指标及极限》中均把总加权加速度均方根值 $\sigma_{P\omega}$ 列为平顺性评价指标之一。

当各 1/3 倍频带加权加速度均方根值分量 $\sigma_{P\omega i}$ 彼此相等时,1/3 倍频带分别评价指标 $(\sigma_{P\omega i})_{max}$ 和总加权加速度均方根值 $\sigma_{P\omega}$ 的关系为

$$\sigma_{P\omega} = \sqrt{n}\,(\sigma_{P\omega i})_{max}$$

式中　n——总的频带数。

在只有一个 1/3 倍频带有值的窄带振动条件下($n=1$),此时,能量分布都集中在某一个 1/3 倍频带内。总加权加速度均方根值 $\sigma_{P\omega}$ 显然就是前面 1/3 倍频带分别评价方法所考虑的,对人体影响最突出的那个频带的加速度均方根值,即两个评价指标相等。

$$\sigma_{P\omega} = (\sigma_{P\omega i})_{max}$$

汽车座椅传递给人体的振动主要是 10Hz 以下的宽带随机振动,总频带数 n 大约为 10。此时若各 $\sigma_{P\omega i}$ 都相等,则

$$\sigma_{P\omega} = \sqrt{10}\,(\sigma_{P\omega i})_{max} = 3.16(\sigma_{P\omega i})_{max}$$

实际上,各 1/3 倍频带的 $\sigma_{P\omega i}$ 值并不相等,实际测算为

$$\sigma_{P\omega} \approx 2(\sigma_{P\omega i})_{max}$$

因 ISO 2631 图中给出的界限值是针对 1/3 倍频带分别评价法给的,用总加权加速度均方根值 $\sigma_{P\omega}$ 进行评价时,允许的界限值也要相应调整,即比 ISO 2631 给的允许值增大 2 倍,否则会偏于保守。

15.1.3　影响汽车行驶平顺性的结构参数

汽车是由多质量组成的复杂的振动系统。为了便于分析,需要进行简化。在研究振动时,常把汽车看作是由彼此相联系的悬架质量和非悬架质量组成。影响汽车行驶平顺性的重要因素有悬架结构、轮胎、悬架质量和非悬架质量。

1. 悬架结构

悬架结构主要指弹性元件、导向装置与减振装置,其中弹性元件和悬架系统阻尼是影响汽车行驶平顺性的主要因素。

1) 弹性元件

悬架弹性特性是指悬架变形与所受载荷之间的关系,此关系可表示为

$$G = C \times f_s$$

式中　G——悬架所受载荷(即悬挂质量的重力)(N);

　　　C——悬架刚度(N/mm);

　　　f_s——在载荷 G 作用下悬架的静挠度(mm)。

刚度为定值的悬架,其变形与所受载荷成正比,称为线性悬架,一般钢板弹簧、螺旋弹簧均属此类。变刚度的悬架称为非线性悬架,如空气弹簧、空气-液力弹簧等。

车身的固有振动频率 f_0 随悬架变形而变化,车身的固有振动频率可由下式确定

$$f_0 = \frac{1}{2\pi}\sqrt{\frac{gC}{G}} = \frac{1}{2\pi}\sqrt{\frac{g}{f_s}}$$

式中　g——重力加速度,g=9810mm/s²;

由上式可见,减少悬架刚度 C,可降低车身的固有频率 f_0。当汽车的其他结构参数不变时,要使悬架系统有低的固有频率,悬架就必须具备很大的静挠度。静挠度是指汽车满载时,刚度不变的悬架在静载荷下的变形量;对于变刚度悬架,静挠度是由汽车满载时,悬架上的静载荷和瞬时刚度来确定。

目前,汽车悬架的静挠度 f_s 的变化范围见表 15-1 所列。

表 15-1　汽车悬架静挠度的变化范围　　　　（单位:mm）

车型	轿车	货车	客车	越野车
悬架静挠度	100~300	50~110	70~120	60~130

汽车前、后悬架静挠度的匹配对行驶平顺性也有很大影响。为了减少车身纵向角振动,通常后悬架的静挠度 f_{s2} 要比前悬架静挠度 f_{s1} 小些,据统计,一般取 $f_{s2}=(0.7~0.9)f_{s1}$。对于短轴距的微型汽车,为了改善其乘座舒适性,把后悬架设计得软一些,即使 $f_{s2}>f_{s1}$。

为了防止汽车在不平路面上行驶时经常冲击缓冲块,悬架还应有足够的动挠度 f_m（指悬架平衡位置到悬架与车架相碰时的变形）。

前、后悬架的动挠度 f_m 常根据其相应的静挠度选取,其数值主要取决于车型和经常使用的路面状况,动挠度与静挠度之间的关系可按下列范围选取。

轿车:$f_m=(0.5~0.7)f_s$

货车、客车:$f_m=(0.7~1.0)f_s$

越野车的 f_m 可按货车范围取上限,以减少车轮悬空和悬架击穿现象。

由此可知,减少悬架刚度,即增大静挠度,可以提高汽车行驶平顺性。但随之带来一些新的问题,如增加高频的非悬架质量的振动位移,大幅度的车轮振动有时会使车轮离开地面,前轮定位角也将发生显著变化。在紧急制动时会产生严重的汽车"点头"现象。转弯时因悬架侧倾刚度的降低,会使车身产生较大的侧倾角。为防止路面对车轮的冲击而使悬架与车架相撞,要相应地增加动挠度,即要有较大的缓冲间隙,对于纵置钢板弹簧,就要增加弹簧长度等,从而使悬架布置发生困难。

为了使悬架既有大的静挠度而又不影响其他性能指标,可采用变刚度特性曲线的悬架,对于载荷变化较大的货车而言,会明显地改善行驶平顺性。例如,某货车在满载时,后悬架的载荷约为空车时的 4 倍多,假定悬架刚度不变,若满载时的静挠度等于 100mm 时,则空车时的静挠度将不到 25mm。不难算出,满载时的振动频率为 1.6Hz,而空车时的频率则为 3.2Hz。显然,空车时的振动频率过高,平顺性很差。如果采用变刚度悬架,使空车时的刚度比满载时的低,就会降低空车的振动频率而改善汽车行驶的平顺性。

2）悬架系统阻尼

为衰减车身自由振动和抑制车身、车轮的共振,以减小车身垂直振动的加速度和车轮的振动幅度（减少车轮对地面压力的变化,防止车轮跳离地面）,悬架系统应有适当的阻

尼作用。

在悬架系统中,引起振动衰减的阻尼来源很多。例如,在有相对运动的摩擦副中,轮胎变形时橡胶分子间产生摩擦,或在系统中设减振器都能产生阻尼作用,对于各种悬架结构,以钢板弹簧悬架系统的干摩擦最大,钢板弹簧数目越多,摩擦越大。所以,有的汽车采用钢板弹簧悬架时,可以不装减振器,但阻尼力的数值很不稳定,钢板生锈后阻力过大,不易控制。而采用其他内摩擦很小的弹性元件(如单片钢板弹簧、扭杆弹簧等)的悬架,必须使用减振器,以吸收振动能量,使车身的振动迅速衰减。

减振器可提高汽车行驶平顺性,还可增加悬架的刚度,改善车轮与道路的接触条件,防止车轮离开路面,因而可改善汽车的稳定性,提高汽车的行驶安全性。改进减振器的性能,对提高汽车在不平道路上的行驶速度有很大的作用。

悬架系统的干摩擦可使悬架的弹性元件部分被锁住,使汽车只在轮胎上发生振动,因而增加振动频率,且使路面冲击容易传给车身。因此,为了减少钢板弹簧间的摩擦,应采用减少钢板弹簧片数;计算各片在自由状态时的曲率半径,将各片端部切成梯形或半圆形,以保证各片间接触压力分布均匀;在各片间加润滑脂或减摩衬垫等方法减少干摩擦。

2. 轮胎

轮胎由于本身的弹性,在很大程度上吸收了因路面不平所产生的振动,因此提高轮胎的缓冲性能,对提高汽车行驶的平顺性有重要意义。

轮胎的缓冲性能是指轮胎靠本身的弹性缓和路面冲击的能力。随着车速的提高,对轮胎的缓冲性能的要求越来越高。提高轮胎缓冲性能的措施如下:

(1) 增大轮胎断面、轮辋宽度和空气容量,并相应降低轮胎气压。
(2) 改进外胎结构型式,增加帘线强度,采用较细的帘线,减少帘布层数。
(3) 提高帘线和橡胶的弹性,采用较柔软的胎冠。

3. 悬架质量

悬架质量是指由弹簧支承的车身等的质量。一般来说,汽车的悬架质量越大,汽车行驶的平顺性越好,这是由于车身振动和加速度降低的缘故。

座位的布置对行驶平顺性也有很大影响。座位接近车身的中部,其振动质量小、座位位置常由它与汽车质量中心间的距离来确定,用座位到汽车质量中心距离与汽车质量中心到前(后)轴的距离之比评价座位的舒适性。该比值越小,车身振动对乘员的影响越小。为了减小水平纵向振动的振幅,座位在高度方向与到汽车质量中心间的距离应小一些。

4. 非悬挂质量

非悬挂质量即不由悬架支承的质量,主要包括车轮和车轴。非悬挂质量的大小直接影响振动时传给车身的冲击力。减少非悬挂质量,可减小振动时车身所受的冲击力,从而减小车身垂直振动的加速度,提高汽车行驶的平顺性。由于独立悬架一般比非独立悬架的非悬挂质量小,所以采用独立悬挂的汽车,平顺性较好。

非悬挂质量对行驶平顺性的影响,常用非悬挂质量与悬挂质量之比进行评价。比质量越小,则行驶平顺性越好。

总之,影响行驶平顺性的结构参数很多,且关系错综复杂,必须对这些参数进行综合分析,以便正确选择参数,提高汽车行驶的平顺性。

15.2 汽车的通过性

汽车的通过性又称汽车的越野性,它是指汽车在一定装载质量下能以足够高的平均车速通过各种坏路、无路地带(如松软地面、坎坷不平地段)和各种障碍(陡坡、侧坡、壕沟、台阶、灌木丛、水障等)的能力。汽车在坏路、无路地带和各种障碍条件下使用时,其运输工作效率越高,说明汽车的通过性越好。

汽车的通过性与其他性能有着密切的关系,如良好的动力性可提供足够大的驱动力,以克服越野行驶时较大的道路阻力;较好的平顺性能使汽车在坎坷不平路面上维持较高的车速。

汽车的通过性,对经常越野行驶的军用车辆和矿用车辆等非常重要。本节重点介绍汽车通过性的评价指标和主要影响因素。

15.2.1 汽车通过性的评价指标

汽车通过性的评价指标可分两大类:一是结构参数,二是支承与牵引参数。结构参数主要用于评价汽车在坏路、无路地带的行驶能力;支承与牵引参数主要用于评价汽车在各种障碍条件下的行驶能力。

1. 结构参数

由于汽车与越野地面间的间隙不足而被地面托住无法通过的情况称为间隙失效;当车辆中间底部的零部件碰到地面而被顶住时称为顶起失效;当车辆前端或尾部触及地面而不能通过时则分别称为触头失效或托尾失效。

与间隙失效有关的几何参数——汽车的通过性结构参数主要有最小离地间隙 h、纵向通过半径 ρ_1、横向通过半径 ρ_2、接近角 γ_1 和离去角 γ_2,如图 15-2 所示。

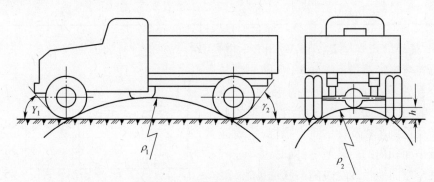

图 15-2 汽车通过性的结构参数
h—最小离地间隙;ρ_1—纵向通过半径;ρ_2—横向通过半径;γ_1—接近角;γ_2—离去角。

1) 最小离地间隙 h

最小离地间隙是汽车除车轮外的最低点与路面间的距离,它表征了汽车越过石块、树桩等直径较小的凸起障碍物的能力。通常汽车的最小离地间隙在前桥、飞轮壳、变速器壳、消声器或后桥的主减速器外壳处。在设计越野汽车时,应保证有较大的最小离地间隙。

2) 纵向通过半径 ρ_1

纵向通过半径 ρ_1 是指在汽车侧视图上作出的与前、后车轮及两轮中间轮廓相切圆的半径,它表示汽车能够无碰撞地通过小丘、拱形障碍物的轮廓尺寸。ρ_1 越小,汽车的通过性越好。

3) 横向通过半径 ρ_2

横向通过半径 ρ_2 是指在汽车正视图上作出的与左、右轮及与两轮中间轮廓相切圆的半径,它表示汽车通过小丘及凸起路面的能力。

4) 接近角 γ_1

接近角 γ_1 是自汽车前端突出点向前轮引的切线与路面之间的夹角,它表示汽车接近小丘、沟洼等障碍物时不发生碰撞的可能性。γ_1 角应尽量大,以减少触头失效。

5) 离去角 γ_2

离去角 γ_2 是自汽车后端突出点向后轮引的切线与路面之间的夹角。为了防止托尾失效,γ_2 角应尽量大。

各类汽车通过性的结构参数的数值范围见表 15-2 所列。

表 15-2 汽车通过性的结构参数

汽车类型		最小离地间隙 h /mm	纵向通过半径 ρ_1 /m	接近角 γ_1 /°	离去角 γ_2 /°
轿车	轻型、微型 中型、高级	120~180 130~200	3~5 5~8	20~30	15~30
货车	轻型、中型 重型	180~220 220~300	2~4 4~7	25~30	25~45
越野车		260~370	1.9~3.6	36~60	30~48
客车	小型、中型 大型	180~220 240~290	5~9	8~30 8~12	8~20 7~15

此外,最小转弯半径 R_H 和车轮半径 r 也是影响汽车通过性的因素。

最小转弯半径是指汽车转弯时,转向盘转到极限位置后,外侧前轮所滚过的轮迹中心至转向中心的距离。如图 15-3 所示,汽车的最小转弯半径是汽车机动性的重要指标,它表征汽车在最小面积内的回转能力,同时也表征汽车通过狭窄弯曲地带或绕过障碍物的能力,最小转弯半径越小,汽车的通过性越好。汽车的最小转弯半径为

$$R_H = A - a + R_B - b$$

式中　a、b——突伸量;

R_B——后内轮转弯半径。

车轮半径 r 影响汽车通过垂直障碍物(如台阶、壕沟等)的能力。汽车能越过的台阶最

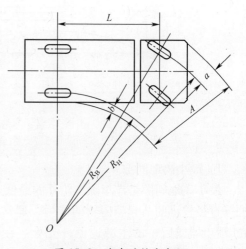

图 15-3　汽车的转弯半径

大高度和壕沟最大宽度,不仅与车轮半径有关,而且与驱动轮上能产生的最大驱动力、行驶车速、障碍物的性质和表面状况等因素有关。试验表明,后轴驱动的汽车,能越过的台阶最大高度一般约为$\frac{2}{3}r$;而双轴驱动的汽车,能越过的台阶最大高度约等于车轮半径r。如果壕沟的边沿足够结实,对于双轴汽车在单轴驱动时,在低速条件下能越过的壕沟宽度一般约等于车轮半径r;而对于双轴汽车在双轴驱动时,在低速条件下能越过的壕沟宽度约为车轮半径的1.2倍。

2. 通过性的支承与牵引参数

影响汽车通过性的支承与牵引参数主要有最大动力因数、驱动轮附着重量、轮胎接地压强、前后轮迹重合系数。

1) 最大动力因数

汽车以最低挡位行驶时的最大动力因数是汽车最大爬坡能力和克服道路阻力能力的标志。当汽车在坏路或无路地带行驶时,行驶阻力很大,为了保证汽车具有较好的通过性,除了采取减小行驶阻力的措施外,还必须提高汽车的动力因数。在越野汽车的传动系中,通常通过增设副变速器或具有低挡的分动器,来增大传动系的总传动比,从而使驱动轮获得足够大的驱动力。适当地减少汽车的载荷,既能降低车轮对地面的单位压力,又可提高汽车的动力因数,从而提高汽车通过松软地面的能力。

2) 驱动轮附着重量

汽车正常行驶不仅要满足驱动条件,而且必须满足附着条件。提高汽车的驱动力和附着力,对提高汽车的通过性同等重要。驱动轮附着重量越大,附着力越大,汽车的通过性越好。因此,适当提高汽车重力在驱动轮上的分配比例,最好采用全轮驱动以充分利用各车轮上的附着重量,可提高汽车的通过性。

3) 轮胎接地压强

轮胎接地压强是指轮胎接地印迹单位面积上的垂直负荷,它直接影响滚动阻力和附着系数的大小。在硬路面上行驶时,滚动阻力以轮胎变形引起的能量损失为主,保持较高的轮胎接地压强,也就意味着在轮胎负荷一定条件下,减小了轮胎接地面积,即减小了轮胎的变形,从而使滚动阻力减小,汽车的通过性提高。在松软路面上行驶时,滚动阻力以路面变形引起的能量损失为主,适当减小轮胎接地压强,不仅可减小路面变形引起的滚动阻力,而且也可提高附着系数,从而使汽车的通过性提高。

4) 前后轮迹重合系数

前后轮迹重合系数是指前轮迹宽度与汽车行驶过后形成的车辙宽度之比。前后轮迹重合系数越大,说明汽车行驶时前后轮迹的重合度越高,尤其在松软路面上行驶时,汽车的行驶阻力小,通过性好。

15.2.2 影响汽车通过性的主要因素

1. 结构方面

影响汽车通过性的结构因素很多,但主要是与驱动力和结构参数有关的结构因素。

1) 汽车的结构参数

在汽车设计时,必须合理选择汽车的结构参数,如汽车的轴距、总高、总宽、车轮半径等,以保证汽车具有足够大的最小离地间隙、接近角、离去角、纵向通过半径和足够小的最小转弯半径,从而提高汽车的通过性。

2) 发动机的动力性

在结构上,可选用动力性好的发动机,来提高汽车的最大动力因数,以提高汽车克服行驶阻力的能力,从而提高汽车的通过性。因此,越野汽车首先要有足够大的单位汽车重力发动机转矩 T_{tq}/G,或较大的比功率 P_e/G。

3) 传动系的传动比

汽车低速行驶时,土壤的物理特性有所改善,土壤的剪切破坏、车轮滑转的可能性随之减小,因此低速行驶可以克服困难路段,改善汽车的通过性。越野汽车的最低稳定车速可按表15-3选取,其值随汽车总质量而定。

表15-3 越野汽车的最低稳定车速

汽车总质量/kN	<19.6	<63.7	<78.4	>78.4
最低稳定车速/(km/h)	≤5	≤2~3	≤1.5~2.5	≤0.5~1

为了达到低速行驶的目的,往往选用比附着条件所限制的值还大的传动系传动比,以提高 D_{max}。

4) 车轮尺寸

增加车轮的直径和宽度,均可降低轮胎对地面的单位压力,从而提高通过性。

用增加轮胎直径的方法来减小接地比压,增加接触面积以减少土壤阻力和减少滑转,要比增加车轮宽度更为有效。但过大的车轮直径会带来诸如车轮惯性增大,汽车质心升高,需要传动比很大的传动系统等不良后果。因此,大直径轮胎推广使用受到了限制。

加大轮胎宽度既能直接降低轮胎对地面的单位压力,又允许胎体有较大的变形,这样不仅不会降低轮胎的使用寿命,而且可以选用较低的轮胎气压。因此在越野汽车上,超低压的拱形轮胎应用得越来越广泛。

5) 前后轮距

当汽车在松软地面上行驶时,需要克服各个车轮的滚动阻力。若汽车的前轮距与后轮距相等,并具有相同的轮胎宽度,则前后轮迹重合,后轮就沿着已被前轮压实的轮迹行驶,因而汽车的总滚动阻力减小。相反若前后轮距不等,则总滚动阻力增大。

6) 驱动轮数目

增加驱动轮数目,可增加汽车的相对附着质量,增加驱动轮胎与地面的接触面积,能充分利用其驱动力。因此越野汽车均采用全轮驱动。

7) 液力传动

在汽车上装用液力变矩器或液力耦合器,可以提高汽车在松软路面上的通过能力。与装用机械传动装置相比,在汽车起步时,采用液力传动可使驱动轮的转矩增加缓慢且平稳,驱动轮对路面产生的冲击减轻,可避免因土壤表层被破坏而导致附着系数下降,也可避免因土壤被破坏而导致车轮下陷,从而使附着力提高、滚动阻力减小,汽车的通过性提高。

此外,采用机械传动的汽车在坏路面上行驶时,由于车速低,惯性力小,常因换挡时动力中断而停车,重新起步又因驱动轮对路面冲击大而比较困难。而采用液力传动的汽车,不需换挡就可自动变速变扭,可在较长时间内以低速(0.5~1km/h)稳定行驶,避免上述问题的发生,从而使汽车的通过性提高。

8) 差速器

汽车转弯行驶时,为保证左右驱动车轮能以不同的角速度旋转,在汽车传动系中安装差速器。由于普通齿轮式差速器具有在驱动轮间平均分配转矩的特性,因此会大大降低汽车的通过性。这是因为驱动轮上驱动力的大小取决于附着力较小的一侧车轮,所以驱动力可能不足以克服行驶阻力,而使汽车失去通过能力。

当左右驱动轮不等速运转时,差速器中机件间的摩擦作用,可使左右驱动轮得到不等的转矩。设传给差速器的转矩为 M,差速器的内摩擦力矩为 M_r,当一侧驱动轮由于附着系数较小而滑转时,另一侧位于较好路面上的驱动轮旋转较慢,得到的转矩 M_1 为

$$M_1 = \frac{M + M_r}{2}$$

可见,由于差速器的内摩擦,可使不滑转的车轮得到较大的转矩,对提高汽车的通过性是有益的。但一般齿轮式差速器内摩擦是很小的,为了增加差速器的内摩擦,越野汽车常采用高摩擦式差速器,总驱动力可增加 10%~15%。

采用差速器强制锁止装置,当左右驱动轮上的附着系数相差较大时,可使附着系数较大一侧的车轮获得更大的转矩,总驱动力可增加 20%~25%,从而提高汽车的通过性。

9) 驱动防滑技术

目前,在一些高级轿车上,装用了电脑控制的驱动防滑系统(ASR),或称牵引控制系统(TC)。驱动防滑系统是继制动防抱死制动系统(ABS)之后应用于车轮防滑的电子控制系统,其功用是防止汽车在起步、加速时驱动轮滑转,以及在光滑路面上行驶时驱动轮滑转。

驱动轮的滑转,会使驱动轮上的附着系数下降。纵向附着系数下降,会使最大的地面驱动力减小,导致汽车的起步性能、加速性能和在光滑路面的通过性能下降。而侧向附着系数的下降,又会降低汽车在起步、加速或在光滑路面上行驶时的操纵稳定性。因此,采用 ASR 系统控制驱动轮滑转,可提高汽车的通过性和操纵稳定性。

ASR 系统控制驱动轮滑转主要采取两种方式:一是控制发动机输出转矩,二是对滑转车轮实施制动。通过这两种方式,都可以增加驱动轮的驱动力,从而提高汽车的通过性。

2. 使用方面

1) 轮胎花纹

轮胎花纹对附着系数有很大影响。正确地选择轮胎花纹,对提高汽车在一定类型地面上的通过性有很大作用。越野汽车的轮胎具有宽而深的花纹,当汽车在湿路面上行驶时,由于只有花纹的凸起部分与地面接触,使轮胎对地面有较高的单位压力,足以挤出水层;而在松软地面上行驶时,轮胎下陷,嵌入土壤的花纹凸起的数目增加,与地面接触面积及土壤剪切面积都迅速增加,因而,同样能保证有较好的附着性能。越野轮胎花纹的形状应具有脱掉自身泥泞的性能。

在表面光滑泥泞而底层坚实的道路上,选用带防滑钉的轮胎或在轮胎上套防滑链,相当于在轮胎上增加了一层高而稀的花纹,可有效提高汽车的通过性。

2）轮胎气压

在松软路面上行驶的汽车,应相应降低轮胎的气压,以增大轮胎接地面积,减小轮胎接地压强,有利于提高汽车的通过性。但降低轮胎气压,在硬路面上行驶时,轮胎变形引起的滚动阻力会增大,而且会因轮胎变形过大而降低其使用寿命。

为提高汽车通过松软路面的能力,在硬路面上行驶时又不致引起过大的滚动阻力和影响轮胎寿命,可装用轮胎的中央充气系统,使驾驶员能根据道路情况,随时调节轮胎气压。

3）车速

行驶车速较高或车速变化时,会加重轮胎对路面的冲击,在松软路面上行驶就存在土壤遭破坏,使附着系数下降、滚动阻力增加的可能。因此,在坏路面上行驶时,以较低的车速匀速行驶,可提高汽车的通过性。

4）正确驾驶

正确的驾驶方法也可提高汽车通过性。在通过沙地、泥泞、雪地等松软地面时,应该用低速挡,以保证车辆有较大的驱动力和较低的行驶速度。在行驶中应尽量避免换挡、加速或制动,并保持直线行驶,因为转弯时将引起前后轮迹不重合,增加滚动阻力。

车轮表面的泥土,会使附着系数降低。遇到这种情况,驾驶员适当提高车速,将车轮上的泥土甩掉。当汽车传动系统装有差速锁时,应在进入有可能使车轮滑转的路面前,就将差速器锁住。因为车轮一旦滑转后,土壤表面就会被破坏,附着系数下降,车轮也会下陷,再锁住差速器,其作用也会降低。

此外,为了提高越野汽车的涉水能力,应注意发动机的分电器总成、火花塞、曲轴箱通气孔等的密封问题,并尽量提高空气滤清器和排气管的位置。

思 考 题

1. 什么是汽车的行驶平顺性?
2. 如何评价人体对振动的反应?有哪几种感觉界限?相互之间有何关系?
3. 影响行驶平顺性的主要因素有哪些?
4. 改善行驶平顺性的途径有哪些?
5. 什么是汽车的通过性?
6. 汽车的哪些结构参数与通过性有关?
7. 影响汽车通过性的结构方面的因素有哪些?
8. 影响汽车通过性的使用方面的因素有哪些?

参 考 文 献

[1] 吴明,任勇刚. 汽车发动机原理[M]. 北京:机械工业出版社,2012.
[2] 周龙保. 内燃机学[M]. 3版. 北京:机械工业出版社,2011.
[3] 张西振,吴良胜. 发动机原理与汽车理论[M]. 北京:人民交通出版社,2004.
[4] 孙建新. 内燃机构造与原理[M]. 北京:人民交通出版社,2004.
[5] 陆耀祖. 内燃机构造与原理[M]. 北京:中国建筑工业出版社,2004.
[6] 冯健璋. 汽车发动机原理与汽车理论[M]. 3版. 北京:机械工业出版社,2010.
[7] 余志生. 汽车理论[M]. 3版. 北京:机械工业出版社,2000.
[8] 邢世凯. 汽车概论[M]. 大连:大连理工大学出版社,2011.
[9] 吴建华. 汽车发动机原理[M]. 2版. 北京:机械工业出版社,2013.
[10] 麻友良. 汽车电器与电子控制系统[M]. 北京:机械工业出版社,2006.
[11] 张树强. 汽车理论[M]. 合肥:安徽科学技术出版社,2000.
[12] 刘峥,王建昕. 汽车发动机原理教程[M]. 北京:清华大学出版社,2001.
[13] 李军. 汽车使用性能与检测技术[M]. 北京:人民交通出版社,2002.
[14] 陈家瑞. 汽车构造[M]. 北京:机械工业出版社,2005.
[15] 张文春. 汽车理论[M]. 北京:机械工业出版社,2005.
[16] 吴光强. 汽车理论[M]. 2版. 北京:人民交通出版社,2014.
[17] 曹红兵. 汽车理论[M]. 北京:机械工业出版社,2007.
[18] 郭彬. 发动机原理与汽车理论[M]. 北京:北京大学出版社,2009.
[19] 戴汝泉. 汽车发动机原理与汽车理论[M]. 北京:人民交通出版社,2010.
[20] 杨万福. 汽车理论[M]. 广州:华南理工大学出版社,2010.